TROTAMUNDOS

La guía del
routard

CW00363244

IMPORTANTE

Esta guía es el resultado de la colaboración de gran número de lectores y viajeros, que nos ayudan a corregir errores, ponderar criterios o incorporar nuevas direcciones de lugares recomendables. A tal fin, invitamos cordialmente a nuestros lectores a que nos hagan llegar todas sus sugerencias, descubrimientos o rectificaciones a nuestra redacción, para incorporarlos en sucesivas ediciones.

TROTAMUNDOS
Apartado de Correos 178, F.D.
08080 BARCELONA

www.salvat.com

Cofundadores de la colección
Philippe Gloaguen y Michel Duval

Redactor Jefe
Pierre Josse

Redacción
Florence Bouffet, Benoît Lucchini, Yves Couprie, Olivier Page, Véronique de Chardon, Amanda Keravel, Isabelle Al Subaihi, Anne-Caroline Dumas y Carole Foucault

© Hachette Livre (Hachette Tourisme)
© Cartografía Hachette Tourisme

© Salvat Editores, S.A., 2000
Mallorca, 45
08029 BARCELONA
http://www.salvat.com

Traducción: TEC S.L.
Actualización y autoedición: EDIPUNT
Impreso por: Graphicems, S.L., Morentin (Navarra).

ISBN: 84-345-0011-6
Depósito legal: NA-58-2000

Reservados todos los derechos. Ninguna parte de esta obra puede ser reproducida, almacenada o transmitida por ningún tipo de sistema sin autorización expresa del Editor

Impreso en España / *Printed in Spain*

TROTAMUNDOS

La guía del routard

Director de la colección
Philippe Gloaguen

Gran Bretaña

SALVAT

SUMARIO

INGLATERRA

0   50 km

Keswick
Lake District
Windermere

Isla de Man

Liverpool

Holyhead   Bangor   Conwy   Chester

Caernarvon   *Snowdonia National Park*
Porthmadog

Llangollen

Barmouth
Talyllyn

Shrewsbury

Aberystwyth   Welshpool

Cardigan
Fishguard

Pembroke
Gower   Swansea
Peninsulia

Cardiff   New

Bristol

Cheddar

Clovelly   Glastonbury   Wells

Boscastle
Port Isaac   Tintagel
Exmouth   Exeter

St. Ives   Polperro   Looe   Plymouth   Torquay   Wey

Penzance   Mevagissey   Paighton   Torbay
St.   Dartmouth   Brixham
Mawes

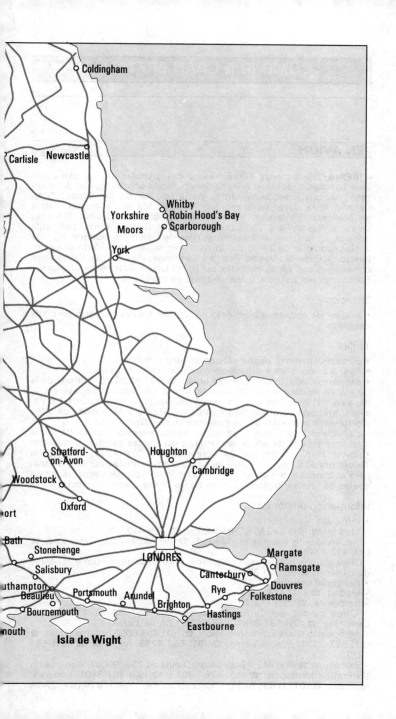

¿CÓMO IR A GRAN BRETAÑA?

EN AVIÓN

– **IBERIA**: Iberia Líneas Aéreas realiza varios vuelos diarios, con destino a Londres directos, o bien haciendo escala en otra ciudad del territorio nacional, desde Alicante, Asturias, Barcelona, Bilbao, Gran Canaria, Ibiza, Jerez de la Frontera, Madrid, Málaga, Menorca, Palma de Mallorca, Santander, Santiago de Compostela, Sevilla, Tenerife, Valencia, Valladolid y Zaragoza. En Londres Iberia aterriza, por regla general, en la Terminal 2 del aeropuerto de Heathrow, aunque algunos vuelos, como el de Zaragoza, lo hacen en la Terminal South del aeropuerto de Gatwick. Desde Madrid y Barcelona, vía Londres, Iberia tiene conexiones con varias ciudades del Reino Unido, entre ellas Glasgow y Edimburgo, en Escocia, y Manchester, en Inglaterra.

Servicios

• alquiler de coches, alojamiento en hoteles y otras ventajas para sus pasajeros.

Tarifas

• *Euromini:* mínimo: noche sábado-domingo, máximo:1 mes.
• *Pex:* mínimo: noche sábado-domingo, máximo: 6 meses.
• *Business Class:* información 24 horas: ☎ 901 32 03 20. Entrega de la tarjeta de embarque con 30 días de antelación, facturación diferenciada, sala VIP, prioridad en la recogida del equipaje, mayor confort en el avión, atención personalizada y otros beneficios y facilidades para los afortunados pasajeros de su Business class y Gran Clase.
• *Especiales para jóvenes:* consultar en las diversas oficinas de Iberia o en las agencias de viajes, las tarifas y las ofertas cambian a menudo.
• *Iberia Plus:* información 24 horas: ☎ (91) 374 2700. Servicio de Tarjeta gratuita, incluye todas las tarifas, se acumulan puntos, de manera automática, por viajes nacionales e internacionales efectuados en vuelos de Iberia y también por los de las líneas aéreas asociadas.

Información telefónica

• *Infoiberia*
– Madrid: ☎ (91) 329 5767, Barcelona: ☎ (93) 412 5667.
– Reservas internacionales: Madrid: ☎ (91) 329 4353, Barcelona: ☎ (93) 412 4748.
- Otros puntos del Territorio Nacional (información general y reservas de billetes): ☎ 901 33 32 22.
• *Reservas nacionales*
– Madrid: ☎ (91) 411 1011.
– Barcelona: ☎ (93) 412 7020.
– Otros puntos del Territorio Nacional: ☎ 901 33 31 11. Madrid: Centralita: ☎ (91) 587 8787 y 587 4747. C/. Velázquez 130, 28006.
– Aeropuerto (Barajas): información: ☎ (91) 393 6000, internacional: ☎ (91) 587 3974, puente aéreo: ☎ (91) 587 4269, nacional: ☎ (91) 587 4277.
– Barcelona: ☎ (93) 412 4748. Carrer Diputació 258, 08007. Aeropuerto (El Prat): información: ☎ (93) 478 5000 y ☎ (93) 401 3401. Londres: reservas: ☎ (0171) 830 0011, oficina de billetes: Venture House, 27-29

Glasshouse Street - 3r piso, W1R 6JU, Business Class: ☎ (0171) 830 0066. Iberia Plus: ☎ 0800 90 07 77.
– Aeropuertos: Heathrow: reservas: ☎ (0181) 897 7945. Gatwick: ☎ (01293) 53 53 53. Stansted: ☎ (01279) 66 34 44. Edimburgo: pasajeros: ☎ (0131) 225 9257.

– **AIR EUROPA:** esta compañía tiene 6 vuelos a la semana, todos los días excepto sábados.

Madrid

• *Información y reservas:* ☎ (91) 542 7338 y 559 2660. Plaza de España 18, Torre España 2ª planta, 28008.
• *Aeropuerto:* Billetes: ☎ (91) 393 7031.
• *Horarios:* Madrid-Londres: lunes-viernes 8 h 30, domingos 13 h 55. Londres-Madrid: lunes a viernes 21 h, domingo 22 h.

Barcelona

• ☎ (93) 439 3535. Carrer Josep Tarradellas 20-30, plantas 3ª y 4ª, 08029.
• *Aeropuerto:* Billetes: ☎ (93) 478 4763.
• *Horario:* Barcelona-Londres: lunes-viernes 19 h 10, domingo 20 h. Londres-Barcelona: lunes-viernes 10 h 35, domingo 16 h.

Londres

• *Aeropuerto de Gatwick:* Billetes: (01293) 502 569.

Servicios

• *TALONAIR 20:* ☎ 902 24 00 42. Ofrece al cliente 20 talones de Clase Turista y Clase Club a un precio muy interesante. Los talones pueden utilizarse en más de 700 vuelos semanales de la línea regular, desde 18 aeropuertos nacionales y 2 aeropuertos internacionales, Londres y París. Air Europa ofrece un standard de calidad y precio más que aceptable, la tarifa incluye un correcto refrigerio. ¡Una buena alternativa!

– **BRITISH AIRWAYS:** British Airways enlaza Londres, con Bilbao, Gibraltar, Jerez de la Frontera, Málaga, Murcia y Valencia. Sus itinerarios internos cubren toda Gran Bretaña. Vuelos directos a España, o haciendo escala, desde Belfast, Birmingham, Edimburgo, Glasgow, Manchester, etcétera.

Información y reservas

• *para todo el territorio nacional:* ☎ 902 11 13 33.
– Madrid: calle Serrano 60, planta 5ª, 28001. Frecuencia: 7 vuelos diarios a Londres.
– Barcelona: Passeig de Gràcia 85, planta 3ª A, 08008. Frecuencia: 3 vuelos diarios a Londres.
• *en el Reino Unido:* ☎ 0345 22 21 11. Londres: 156 Regent Street, W1R 5TA. Servicios: Reservas de hotel, alquiler de coches, entradas para espectáculos y otros servicios turísticos. Atenciones especiales para personas con algún tipo de disfunción física. Club Europe, Executive Club, Club World y First, son distintas modalidades que ofrecen interesantes y múltiples ventajas, si pueden pagarse, claro está.

Tarifas

Consultar a la compañía porque suele haber distintas ofertas.

– **EASY JET:** Barcelona: información y reservas: ☎ 902 29 99 92. Un buen número de teléfono para el trotamundos por excelencia, el de tejanos; precisamente la filosofía de precios de la empresa se basa en ofrecer viajes por la misma pasta que pagas por un pantalón tejano. Más de 665 000 personas viajaron de Barcelona a Londres en 1995, de acuerdo con las estadísticas del aeropuerto de El Prat, Easy Jet aprovechó esta oportunidad de mercado potencial, pero de momento, opera sólo desde Barcelona. A bordo de los aviones sirven bollería y bebidas no alcohólicas; esta atención está incluida en la tarifa, por beber alcohol hay que pagar.

Información y reservas

• *Barcelona:* ☎: 902 29 99 92. Reservas: sólo por teléfono, atiende las llamadas un operador en Londres que habla castellano.
• *Londres:* ☎: 0990 29 29 29. **AVISO:** 2 semanas es el mínimo necesario para aseguraros la reserva de cualquier plaza.

Servicios

• *Frecuencia:* 1 vuelo diario.
• *Horario:* salida a las 13 h 40 del aeropuerto del Prat y aterrizaje en el aeropuerto de Luton, situado a unos 35 km al norte de Londres.
• *Adquisición del billete:* se paga con tarjeta de crédito; cuando han recibido el abono proporcionan un número localizador, con el que se obtiene la tarjeta de embarque, en el mostrador de Easy Jet en el aeropuerto. Hay que llegar, al menos, 1 hora antes del vuelo.

EN AUTOCAR

– **EUROLINES:** Eurolines es la principal compañía europea de viajes en autocar, organiza distintos recorridos por 26 países, con más de 300 destinos. Tiene enlaces con numerosas ciudades de nuestra geografía, entre ellas Murcia, Benidorm y muchas otras. Realiza un mínimo de 3 viajes a Londres por semana. Recientemente ha puesto en marcha un nuevo servicio diario por el Eurotunnel.

Información y reservas

• *Oficinas en España:* Oficina Peninsular: Barcelona: información y reservas: ☎ (93) 490 4000. Estación de autobuses de Sants (al lado estación Sants-RENFE). Horario: 7 días a la semana de 9 h a 19 h. Madrid: Eurolines-SAIA: ☎ (91) 530 7600. Estación Sur de Autobuses, Calle Canarias 17, 28045.
• *Oficina Reino Unido:* Londres: información y reservas: ☎ (01582) 404 511. 52 Grosvernor Gardens, W1. Horario: oficina de Grosvernor Gardens: 6 días a la semana, lunes-viernes de 9 h a 17 h 30, sábados de 9 h a 16 h. Horario: recepción de viajeros en la estación de autobuses: en Victoria Coach Station (ved dirección y teléfono al final de este apartado). El mostrador de recepción e inscripción de Eurolines entra en servicio a las 6 h y cierra a las 23 h, los 7 días de la semana.

Servicios

• *Tarifas:* Los niños hasta los 3 años viajan gratis y tienen derecho a una plaza, sólo un niño por cada adulto. Los niños de 4 a 12 años disfrutan de varios descuentos. A los jóvenes de 13 a 25 años y a los mayores de 60 años, les ofrecen distintas reducciones en el precio del billete. Los grupos de más de 15 personas también obtienen tarifas más económicas.
• *Reserva de alojamiento:* para sus clientes, conjuntamente con Ibis Hotels, en alrededor de 50 localidades, categoría 2 estrellas, precios razonables que incluyen el desayuno. La flota de autocares de largo recorrido es realmente confortable: azafatas, refrescos, toilet y otros servicios de gran comodidad para los trotamundos. Los autobuses de las líne-

as interiores también tienen un nivel de confort aceptable. **ACONSEJA-BLE:** efectuar la reserva de billetes 2 semanas antes del viaje.

Conexiones Regionales en el Reino Unido

Eurolines, está conectada con Scottish Citylink: información: ☎ 0990 89 89 89 y con National Express: información: ☎ 0990 01 01 04. Reservas: ☎ 0990 80 80 80. Todos los billetes se pueden adquirir vía telefónica y pagar con tarjeta de crédito, se reciben en cinco días. Ambas líneas de teléfono están operativas de 8 h a 22 h. Diversos itinerarios a más de 1 200 destinos en todo el país. Tarifas: ofrecen el Tourist Trail Pass, el cual da derecho a varios tipos de descuentos, en todas las líneas de National Express y de Scottish Citylink y a desplazarse sin ninguna restricción. Para mayor información sobre el Tourist Trail Pass, consultar en cualquier Oficina de Turismo Británico.

– **London Transport:** información y reservas: ☎ (0171) 730 3499. Victoria Coach Station: 164 Buckingham Palace Road, SW1W 9TP (detrás de la estación de tren de Victoria). Horario: lunes-sábado de 9 h a 19 h. Una dirección realmente útil si deseáis viajar por vuestra cuenta. Aquí os darán información de todas las compañías de autocar, recorridos de las mismas, precios de los itinerarios y por supuesto un buen servicio de reservas y la facilidad de abonar el importe con tarjeta de crédito.

EN AUTOSTOP

Difícil, aunque ya sabemos que no hay nada imposible para los trotamundos. Haceros con buenos mapas, trazad una ruta, con itinerarios alternativos y lanzaros al asfalto, ya sabéis que todos los caminos llevan a Roma. ¡Mucha suerte compañeros! Una vez que os encontréis en Gran Bretaña pintad la palabra «PLEASE» sobre vuestras pancartas, produce excelentes resultados. Seguro que para vosotros el dominio de lenguas es un asunto que carece de importancia y por lo tanto el chip del idioma inglés lo lleváis a buen recaudo en algún bolsillo de vuestro equipaje. Si es así, vuestras posiblidades de conocer gente, viajar en coche y gastar poco, subirán muchísimos enteros, pero si la mochila de vuestra paciencia luce rotos y descosidos en plan *grunge*, id directos al grano y sin perder tiempo, conseguid la publicación *Loot*, disponible a diario en Londres, Manchester y Bristol; echad un vistazo a los anuncios que insertan particulares, que ofrecen plazas en sus vehículos para compartir los gastos de desplazamiento (en varias ciudades españolas podéis encontrar agencias de este tipo). El sistema suele dar buenos resultados. Aquí abajo os damos unos cuantos números de teléfono y direcciones que os pueden ser muy útiles.

– **Freewheelers:** Reino Unido: información: ☎ (0191) 222 0090 es una agencia bien establecida, con tarifas muy aceptables para los viajes de plazas compartidas. Nos han dicho que Freewheelers, a distintos trotamundos les ha funcionado muy bien.

– **Barnastop:** Barcelona: ☎ (93) 318 2731. Carrer Pintor Fortuny 214 1º, 08001. Ponen en contacto a viajeros y conductores, con destinos a países europeos y también a distintos puntos de nuestra península.

– **Iberstop:** Málaga: ☎ (952) 254 584. Calle María 13 2º, 29013. Asociación cultural que participa en el sistema de compartir coche (Comparco). Iberstop-Málaga forma parte de la Asociación Nacional Iberstop España y de la Federación Internacional Eurostop, con sede en Bruselas.

– **Federación Internacional de Campings:** Madrid: ☎ (91) 448 0724. Edificio España. Grupo 4, piso 11 - 4a., 28013. Expenden el carnet de autoestopista que incluye una renuncia expresa a posibles reclamaciones y una póliza individual de seguro de accidentes.

EN BARCO

Hacia el Reino Unido salen ferries desde Alemania, Bélgica, Dinamarca, Francia, Irlanda, Países Bajos, Noruega y Suecia. España: 2 servicios directos: Santander-Plymouth y Bilbao-Portsmouth. La mayoría de los servicios de ferry conectan con trenes y autobuses. Los servicios regulares llegan incluso a las islas más remotas. Hay ferries que transportan pasajeros y vehículos y otros sólo para pasajeros. Comunican la mayor parte de las islas de Escocia, las islas del Canal, la Isla de Man y las Islas Sorlingues (Scilly). Sealink Stena Line, Swansea Cork Ferries, P & O European Ferries y Brittany Ferries, navegan a la República de Irlanda y a Irlanda del Norte. En el Reino Unido hay muchas compañías pequeñas que ofrecen cruceros regulares y viajes de un día a una serie de islas y a lagos de agua salada. Los ríos locales y los abundantes canales que existen en el país también pueden ser apaciblemente recorridos en barco.

• *Información:* sobre viajes en barco y ferry, la encontraréis en la Oficina de Turismo Británico y en las agencias de viaje. Si planeáis ir en coche, siempre debéis reservar el billete por adelantado y resulta esencial hacerlo en períodos de alta ocupación. Viajar en barco es una manera muy agradable de pasar las vacaciones descansando.

• *Tarifas:* tarea imposible, los distintos servicios de ferry sostienen entre ellos una guerra salvaje y compleja, los precios cambian a cada momento, rigen las más estrictas leyes de su majestad, la reina Competencia, Le Shuttle, es el atizador implacable.

– *P & O European Ferries:* Bilbao: información y reservas: ☎ (94) 423 4477. Ferries Golfo de Vizcaya: Cosme Echevarrieta 1, 48009. Frecuencia: 2 viajes a la semana. Duración travesía: 28 h a 34 h. Tarifas: previa solicitud envían la publicación Car Ferry Guide, con información de horarios, precios y trayectos. Itinerarios: 5, salen de Francia, Bélgica y España, además ofrecen la ruta más corta entre Escocia e Irlanda. Frecuencia: en temporada alta realiza hasta 40 salidas al día, desde distintos puertos europeos. Servicios: disponen de grandes y lujosos Ferries-Cruceros, especiales para transportar vehículos, a bordo de los cuales hay confortables camarotes, restaurantes elegantes, pubs, zonas recreativas infantiles, cine, tiendas, piscina, saunas, discoteca y otros servicios.

– *Brittany Ferries:* Santander: información y reservas: ☎ (942) 21 4272. Fax (942) 36 0950. Calle Cuesta 4 - 2º, 39002. Frecuencia: 2 viajes a la semana. Duración travesía: 24 h. Esta ruta la realiza un transbordador ultramoderno. Reserva de alojamiento: la empresa ofrece el servicio de hospedaje en: Bed & Brekfast, apartamentos, pensiones, hoteles, casas de campo, campings. Otros servicios: distintas diversiones a bordo, camarotes particulares, diferentes atenciones y comodidades.

– *North Sea Ferries:* Madrid: información y reservas: ☎ (91) 532 9816. Abordo, S.L. Calle Alcalá 42 - 5º, 28004. Itinerarios: viaja al norte de Inglaterra y Escocia. Servicios: en el precio del pasaje queda incluido: cena, un desayuno-buffet, veladas llenas de diversiones, varios espectáculos y por supuesto, las atenciones y confort habituales en este medio de transporte.

– *Caledonian Mac-Brayne Ltd.:* información general: ☎ (01475) 650 100. Reserva ferry-coches: ☎ (01475) 650 000. The Ferry Terminal, Goruck PA19 1QP Renfrewshire. Popularmente llamada CallMac, es virtualmente un monopolio en las travesías a/y desde 23 islas del oeste de Escocia. Tarifas: no es barato, aunque tiene distintos pases con descuentos especiales. Cuentan con un servicio de planes personalizados, hechos a la medida del cliente. Les indicas el itinerario que piensas realizar y ellos calculan cuánto te costará, aprovechando los descuentos y otras ventajosas ofertas que la compañía tenga en promoción por esas fechas.

– **Sally Ferries:** información telefónica: Madrid: ☎ (91) 532 9816, Abordo, S.L. Barcelona: ☎ (93) 412 72 37. Bcn Air, S.L. Servicios: consultar precios, itinerarios y frecuencia en los teléfonos que os damos, obtendréis información sobre sus rutas por Inglaterra y el País de Gales. Transbordadores con restaurante, comercios, bares, casino y otras atenciones para el solaz y descanso del personal que ha elegido cruzar el Canal en su compañía.

EN COCHE

Llegar al Reino Unido en coche es fácil, y recorrer el país por su red de excelentes carreteras resulta ideal para conocerlo; ellos dicen que no es difícil acostumbrarse a circular por la izquierda. Hay un excelente servicio de ferries (ved apartado «En barco»), además del Eurotunnel (ved apartado «Eurotunnel»).

La Automobile Association (AA) y el Royal Automobile Club (RAC) ofrecen asistencia y asesoramiento a los conductores extranjeros en las oficinas que hay en la mayoría de los puertos de entrada al país. Las autopistas son gratuitas, pero si os apetece conocer la campiña, no lo dudéis ni un instante, transitad por carreteras rurales y gozaréis del paisaje con mayor intensidad. En ruta buscad las señales de tráfico blancas, sobre fondo marrón, indican lugares de interés turístico en las proximidades y otras informaciones útiles. Una ayuda: pedid el ejemplar de *Britain Motoring Itineraires* o el *Exploring Britain by Car* en cualquier Oficina de Turismo Británico, os permitirá planificar vuestros itinerarios con mayor tranquilidad.

– **Dirección General de Tránsito:** España: ☎ 900 12 35 05 y (91) 742 1213. Información sobre el estado de las carreteras españolas.

– **Real Automóvil Club de España (RACE):** asistencia personal y al vehículo (servicio 24 horas): ☎ 900 36 55 05. Asistencia sanitaria urgente (servicio 24 horas): ☎ 900 33 23 32. El RACE dispone, en las 17 autonomías de nuestro país, de una magnífica red de oficinas, delegaciones y representantes oficiales que proporcionan múltiples y variados servicios: ayuda en ruta, asistencia nacional e internacional, agencia de viajes, información de los mejores itinerarios turísticos para viajar por carretera, seguros de cobertura de incidencias y otras ventajas, todo ello de ámbito nacional e internacional. Aunque no seáis socios, también os atenderán; evidentemente la información es normalmente gratuita, pero los servicios se pagan religiosamente.

– **Royal Automobile Club (RAC):** Reino Unido: Ayuda en autopista: servicio 24 horas: ☎ 0800 82 82 82. Oficina central: ☎ (0181) 686 0088. PO Box 100, RAC House, 7 Brighton Road, South Croydon CR2 6XW.

– **Automobile Association (AA):** Reino Unido: Ayuda en autopista: servicio 24 horas: ☎ 0800 88 77 66. Oficina central: ☎ (01256) 20123. Fanum House, Basingstoke, Hants RG21 2EA.

– **National Breakdown:** Reino Unido: Ayuda en autopista (servicio 24 horas): ☎ 0800 40 06 00.

AVISO: En el Reino Unido, aunque tampoco seáis socios, si os encontráis en un apuro, llamad a los teléfonos del RAC, AA o, al National Breakdown; pero debéis prepararos, la factura también subirá lo suyo. Lo mejor es tener contratada una póliza que proporcione cobertura suficiente, para no correr riesgos innecesarios, con una empresa de seguros, lo cual os ayudará sobremanera a solventar las siempre enojosas incidencias que os pudieran surgir durante el viaje, sin tener que dejar en su caja registradora hasta la camisa.

Alquilar un coche

Pedid la publicación *Vehicle Hire*, en cualquier oficina de turismo; se informa de las distintas empresas de alquiler de coches que trabajan en el país. Encontraréis oficinas de alquiler de coches en los principales aeropuertos y estaciones de tren. Si queréis un coche automático, indicarlo al hacer la reserva.

Pagar siempre, en todas las agencias, con tarjeta de crédito, de lo contrario hay que depositar una fianza en metálico.

El precio del alquiler incluye seguro de pasajeros, daños a terceros, seguro contra robo e incendios. Muchas compañías no alquilan coches a menores de 21 años y algunas de ellas sólo lo hacen a partir de los 25 años; tampoco a mayores de 70 y 75 años. El conductor deberá acreditar, por lo menos, un año de experiencia al volante.

RECORDAD: siempre hay que consultar, con sumo cuidado, todas las condiciones. **ATENCIÓN:** ya sabéis que los británicos conducen por el lado izquierdo. **NO OLVIDAR:** el carnet de conducir, en vigor, naturalmente.

– *British Rail:* ofrece en la mayoría de estaciones de ferrocarril este tipo de servicio. Es mejor reservar antes del viaje y el coche os estará esperando al llegar. Si necesitáis un coche en alguna estación de menor importancia, es recomendable encargarlo 24 horas antes.

– *Otros vehículos:* en el Reino Unido también hay agencias de alquiler de caravanas y de motos. Tarifas: alquilar un coche durante una semana, de 1 300 a 1 600 cc., kilometraje ilimitado, (gasolina aparte), oscila entre las 30 000 y 80 000 ptas. (1996). Consultad precios en varias oficinas de alquiler, hay muchas, os podéis ahorrar dinero. En Holiday Autos: aseguran que son la empresa más competitiva que se puede encontrar: un coche pequeño viene a costar 26 000 ptas. (1996) a la semana (ved dirección y teléfono más abajo).

– *Best Western:* España: ☎ 900 99 39 00, llamada gratuita. Reino Unido: Londres: ☎ (0181) 541 0033. Fuera de Londres: (0345) 737 373. En Gran Bretaña el coste de la llamada lo abona el cliente. Reserva de alojamiento: además de alquiler de coches, facilita alojamiento en ruta.

– *Holiday Autos:* Londres: ☎ (0171) 491 1111. 25 Savile Row, Mayfair, W1X 1AA. Se dice que tiene las tarifas más ajustadas de todo el mercado y también que están bien recomendadas por la mayoría de usuarios. En Holiday Autos pretenden ser imbatibles en precios.

El EUROTUNNEL

Con el Eurotunnel del Canal de la Mancha, el Reino Unido ha dejado de ser una isla. Este tunel supone una conexión vital entre la Europa continental y Gran Bretaña, ya que los trenes lanzadera de alta velocidad, Le Shuttle, que circulan entre Coquelles en Calais, Francia y Folkestone en el Condado de Kent, Reino Unido, permiten unir la red de autopistas francesas con las británicas. El tren de alta velocidad Eurostar conecta París, Bruselas, Lille y Amsterdam con Londres y a partir del verano de 1996, con otras ciudades de Gran Bretaña.

– *Le Shuttle:* España: Madrid: información por escrito: Eurotunnel-Le Shuttle, c/o The Blue & Green, C/. Prim 19, 28004 y también tienen apartado de correos: Centro de Control de Respuesta Le Shuttle, apartado de correos 667, 28080. Información general: podéis obtenerla en todas las autonomías, acudiendo a las distintas delegaciones de la Oficina de Turismo Británico y a las agencias de viajes. Francia: Terminal de Calais: información: ☎ (16) 21 00 61 00. Gran Bretaña: información y ofertas: ☎ 0990 35 35 35, llamar para conocer las últimas ofertas del momento, ahorraréis dinero.

• *Frecuencia:* 24 horas al día. 365 días al año. Horario habitual: de 7 h a 21 21 h , 2 lanzaderas cada hora, y de 21 h a 7 h, 1 salida cada 75 minutos. En temporada alta: 4 salidas cada hora.

• *Duración trayecto:* 35 minutos; en el interior del túnel, solamente 25 minutos.

• *Tarifas:* las tarifas varían en función del horario, del número de pasajeros y del tipo de vehículo que tengáis. Viajar entre las 18 h y las 6 h siempre resulta más económico. A partir de 5 pasajeros las tarifas de Le Shuttle, calculadas por vehículo, ofrecen una buena rentabilidad calidad-precio, comparando precios y el tiempo que requiere cruzar el Canal en ferry.

ATENCIÓN: si os interesa viajar por Le Shuttle, ojo avizor a las distintas ofertas.

• *Reservas:* en teoría no es necesario reservar con antelación, los billetes pueden comprarse directamente en las estaciones de Le Shuttle, un poco antes de la salida, también en los organismos autorizados y en las agencias de viajes.

• *Servicios:* Transporta pasajeros y vehículos (hasta 180 en época turística). Los que viajen en coche propio, si lo desean, pueden permanecer en el interior. En las terminales francesa y británica hay restaurantes, cafeterías, lavabos, tiendas y oficinas de cambio de moneda. Un sistema de radio y pantallas mantiene informado al pasajero. Al desembarcar en Folkestone, si queréis ir a Londres, la carretera os llevará directamente a la autopista M 20, por la que llegaréis en apenas hora y media.

NOTA: los trámites aduaneros para los ciudadanos de la UE se realizan antes de subir al tren.

– **Eurostar:** Tren de alta velocidad, que une París (estación París-Norte, a pie llegas en pocos minutos a Montmartre y por supuesto las conexiones de metro y autobuses son excelentes), con Londres (estación de Waterloo, muy bien conectada por tren, metro y bus). Sólo transporta pasajeros, capacidad 794 plazas. Resulta imprescindible reservar los billetes con antelación. Se ha de llegar a la estación, como mínimo 20 minutos antes de la salida, para registrarse y cumplir los trámites de seguridad. Normalmente el control de pasaportes, para los ciudadanos de la UE, se efectúa a bordo del tren; las tarjetas de inmigración, para las personas de otras nacionalidades, también se distribuyen durante el trayecto.

• *Información y reservas:* España: Oficinas de RENFE, agencias de viajes, y organismos británicos autorizados. París: estación del Norte, oficinas de la SNCF (red de los ferrocarriles franceses), agencias de viajes y British Rail International: Maison de la Grande-Bretagne, 19 rue des Mathurins, 75009. Londres: información: ☎ (01233) 61 75 75, Customer Relations, European Passenger Services (CREPS): ☎ (0171) 902 3748. EPS House, Waterloo Station, London SE1 8SE, llamar o escribir al CREPS, si requerís mayor información. Directamente en la estación de Waterloo, en agencias de viajes y en cualquier oficina de turismo autorizada. Servicio nocturno europeo: información: ☎ (0171) 922 6176. European Night Service Ltd. EPS House, Waterloo Station, SE1 8SE.

• *Frecuencia:* 12 salidas de lunes a viernes, y 10 el fin de semana.

• *Duración del viaje:* 3 h.

• *Tarifas:* la más económica ha de reservarse con 14 días de antelación y pasar la noche del sábado. La más cara no tiene restricciones).

• *Servicios:* facilidades para personas que necesitan atenciones especiales, previa solicitud sillas de ruedas, en las terminales de las estaciones y durante todo el recorrido. A bordo: áreas familiares y para fumadores. 2 carros, con bebida y comida, tarjetas de teléfono. Los que viajen en primera clase tienen servicio de comidas en la propia butaca. En las terminales se encuentra el mostrador de Eurostar de ayuda al pasajero, cafetería, consigna de equipajes, reserva de hoteles, paradas de taxi, cambio de moneda, alquiler de coches, oficina de información al turista y otros servicios. Conexiones directas con otras ciudades europeas. A partir del verano de 1996, los servicios regionales Eurostar enlazan con Birmingham, Manchester, Peterboroughh, York, Edimburgo y Glasgow.

EN TREN

No hay trenes directos de España a Gran Bretaña, por lo tanto si queréis utilizar este medio de transporte es obligatorio pasar por Francia. Una vez allí, tenéis diferentes opciones donde escoger (ved el apartado Eurotunnel). Lo mejor es adquirir antes de partir alguno de los muchísimos pases con descuento que hay disponibles, prestar mucha atención a las variadas ofertas de las distintas compañías de ferrocarril europeas, sin olvidar British Rail, que comercializa, entre otros, el Eurail Pass, para viajes por Europa y el Britrail Pass (se ha de comprar en el extranjero antes de entrar en el país), para desplazarse por el interior del Reino Unido; Flexipass ofrece distintas ventajas combinadas. Debido a la obsesión privatizadora de los últimos gobiernos británicos, los precios de los billetes de tren se han puesto por las nubes, lo cual ha contribuido a que su utilización haya bajado en picado desde la pasada década. Gracias a esta política, viajar en ferrocarril por el Reino Unido se ha convertido en un galimatías de múltiples tarifas-reducidas y descuentos especiales. A pesar de todo, sale caro contemplar el paisaje a través de la ventanilla panorámica de un tren británico; eso sí, es una manera encantadora y muy cómoda de disfrutar de vuestras vacaciones. **LO MÁS ACERTADO:** consultar a un profesional experto en viajes o/y acudir a la Oficina de Turismo Británico y a los agentes autorizados.

• *Información y reservas:* España: en todas las oficinas de RENFE: Madrid: información nacional: (91) 328 9020. Barcelona: información y reservas por teléfono: billetes de largo recorrido: (93) 490 0202, servicio de entrega a domicilio. Información y venta internacional: ☎ (93) 490 1122. El servicio internacional de RENFE está centralizado en Barcelona. Es aconsejable visitar las agencias de viajes y representantes británicos autorizados en nuestro país para recopilar detalles de cómo llegar en tren a Gran Bretaña. Francia: es fácil enterarse de las mejores ofertas y comprar los billetes, en las 200 oficinas de la SNCF (Ferrocarriles Franceses), en las agencias de viajes y en los diversos representantes británicos autorizados. Reino Unido: ir a las oficinas de British Rail y a las agencias de viajes. También encontraréis lo que buscáis en la red de Oficinas de Turismo Británico y en organismos de viajes autorizados, nacionales e internacionales.

A ESCOCIA POR LA RUTA DIRECTA

Escocia es un país pequeño y hermoso, rodeado de agua por tres partes, que tiene cerca de 790 islas, de las cuales 130 están habitadas. Cuenta con sólidas infraestructuras turísticas y con una magnífica red de comunicaciones aéreas, ferroviarias, terrestres y sobre todo marítimas. En esta guía se ofrece información que trata sobre Escocia en partícular (ved también los distintos apartados de «¿Cómo ir a Gran Bretaña?»).

En avión

Enlaces directos con ciudades británicas, de Europa y diversos vuelos internos a las islas del oeste y del norte. AIRPASSES: sólo válidos en vuelo regular internacional, se han de comprar en el extranjero antes de partir. Resultan mucho más económicos para enlazar distintos lugares de Escocia con otras ciudades del Reino Unido.

En barco

La compañía *North Sea Ferries* realiza una ruta alternativa de gran interés para aquellos que se dirijan directamente a Escocia, pues comunica Zeebrugge en Bélgica, con Hull, ciudad inglesa a medio camino entre Londres y Edimburgo. Esta alternativa ofrece el aliciente de poder visitar Brujas, sólo por ver esta joya del norte de Europa ya merece la pena el viaje. Reducciones a los estudiantes del orden de un 40 % de descuento. Hay igualmente una tarifa familiar, válida para un máximo de 4 personas que se alojan en el mismo camarote. Tarifas: incluyen cena y desayuno. El buffet de la cena es particularmente abundante y variado: 5 platos calientes a elegir, buffet frío, etc. **NOTA:** la mayoría de las compañías que enlazan con Dover ofrecen varios trayectos a Escocia y el norte de Inglaterra sin detenerse en Londres. **ATENCIÓN:** en las épocas de mayor afluencia de viajeros es imprescindible efectuar la reserva de plazas, con 3 o 4 meses de antelación.

En tren

Los trenes de British Rail que hacen el recorrido desde Londres a Escocia salen de la estación de King's Cross, excepto ciertos trenes con destino a la costa Este y los nocturnos que parten exclusivamente de la estación de Euston.

AGENCIAS Y ORGANISMOS DE VIAJES

Si deseáis hacer un viaje tranquilo y cómodo, os aconsejamos acudir a cualquier agencia de viajes, donde un profesional os informará sobre que mayorista tiene el programa que más se ajusta a vuestro ideal. Deberéis pensar que la cotización de la libra esterlina siempre anda por las nubes, comparada con nuestra humilde y casi desaparecida peseta (1996) y que, por lo tanto ir de visita a Gran Bretaña, nos cuesta a los peninsulares un ojo de la cara.

– *Nouvelles Frontières:* Oficina Central en España: Barcelona: ☎ (93) 318 6898 y 318 6184. Carrer Balmes 8, 08007. Oviedo: (98) 520 4030. León: (987) 260 990. Lorca: (968) 444 979. Madrid: ☎ (91) 547 4200. Castellón: (964) 260 019. Valencia: (96) 351 5805 y 351 5220. Reus: (977) 343 839. Santiago de Compostela: (981) 575 036. Figueres: (972) 670 239. Oficina en Londres: (0171) 629 7772. Blenhein Street, W 1. Este minorista incluye en sus programas destinos al Reino Unido, proponiendo a sus clientes diversas opciones de viaje. Entre ellas cabe mencionar la iniciativa individual, apropiada para personas habituadas a viajar en solitario. En Nouvelles Frontières tendréis un abanico abierto de múltiples posibilidades donde elegir, un hotel de primera categoría o uno de tarifas más ajustadas a presupuestos normales. Una agencia de viajes con auténtica solera.

– *ICAB:* Madrid: ☎ (91) 431 0246. Barcelona: ☎ (93) 322 3852. Agente delegado en Londres: (0171) 221 3800. Para personas con nivel adquisitivo medio-alto y alto. Ofrece servicios de itinerarios sugeridos «coche+hotel», alquiler de mansiones, *cottages*, caravanas, castillos, apartamentos, etc., estancias programadas para estudiar inglés, paquetes de viaje propios y de mayoristas. A veces hay sorpresas con los precios, y en ciertas ocasiones, no está de más consultar a una agencia de viajes de más altos vuelos, por si surge alguna oferta razonable. Es miembro colaborador de las Oficinas de Turismo Británico y de Irlanda.

– *Halcón Viajes:* información general de ámbito nacional: ☎ (902) 30 06 00. Este halconero mayor ofrece una red de 480 oficinas, repartidas en todas las ciudades y localidades importantes de las 17 autonomías del Estado. Tiene los servicios normales de una agencia de viajes, además de ofertas propias para diferentes viajes turísticos, realizados en aviones de la compañía Air Europa, otra de las empresas del grupo. Los precios y servicios, como ya es norma de la casa, tienen un buen nivel competitivo. Para bolsillos normales y para todos aquellos que cuiden su dinero. Atiende personal joven, eficiente y amable.

– **Años Luz:** Madrid: ☎ (91) 445 1145 y 445 5962. Calle Rodríguez de San Pedro 2, oficina 1202, 28005. Barcelona: ☎ (93) Ronda Sant Pere 11, 6ê, 3a., 08010. Bilbao: ☎ (94) 424 4265 y 424 2215. Calle Ledesma 7, 1º izqda., 48001. Buenas tarifas aéreas y viajes alternativos bien hechos.

– **Karacol Ocio y Viajes:** Sevilla: ☎ (95) 421 0062 y 421 0097. Imagen 6, 3º, 410034. Viajes en bicicleta por Europa y España. Rutas a pie. *Trekking.*

– **Rosa dels Vents:** Barcelona: ☎ (93) 318 2593 y 318 2414. Ramblas 55, 08002. Circuitos clásicos muy económicos.

– **Abando:** San Sebastián: ☎ (943) 420 040. Boulevard 25, 20002. Bilbao: ☎ (94) 423 0802. Calle Enau 31, 48009. Antes relacionada con Rosa dels Vents, ahora independiente.

– **A Toda Marcha:** Madrid: ☎ (91) 247 1829 y 247 1844. Calle Alberto Aguilera 31, 1º, 28015. Agencia muy vitalista.

– **Comunidades Autonómas, Ayuntamientos y organismos estatales:** en nuestro país, las 17 Comunidades Autonómas, los Ayuntamientos y otros organismos estatales, disponen de distintas redes de oficinas y delegaciones de turismo y de diferentes servicios de información relacionados con viajes a países extranjeros, en los cuales asesorarse acerca de los diversos recursos que las administraciones públicas ponen a disposición del ciudadano. Estas entidades también gestionan varios programas para jóvenes, dirigidos a facilitarles el acceso a la información de las ventajas y oportunidades que les puede reportar participar y/o acogerse a dichos programas, dentro del territorio nacional, en la UE y en otros lugares del mundo. Aquí abajo algunos ejemplos:

– **TIVE (Oficina Nacional de Turismo para Jóvenes y Estudiantes):** Madrid: ☎ (91) 347 7700. Calle José Ortega y Gasset 71, 28006. Murcia: ☎ (968) 213 261. Manresa 4, 30004. Toledo: ☎ (925) 212 062. Trinidad 8, 45002. Castelló: ☎ (964) 218 324. Balmes 1, 12002. Salamanca: ☎ (923) 267 731. Plaza de la Constitución 1, 37001. Córdoba: ☎ (957) 204 341. Paseo de la Victoria 37, 14004. La Laguna (Tenerife): ☎ (922) 259 630. Avenida Heraclio Sánchez 32, 38204. Estos son algunos ejemplos de oficinas TIVE, organismo dependiente del Instituto de la Juventud que administra una red de 42 oficinas, repartidas por todo el país. En estas oficinas os asesorarán sobre: tarifas aéreas promocionales o sujetas a reducción de tasas, direcciones de albergues y hoteles económicos. También os proporcionarán información sobre cultura, intercambios, programas especiales, trabajo voluntario, trabajo y reconstrucción, etcétera.

– **Oficina de Turisme de la Generalitat de Catalunya:** Barcelona: ☎ (93) 301 7443. G.V. Corts Catalanes 658, 08010.

– **Institut Català de Serveis a la Joventut/Agencia Viva:** Barcelona: ☎ (93) 483 8383 y (93) 483 8378. Carrer Rocafort 116-122, 08015.

Direcciones útiles

Información de Gran Bretaña en España

– **Oficina de Turismo Británico:** Madrid: ☎ (91) 541 1396. Fax (91) 542 8141. British Tourist Authority (BTA), Torre de Madrid 6-7, Plaza de España 18, 28008.
– **Embajada Británica:** Madrid: ☎ (91) 319 0200. Calle Fernando el Santo 16, 28010.
– **Consulado Británico:** Madrid: ☎ (91) 308 5201. Calle del Marqués de la Ensenada 16, 2º piso, 28004.
– **Instituto Británico:** Madrid: ☎ (91) 337 3500. Pº General Martínez Campos 31, 28010.
– **British Airways:** Madrid: ☎ (91) 431 7575. Calle Serrano, 60, 28010.
– **Consulado Británico:** Barcelona: ☎ (93) 419 9044. Avinguda Diagonal 477, piso13º, 08036.
– **Cámara de Comercio Británica:** Barcelona: ☎ (93) 317 3220. Passeig de Gràcia 11, A-2º 1ª, 08007.
– **Instituto Británico:** Barcelona: ☎ (93) 209 6090. Carrer Amigó 83, 08021.
– **British Airways:** Barcelona: ☎ (93) 487 2112. Passeig de Gràcia 85, 3º, 08008.

El Reino Unido dispone de sedes consulares en varias ciudades del Estado Español. El Instituto Británico y British Airways tienen delegaciones en diversas ciudades de nuestra geografía.

Organizaciones de Turismo en Gran Bretaña

– **Tourist Information Centres (TICS):** en el Reino Unido hay unos 800 TICS donde obtener información sobre Inglaterra, Gales, Escocia e Irlanda del Norte, es muy fácil. Las oficinas están situadas, por regla general, en el centro de las ciudades, en las principales carreteras y en todos los puntos de entrada a Gran Bretaña.
En algunas de las organizaciones de turismo de Gran Bretaña solamente se puede obtener información acudiendo personalmente. A continuación las encontrarás señaladas con el símbolo §.

LONDRES

§– **British Travel Centre**: 12 Lower Regent Street, Piccadilly Circus, SW1Y 4PQ. Horario: abierto 7 días a la semana, de lunes a viernes de 9 h a 18 h 30; sábados de 9 h a 17 h y domingos de 10 h a 16 h. Los sábados de mediados de mayo a septiembre abren hasta más tarde. Información: En este organismo se hallan ubicadas las oficinas de turismo de Inglaterra, Escocia, Gales, Irlanda del Norte y la República de Irlanda. El British Travel Centre, está a sólo 3/4 minutos a pie de Piccadilly Circus, reúne a British Tourist Authority (BTA), British Rail y American Express. En conjunto, podría decirse que, los tres ofrecen la información de viajes y el servicio de reservas más completos de Londres. Está atendido por personal competente y simpático, que habla distintos idiomas, entre ellos el español. Servicios: en el British Travel Centre podrás efectuar diversas gestiones: reservas de tren, avión, coche, entradas de teatro, alojamiento, recorridos turísticos y además cambio de moneda. Por supuesto que también te proporcionarán información general sobre toda Gran Bretaña en distintos idiomas, orientación sobre viajes y las mejores ofertas disponibles en ese momento. La documentación informativa es por regla general gratuita, aunque en ocasiones alguna publicación especial hay que pagarla. El Centro tiene una interesante librería, con más de 1 400 mapas y guías de viajes y una tienda de regalos. **NOTA:** Está previsto el traslado de la sede del British Tourist Centre a un nuevo local en el entorno de Piccadilly Circus, a fines de 1996, principios de 1997.

§– *London Tourist Board:* dispone de una oficina en la planta sótano de los almacenes Selfridges, situados en Oxford Street, W1, justo a la altura de Orchard Street.

§– *London Tourist Board:* Heathrow Terminales, 1, 2 y 3. Underground Station Concourse, Aeropuerto de Heathrow.

§– *London Tourist Board:* Liverpool Street Underground Station, EC2.

§– *Tourist Information Centre:* Victoria Station Forecourt, SW1. Información sobre Londres y Gran Bretaña y servicio de reservas.

– *English Tourist Board:* Thames Tower, Black´s Road, Londres W6 9EL. Sólo información por escrito.

– *Northen Ireland Tourist Board:* ☎ (0171) 493 0601. Fax 07 44 (171) 409 0487. 11 Berkely Street. W1X 6BU.

– *Scottish Tourist Board:* ☎ (0171) 930 8661/2/3. Fax 07 44 (171) 930 1817. 19 Cockspur Street, SW1Y 5BL.

– *Postbus Transport Services:* el Royal Mail dispone de una flota de minibuses y coches rojos para repartir el correo a las granjas más remotas de Gran Bretaña; admiten pasajeros a un precio razonable. Una manera pintoresca y original de darse una vuelta por el campo y conocer a su gente. Información y horarios: se pueden obtener en las oficinas de turismo británico, aunque lo mejor será solicitarla por escrito a: The Post Office Public Affaires Department, 130 Old Street, London EC1V 9PQ, UK. En esta dirección se ofrecerán información de los recorridos por Inglaterra y Gales, mientras que en The Post Office Public Relations Unit, West Port House, 102 West Port, Edinburgh EH3 9HS, UK., os asesorarán sobre los itinerarios que se pueden realizar por territorio escocés. ¡Una idea simpática!

AVISO: las plazas son limitadas. Y lo más importante, no se debe planificar el viaje de manera que se dependa única y exclusivamente del servicio Postbus.

– *London Telephone Information Service:* ☎ 0839 123 456, el servicio sólo es operativo desde el Reino Unido. El usuario debe abonar el precio de la llamada que en 1996 era de 39p/49p, por minuto. Telefonear desde el hotel resulta siempre más caro.

ESCOCIA

– *Scottish Tourist Board:* ☎ (0131) 332 2433. Fax 07 44 (131) 343 1513. 23 Ravelston Terrace, Edimburgo EH4 3EU. Sólo información por teléfono y por escrito. Dispone de una sólida red de consejos locales reforzados por 140 Oficinas de Turismo.

GALES

– *Wales Tourist Board:* ☎ (01222) 499 909. Fax 07 44 (1222) 485 031 Brunel House, 2 Fitzalan Road, Cardiff CF2 1UY. Este Organismo regional dispone de una red de 60 centros de información al turista.

INGLATERRA

– *English Tourist Board:* Inglaterra cuenta con 11 consejos regionales de turismo y una red de más de 600 oficinas. Ver la amplia información reseñada en la sección de Londres.

IRLANDA DEL NORTE

- **Northern Ireland Tourist Board:** ☎ (01232) 246 609. Fax 07 44 (1232) 240 960. 59 North Street, Belfast BT1 1NB.

Formalidades

Pasaporte vigente o DNI (para los menores, autorización paterna para salir del país, si no poseen más que el Documento Nacional de Identidad).
Para el coche: permiso de conducir español, carta verde. ATENCIÓN: los ciudadanos no pertenecientes a la Unión Europea necesitarán mucha diplomacia para obtener el visado temporal gratuito en Dover, ya que, teóricamente, la compañía marítima no debería de haberles dejado llegar hasta allí, por lo que estarán sujetos a una multa. Pensadlo antes. Podéis obtener información en el servicio de visados de la Embajada de Gran Bretaña en Madrid, o en vuestro propio consulado... En caso de urgencia, dirigíos al consulado de Gran Bretaña en los puertos.

Advertencias

No se os ocurra llevar una bomba lacrimógena en el coche, ni por supuesto en el bolso. En el Reino Unido es un delito por lo que os arriesgáis a ir a parar a la cárcel o a pagar una multa elevada por tenencia ilícita de armas. Le ocurrió a una de nuestras lectoras.
Tampoco penséis en llevaros vuestro animal favorito: si un aduanero se da cuenta, os costará 1 000 libras esterlinas de multa, dos días de prisión y la expulsión fulminante.

Moneda

En febrero de 1971 la moneda se fraccionó siguiendo el sistema decimal. Así, la libra esterlina está dividida en 100 peniques nuevos (*pence*). Monedas de 50 p, 20 p, 10 p, 5 p y 1 penique, y monedas de una libra con distintos dibujos que simbolizan las regiones de Gran Bretaña. Atención: las antiguas monedas de 1 y 2 chelines son aún válidas; de idéntico tamaño que sus hermanas, equivalen respectivamente a 10 y 5 peniques.
Se puede cambiar dinero en los bancos y también en ciertas agencias de viajes (que a veces abren los domingos) o, para salir del apuro, en los grandes hoteles. Está claro que las agencias ofrecen un cambio más ventajoso. Si se cambian cheques de viaje, se tendrá en cuenta que los bancos británicos cobran tasas muy altas.
Escocia posee sus propios billetes de banco, que por lo general son aceptados en toda Gran Bretaña.
Durante la semana, los bancos abren de 9 h 30 a 16 h 30 (15 h 30 en el País de Gales y en Irlanda del Norte). En Escocia, los bancos están abiertos de lunes a viernes de 9 h 30 a 16 h 30 (los jueves hasta las 18 h). Atención: durante la semana algunos bancos escoceses cierran entre 12 h 30 y 13 h 30. En el Reino Unido la mayoría de los grandes bancos abren los sábados por la mañana.
- **Western Union Money Transfert:** ☎ 800 833 833, o bien el (0181) 741 3669. En caso de necesitar dinero en efectivo, con suma urgencia, (por haber perdido los cheques de viaje, las tarjetas de crédito o los billetes de Banco), saldréis del apuro gracias al sistema Western Union Money Transfert. Si la pasta gansa voló, llamad a cualquiera de los dos teléfonos que figuran en este apartado.

Estancias e Idioma

Quizá habéis decidido refrescar vuestro inglés... Pues estáis de suerte ya que existen muchísimos métodos para lograrlo. Es difícil no caer en la trampa.

Los cursillos antes del viaje

• Sin conocimientos previos de inglés

Olvidáos de los cursillos en clase con un profesor y buscad un método con casetes. Es necesario un gran esfuerzo de voluntad para escucharlos cada día. Como estos métodos suelen poner más énfasis en la gramática que en la comunicación, al cabo de unos meses se saben decir muchas cosas, pero se comprenden pocas.

• Con conocimientos previos de inglés

Revisad vuestro inglés con textos bilingües anotados o con periódicos y revistas en inglés. Existe una revista (*The English Journal*) especialmente destinada al repaso de inglés que incluye vocabulario y casetes para escuchar los textos mientras se lee.
En clase. La mejor relación calidad-precio se obtiene con los cursos del Instituto de Estudios Norteamericanos y en el British Institute.

• Las clases particulares

Es lo mejor. Los que no saben ni una palabra de inglés pueden conseguir una buena base si consiguen un profesor experto. También es útil el intercambio de idiomas con un estudiante anglófono. Pueden encontrarse direcciones en el Instituto de Estudios Norteamericanos, en el British Institute, en las cafeterías de estilo norteamericano (The Chicago Pizza Pie Factory y Henry Bean's) y en las librerías inglesas.

Los cursillos *in situ*

Hay que alojarse con una familia y completar el aprendizaje con clases de inglés. Las estancias organizadas son una auténtica «industria», pero para sacarles más provecho conviene evitar los lugares excesivamente frecuentados.
Hay una serie de direcciones en los folletos gratuitos de la Oficina de Turismo Británico: *Stay with a British family* y, para los cursos, *Britain: learning English*. También una relación crítica de los cursos con consejos en el *British Council*: 10 Spring Gardens, London SW1A 2BN. ☎ (0171) 930 8466.
Tres semanas es el mínimo para que vuestros esfuerzos den frutos. Algunos organismos realizan exámenes (*Arels-Felco, British Council*), pero ninguno puede garantizar realmente la seriedad y la eficacia de los cursos.
También podéis participar en una estancia organizada en Gran Bretaña para realizar un deporte, una actividad artesanal, cultural... en la que seréis los únicos españoles. Como en Gran Bretaña estas actividades están bastante extendidas, resultan más baratas que en España. Especialmente difundidas y simpáticas son las marchas a pie o *hiking*, generalmente a ritmo lento, puesto que los británicos se interesan por la naturaleza mucho más que nosotros. Direcciones en *Britain Young Traveller´s Guide* en la Oficina de Turismo Británico.

• Especial adolescentes

Los profesores les aconsejan, generalmente, una estancia en familia con clases a partir del segundo año de inglés; pero con sólo un curso creemos que es suficiente para obtener un estimable rendimiento. Existen también fórmulas para los más jovenes, en grupo antes de la iniciación lingüística. Si no queréis que vuestros hijos tengan demasiado tiempo libre, haced que elijan una actividad deportiva por la tarde. Se aconseja darles unas veinticinco libras esterlinas a la semana para sus gastos. La experiencia da buenos resultados una vez de cada dos, y vuestros hijos no pedirán que los cambien de familia, y menos aún de profesores.

Más agradable y menos caro es hacer un intercambio con un inglés, ver *National Express Young Traveller's Guide*.
Si vuestros hijos son espabilados, mandadlos a una colonia con niños ingleses, sin cursos. ¡Los resultados serán sorprendentes!
Encontrarás las direcciones también en la Oficina de Turismo Británico, que publica asimismo una lista de todas las organizaciones.
Gran Bretaña es un país ideal para patear con vuestros hijos; existen numerosos descuentos en los hoteles y gran variedad de actividades recreativas para todas las edades. Además, los ingleses se dirigirán con más facilidad a vosotros tomando como pretexto a los niños.

• *Deporte y lengua inglesa*

– La Oficina de Turismo Británico edita un fascículo *English sports holidays*, donde encontrarás abundante información y las direcciones.

¿Dónde encontrar libros ingleses en España?

Aquí reseñamos sólo algunas de las librerías que ofrecen un extenso surtido de diversas publicaciones en inglés:

– *En Madrid*
• *Años Luz Libros:* Calle Francisco de Ricci 8, 2805.
• *Aventurero:* Toledo 15, 28005. Ejemplares poco frecuentes y singulares sobre el tema de viajes.
• *Casa del Libro:* ☎ (91) 521 2113. Gran Vía 29, 28013.
• *Crisol:* Juan Bravo 38, 28006. En sus estanterías hay ejemplares inusuales y curiosos sobre temas de viajes.
• *FNAC:* ☎ (91) 595 6200. Calle Preciados 28, 28013.
• *La Tienda Verde:* ☎ (91) 533 0791. Calle Maudes 38, 28003.
• *Librería deportiva:* ☎ (91) 521 3868. Plaza de Pontejos 2, 28012.
• *Libros de Viajes:* ☎ (91) 402 5216. General Díaz Porlier 93, 28006.
• *Phoebe:* ☎ (91) 549 3000. Fernández de los Ríos 95, 28015. Surtido de material relacionado con la orientación y la topografía.
• *Tierra de Fuego:* ☎ (91) 522 1264. Calle del Pez 21, 28004.
• *Turner English Books Shop:* ☎ (91) 319 0366. Calle Génova 3, 28004.

– *En Barcelona*
• *Altaïr* (Librería de Viajes y Náutica): información: ☎ (93) 454 2966. Venta por correo: ☎ (93) 454 5454. Carrer Balmes 69, 08007. Especializada en temas de viajes, antropología, montañismo y de navegación. Altaïr tiene una documentación variada y cartografía de gran interés para quienes les mola el viaje con un cierto sabor de aventura. Ofrece al cliente un excelente servicio de asesoramiento e información muy interesante para preparar sus viajes.
• *BCN Books:* ☎ (93) 487 3123. Carrer Aragó 277, 08007.
• *Come In:* ☎ (93) 453 1204. Carrer Provença 203, 08008.
• *Crisol:* Carrer Consell de Cent 341, 08010.
• *Díaz de Santos:* ☎ (93) 212 8647. Carrer Balmes 417-419, 08022.
• *English Bookshop:* ☎ (93) 200 4147. Carrer Calaf 52, 08021.
• *FNAC:* ☎ (93) 444 5900. Avinguda Diagonal 549, Centro Comercial L'Illa, 2ª planta, 08029.
• *Librería Francesa:* ☎ (93) 215 1417. Passeig de Gràcia 91, 08008. Cuenta con un servicio internacional, sección de libros de idiomas, turismo y viajes.
• *Librería Herder:* ☎ (93) 317 0578. Carrer Balmes 26, 08007. Esta librería ofrece un importante servicio internacional de compra de libros.
• *Look:* ☎ (93) 218 9612. Carrer Balmes 155-157, 08008.

– *En Bilbao*
• *Librería Borda:* ☎ (94) 415 9465. Calle Cuevas de Santimamiñe 2, 48005.
• *Librería Flote:* ☎ (94) 441 5085. Calle Autonomías 76, 48012.

– En Oviedo
- *Oxígeno:* ☎ (98) 22 7975. Calle Manuel Pedregal 4, 33001.
– En Pamplona
- *Librería Muga:* ☎ (948) 22 2529. Calle Navarrería 20, 31001.
– En Zaragoza
- *Librería Cálamo:* ☎ (976) 55 7318. Plaza San Francisco 5, 50006.

En las grandes librerías y en los quioscos de periódicos y revistas bien surtidos suelen tener una sección dedicada a obras publicadas en inglés. El Instituto de Estudios Norteamericanos y el British Institute tienen bibliotecas muy bien surtidas.

Trabajar en Gran Bretaña

Unid lo práctico a lo agradable (?) y arrimad el hombro; la situación del empleo es difícil allí, pero podéis encontrar algún trabajo temporal, poco remunerado y más o menos llevadero: la Oficina de Turismo Británico os venderá en esta ocasión *Working Holidays*; también lo encontrarás en el Central Bureau for Educational Visits and Exchange: ☎ (0171) 486 5101. Seymour Mews House, Seymour Mews, London W1H 9PE.
Ahora algunas direcciones que os pueden ayudar:
– Asociación de Jóvenes Agricultores: (91) 533 6764. Calle de Agustín de Betancourt 17, 28003 Madrid. Proponen varios programas en colaboración con diversas entidades nacionales y europeas. Jóvenes de 18 a 40 años.
– Club de Relaciones Culturales Internacionales: (91) 541 7103. Calle de Ferraz 82, 28008, Madrid. Es miembro de la European Federation of Intercultural Learning, ofrece a los jóvenes el programa «europrácticas», de corta duración, que se lleva a cabo en empresas de la UE.
– Hotel and Catering Training Co.: ☎ (0171) 836 8838. 3 Denmark Street, London, WC2H 8LP. Empleos temporales en prácticas, para realizar la primera estancia.
– Au pair: cualquier dirección y reglamento figura en el folleto *Britain Young Traveller's Guide*, editado por el British Tourist Authority (BTA), que podréis encontrar en la Oficina de Turismo Británico.

Alojamiento

– Albergues de juventud (Youth Hostels): Gran Bretaña ostenta el récord mundial de mayor densidad de Albergues Juveniles. Siempre limpios y confortables, a menudo los encontrarás instalados en grandes mansiones, incluso en castillos. Estos últimos aparecen en la presente guía. En los AJ se admiten a los automovilistas, pero los caminantes y los ciclistas tienen prioridad. El carnet internacional de AJ es imprescindible, de lo contrario deberéis pagar un suplemento. Las familias que viajen con niños menores de 14 años se pueden beneficiar de un carnet familiar (para las parejas de hecho con el certificado de convivencia es suficiente). Límite de estancia: cuatro días consecutivos, excepto en algunos AJ que ofrecen estancias semanales e incluso tienen bungalows para las familias. Alojamiento en dormitorios comunales; aviso a los enamorados (y a los otros), los dormitorios no son mixtos. Derecho a cocina (equipados con utensilios de cocina y a veces, incluso, con algunas provisiones). El saco desplegable con cremalleras está prohibido, pero en los AJ británicos los sacos de dormir de una pieza están incluidos en el precio de la cama.
Atención, los AJ están cerrados de 10 h a 17 h. El encargado (*warden*) por lo general rehusa hacer inscripciones después de las 22 h.
Conviene saber que *Britrail* ofrece una fórmula de vales intercambiables por una noche en un AJ (alquiler de sábanas incluido).

• **Carnet de alberguista:** en España se puede obtener en distintos organismos oficiales de turismo y de servicios a la juventud. Algunas direcciones: Madrid: Dirección general de la Juventud: ☎ (91) 580 42 16. Calle de Alcalá 31, 28014. Sevilla: Interjoven: ☎ (95) 455 82 9693. Calle Turia 46, 41011. Barcelona: Turisme Juvenil de Catalunya: ☎ (93) 483 8363. Carrer de Rocafort 116-122, 08015.

– **YMCA:** de obediencia cristiana, se trata de hogares para jóvenes trabajadores que disponen a menudo de algunas habitaciones para huéspedes transeúntes. Son más impersonales que los AJ y sobre todo más caros. Algunos YMCA tienen los mismos precios que los Bed & Breakfast. Hábil transición.

– **Los Bed & Breakfast:** menos caros que los hoteles, pero tampoco baratos. Son habitaciones que se alquilan en casas particulares, algo que en España aún puede encontrarse en algunos pueblos pequeños. Muy interesantes para conocer la mentalidad inglesa y hablar el idioma. El desayuno, como el nombre indica, está incluido en la tarifa. Las *guesthouses* son también B & B.

El *Bed & Breakfast* corresponde a un sentido de la hospitalidad auténticamente inglés. En ciertos lugares del campo alejados, algunas granjas ofrecen también B & B. Si están llenas, el granjero pone a menudo un saco de patatas delante del letrero de su granja.

Atención: en algunos B & B es preciso usar una moneda para que el radiador eléctrico funcione.

Se cuelga un pequeño letrero que anuncia «*Bed & Breakfast*», delante de las casas que disponen de habitaciones. Es siempre útil dirigirse al *Tourist Information Centre* de la ciudad, que publica las listas. Algunos B & B hacen reservas, mediante el pago de una pequeña comisión, para el mismo día o para la etapa siguiente, **Book a bed ahead,** muy práctico sobre todo para las vísperas de vacaciones. Las reservas de B & B deben realizarse como mínimo con una semana de antelación.

La organización **Bed and Breakfast**, a través de la Oficina de Turismo Británico, permite reservar camas y desayuno por anticipado en Inglaterra, Escocia y País de Gales en la fecha que escojáis.

– **Como huésped de pago:** mejor que en B & B, ya que formaréis parte de una familia. Una semana mínimo. Folleto *Stay with a British family* en la Oficina de Turismo Británico. Vuestros «anfitriones» están acostumbrados y sabrán adaptarse al nivel de vuestra conversación, a condición de que participéis realmente en la vida de familia. Podéis ofreceros a fregar los platos (eso os permitirá ¡aclararlos a fondo!; subrepticiamente observables). Precisad media pensión o pensión completa y decid bien claro que queréis ser el único *Spanish native speaker*. No dudéis en pedir un cambio de familia si abusan, lo que puede ocurrir. Insistid sobre vuestra ración de la noche (si decís «No, gracias» un inglés os creerá enseguida), pero no os sorprendáis si el *packed lunch* del mediodía es ligero, ellos comen así. El auténtico *breakfast* está en vías de desaparición: vuestro colesterol os lo agradecerá. El horario (17 h o 18 h para cenar) es sagrado para algunas familias, pero otras comen a cualquier hora, con la nariz frente a la pared donde campea el microondas. Ciertas familias se sirven abundantemente, pero muy a menudo iréis a caer en familias de jóvenes que no tienen ni tiempo ni dinero, y que ganan muy poco con vuestra estancia. Tendréis vuestra llave; avisad las noches en las que volváis realmente tarde (es cuestión de echar el cerrojo). Se lleva a menudo un pequeño obsequio a la llegada (botella de vino, bombones, perfume...), pero cada vez hay más tendencia a esperar 48 horas para estar seguros... ¡de que se lo merecen! Depende de que lo consideréis una recompensa o un sacrificio propiciatorio.

El punto de discusión tradicional es el cuarto de baño. La ducha no está prohibida, pero la fontanería inglesa reserva sus sorpresas y hay que preguntar a veces el horario en el que encontraréis el depósito con suficiente agua.

El asunto del WC es tan difícil de captar como el acento; hay que empujar la palanca de la cisterna rápidamente hasta el fondo y luego seguir apretando, y a veces darle algunos golpes. Si no lo conseguís, id con aspecto mortificado a vuestra *landlady* y decidle: «I can´t flush the toilet». No seréis el primer español al que le ocurra.

– *Alojamiento en casas solariegas y en casas parroquiales:* una asociación, la *Wolsey Lodge*, agrupa una treintena de antiguas casas solariegas y casas parroquiales, donde los dueños aceptan huéspedes de pago por una o más noches. Precios razonables. ¿Fantasmas?, no se garantizan. El catálogo de la asociación, con todas las direcciones, está a vuestra disposición en la Oficina de Turismo Británico. Una manera original e interesante de alojarse en Inglaterra.

– *Alojamiento en mesones y posadas:* el folleto *Stay At an Inn* nos propone estos mesones, de los siglos XVII y XVIII, repartidos por toda Gran Bretaña. Asombro garantizado. En el techo vigas, con la pátina indeleble del tiempo y un gran fuego en la chimenea. Folleto informativo en la Oficina de Turismo Británico.

– *Intercambio de apartamentos:* se trata, para aquellos que tengan una casa, un piso o un estudio, de intercambiar su vivienda, durante su período de vacaciones, con un miembro del organismo del país de elección. Esta fórmula presenta la ventaja de permitir pasar las vacaciones en el extranjero a un coste menor, en especial para las parejas con hijos.

– *Los hoteles* ingleses son escasos y caros, incluso los peores. Pocos ingleses duermen en ellos. Pero probad, por lo menos una vez, alguna «inn», una posada encima de uno de esos soberbios pubs antiguos, para soñar con Tom Jones y chicas amables.

– *Los moteles Travelodge* del grupo Forte ofrecen por £35 una habitación con TV y derecho a aparcamiento, para 2 adultos acompañados de 2 niños (con posibilidad de tener una cuna para el bebé).

– *Los campings:* no hay muchos y están mal indicados. Bastante caros en conjunto. Además, los precios son muy variables entre un camping y otro y no son muy coherentes (da igual llevar una gran caravana que una tienda pequeña). A menudo están lejos de las ciudades o pueblos. Os convendrá informaros de la distancia que tenéis que recorrer y procuraros el folleto *Camping and Caravan sites* publicado por el British Tourist Authority antes de elegir (atención: está incompleto). En algunos sitios (pocos) no se admiten tiendas, sino sólo caravanas y camping-cars. En ocasiones, en algunos campings se puede alquilar una caravana para pasar la noche. Es divertido, pues se duerme en compañía de otras personas, y con frecuencia resulta menos caro que un B & B.

La acampada libre está bien tolerada, a condición de pedir autorización al propietario del terreno.

Tramitad el carnet de campista internacional; asegura el acceso a todo tipo de información sobre estas instalaciones: *Federación Internacional de Campings*: ☎ (91) 542 1089. Edificio España Grupo 4, piso 11, 28013 Madrid.

Para toda clase de información y consejos concernientes al alojamiento de personas, con alguna disfunción física o que precisen especial atención podéis consultar a: Holiday Care Service, 2 Old Bank Chambers, Station Road, Horley, Surrey RH6 9HV.

¿Cuánto cuesta el alojamiento?

¡Atención, le saldrá caro!

– *Los albergues de juventud:* Hay dos tipos de AJ: los AJ oficiales que cobran entre 1 500 y 2 500 ptas. por persona (en el extrarradio de Londres), los AJ independientes (sobre todo en Londres) entre 2 000 y 3 000 ptas.

– *Los YMCA:* El precio de estos establecimientos oscila entre las 3 000

y las 5 000 ptas. por persona. Para dos personas, calculad un poco menos del doble. Precios bastante variables.
– *Los B & B:* para dos personas los precios fluctúan entre las 6 000 y las 10 000 ptas. por noche en las casas clásicas y entre 12 500 y 25 000 ptas. para los B & B más elegantes y con mayor encanto.
– *Como huesped de pago en casas solariegas y parroquiales:* fórmulas menos caras que los B & B, pero más onerosas que los AJ. De hecho, todo ello depende del lugar y de la duración de vuestra estancia.
– *Los campings:* no demasiado baratos, pero el abanico de precios es bastante amplio. Contar de 1 000 a 2 000 ptas. para dos personas, con una tienda y un coche.
NOTA: todos los precios indicados arriba son tarifas de 1996. Podéis sacarle jugo a las oficinas de turismo. En efecto, la mayor parte de ellas «revenden» las plazas que no han sido ocupadas en los hoteles a precios que lanzan un desafío a la competencia. Eso puede significar que el alojamiento resulte cuatro veces más barato... ¡Y un hotel de 4 estrellas a ese precio empieza a ser interesante! Lo ideal es presentarse en la oficina de turismo entre las 16 h y las 16 h 30, justo antes de que cierren.

Ser o no ser británico...
o generalidades sobre algunas diferencias...

Pero, ¿quiénes son? El enemigo hereditario, la pérfida Albión, así llamada por sus acantilados blancos (*albus* significa blanco en latín). A lo largo de los siglos siempre ha tenido el don de irritar a los continentales. Los habitantes del continente alardean de ser más lógicos, y para cualquiera de ellos dos y dos suman cuatro... Los británicos piensan que los números son para los contables y que dar muestras de erudición es de una vulgaridad imperdonable. Fingir que no se sabe que la Tierra es completamente redonda o declarar que no se domina por completo la tabla de multiplicar por cuatro, siempre ha sido una manifestación de buen tono en las Universidades británicas.

Alimentación

Las horas de las comidas no coinciden con las españolas. A veces es difícil conseguir que a uno le sirvan la cena después de las 20 h en las ciudades pequeñas y las 22 h en las grandes. En las pequeñas, se aconseja igualmente comer antes de las 14 h, so pena de verse obligado a tomarse las sobras.
Encontraréis numerosos restaurantes no muy caros, que son, precisamente, los que dan su mala reputación a la cocina inglesa. Es mejor ir a los pubs: a mediodía sirven con frecuencia único plato muy bueno y asequible, como el *ploughman's lunch* (queso con cebollas o *chutney* y cerveza) o el *sheperd's pie* (pastel de carne picada con patatas). Recordemos también los célebres *fish and chips* que permiten comer módicamente, aunque a veces todo el local huela a frito.
En las grandes ciudades se puede huir de la cocina inglesa refugiándose en los restaurantes de especialidades extranjeras, sobre todo en los establecimientos españoles, franceses, italianos, húngaros, etc... que no suelen ser mucho mejores.
Hay que destacar igualmente los restaurantes chinos, indios y pakistaníes, que ostentan precios moderados. Estos restaurantes ofrecen una cocina de discreta calidad, como en todas partes, pero los mejores de ellos son dignos de elogio. Presentan la ventaja de tener horarios de apertura muy flexibles.
Aprovechemos para hacer un inciso sobre la cocina india o pakistaní. Probadla, es una manera excelente de comer bien en Londres. La especialidad es el *pollo tandoori,* tierna ave marinada en zumo de limón, asa-

da después a fuego lento en horno de barro y servida con salsa de nata con especias o con yogur. Cuando está bien hecho, es un plato excelente y nada caro.

El *breakfast* comprende generalmente un plato de cereales (*corn flakes*: copos de maíz) o de *porridge* (avena cocida en leche). Después, por lo general a elección, vienen huevos con tocino, salchichas, pescado y a veces *beans* (judías en salsa) *on toast*. Para terminar, tostadas con mantequilla y mermelada de naranja. Para beber, té o café con leche.

No olvidéis hacer la compra en los supermercados, sobre todo si frecuentáis los campings o los AJ (con derecho a cocinar). Investigad en las secciones de latas de conservas y de *pies*, pasteles rellenos de carne o de verduras, de *quiches*, y toda clase de tartas saladas, por lo general mejor preparadas que en España. La auténtica cocina inglesa ya la conoceréis en familia o pidiendo la cena en el B & B. Por desgracia, cuando se trabaja mucho se pierden las buenas costumbres. Pero incluso con un enorme consumo de congelados (realmente baratos), los ingleses siguen cuidando sus platos. Un almuerzo se compone generalmente de un plato fuerte, carne guisada y dos verduras, *two veg*, también hervidas, con una predilección por los guisantes extrañamente verdes y el *cabbage* (col), rociados con los salsa de la carne o *gravy*. Antes se suele tomar un primer plato (*pie*, sopa), y después invariablemente un postre cocinado, a veces abominable —la *jelly* multicolor que entra en la composición del *trifle*— pero por lo general deliciosa: *apple pie and custard* o *and cream*, helados, etc... ¡Ah!, olvidábamos el *cheese-cake*, con una base de galleta sobre la que se añade una especie de mousse de queso blanco y nata. ¡Mmmuhhh...!

Por lo general, solemos reprochar a los ingleses que les encanta todo muy cocinado (nunca carne poco hecha, que se dice *underdone*) y combinaciones culinarias que nos parecen extrañas, salsa de menta o arándanos sobre salado. Probadlo sin prejuicios: os encantará, aunque os empalagará tanto dulce. En las casas de familia se toma el té, o el *high tea* en lugar de la cena; asistiréis a un delicioso y lento suplicio con *crumpets*, *buns* y *scones*, pastas y bizcochos y pasteles cremosos. El queso, por lo general muy curado, existe, desde luego; se servirá... después del postre. Probad el *stilton*, azul

Los pubs (*public bars*)

De tradición típicamente británica, el pub es el lugar de encuentro de todo el mundo. Se acude con los compañeros, con los amigos o simplemente con la familia para pasar un buen rato de ocio y conversación. El pub por lo general, ofrece diversos salones donde las diferencias cada día se notan menos: p*ublic bar, lounge bar, saloon bar* y *private bar* (este último reservado a los socios).

Entre 14 y 18 años admisión según criterio del propietario, pero con prohibición de consumir bebidas alcohólicas. Hasta la Primera Guerra Mundial, los pubs estaban abiertos por la tarde. Los obreros, que hasta entonces no habían conocido más que la pobreza más abyecta, empezaron a ganar un poco de dinero por primera vez en su vida a causa de la fabricación masiva de armas. Al tener buenos salarios, se dirigieron al único local que alegraba la vida en aquella época: el pub. Cogieron la costumbre de apalancarse allí la mayor parte del fin de semana y volver totalmente borrachos el lunes por la mañana. Entonces el gobierno dictó leyes, compró todos los pubs (los nacionalizó) y los condenó a horarios reglamentarios. El resultado fue que los británicos se convirtieron en los ciudadanos más rápidos del mundo en tragar cantidades increíbles de cerveza en un tiempo récord.

El gobierno también tomó bajo control la cerveza. Consiguió que los obreros fueran a trabajar, pero creó las leyes de licencia (*licensing laws*) que hoy sufre Gran Bretaña y que los extranjeros encuentran tan raras. El control estatal de los pubs duró hasta los años 1970, cuando se volvieron a vender a los particulares.

A partir de 1988 se permitió que los pubs abrieran por la tarde (11 h a 23 h entre semana y hasta las 15 h el domingo). Por fin, en 1995 les llegó a los pubs la autorización para poder permanecer abiertos también los domingos de las 11 h a las 22 h 30.

Sede de círculos parroquiales durante la Edad Media, oportunamente situados en las rutas de peregrinación, y más tarde, lugar de reunión de los obreros que en el siglo xix empezaron a sindicarse, los pubs han conservado su escaparate de cristal esmerilado, sus mostradores de madera oscurecida, sus luces entreveladas como en la época del quinqué y estupendos cobres. Los aficionados perspicaces se darán cuenta de que ciertos nombres de pubs se repiten con frecuencia. Entre éstos, *King's Head*, en recuerdo de Carlos I a quien Cromwell hizo decapitar, *Red Lion*, que rememora las guerras coloniales, Royal Oak, y para conmemorar la victoria de Cromwell sobre Carlos II, que se refugió bajo un roble. Fin del inciso cultural.

La ola de modernismo ha golpeado con dureza y los «posh-pubs» (literalmente, «lujosos») se han multiplicado. Algunos propietarios poco respetuosos del pasado han reemplazado la pátina del tiempo, el serrín y los antiguos grifos de cerveza con mango de porcelana por metales relucientes, falsa caoba, terciopelo rojo, cobre y camareros impecables. Evidentemente, los comportamientos no son ya los mismos en un entorno tan limpio, tan higiénico, y el espíritu de los pubs en estos casos ha periclitado paulatinamente. Los pubs que indicamos tienen todos algo que los diferencia del resto. Un ambiente auténtico y original, buenas cervezas, propietarios fuera de lo común, situación geográfica, comida correcta y no muy cara, música, etc, o todo eso a la vez. Encontraréis reservados con puertas o saloncitos para que las señoras beban sin avergonzarse; otros con tableros con números encima del mostrador que indicaban en qué mesas o en qué reservados pedían de beber cuando los clientes tiraban de un cordón. La intimidad de los pubs que tanto nos gustaba está en vías de extinción: cada vez se extienden más hacia la calle, pues los ingleses se han enamorado de nuestras terrazas al aire libre. Os encantarán los pubs londinenses que no tienen nada, pero nada que ver con los que existen en España. El disgusto se asoma a nuestras bocas cuando nos acordamos del momento en que pedimos una *Guinness* en nuestro país y la tenemos que devolver tres veces seguidas. La primera, porque está helada, la segunda porque en lugar de la suave espuma que campea encima de la jarra nos encontramos con una especie de burbujeo amarillento que la hace más semejante a las aguas de un arroyo en temporada estival que a una *stout* y la tercera, porque es francamente imbebible. Así pues, en un auténtico pub, tirarán con mil precauciones vuestra cerveza *draught*, como un rito. La tradicional rubia (*ligth ale* o *pale ale*) se tira prácticamente sin espuma; se trata de un líquido tibio, de un hermoso amarillo dorado que nada tiene que ver con productos nacionales manipulados con gas carbónico y a menudo congelados. Y además haréis amistades. En un pub no hay problema de quedarse solo; los clientes os integrarán fácilmente en su conversación, tranquilamente, con calidez. Se habla de todo y de nada. Os percataréis de este extraordinario ambiente de fusión de clases: aquí se dejan los orígenes sociales en el vestíbulo y se alterna con el enemigo. Codo con codo encontraréis al *cockney* (currante londinense), al joven ejecutivo engominado y arrogante, al obrero que lee el «Tribune» (diario de la izquierda del Partido Laborista), la mecanógrafa jovial, el viejo charlatán con sus indirectas... y el turista español, con los ojos redondos como platos ante este espectáculo, lleno de asombro como quien descubre otro estilo de vida.

Aquí no se oye preguntar: «¿Qué va usted a tomar?» en cuanto uno entra. Nada de «¿Qué le pongo?», con un tono seco y despreciativo.

Vais a la barra a buscar la consumición, os sentáis y captáis el ambiente especial del sitio, disfrutando de él tranquilamente. Y luego, si seguís teniendo sed, pedís algo más y pagáis a continuación. De este modo no hay altercados al final sobre el número de rondas que hay que pagar: se pide y se paga. Ya está. Y sobre todo, nada de propinas. Esa vergonzosa costumbre nunca llegó a cruzar el Canal de la Mancha.

Los dardos

Esto es un pub... Nadie escupe ya sobre el serrín como a principios de siglo ni en las grandes bacinillas que había a disposición de la clientela. En contrapartida, se juega a los dardos (*darts*). Todo esto porque un día, un propietario de una taberna, harto ya de las competiciones de escupitajos, tuvo la idea de modificar el juego y colocó la tapadera de un tonel a modo de diana en la que había que hincar gruesos clavos. Así nació el famoso juego de tan complicadas reglas. Trataremos de exponerlas con la mayor sencillez posible. Se puede jugar individualmente o por equipos. La finalidad del juego es empezar con una determinada cifra y llegar el primero a cero, restando cada vez los puntos obtenidos. Esta cifra es por lo general 301 cuando se trata de dos jugadores y 501 cuando hay dos equipos. No olvidéis vuestra calculadora. Cada jugador dispone de tres dardos y trata de clavarlos en el blanco situado a 1,70 m del suelo y a 2,75 m de una línea llamada *hockey line*. Cada disparo obtiene los puntos correspondientes al punto de impacto de cada dardo o bien duplica o triplica dichos puntos cuando cae en las zonas de dobles o triples. Hay que empezar siempre por un doble para tener opción a continuar. Los dardos que se clavan, pero que acaban cayendo, no cuentan. El final es a menudo heroico No hay que pasarse de cero y se vuelve a empezar cuando no se obtiene exactamente. Además, hay que terminar con un doble o tocar el círculo central. Y *the very last one*... ¡con un número par! Que tengáis suerte y no os apostéis la ronda al empezar...

Consejos para beber

Bueno, ahora un pequeño repaso a las cervezas inglesas, pero cuidado porque no es tan sencillo. Hay tres tipos de cervezas:

1) **La cerveza en botella**. *Light* o *pale ale*: cerveza rubia, y *brown ale*: cerveza negra, pero dulce, y *stout*, muy oscura. La *strong lager* se sirve también en botella.
La palabra *ale* no tiene nada que ver con que sea de botella o de barril. Se trata de una palabra que antiguamente indicaba cerveza sin lúpulo. Actualmente, *ale* y *beer* designan lo mismo. Aunque en España no toméis cerveza, probad este «néctar» que es la real *ale*. Hace diez años la cerveza tradicional estaba en vías de extinción, pero en la actualidad, tras la encarnizada campaña llevada a cabo por la CAMRA, *Campaign for Real Ale*, goza de gran popularidad.
2) **La cerveza de barril**, *draught*, tirada con el grifo tradicional y servida a temperatura ambiente. La *bitter*, rubia amarga, es sin duda la más popular; la *pale ale* es más dulce. La *mild* es un poco azucarada y negra. La *porter* queda clasificada aquí, pero fuera de Dublín os costará trabajo encontrarla. Por otra parte, las cervezas de barril son cada vez más raras. Todo toca a su fin...
3) **La cerveza a presión** o *keg* por lo general rubia y gaseosa, se sirve fría. Se encuentran también las *lager*, que son más parecidas a la cerveza española, y las *stout* (como la *Guinness*) en botella y a presión. Según Gault y Millau, la *Whitbread Gold Label* tiene el privilegio de ser la cerveza inglesa más fuerte. Se trata en efecto de un *barley wine* o vino de cebada no pasteurizado, antiguamente destinado a la exportación hacia la Santa Rusia: el largo viaje y los crudos inviernos justifica-

ban así la excepcional graduación alcohólica de estas cervezas (más de 10). Por otra parte, el eslógan de la Gold Label es: «Tan fuerte como un whisky escocés doble y por menos de la mitad de su precio».

Otros brebajes

Para quienes prefieren el vino, cada vez se encuentran más *wine bars*, pero atención: son caros. Ahora hay vino corriente en todos los pubs, del tipo Kiravi tinto que se sirve frío.

Los que no aguantan el alcohol pueden pedir un *babycham* en los pubs o también un zumo de frutas (a menudo más caro que el alcohol) o un café. Para una caña pedid un *half a pint* (pronunciad «*jaffapaint*»); una *pint* es más barata, pero exige práctica en correr a los lavabos. A *shandy* es una mezcla de cerveza con limonada.

A los que no les gusta la cerveza, puede que el *ginger-ale* les convenza. También *half a pint of cider* (sidra), que se pide *dry, medium* o *sweet*, como el jerez: «*A glass of medium sherry, please*», delicioso y no muy caro; muy apreciado por las señoras de edad. Probad también el oporto (*port*). Los alcoholes fuertes tampoco resultarán ruinosos. La gama de whiskies es impresionante; elegid al azar entre los irlandeses y los *bourbons* americanos. Si os gustan los licores dulces, tenéis el *Drambuie* de whisky, o el *Irish cream*, de café. Si preferís las combinaciones, pedid un *dry martini* (un martini seco que no se parecerá en nada a lo que os imagináis) o un vodka con lima (*vodka and lime* pronunciad «*laim*»), que queda muy inglés.

Hay también cafés para los no alcohólicos donde se puede tomar café o té, pero os costará encontrar el café exprés español, en especial fuera de las grandes ciudades. Si deseáis un café sólo, puntualizadlo (*black coffee*); de lo contrario os servirán un café con leche. Lo mismo para el té. El viajero con nostalgia puede recurrir siempre al café de los restaurantes italianos y de las pizzerías.

La locura del bingo

Las mujeres son las más aficionadas al bingo, sobre todo las de más edad. Este juego es tan típico de Inglaterra como el cricket o el Rolls. Cada ciudad tiene el suyo. Es indispensable darse una vuelta, hacia el final de la tarde, por estas salas; os encontraréis una Inglaterra profunda. Cada jugador dispone de un cartón y el *speaker* canta los números. Gana el primero que tiene todos los números que han salido. Los demás se consuelan gastando sus últimas monedas en las *slot-machines*, cuya variedad podréis apreciar antes de pasar a las electrónicas, en los *piers* o las *amusement arcades*. A las máquinas de lotería se las denomina *fruit-machine* y *one-armed bandit*. Desconfiad de ciertos pubs donde se ganan sólo *tokens* (fichas) para consumir en el propio local...

Pequeños detalles indispensables

– *Electricidad 240 V:* los enchufes son diferentes de los nuestros; se soluciona con un sencillo adaptador, difícil de encontrar *in situ*. Comprar 2 o 3 en los barcos o en el aeropuerto. En Londres se puede recurrir a la tienda situada en 326 Edgware Road (W1); muy bien equipada.

– El precio de los cigarrillos es exagerado. Fumar billetes de banco resulta más barato.

– No es un viaje para llevarse el perrito. Incluso vacunados, todos los animales deben pasar una «cuarentena» de... seis meses, sin excepción. Con la rabia no se juega.

– Nunca vendrán mal unos prismáticos y un teleobjetivo para los aficionados a la fotografía que viajen a Escocia: la vida animal es todo un espectáculo.

Urbanidad y costumbres

– ¡Nótese que se echa la leche antes que el té! No se mojan jamás las tostadas en el té y se sirve la mermelada con cuchillo y no con la cucharilla. En caso contrario, ¡horror! El azúcar moreno se reserva para el café.

Del mismo modo, muy a menudo se toma el queso al final de la comida, después del postre.

– No se da nunca la mano a un inglés, excepto cuando se lo ve por primera vez.

– Tirar una lata de conserva vacía al suelo ocasiona una multa inmediata si un agente de policía se encuentra por allí. Hay que pagar en el acto. Ser español no cambia nada.

– *Shoplifting is a crime:* los españoles se los suele vigilar bastante en las tiendas y, vista nuestra elevada propensión a llevarnos cosas agradables y tentadoras, lo menos que puede ocurrirnos es acabar en el juzgado de guardia. Las multas son enormes.

Sanidad

Consultas gratuitas si pertenecéis a la UE, a condición de que vayáis a vuestro «GP» (*general practitioner*, médico de cabecera), el del barrio en donde vivís o estudiáis. Preguntadlo a alguien que viva en vuestra zona o a la operadora de teléfonos.

Se puede también acudir a los servicios de urgencias de los hospitales por la mañana temprano (hay menos gente) y sobre todo de noche. Este servicio es gratuito y te proporcionan gratuitamente los medicamentos necesarios para resistir hasta el día siguiente, así como una receta para después. En caso de epidemia de gripe, hay que ir a las grandes farmacias del centro de la ciudad, las de barrio suelen agotar sus existencias.

Los medicamentos se pagan en la actualidad. Con frecuencia hay que pedir hora con antelación en la *surgery* (consulta): insistid en la urgencia para que no os receten la semana próxima vuestro resfriado de hoy. Las urgencias son gratuitas, por supuesto. Para los servicios de socorro, marcar el 999; es gratis y sigue funcionando aunque la cabina esté estropeada.

Clima

De todos los países situados en la misma latitud, Gran Bretaña es el que presenta en conjunto una temperatura más uniforme. Como puedes imaginarte, raramente el calor es sofocante. Las malas lenguas dicen que hay dos estaciones: la del paraguas y la del impermeable.

Las precipitaciones en Londres son inferiores a 604 mm por año; la media es ligeramente superior en Edimburgo. Sin embargo, los impermeables o las grandes capas de lluvia son más apreciados que el *K–way*. Prever igualmente suéters ligeros de lana y calzado que sirva para todo tiempo (¡suelas de goma!).

En verano (junio-agosto), la media de las temperaturas máximas apenas alcanza los 21 °C en la mayor parte del SE de Inglaterra, Londres incluido; unos 15 °C en las regiones más alejadas del N y del NO de Escocia.

Hora local

Gran Bretaña tiene hora solar de fines de octubre a fines de marzo; después se adelanta una hora. En España, llevamos una hora de adelanto y luego dos. Sin embargo, durante un mes tenemos la misma hora, pues no adelantamos los relojes el mismo día.

Fiestas y días feriados

– **Las Bank Holidays:** todo está cerrado estos días: día de Año Nuevo, Viernes Santo y Lunes de Pascua, el *Spring Bank Holiday*, el último lunes de mayo, el *Summer Bank Holiday*, el último lunes de agosto, Navidad y el *Boxing Day* (26 de diciembre). En Escocia está todo cerrado del 1 al 3 de enero; el Viernes Santo y el Lunes de Pascua (*Good Friday* y *Easter Moonday*); *Spring Bank Holiday*, el 1 de mayo; *May Bank Holiday*, el último lunes de mayo; el 7 de agosto; el 25 y 26 de diciembre.

Festivales de verano

– El 15 de agosto no es festivo en Gran Bretaña, pero la revancha llega el último fin de semana del mismo mes: toda la isla deja de trabajar para dedicarse a gozar en los incontables jolgorios y fiestas que se organizan. Es la «Summer bank holiday».

– En Londres, **Carnaval Jamaicano de Portobello**, igualmente llamado *Notting Hill Gate Festival*. Es el mayor carnaval de Europa. Creado a raíz de los disturbios raciales que sacudieron la ciudad de Londres en la década de los 50, el carnaval es el lugar de reunión de toda la comunidad negra (pero por supuesto los blancos también son bienvenidos). En él concurren una multitud de *steel bands*, de músicas del Caribe, de Socca y DJs (del club a la tecno, pasando por supuesto por el *reggae*), una música diferente cada 50 m invade las calles próximas a Portobello. Durante dos días, la estación de metro de Notting Hill permanece cerrada. Deberemos bajar en Holland Park y caminar unos cinco minutos. Si queréis aprovechar el buen tiempo, tomad los autobuses 36 y 52 desde la estación Victoria.
El domingo está considerado el «día de los turistas». El lunes, el último día de la gran fiesta, acuden alrededor de un millón de personas. Ambiente exótico a tope. No quitéis el ojo ni al bolso ni a la cartera.

– Al mismo tiempo, a 40 km al oeste de Londres tiene lugar el festival de **Reading**. Los fans del rock rinden tributo a sus ídolos en este encuentro anual. Es el macro festival rockero del verano británico. 3 escenarios, 3 días, más de 100 conciertos, más de 40 000 fans, toda clase de tenderetes —se pueden probar platos del mundo entero— y, sobre todo, un camping (gratuito para los asistentes) donde la historia se escribe sin interrupción durante tres noches y sus días. En coche, al salir de Londres, tomad la ruta que os lleve a Heathrow y continuad recto a Reading; también podéis ir en tren, desde la estación de Paddington.

– En Escocia, **Festival Internacional de Edimburgo**, uno de los eventos culturales más importantes del mundo, al que se añade la animación del «Edinburgh Festival Fringe», festival alternativo. La ciudad alcanza su punto álgido con el espectáculo militar «Military Tattoo», que se celebra coincidiendo con ambos festivales, a fines de agosto. El Festival de Cine y el Festival de Jazz son sólo algunos de los otros acontecimientos destacados durante las tres semanas que duran los festejos. Vale la pena preparar el viaje con bastante antelación y hacer las reservas oportunas a partir de Semana Santa: los billetes del medio de transporte elegido, el alojamiento y las entradas para los espectáculos a los que hayáis decidido asistir. Direcciones: escribid a, Edimburgh International Festival: Festival Ticket Office: 21 Market Street, Edimburgh EH1 1BW. Horario: de lunes a viernes de 9 h a 17 h. Reserva de plazas por teléfono: ☎ (07 44) 131 226 4001. Edinburgh Festival Fringe: Box YQ, Fringe Ticket Office (oficina de ventas): ☎ (07 44) 131 226 5257 y 226 5259.180 High Street, Edimburgh EH1 1QS. El programa de este festival es imprescindible para orientarse y poder disfrutar las mil y una opciones propuestas. Military Tattoo: ☎ (07 44) 131 225 1188. Tattoo Office, 22 Market Street, Edimburgh EH1 1QB.

Otras fiestas y festivales

Otros acontecimientos merecen por sí solos una visita; para los más afortunados: principios de mayo, maratón de Londres; mediados de mayo, final de la copa de fútbol en Wembley; principios de junio, Derby de Epsom; 13 de junio, Trooping the Colour, espectacular aniversario de la Reina; mediados de junio, feria de antigüedades en el hotel Grosvenor de Londres; mediados de junio, carreras de caballos de Royal Ascot, todavía más elegante que Epsom; Wimbledon, fines de junio-principios de julio; también en el mes de julio regatas de Henley, festival de música de Cheltenham. Para conocer bien todos los detalles por anticipado sobre los diversos festivales de Gran Bretaña, folleto *Forthcoming Events* que se consigue en la Oficina de Turismo Británico.

Museos

A menudo excepcionales, frecuentemente de concepción muy original, a veces gratuitos, pero por lo general no muy caros y jamás demasiado serios; están provistos de todo lo necesario para interesar a los niños. Una reconciliación entre el conocimiento serio y la cultura de masas. Amplia oferta.

En York, el *Castle Museum,* donde reviviréis la historia y, en la misma ciudad, *Jorvik Viking Centre,* para retrotraerse todavía más en el tiempo. En Oxford, el *Ashmolean Museum,* más ecléctico que el *British Museum,* y el *Old Ashmolean,* que encierra extraños y curiosos instrumentos científicos antiguos. No lejos de allí el Museo Folclórico de *Woodstock,* ciudad-museo.

En Bath, donde la arquitectura se aprecia ya en el exterior, visitad rápidamente el *Museo del Traje,* para recordar la minifalda de Mary Quant, y el *Museo del Juguete.* En Polperro (Cornualles) id a ver a los contrabandistas. En Londres dejad a los niños apretando botones en el *Science Museum,* mientras visitáis la nueva galería *Turner.* Si sois estudiantes, no olvidéis vuestros carnet de estudiante.

Los bonos *open to view,* de venta en Bitrail entre otros puntos, os dan acceso a 500 museos y monumentos, gratuitos o a mitad de precio durante 15 días.

Igualmente, la asociación *English Heritage,* que patrocina numerosos museos y monumentos, ofrece un bono que por £17, 5 libras esterlinas permite visitarlos gratuitamente o con una reducción del 50 %. Este bono se puede adquirir en la mayoría de los monumentos históricos y museos, junto a una guía histórica de Inglaterra. Para más información, escribid a English Heritage, Costumer Services Department, PO BOX 43, 429 Oxford Street, London W1R 2HD, England. Ver también el *National Trust* en el propio país.

Para aquellos que sientan bullir la pasión por la historia, el *Great British Heritage Pass* les proporcionará el libre acceso a más de 500 castillos, mansiones y jardines existentes en Gran Bretaña. Hay pases de 7 y 15 días e incluso de 1 mes, por un precio fijo. Están a la venta en el British Rail International y en la Oficina de Turismo Británico. Este pase debe adquirirse en el extranjero antes de viajar al Reino Unido.

En Londres, para los que deseen dedicar mucho tiempo a visitar los museos, la *London White Card,* normalmente por un precio de 3 000 ptas., por 3 días y otra de 5 000 ptas. por 7 días da acceso a una quincena de museos y galerías.

Teléfono

Para llamar desde un teléfono público, preparad las monedas sobre la rendija y marcad el número; cuando descuelguen empujad con fuerza para meter la moneda intentando que no se caiga al suelo y la perdáis (se necesita un poco de práctica) Si el bip-bip es lento es que la línea está ocupada. El teléfono es más barato de las 18 h del sábado a las 24 h del domingo.

También existen tarjetas para llamar por teléfono, que resultan muy cómodas cuando se llama al extranjero. A falta de ellas, procurad tener suficiente moneda suelta: de lo contrario se os cortará la comunicación sin previo aviso.

Existen dos compañías de teléfono, con dos tipos de cabinas y de tarjetas distintas. BT (British Telecom), tarjetas y cabinas verdes; Mercury, tarjetas y cabinas azules. Mercury tiene tarifas más económicas para las llamadas al extranjero. Las dos compañías poseen una buena red de cabinas implantadas en Londres, aunque BT lleva ventaja en otros lugares del país.

Telefónica ha lanzado la Tarjeta personal, información para toda España: ☎ (900) 66 77 88. El importe de la llamada se cargará automáticamente en la factura de forma detallada. Es operativa desde cualquier lugar del mundo.

Muy práctico resulta llamar al extranjero a cobro revertido y si tenéis problemas con el inglés, utilizad el servicio de telefónica España Directo y os atenderán en español. Todas las llamadas se facturan a precios de tarifa española. Para usar este servicio desde Gran Bretaña, marcad los teléfonos gratuitos: ☎ (0800) 89 0034, Mercury: ☎ (0500) 89 00 34, en ambos os pondrán en contacto con quien queráis hablar. Si os encontraís en una cabina telefónica, no hace falta que introduzcáis monedas. También podéis marcar el 155 y un operador de BT, que habla español, os conectará con el número solicitado.

• Gran Bretaña a España

00 + 34 (indicativo de España) + prefijo población, sin el 9, + número abonado.

• España a Gran Bretaña

07 (esperar tono) + 44 + prefijo población, sin el 0, + número abonado. (El «0» sólo se utiliza en las comunicaciones dentro de Gran Bretaña).

• Indicativos de las ciudades

Ciudad	Código	Ciudad	Código	Ciudad	Código
Aberdeen	01224	Glasgow	0141	Manchester	0161
Belfast	01232	Guernesey	01481	Newcastle/Tyne	0191
Birmingham	0121	Inverness	01463	Norwich	01603
Brighton	01273	Jersey	01534	Nottingham	01602
Bristol	0117 (1)	Leicester	0116 (2)	Perth	01738
Cardiff	01222	Liverpool	0151	Plymouth	01752
Dundee	01382	Londres (centro)	0171	Sheffield	01142
Edinburgh	0131	Londres (gran L.)	0181	Southampton	01703

(1) Todos los teléfonos de Bristol han de empezar por el número 9, si no fuera así hay que añadirlo.

(2) Todos los teléfonos de Leicester han de empezar por el número 2, si no fuera así hay que añadirlo.

Para llamar de un lugar a otro en Inglaterra, hay que tener el *area code*. Para conseguirlo marcar desde una cabina el 192 (llamada gratuita) y la operadora os informará. El código y el número de teléfono se dicen cifra a cifra, y el cero se pronuncia «o», como la letra. Así, 20 se dirá «twoo» y no «twenty».

Horario comercial

Las tiendas abren por lo general de lunes a sábado hasta las 17 h 30, salvo múltiples excepciones en Londres, como los supermercados, que abren de 9 h a 22 h. En la cadena de tiendas Harts, incluso pan y comida caliente, patatas asadas rellenas y fritas, pollo, sopa del día... Revistas, periódicos y más cosas. Algunos Harts tienen un horario de síncope cardíaco, abren a las seis de la mañana y cierran a las dos de la madrugada. ¡Abierto 20 horas al día! Durante la temporada de rebajas (*sales*) —de fines de diciembre a fines de febrero y a principios de julio— las tiendas de los distintos barrios comerciales abren hasta las 20 h o incluso hasta las 21 h. Algunos almacenes también abren los domingos.

Compras

Unas cuantas cosas indispensables que hay que saber:

– *discos, artículos de cocina* (The kitchen Shop y sus sucursales) y material escolar a precio de venta al mayor.

– *mecheros, cartones de cigarrillos, whisky escocés* (exentos de impuestos en los aviones o en el *duty free shop* de los aeropuertos o de los barcos); atención: sólo ciertos productos merecen la pena; comparad los precios antes de salir;

– no olvidéis que los *equipos de música hi-fi* (alta fidelidad) están casi a mitad de precio; los ciudadanos de la Unión Europea gozan de una franquicia aduanera;

– los famosos *caramelos Quality Street, la mermelada, las salsas, el té* (incluso los ingleses lo consumen en bolsitas: probad el más corriente y muy bueno *English breakfast*);

– los mejores *puros* del mundo son los Meltonian, nada caros;

– los *impermeables Barbour*, con cuello de pana acanalada y confeccionados con algodón tratado con cera y aceite, son sólidos, prácticos, no pasan de moda y no se deterioran. Pero son caros.

– *perfumes y jabones:* dad un vistazo a las tiendas de las cadenas The Body Shop y *Culpeper*; comprad un saquito para perfumar los armarios.

– toda clase de *objetos originales o clásicos* y no muy caros en las tiendas del *National Trust*; buscadlos por su calidad. Se trata de una organización pública en la que se inscriben muchas personas para preservar el patrimonio británico, salvar los castillos en los pueblos y en los acantilados, etc.

• *En Escocia*

– La *ropa* (*shetlands*, trajes, americanas *Harris tweed*, calcetines escoceses). Mantas.

– Las *galletas* Shortbread.

– La *mermelada al whisky*. ¡Deliciosa!

Si el dependiente os pregunta «*Can I help you?*», le podéis contestar (*No, thank you*), «*I am just looking*», excepto en caso de que estemos buscando nuestra talla: «*Have you got my size (in blue)?*».

Para que no tengáis que ir preguntando «*What's my size?*» (pronunciad «sais»), aquí van algunas correspondencias: faldas, blusas jerseys (señora) se dicen: *ladies' dresses blouses, knitwear*. Dos denominaciones: talla 10 = busto 32 = (32 pulgadas, *inches*), la 38 española. Talla 12 = busto 34 = (34 *inches*) = 40 española etc. Van de 2 en 2, como en España. Medias (*tights*, pronunciad «taits»): la *small* o pequeña es nuestra talla P, la mediana (*medium*) es nuestra M y la grande (*large* o *tall*) es nuestra G.

Marks and Spencer tiene fama por su lencería, barata y de calidad. Las braguitas se llaman *panties* y *slip* significa combinación. Lencería es *lingerie* o *underwear*. Falda se dice *skirt*.

Las tallas de pantalones para hombres (*men's trousers*) son las que ya conocéis de los vaqueros. Tallas de camisas (*shirts*) y jerseys (*pull-overs*): 14 inglesa = 36 española; 14,5 = 37, etc. Zapatos: 41 = 7-7 1/2 G.B., 42 = 8-8 1/2 G.B., etc.

Para los niños, mejor mirar la tabla:

Estatura en cm	100	125	155
Edad	3-4	7-8	12
Estatura en *inches*	40	50	60

Si queréis probaros algo: «*Can I try it on?*», os harán pasar al *fitting room* (probador), a menudo comunitario y desenfadado, y os preguntarán quizá «*Does it fit?*», para saber si os queda bien. Podéis pedir algo más grande («*I'd like a larger one, please*») o más pequeño (*a smaller one*). La caja es el *pay desk*. Cuando se dan monedas sueltas (*change*) u otra cosa a alguien se dice «*Here you are*». Y un regalo es un *present* o un *gift*; papel para envolver, *wrapping paper*.

Estado de las carreteras

La red de carreteras es excelente. Algunas son a veces un tanto estrechas en Cornualles y en el País de Gales. Hay que acordarse de que un galón = 4,5 litros. Pero ahora la gasolina se vende por litros (política de la UE). Si queréis el depósito lleno, pedid: «*Fill the tank, please*» o «*Fill her up*».
Gasolina = *petrol* (4 stars, o sea, de 97 octanos).
Aceite = *oil*.
Neumático = *tyre* (pronunciado «taia»).
Parabrisas = *windscreen*.
Limpia parabrisas = *wipers* (pronunciad «uaipars»).
Maletero = *boot*.
Herramientas = *tools*.
Motor = *engine*.
Batería = *battery*.
Bujías = *spark plugs*.
Faros = *lights* (pronunciado «laits»).
Llave de contacto = *ignition key*.
Reparar = *to mend*.
Revisar = *to check*.
Cambiar = *to change*.
Quitar = *to remove*.
Limpiar = *to clean*.
Atornillar = *to screw*.
Desatornillar = *to unscrew*.
Alquilar = *to rent*.
Permiso de conducir = *driving licence*.

ATENCIÓN: la prioridad a la derecha no existe; en cada cruce, un stop o unas líneas pintadas en la calzada indican quién la tiene.
En las glorietas, el sentido va con las agujas del reloj, pero los coches que circulan en ellas tienen prioridad. Estos espacios circulares se denominan *round-abouts*.

– Los peatones que han empezado a cruzar tienen prioridad. Poned especial cuidado, igual que en los *pelican-crossings*, visuales y sonoros, y en los *zebra-crossings*, señalados con bolas amarillas luminosas.
– No se juega con los límites de velocidad:
• en la ciudad: 30 millas (48 km/h);
• en carretera: 60 millas (97 km/h);
• en autopistas (*motorways*) y carreteras de dos carriles separados (*dual carriageways*): 70 millas (113 km/h).

Distancias entre ciudades (en kms)	Aberdeen	Birmingham	Brighton	Bristol	Cambridge	Canterbury	Chester	Dover	Edimburgo	Exeter	Glasgow	Gloucester	Holyhead	John o'Groats
Aberdeen		675	913	811	728	925	586	948	205	908	250	749	725	392
Birmingham	675		264	134	173	276	120	299	470	261	466	82	248	955
Brighton	913	264		227	177	153	384	135	708	298	731	256	512	1193
Bristol	811	134	227		255	295	238	318	596	127	592	52	393	1081
Cambridge	738	173	177	255		189	293	212	535	382	544	232	442	1020
Canterbury	925	276	153	295	189		394	26	720	387	743	270	524	1205
Chester	586	120	384	238	293	394		427	381	365	375	186	139	866
Dover	948	299	135	318	212	26	427		743	410	766	293	547	1228
Edimburgo	205	470	708	596	535	720	381	743		703	68	544	520	485
Exeter	908	261	298	127	382	387	365	410	709		719	179	520	1188
Glasgow	250	466	731	592	544	743	375	766	68	719		540	514	508
Gloucester	749	82	256	52	232	270	186	293	544	179	540		306	1029
Holyhead	725	248	512	393	442	524	139	547	520	520	514	306		1105
John o'Groats	392	955	1193	1081	1020	1205	866	1228	485	1188	508	1029	1005	
Leeds	529	175	391	309	204	403	136	426	324	436	340	257	275	800
Leicester	784	64	246	198	130	258	145	281	479	325	495	146	312	964
Lincoln	622	143	299	277	131	321	208	344	417	404	452	225	347	902
Liverpool	553	151	413	269	316	425	31	448	348	396	344	217	170	833
Londres	825	176	88	195	89	100	294	123	620	287	643	170	424	1105
Manchester	553	139	386	273	270	398	72	421	348	400	344	221	211	833
Oxford	793	98	178	129	126	190	218	213	588	256	564	78	384	1073
Plymouth	978	331	368	197	452	457	435	480	773	70	789	257	590	1258
St David's	999	320	491	264	489	555	413	578	794	391	788	285	295	1279
Southampton	950	201	100	127	214	225	321	235	745	198	667	164	420	1230
Stranraer	387	499	767	625	577	776	418	799	205	752	137	573	547	645
Swansea	877	198	369	142	367	433	291	456	672	269	668	163	347	1137
York	512	282	403	368	240	415	175	438	307	495	348	316	314	792

Tabla de conversión
Millas-Kilómetros

Millas		Km	Millas		Km
0.621	1	1.609	3.728	6	9.656
1.243	2	3.219	4.350	7	11.265
1.864	3	4.828	4.971	8	12.875
2.486	4	6.437	5.592	9	14.484
3.107	5	8.047	6.214	10	16.093

Leeds	Leicester	Lincoln	Liverpool	Londres	Manchester	Oxford	Plymouth	Portsmouth	St. David's	Southampton	Stranraer	Swansea	York	
529	784	622	553	825	553	793	978	946	999	950	387	877	512	Aberdeen
175	64	143	151	176	139	98	331	233	320	201	499	198	282	Birmingham
391	246	299	413	88	386	178	368	78	491	100	767	3692	403	Brighton
309	198	277	269	195	273	129	197	159	264	127	625	142	368	Bristol
204	130	131	316	89	270	126	452	210	489	214	577	367	240	Cambridge
403	258	321	425	100	398	190	457	221	555	225	776	433	415	Canterbury
436	145	208	31	294	72	218	435	353	413	321	418	291	175	Chester
426	281	344	448	123	421	213	480	210	578	235	799	456	438	Dover
824	479	417	348	620	348	588	773	741	794	745	205	672	307	Edimburgo
436	325	404	396	287	400	256	70	230	391	198	752	269	495	Exeter
840	495	452	344	643	344	564	789	694	788	667	137	668	348	Glasgow
257	146	225	217	170	221	78	257	196	285	164	573	163	316	Glouscester
275	312	347	170	424	211	384	590	452	295	420	547	347	314	Holyhead
809	964	902	833	1105	833	1073	1258	1226	1279	1230	645	1157	792	John o'Groats
	155	112	100	303	64	273	506	424	547	488	373	427	39	Leeds
155		87	176	158	140	109	395	244	384	212	528	262	170	Leicester
112	87		179	221	133	196	474	348	471	316	485	349	120	Lincoln
100	176	179		325	46	249	466	384	444	252	377	322	149	Liverpool
303	158	221	325		298	90	357	121	455	125	676	333	315	Londres
64	140	133	46	298		237	470	372	485	340	377	363	103	Manchester
273	109	196	249	90	237		326	152	363	103	597	241	279	Oxford
506	395	474	466	357	470	326		300	461	268	822	339	565	Plymouth
424	244	348	384	121	372	152	300		422	32	727	312	431	St. David's
428	212	316	352	125	340	103	268	32	391		700	269	382	Southampton
373	528	485	377	676	377	597	822	727	821	700		701	528	Stranraer
426	262	349	322	333	363	241	339	312	122	269	701		466	Swansea
39	170	120	149	315	103	279	565	431	588	382	528	466		York

Enseguida os daréis cuenta de que es inútil ir empujando a los demás pues los *round-abouts* impiden el apresuramiento. Dad una vuelta para tomar una autopista. Aunque esté alejada, os hará ganar un tiempo considerable. Las autopistas son gratuitas. ¡Esto hay que saberlo! Tenéis que llevar el permiso de conducir español, el permiso de circulación y la carta verde de seguros. Si alquiláis un coche (edad mínima 21 años, por lo general), necesitaréis un permiso internacional. Para concluir, conducir por la izquierda no resulta tan difícil, sobre todo si el compañero de viaje os ayuda en los adelantamientos.
– Para aquellos que vayan al Reino Unido en coche es mejor que se hagan instalar un espejo retrovisor en la parte derecha del automóvil. ¿Sabéis el porqué de la conducción por la izquierda? Desde la Edad Media, los jinetes conocían las ventajas de ir por la izquierda del camino. En efecto, en caso de agresión por parte de bandoleros era mucho más fácil defenderse: la espada quedaba en la mano derecha y se hacía frente al adversario. Pero Napoleón impuso la conducción por la derecha en todos los países que conquistó; eso resultó más que suficiente para que los ingleses siguieran circulando por la izquierda.
– Aquellos que tiemblen al imaginar que se les puede estropear el coche justo al lado del Loch Ness pueden concertar un seguro especial de vacaciones en una compañía aseguradora de cobertura internacional (tipo Europassistance), lo que librará al coche y a los pasajeros de los aprietos tanto de día como de noche. Antes de concertar un seguro de este tipo, comprobad en la propia póliza (antes consultar a su compañía de seguros) qué no está cubierto: no vale la pena pagar dos veces por lo mismo. Pídele a su compañía los teléfonos y direcciones de sus corresponsales en Gran Bretaña. También estarás a salvo de los imprevistos si eres socio de algún club automovilista que tenga correspondencia con el RAC británico (el mejor del mundo).
– *¿Cómo evitar los atascos?* Hay 10 que ya tienen merecida fama; folletos gratuitos en la mayoría de estaciones de servicio (*leaflets to avoid traffic-jams*).

Autostop (*hitch-hiking*)

Gracias a la amabilidad de los británicos, el autostop es relativamente fácil. Los camioneros ingleses son muy simpáticos, dicen que algo más tratables que sus homólogos españoles y el autostop parece mucho más normal porque los estudiantes van por lo general a estudiar a una ciudad alejada del domicilio familiar. No obstante, hay restricciones:
– Durante los fines de semana, toda vez que los ingleses salen en familia, es muy comprensible que no quieran llevar a otro viajero más.
– En la costa del sur en verano, ya que es frecuentada por un número elevado de turistas cuyos coches van sobrecargados. En las autopistas, haced autostop en las áreas de servicio. Se trata de restaurantes de carretera que están rodeados de zonas verdes en las que se puede hacer noche. Recordad que os arriesgáis a pagar una multa si hacéis autostop en las vías de acceso a las autopistas. Para preguntar si os pueden llevar en coche: «*Could you give me a lift to...*». Una excelente manera de *brush-up your rusty english.*

Bicicletas y motocicletas

En las ciudades pequeñas y en los pueblos a veces se pueden alquilar bicicletas por semana a un precio asequible (*to rent a bike*).
Recordad que está prohibido dejar las motos en las aceras. La mayoría de los aparcamientos poseen un espacio reservado para las motos.
Casi todos los trenes llevan furgones que permiten facturar vuestra moto sin más formalidades; comprobad en cualquier caso los horarios en la estación preguntando por el sistema *bike it by train.*

• *Si vais en vuestra moto*

Las formalidades de entrada son las mismas que para un vehículo:

– permiso de conducir nacional, internacional o británico; permiso de circulación; carta verde que puede facilitaros vuestra compañía de seguros;
– una matrícula (expedida por la jefatura de policía).

Es indispensable llevar neumáticos de primera calidad y la ley exige llevar los frenos en perfecto estado. La normativa respecto a las luces es igualmente estricta. El casco es obligatorio. **ATENCIÓN:** las ruedas 700-28 no existen en Gran Bretaña. ¡No olvidéis el casco!

Para poder embarcar hay que llevar una etiqueta con el nombre, la dirección y el destino. Preparadla antes de salir y plastificadla.

No hay gasolina con mezcla; así que llevaros un dosificador de aceite.

• *Alquiler de motos*

Es relativamente difícil por cuestiones de seguro; hay que tener 18 años como mínimo y poseer el permiso con un año de antigüedad. El número de compañías que alquilan motos pequeñas (*mopeds*) es limitado, ya que son escasas en Gran Bretaña.

El autocar

Existen compañías privadas que organizan circuitos y excursiones. Sin embargo, los autocares en Gran Bretaña recorren todo el país y ofrecen tarifas por lo general más ventajosas que el tren. Por ejemplo: en el recorrido Londres-Portsmouth, tomar el autobús, sale dos veces más barato que el tren. Hay que distinguir también los *Country Buses*, que sólo cubren el condado, por lo general poco confortables, viejos, lentos y caros, y los *National Express Coachas*, que recorren todo el país y son muy cómodos.

Podéis conseguir un *Coach Master Ticket* que permite circular con toda libertad durante 8, 15, 22 o 29 días en los autocares de la *National Bus Company*, que agrupa a 67 compañías repartidas por todo el territorio. O bien, un *Tourist Trail Pass* válido en todas las líneas de la *National Express* de 8 días a un mes, para los jóvenes de 16 a 23 años. Recargo de un 50 % a los mayores de 23 años. A la venta únicamente en Gran Bretaña. Folleto en la Oficina de Turismo Británico.

Los estudiantes pueden, tras presentar su carnet internacional que los acredita como tales, conseguir con la *Discount Coach Card* (válida durante un año y no demasiado cara) el 30 % de descuento en los autocares *National Express, Scottish Citylink, Supabus* y *Green Line*.

Información en Eurolines: Canarias 17, 28045 Madrid. ☎ (91) 530 76 00) y Estación Sants de RENFE, en Barcelona (☎ 93 490 4000).

La *Brit Express Card* ofrece un descuento del 30 % en cada viaje durante un mes. Válida para todos los turistas. Muy interesante, el *Stage coach services* que cubre los trayectos desde Londres (salida en King's Cross Coach Station en Midland Road) vía Birmingham hacia Escocia (el servicio cubre 7 ciudades). Salidas diarias a las 23 h. Viaje en autobús *double decker*; té y hamburguesa incluidos en el precio. De lo mejor que se puede encontrar. Posibilidad de descuentos a estudiantes.

El tren

En principio, el tren es mucho más caro que el autobús.

Múltiples bonos, y muy interesantes, para los trotamundos

– *Billete a precio reducido (off peak ticket).* Como su nombre indica, es un billete que no se puede utilizar más que fuera de las horas punta. Válido a partir de las 9 h 30 de la mañana. Billete ida y vuelta 2ª clase

Tourist return: 30 % de reducción. Se puede comprar en España. Válido 2 meses sin ninguna restricción de utilización. A partir de 6 personas 25 % de descuento.

– *Britrail Pass:* sin límite de edad, posibilidad de viajar con kilometraje ilimitado en toda la red ferroviaria de Inglaterra, Escocia y el País de Gales, durante 4, 8, 15, 22 días o 1 mes consecutivos. El *Britrail Pass* es válido para todos los trenes, incluidos los rápidos *Inter-City.* La mayoría de éstos poseen vagones-restaurante (caros) o coches-bar (más asequibles).

– *Flexi Pass:* las mismas ventajas que el *Britrail Pass,* pero más flexible. Válido 3, 4, 8 y 15 días sobre 1 mes. Estos bonos no se venden en Gran Bretaña y hay que comprarlos en el continente antes de salir.

– *Southeast Travel Pass:* permite un kilometraje ilimitado dentro de un radio de 300 km alrededor de Londres. Este billete brinda la posibilidad de explorar todo el sud-este de Inglaterra (Oxford, Cambridge, Exeter...) y propone la fórmula de 3 y 4 días de viaje no consecutivos a utilizar por un período de 8 días y de 7 días de viaje durante 15 días.

– *Freedom of Scotland Travel Pass:* Con este bono se puede circular libremente por toda la red ferroviaria de *Scotrail* en Escocia y también por la red marítima explotada por la compañía *Caledonian Mac Brynes.* El titular de este bono se beneficia de reducciones sobre las travesías marítimas efectuadas por la compañía *P & O Ferries* así como de las numerosas conexiones en autocar por el interior del territorio escocés. Este bono sólo está disponible en segunda clase, por períodos de 8 días consecutivos u 8 días no consecutivos, a utilizar durante un período de 15 días alternos, o 15 días consecutivos.

– Para obtener estos bonos la foto del usuario es imprenscindible. Tarifas reducidas para los que tengáis de 16 a 25 años y para los mayores de 60 años, excepto para la Freedom of Scotland. Los niños de 5 a 12 años pagan el 50 % de la tarifa normal y los menores de 5 años viajan gratuitamente.

Unas cuantas confidencias

– Si cambiáis de estación en Londres, no paguéis el billete de metro siempre que llevéis los dos billetes de tren para el mismo día en el bolsillo.

– *Single* significa: trayecto sencillo; *Day return*: ida y vuelta en el mismo día.

– Hay trenes con literas: *Motorail.*

– Si llegáis por Heathrow o Gatwick y no queréis pasar por Londres, los dos aeropuertos están conectados directamente en tren por la estación de Reading. El oeste y el norte son muy interesantes (Salisbury, Oxford, Bath, Bristol, Exeter, Penzance, Cardiff, Birmingham...). El tren os lleva a la estación de Reading en una hora.

Barcazas y barcos

Se puede realizar un viaje muy agradable por Gran Bretaña recorriendo sus numerosos canales (3 000 km en total). Un medio de transporte bastante caro. Para alquilar barcos, dirigirse a:

– *The Inlands Waterways Association:* 114 Regent's Park Road, Londres NW1.

Principales fechas históricas

– *55 a. J. C.:* Julio César desembarca en Gran Bretaña. Colonización romana.

– *450:* empiezan las invasiones anglosajonas.

– *Fines del siglo ix:* incursiones vikingas.

- *1066:* desembarco de Guillermo el Conquistador, duque de Normandía, en Inglaterra. Batalla de Hastings, donde resulta vencedor. En pocos años los normandos terminan la conquista de Inglaterra.
- *1215:* Carta Magna que otorga el poder real a los señores normandos y sajones coaligados.
- *1337-1453:* guerra de los Cien Años.
- *1534:* Enrique VIII, ante la negativa del papa de anular su matrimonio, obliga a la Iglesia de Inglaterra a reconocerlo como autoridad suprema.
- *1563:* una «profesión de fe» instaura definitivamente el anglicanismo en Gran Bretaña.
- *1587:* ejecución de María Estuardo, heredera del trono de Inglaterra, acusada de conjurar contra la reina Isabel I.
- *1600:* se crea la Compañía de las Indias Orientales.
- *1649:* Primera Revolución. El rey Carlos I es decapitado por el hacha del verdugo (M. Guillotin todavía no había inventado su máquina infernal)
- *1650-1651:* Escocia queda vinculada al nuevo régimen de la Commonwealth tras su derrota frente a las tropas de Cromwell.
- *1666:* incendio de Londres; Wren inicia su reconstrucción
- *1679*: el Parlamento vota el *Habeas Corpus* que defiende a los ciudadanos contra todo arresto arbitrario.
- *1688:* Segunda Revolución.
- *1689:* declaración de derechos.
- *1707:* Acta de Unión. Los reinos de Inglaterra y Escocia se unen definitivamente.
- *1713:* la paz de Utrecht consolida la hegemonía marítima de Inglaterra.
- *Principios del siglo XIX:* revueltas populares duramente reprimidas.
- *1837:* advenimiento al trono de la reina Victoria. Surge el movimiento que pide el derecho de voto para todos, reivindicación que apoya Disraeli.
- *1876:* la reina Victoria es proclamada emperatriz de las Indias.
- *1884:* reforma electoral. El derecho de voto es concedido a todas las clases del país.
- *1900:* se funda el Partido Laborista.
- *1914:* el gobierno británico se sitúa al lado de Francia contra el imperio Alemán.
- *1921:* creación del Estado Libre de Irlanda, que obtiene el estatuto de dominio.
- *Septiembre 1939:* Gran Bretaña declara, junto con Francia, la guerra a Hitler.
- *1940:* Winston Churchill sucede a Chamberlain.
- *1945 a 1951:* gobierno laborista de Attlee marcado por nacionalizaciones y medidas sociales.
- *1947:* India obtiene la independencia. Pakistan también... Los ingleses se retiran de puntillas, con lo cual todo el mundo se masacra.
- *1952:* advenimiento de la reina Isabel II.
- *1958:* revueltas raciales a causa de la inmigración masiva de ciudadanos de la Commonwealth
- *1971:* adhesión de Gran Bretaña al Mercado Común
- *1974-1979:* gobierno laborista.
- *1979:* gobierno conservador de Margaret Thatcher.
- *1981:* revueltas sociales en Brixton y revueltas de inmigrantes y parados en Londres. Desnacionalización parcial en diversos sectores de la economía.
- *1984:* huelga de los mineros.
- *1985:* revueltas en Birmingham.
- *1986:* diciembre: 11, 7 % de la población activa en paro.
- *1987:* por tercera vez el partido conservador, bajo el liderazgo de Margaret Thatcher, gana las elecciones legislativas.
- *1990:* tras las elecciones de noviembre, no habiendo obtenido la ma-

yoría absoluta de su partido, Margaret Thatcher dimite. John Major, ministro del gobierno precedente, reemplaza a la «Dama de Hierro».
– **1991:** John Major y el Partido Conservador ganan las elecciones a la Cámara de los Comunes. Gran Bretaña, con algunas reservas, firma el Tratado de Maastrich.
– **1994:** apertura del túnel de la Mancha. ¡Por fin El Eurotunnel! gritan los continentales, los «british» no tanto.
– **1996:** Divorcio del príncipe Carlos y «Lady Di».

Vocabulario

sí	*yes*
no	*no*
yo	*I (ai) -me*
tú	*you*
él	*he-him*
ella .,	*she-her*
nosotros	*we-us*
ellos, ellas	*they-them*
ayer	*yesterday*
hoy	*today*
mañana	*tomorrow*
ahora	*now*
más tarde	*later*
buenos días	*good morning*
hola	*hello*
hasta luego	*good bye o cheerio*
por favor	*please*
gracias	*thank you*
perdón	*sorry*
No entiendo	*I don't understand*
¿Puede repetir?	*Can you repeat?*
¿Me lo puede explicar?	*Can you explain?*
¿dónde?	*where?*
¿cuánto?	*How much?*
¿cuándo?	*what time, when?*
¿quién?	*who?*
¿Tiene hora?	*What time is it?*
¿Qué ocurre?	*What's the matter?*
¿Por qué?	*Why?*
¿Puede indicarme cómo ir a?	*Could you tell me the way to...?*
a la izquierda	*on the left*
a la derecha	*on the right*
¡Pare, deténgase!	*Stop!*
demasiado caro	*too expensive*
hotel	*hotel*
albergue juvenil	*youth hostel*
restaurante	*restaurant*
beber	*to drink*
comer	*to eat*
dormir	*to sleep*
bastante	*enough*
más	*more*
agua	*water*
café	*coffee*
té	*tea*
leche	*milk*
pan	*bread*
frío	*cold*
caliente	*hot*
bueno	*good*

malo	*bad*
servicio incluido	*service charge included*
una llamada a cobro revertido	*a reversed charge call*
Oficina de Turismo	*Tourist Information centre*
estación	*railway station*
parada de autobús	*bus stop*
billete sencillo	*a single ticket*
billete ida y vuelta	*a return ticket*
billete de andén	*a platform ticket*
correos	*post-office*
policía	*police*
banco	*bank*
autostop	*hitch-hiking*
un disco	*a record*
discoteca	*a discotheque*
con orquesta pop	*with a pop music band*
un traje	*a suit*
una falda	*a skirt*
una corbata	*a tie*
uno	*one*
dos	*two*
tres	*three*
cuatro	*four*
cinco	*five*
seis	*six*
siete	*seven*
ocho	*eight*
nueve	*nine*
diez	*ten*
once	*eleven*
doce	*twelve*
trece	*thirteen*
catorce	*fourteen*
quince	*fifteen*
veinte	*twenty*
treinta	*thirty*
cuarenta	*forty*
cincuenta	*fifty*
sesenta	*sixty*
setenta	*seventy*
ochenta	*eighty*
noventa	*ninety*
cien	*one hundred*
mil	*one thousand*
3 243	*three thousand two hundred and forty three*

Cuando habléis por teléfono, vuestro interlocutor empezará por decir su número y se identificará, lo que es muy práctico. Si queréis hablar a otra persona: *Could I speak to...?* Para dejar un mensaje: *Could I leave a message?*, pero preparadlo con antelación. Para pedir que no cuelguen: *Hold on.*

Otra expresión muy útil en Gran Bretaña (donde se dejan los cochecitos de bebé a la intemperie en diciembre para que los nenes se curtan desde la más tierna infancia): *I'm afraid, I'm a bit cold*, para indicar que os congeláis, y: *Could I have another blanket?*, para conseguir una manta adicional.

Nunca debéis olvidar que en inglés siempre hay que decir *PLEASE*, para cualquier cosa que queráis preguntar, pedir, etc... Recordadlo bien ¡*PLEASE!*

Medidas

Aunque ahora Gran Bretaña ha adoptado el sistema métrico decimal, nuestros problemas están lejos de solucionarse:

• *Longitud*

1 pulgada = 1 inch = 2,5 cm
1 pie = 1 foot = 12 inches = 30 cm
1 yarda = 3 feet = 90 cm
1 milla = 1,6 km aproximadamente (para convertir kilómetros en millas, multiplicar por 0,62).

• *Peso*

1 onza = 1 oz = 28,35 9
1 pound (libra) = 1 lb (libra) = 0,454 kg

• *Temperatura*

0 °C = 32 °F. Temperatura del cuerpo = 97 °F; 100 °C = 212 °F (y el termómetro se pone bajo la axila o en la boca).

• *Equivalencias galones/litros*

Litros		Galones	Galones		litros
1	=	0,220	1	=	4,544
2	=	0,440	2	=	9,088
4	=	0,880	3	=	13,632

LONDRES

Cuando evocamos Londres es para pensar en el *smog* y en la contaminación. Los tiempos han cambiado: una enérgica política anticontaminación ha acabado casi con el *smog* y de nuevo hay peces en el Támesis. Ya podéis dejar vuestras máscaras antigás en casa. Venid a respirar el aire de un mundo diferente.

Londres es una de las ciudades más grandes y cosmopolitas del mundo, se podría decir que es la ciudad europea por excelencia, un verdadero hormiguero rebosante de vida, vibrante, moderna, aunque algo *kitch*, donde se puede encontrar todo aquello que uno busque: arte etrusco, hermosos parques, un grupo de super rock, porcelana china, un raro ejemplar de alguna inolvidable grabación de jazz, joyas, gran cultura, el té más refinado, moda, los juguetes más sorprendentes y mil y una maravilla más, hay de todo y para todos los gustos. Un dato, casi la totalidad de la ciudad pertenece a tres personas: Lord Westminster, Lord Chelsea y a la reina, nunca jamás ellos han vendido nada. Por ese motivo, en Londres sólo es posible adquirir en propiedad un apartamento o una casa durante un período de tiempo determinado, que suele ser de 99 años. En Londres, la única cosa compartida equitativamente es la lluvia. Los *cockneys* del East End, los financieros de la City, los pobres, los colgados, los turistas del Soho y los pijos de Chelsea, todos acaban mojados por igual y no es que llueva siempre, pero llover, llueve.

Londres es un lugar caro para los peninsulares, por lo que resulta necesario disponer de bastante dinero y de tiempo suficiente para empezar a conocer algún secreto de los muchos que se cobijan entre los puentes que unen las dos orillas del río y el duro asfalto de sus calles. También es cierto, que las personas con una economía, dijeramos que menos favorecida, pueden organizar un plan para aprovecharse y disfrutar de las incontables oportunidades de hacer y ver qué ofrece la gran ciudad del Támesis, a precios razonables y/o gratis. Londres: dicen que es imposible aburrirse en ella. Leed atentamente nuestros modestos consejos en los párrafos siguientes, os ayudarán.

Llegada a los aeropuertos

– **Desde el aeropuerto de Heathrow:** metro directo al centro de Londres (*Piccadilly y line*). Duración: 45 minutos. Ocho trenes por hora. La solución más económica. Atención: para regresar hay dos estaciones, una para la terminal 4 y otra para las 1, 2 y 3. Acceso rápido y cómodo al aeropuerto, con carritos de equipaje gratuitos. De lo contrario, tomad el Airbus, uno cada 10 minutos, hasta las estaciones Victoria (plano C3, Grosvenor Garden) o Euston (parada del autobús F), que tarda de 1 h a 1 h 30, pero que puede seros útil por las numerosas paradas que realiza ante hoteles y estaciones. Atención: el Airbus 1 y el Airbus 2 no pasan por los mismos sitios.

La compañía *National Express* hace el recorrido hasta Victoria Coach Station. Servicio cada 30 minutos. El trayecto dura 35 minutos. Por la noche, el autobús 97 desde Heathrow a Trafalgar Square tarda alrededor de 1 h. Cada hora sale 1 autobús, hasta las 5 de la mañana.

• **Servicios:** El London Tourist Board (LTB) Information Centre: tiene oficinas en las terminales y en la estación de metro. Información general y reservas de alojamiento. El servicio de reservas no es gratuito, se abona un pequeño porcentaje en concepto de gastos. Consigna de

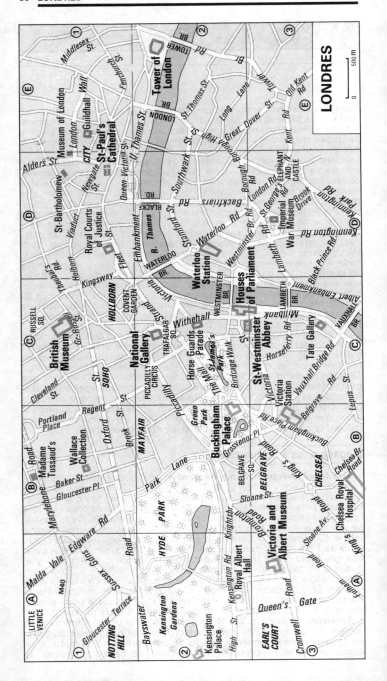

LONDRES

0 ___ 500 m

equipajes (*Left luggage*). Oficinas de cambio: no son de los Bancos, no cambiéis aquí, a menos que estéis en un aprieto. Oficina de objetos perdidos (*Lost property*): ☎ 745 7727. Aparcamiento de la terminal 2. Abierto de 9 h a 16 h.

– *Desde el aeropuerto de Gatwick:* el Gatwick express, tren (caro), cada 15 minutos, tarda 30 minutos, llega a Victoria Station. El autobús *Flightline* 777, bastante caro. Termina en Victoria Station. ☎ (0181) 668 7261. Un autobús cada hora.

• *Servicios:* consigna de equipajes, abierta 24 h y oficina de objetos perdidos: ☎ (0293) 288 22. En la terminal Sur.

– *Desde el aeropuerto de Stansted:* en 45 minutos un tren enlaza directamente el aeropuerto con la terminal de Liverpool Street Station. Pasa cada 30 minutos. En Tottenham Hale tiene correspondencia con la línea de metro de Victoria. También dispone de un servicio frecuente de autobús, con el cual se llega a Victoria Coach Station en 1 hora y 25 minutos. Abierto en 1991. Situado a 60 km al noreste de Londres.

– *Desde el aeropuerto de Luton:* los autobuses de la línea Green Line conectan el aeropuerto con el centro de la ciudad. Cuenta con un servicio de tren que termina en Kings Cross Station. Situado aproximadamente a unos 35 km al norte de Londres.

NOTA: Varias líneas de autobuses tejen una red de conexiones directas entre todos los aeropuertos de Londres.

Direcciones útiles

– *Consulado de España:* ☎ (0171) 581 5921. 20 Draycot Place, SW3.
– *Embajada de España:* ☎ (0171) 235 5555. 24 Belgrave Square, SW1X 8QA.
– *Oficina Cultural Española:* ☎ (0171) 201 5522. 39 Chesham Place, SW1X 85B.
– *Instituto Cervantes:* ☎ (0171) 235 1485. 102 Eaton Square, SW1 W 9AN.
– *London Tourist Board (LTB):* tiene oficinas en varios puntos neurálgicos de la ciudad. Sólo se ocupa de Londres, salvo el de Victoria donde facilitan información de todo el Reino Unido. Todos los LTB tienen servicio, no gratuito, de reserva de hoteles, Bed & Breakfast y AJ (Albergues Juveniles). Por los AJ se abona una pequeña comisión, la de los B & B es más elevada. En temporada alta vale la pena. Los LTB más importantes son:

• *LTB Victoria Station Forecourt SW1:* está situado delante de la estación. Abierto todos los días de 8 a 20 h, de Semana Santa a octubre y hasta las 19 h el resto del año. Hay numerosas azafatas que informan de cuanto se quiera saber. El servicio es eficaz, aunque todo hay que decirlo y la acogida no es muy cálida. Lista de los AJ tradicionales y también de los AJ independientes. Planos de la ciudad. Venta de entradas para todo tipo de espectáculos (teatros, conciertos, etc.).

• *LTB Liverpool Street Underground Station:* Liverpool Street, EC2. Abierto de lunes a sábado de 8 h 15 a 18 h y los domingos de 8 h 30 a 16 h 45.

• *LTB Selfridges: Oxford Street, W1.* En los sótanos del almacén.

– *Información por teléfono* (en inglés): ☎ (0171) 971 0027. Todas las llamadas de información general y turística son atendidas en este teléfono.

– *Reservas de B & B o de hotel por teléfono* (Accomodation Booking Service): ☎ (0171) 824 8844. Abierto de lunes a viernes, de 9 h a 17 h. Sólo para titulares de tarjetas de crédito internacionales.

– *Ayuda al viajero* (International Traveller's Aid): ☎ (0171) 834 3925. Esta pequeña oficina está situada en la plataforma 8 de la estación Victoria. Abierto, en principio, de 11 h a 13 h y de 14 h a 18 h, todos los días (los horarios fluctúan a veces). Organización no lucrativa bajo los auspicios de los YMCA que proporciona información sobre la ciudad y ayuda a los turistas que acaban de llegar. Datos útiles sobre posibles alojamientos.

Información de transportes

– *London Regional Transport Travel Information Service:* ☎ (0171) 222 1234. Responde las 24 horas del día. Servicio telefónico que da todo tipo de datos sobre los itinerarios de autobús, metro y tren de Londres y los alrededores. Dices dónde estás y adónde quieres ir y el telefonista te indica cómo puedes llegar. Es práctico.
– *London Transport Sightseeing Tour:* ☎ (0171) 227 3456. Para visitar Londres en autobús descubierto. Horario: todos los días de 10 h a 17 h. Salidas de Haymarket, Marble Arch, Baker Street, Piccadilly Circus y Victoria Station. De la entrada del British Museum salen también excursiones del mismo tipo durante todo el día. Una manera interesante y descansada de dar una vuelta por Londres.
– *Estación de autocares:* Viktoria Coach Station. Buckingham Palace Road (plano B3). Al salir de la estación Victoria, girad a la izquierda. Numerosos autobuses van a las ciudades de provincia.

Bancos y cambio

En general los bancos están abiertos de 9 h 30 a 16 h 30 y cerrados los sábados y los domingos. Todos los bancos de Oxford Street permanecen abiertos los sábados hasta mediodía. Lo cual es ideal para cambiar vuestro dinero. Procurad evitar las oficinas de cambio, trabajan con unos márgenes altos. Es mejor ir a los bancos. Las oficinas de cambio son numerosas. Las encontraréis en los aeropuertos, en las estaciones de ferrocarril, en algunas de las grandes estaciones de metro, en grandes almacenes. Su ventaja es que cierran más tarde que los Bancos.
– *Cheques de viaje:* los bancos descuentan una importante cantidad cada vez que hacen efectivo un cheque de viaje. Vale más cambiar los cheques grandes. Para evitar las comisiones excesivas, conviene cambiar los cheques en la misma entidad que los haya emitido (como American Express, Thomas Cook, etc.). Cobrar los cheques en libras.
– *Reintegros con tarjeta de crédito:* es el sistema más sencillo y práctico. Los que tengan tarjeta de crédito internacional pueden retirar dinero de los cajeros automáticos. Tened en cuenta que sólo se puede sacar hasta un tope autorizado. Hay que informarse en el Banco.
– *Oficinas de cambio abiertas las 24 horas:*
• 126 Bayswater Road, W2. ☎ (0171) 221 7677. M.: Queensway.
• 1-7 Shaftsbury Avenue, W1. ☎ (0171) 434 3431. M.: Piccadilly Circus.
• 548 Oxford Street, W1. ☎ (0171) 723 2446. M.: Marble Arch.

Correos y teléfonos

– *Oficinas de correos:* abren de 9 h a 17 h de lunes a viernes y de 9 h a 12 h los sábados. Cerrado los domingos. Una sola oficina abierta de 8 h a 20 h y los domingos y días de fiesta de 10 h a 17 h en William the IVth Street, al lado de Trafalgar Square, y de la iglesia de St Martin in the Fields.
– *Lista de correos:* el sobre de la carta debe indicar: Juana Trotamundos (por ejemplo), Poste Restante, London; y a renglón seguido: London Chief Post Office, King Edward Street, EC1. Servicio gratuito. Guardan las cartas durante un mes. Para recoger la correspondencia hay que llevar el DNI, pasaporte, etc.
– *Teléfonos:* para llamar a España a cobro revertido: *reversed charge call*. Se puede llamar al extranjero desde las cabinas públicas. El mejor momento para llamar a España es por la mañana temprano (hacia las

7 h, pues se consigue la comunicación rápidamente y la tarifa es mucho más baja. Lo más sencillo es marcar el 155 y pedir a la operadora el *International Service*, donde hablan español, lo que os permitirá no tener que hacer un mal papel. También puede accederse a este servicio directamente a través del número 0800890034.
Londres tiene 2 indicativos: 0171 para el centro y 0181 para la gran corona. No es necesario marcar el indicativo cuando os encontréis dentro de la misma zona. Cuando el prefijo de un número es el 0171 (centro de Londres) no es necesario marcarlo. Para llamar a Londres desde España hay que omitir el 0 del indicativo.

* *Información de Londres:* ☎ 142. Gratuito.
* *Información de las otras provincias:* ☎ 192.

Sanidad

En todos los hospitales, el servicio de urgencias funciona durante toda la noche. Son gratuitos.
– **Servicio de socorro y ambulancias:** ☎ 999. Es gratuito e incluso funciona cuando el teléfono está estropeado.
– **Charing Cross Hospital:** ☎ (0181) 846 1234. Fulham Palace Road, W6. M.: Hammersmith.
– **Eastman Dental Hospital:** ☎ (0171) 915 1000. 256 Gray´s Inn Road, WC1. M.: King´s Cross. Consultorio Dental. Abierto de 9 h a 12 h y de 13 h 30 a 16 h, de lunes a viernes. Se puede acudir sin cita previa.
– **Bliss Chemist:** farmacia abierta hasta medianoche en 5 Marble Arch, W1. ☎ (0171) 723 6116. Otra farmacia abierta hasta las 2 h, en 50 Willesden Lane, NW6. M.: Kilburn.
– **Boots:** 75 Queensway, W2. ☎ (0171) 229 9266. M.: Bayswater. Farmacia abierta de 9 h a 22 h de lunes a sábado.
Atención, las farmacias de guardia sólo abren una hora los domingos y días festivos. De modo que se debe planificar muy bien cualquier enfermedad.

Consignas y objetos perdidos

– **Consignas (left luggage):** todas las grandes estaciones tienen consigna. Algunas también tienen consigna automática (*lockers*) que funciona las 24 horas del día. En Victoria Station, la consigna está abierta de 7 h 15 a 22 h 30, también hay *lockers*. King´s Cross y Charing Cross Station tienen *lockers* y consigna. En Paddington, Waterloo, Liverpool y St Pancras, la consigna suele estar abierta hasta las 22 h 30 por regla general y a veces hasta más tarde.
– **Objetos perdidos (lost property):** ahí van algunos teléfonos útiles. Taxi Lost Property. ☎ (0171) 833 0996. Para pérdidas en las estaciones de tren: Victoria Station. ☎ (0171) 922 6216; Liverpool Station. ☎ (0171) 922 9189; Waterloo Station. ☎ (0171) 922 6135; King´s Cross Station. ☎ (0171) 922 9081.
* *Para las pérdidas en el autobús o en el metro:* 200 Baker Street, NW1. ☎ (0171) 486 2496.
– **Pérdida de tarjetas de crédito:** American Express. ☎ (01273) 69 6933; Barclays Card y VISA Card. ☎ (01604) 23 0230.

Aprender inglés en Londres

– **Westminster College:** ☎ (0171) 828 1222. 76 Vincent Square, SW1. M.: Victoria. Por un precio razonable, cursos de inglés impartidos por profesorado competente. Un curso dura tres meses. Cursos intensivos de dos o cuatro semanas en los meses de verano y facilidades para encontrar alojamiento.

For all London Transport travel enquiries ring 01-222 1234 at any time or call at the London Transport Travel Information Centres at Charing Cross, Euston, Heathrow Central, King's Cross, Oxford Circus, Piccadilly Circus, St James's Park, Victoria and at Waterloo British Rail Travel Centre.

▲ Piccadilly Line trains stop here early morning and late evening Mondays to Saturdays and all day Sundays

Designed by Paul E. Garbutt
Copyright London Transport Executive

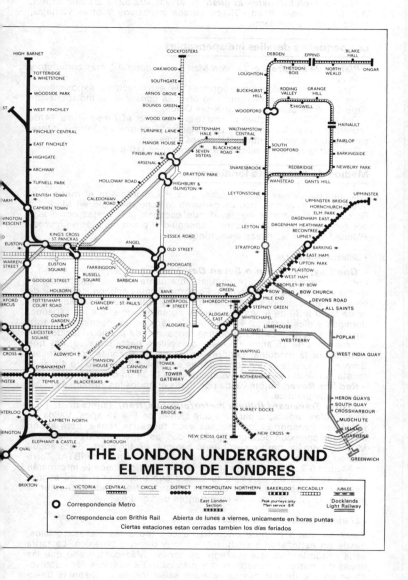

THE LONDON UNDERGROUND
EL METRO DE LONDRES

Lines.... VICTORIA CENTRAL CIRCLE DISTRICT METROPOLITAN NORTHERN BAKERLOO PICCADILLY JUBILEE

⭘ Correspondencia Metro

East London Section — Peak journeys only Main service B.R — Docklands Light Railway

✳ Correspondencia con Brithis Rail Abierta de lunes a viernes, unicamente en horas puntas

Ciertas estaciones estan cerradas tambien los días feriados

El Westminster College también tiene dependencias en otros puntos de Londres, por ejemplo, en Peter Street en el Soho.
– **Marble Arch Intensive English:** ☎ (0171) 402 9273. 21 Star Street, W2. M.: Edgware Road. Ofrece cursos intensivos y otras ventajas, como buscar alojamiento.

Los pequeños detalles indispensables

– **Planos de Londres:** el *London Map* o el *London AZ*, más completo y más caro.
– Para conocer todos los programas de espectáculos, exposiciones, otras buenas direcciones, etc., no olvidéis conseguir el indispensable *Time Out* (una especie de «Guía del Ocio»).
– Los anglófilos no deben olvidarse de comprar el *Times* el día 14 de febrero y leerse los anuncios por palabras. Dan una visión muy interesante sobre la vida sentimental de los ingleses.
– Guardad la calderilla para los aparcamientos (10 p y 50 p).

Medios de transporte londinenses

Los medios ideales para desplazarse por Londres son el metro y el autobús. El trayecto único es carísimo (mucho más que en Madrid o Barcelona). Realmente no hay donde escoger; las tarjetas por días o por semanas es lo menos caro. Conseguid el plano del metro (*Journey Planner*) y el de las líneas de autobuses.

• Billetes especiales

– **One Day Travelcard o Seven Day Travelcard:** tarjeta por un día o por una semana. Permite circular libremente en los autobuses, el metro y los trenes de cercanías. Es el medio más económico para ir de un lado para otro por Londres. La *One Day Travel Card* es válida a partir de las 9 h 30 de lunes a viernes y durante todo el día los sábados, domigos y días festivos. Para la tarjeta semanal se necesita una foto tamaño carnet. La tarjeta tiene una modalidad de precio reducido para los menores de 15 años. Conservad el billete hasta la salida, hay que pasarlo por la máquina. Londres se divide en 6 zonas cóncentricas. Comprar la tarjeta de las zonas donde se vaya a ir. Al cabo de 4 días la tarjeta semanal resulta más ventajosa que la de un día.
– **Red bus Rover:** tarjeta válida por un día en todos los autobuses rojos. No es muy práctica.
– **Visitor Travelcard (billete metro/autobús/tren):** tarjeta de 3, 4 o 7 días. Tarifas reducidas para los que tienen de 5 a 15 años. Válida en todos los transportes londinenses y en todas las zonas. Este abono incluye la conexión de Piccadilly Line con las terminales de Heathrow. Muy económica, pero no se puede comprar en Inglaterra. Para adquirirla en España, dirigirse a la Oficina de Turismo Británico (BTA), Torre de Madrid 6-7, Plaza de España 18, 28008 Madrid, donde te informarán de las agencias de viajes de tu ciudad que propocionan este abono. Esta tarjeta, reservada a los turistas, además ofrece reducciones en la mayoría de los lugares más importantes de Londres.

• El metro (underground o tube)

Viajar en metro permite encontrarse con todas las clases sociales, desde un estudiante a un financiero muy digno y británico. La tarifa varía según la distancia (sistema de zonas). Más complicado que las líneas de metro de nuestro país y más caro. Es bastante fácil equivocarse porque de una misma estación salen trenes en distintas direcciones. Hay 11 líneas. El destino del convoy está indicado en un panel electrónico en el andén. El fin de semana muchas estaciones están cerradas. Atención, conservad el billete, lo exigen a la salida. Los últimos trenes pasan entre las 23 h 30 y 0 h 30. La hora del último metro está señalada en las ventanillas de venta de billetes. El metro empieza a las 5 h 15. Desde el incendio de Kings Cross está prohibido fumar en los vagones, las estaciones y los pasillos.

• El autobús

El autobús es más barato y mucho más simpático que el metro. Para contemplar mejor el paisaje, subir al primer piso. Pedid un plano de la red de autobuses en la Oficina de Turismo.

– Autobuses rojos: sólo en Londres.

– Autobuses verdes: Londres y extrarradio.

Algunas líneas de autobús, que salen de Londres y llegan al extrarradio circulan de noche. Llevan una N delante del número. Funcionan de 23 h a 6 h. Un autobús cada hora. Salen todos de Trafalgar Square. Los autobuses nocturnos son bastante caros y el abono por un día no sirve. Los autobuses se paran automáticamente en las paradas con el panel blanco y el signo del London Transport. Cuando el panel es rojo, hay que levantar el brazo (o tocar el timbre si se va en el autobús). A veces, no se paga enseguida. Un revisor pasa más tarde. No asombrarse. Esta práctica es típicamente londinense.

• El taxi (taxi o cab)

Más caro que en España, pero también mucho más práctico en Londres, porque se les puede encontrar en todas partes y caben 5 personas (4 en España). Muy útil cuando se sale de copas. Si llevan encendido el letrero amarillo *For hire* están libres. Se suele dejar un 10 % de propina.

– Llamar a un taxi: *Dial a Cab.* ☎ (0171) 253 5000; *Date a Cab.* ☎ (0171) 727 7200; *Black Radio* Taxis. ☎ (0181) 209 0211. Caro.

Además de los taxis negros existen los *mini cabs*: una clase de taxis semi-clandestinos, a un paso fuera de la ley. Los residentes en Londres los utilizan. Son más baratos que los taxis negros aunque sin su encanto. Sólo tienen 4 plazas. Hay que pactar el precio antes de salir. Existen múltiples compañías de *mini cabs* y sus tarifas suelen ser muy similares.

– Si se ha perdido algo en el taxi, llamar a *Lost property,* ☎ (0171) 833 0996.

• Alquiler de bicicletas, mobylettes y motos

– On your bike: ☎ (0171) 357 6958. 22 Duke Street Hill, SE1.

– Portobello Cycles: ☎ (0181) 960 0444. 69 Golborne Road, W10. Alquiler por días o por semanas.

– Scootabout: ☎ 582 0055. 59 Albert Embankment, SE1. M.: Vauxhall. Abierto de 9 h a 18 h durante la semana y de 9 h a 13 h los sábados. Se alquilan motos y mobylettes de 50 cc a 1 000 cc. Llevar el permiso de conducir, pasaporte y la tarjeta de crédito.

• Si vais en coche

– Cuidado con los clamps (cepos). Especie de mandíbulas de color amarillo intenso que bloquean las ruedas del coche mal estacionado. Imposible librarse de ellas. A grandes rasgos, dos líneas amarillas a lo largo de la acera quiere decir: «prohibición absoluta de estacionar». Una sola línea permite estacionar en determinadas condiciones, sólo por la noche y para los vecinos. En el último caso debe haber en la acera un disco explicativo. Los cepos los colocan compañías privadas que viven de las multas, por lo cual no sirve de nada ir explicando el porqué de haber estacionado en zona prohibida. La dirección de las oficinas del cepo figura en el adhesivo que colocan en el parabrisas. Para librarse del maldito cepo hay que pagar £30 y tienes 28 días para pagar la multa de £38. Tardan cuatro horas en quitar el cepo, y es mejor estar cerca del coche porque en cuanto se lo quiten puede presentarse otro coche patrulla dispuesto a ponérselo de nuevo. La mejor solución para estacionar es con parquímetro, carísimos en el centro, pero aceptables en la periferia. Además son gratuitos por la noche.

• Gasolineras abiertas las 24 horas

– **Mobil:** 83 Park Lane, W1.
– **Texaco:** 71 King´s Cross Road, WC1.
– **BP:** 104 A Finchley Road, NW3.

• En barco por el Támesis

Una manera original y rápida de visitar la ciudad de este a oeste. *River boat information.* ☎ (0171) 730 4812. Organiza diferentes circuitos por el Támesis con paradas en los principales puntos turísticos entre Hampton Court Pier y Greenwich Pier. Los barcos pasan por las paradas cada 20, 30 o 45 minutos en función de la época del año y la posición geográfica del punto de embarque. Las paradas más céntricas están en Putney Pier (Putney bridge), Westminster Pier (Westminster bridge), Charing Cross Pier (Waterloo bridge), Festival Pier.
(Waterloo bridge lado opuesto), London bridge city Pier (London bridge), Tower Pier (Tower bridge), Greenwich Pier (en Greenwich), Barrier Garden Pier (cerca de la gran presa de Londres). Dos horas de paseo por el río Támesis permiten descubrir gran parte de la ciudad sin fatigarse en exceso. Escoger un día de sol, es mucho mejor.
– Dos empresas que organizan excursiones por el Támesis hasta los rincones más perdidos de Londres: *Jason´s Trip.* ☎ 286 3428, y *London Waterbus Company.* ☎ 482 2550.

Orientación y barrios de Londres

ORIENTACIÓN Y GUÍA DE USO DE LA CIUDAD

Atención, la ciudad es inmensa, más grande que Madrid y Barcelona juntas, aunque eso no se aprecie en el mapa. Cuestión de escala. Los barrios se confunden y los centros de interés están muy lejos unos de otros. Cuando uno haya comprendido cómo funciona, se ahorrará mucho tiempo. Algunas recomendaciones:
– Una vez se ha decidido visitar un barrio más vale explorar todas sus riquezas culturales en el mismo día que volver varias veces durante la semana. Cada rincón tiene sus particularidades. Por ejemplo, Brick Lane y Petticoat Lane Market se visitan en domingo, día de mercado. Después se puede ir a comer un sandwich de buey salado en Blooms antes de «culturizarse» un poco en la Whitechapel Art Gallery. Y así sucesivamente.
– Con los restaurantes, ir siempre al que esté más cerca porque las distancias son considerables. Lo mismo vale para los pubs. En todos los barrios los hay formidables. No vale la pena echarse a andar por todos lados salvo que te indiquen uno que sea realmente único. Para organizar las visitas, será mejor anotar los días que cierran los museos y lugares públicos.
– Os habréis percatado de que todas las direcciones de Londres van seguidas de letras y números (por ejemplo, SW1, N10, etc.). Esas indicaciones se refieren a la posición geográfica del *district* donde se encuentra la calle. SW: South West, N: North, WC: West Central, y así sucesivamente. Todo eso sería perfecto si los números tuvieran la misma lógica. Nada de eso. SE17 está al lado de SE1, NW8 se encuentra más cerca del centro que NW2. De modo que resulta indispensable

hacerse con un mapa de Londres en el que estén todos los distritos. El mejor, sin discusión es el *A to Z* . Comprad la versión en color, apenas más cara y mucho más práctica.

– El encanto de Londres radica en sus contrastes: aglomeración de casas bajas e inmensos parques brumosos en pleno centro de la ciudad. No hay barrios genuinamente antiguos, ya que el gran incendio de 1666, y la peste del año anterior, acabó prácticamente con ellos. En contrapartida, quedan muy pocos conjuntos de bloques de edificios. El espíritu de Londres se refleja en la pasión que tienen sus habitantes por el ceremonial y los uniformes, donde destaca a menudo el color rojo inglés, lo que ellos denominan *pageantry*.

LOS DIFERENTES DISTRITOS

Londres es una ciudad que presenta un trazado concéntrico. Algo parecido a lo que ocurre en otras grandes ciudades europeas. En el primer círculo están los centros turísticos y económicos así como el 90 % de los monumentos célebres.

Después se va degradando un poco hasta llegar a los barrios populares del primer cinturón. Se continúa sin transición hasta los barrios de las afueras, más verdes y ricos (sobre todo al norte y al sur), un poco más lejos se levantan las ciudades dormitorio. Al contrario de lo que ocurre en España, están construidas en horizontal, no verticalmente. Todo el mundo tiene su pequeña casa de ladrillo rojo. Así pues, no es de extrañar que Londres sea la ciudad más extensa del mundo y que la red del *tube* (metro) sea dos o tres veces más grande que la de Nueva York, y no digamos que las de Madrid o Barcelona.

LOS CENTROS

• El centro de los negocios: la City

De Saint-Paul a la Torre de Londres. Cruza la City la célebre Fleet Street, que fue la calle de la prensa cuando la prensa inglesa creaba opinión en todo el mundo. Muchos grandes periódicos se han trasladado al nuevo distrito de los muelles, pero todavía se puede ver el edificio del *Daily Express*, una obra maestra del *modern style* (nuestro modernismo).

La City es la zona de los negocios. Pero no del suyo... A menudo se nota allí una cierta efervescencia. Todo está organizado en función del trabajo. Los pubs tienen horarios especiales de apertura. Por la noche, cuando las oficinas están cerradas, sólo se respira un profundo silencio. Allí es donde se pueden ver esos horribles capitalistas de chaqué y sombrero de copa que salen a escondidas de un Rolls conducido por un chófer de uniforme. Pero la verdad es que cada vez la especie se va haciendo más rara de ver...

• El centro turístico y la movida

De Covent Garden a Buckingham Palace y del río Támesis a Regent´s Park. De este a oeste :

– El barrio de **Covent Garden** está completamente renovado (se han conservado los hermosos edificios del mercado...); tiendas y restaurantes, saltimbanquis, etc. En los alrededores y en Leicester Square se encuentran los cines y los teatros. Muchos pubs donde se puede comer por un precio razonable. No muy lejos de Leicester Square, *Chinatown*, junto a Gerrard Street, con calles peatonales y cabinas con techos que se parecen a los de las pagodas.

– **Soho:** (plano C2) es el reino de los extranjeros. Desde hace muchos años, el refugio de emigrados de todas las razas y condiciones. Es también la zona de los sex-shops (al oeste) y de los clubes de rock (al este). Allí está la famosa *Carnaby Street* (que ya no tiene interés). Los londinenses han elegido este barrio como *dining-room* a la salida de los teatros (casi todas las salas están cerca de allí). Merece la visita por lo fascinante que resulta ver cómo en esta zona las clases sociales pasan una junto a otra sin mezclarse en ningún momento. Muy *british* y un poco *disgusting*.

– **Cerca del Soho**, calles muy comerciales como *Oxford Street* (plano B1), *Regent Street, Shaftesbury Avenue, New Bond Street, Old Bond Street, Charing Cross, Tottenham Court Road, Strand* y *Piccadilly*. Allí se oyen conversaciones en todos los idiomas, y más de lo que uno se esperaría en castellano. Marylebone, Bloomsbury son zonas universitarias y más serias. En Bloomsbury, cerca del British Museum tenéis los B & B con más encanto.

– A **orillas del Támesis** se encuentran los grandes monumentos: los *Law Courts, the Temple, the National Gallery, Horse Guards, Houses of Parliament* (y el *Big Ben*), la abadía de Westminster... Pero tranquilos por allí hay también pubs muy majos, y parques magníficos (St *James's Park* y *Green Park*), bordeados por calles con una arquitectura interesante. Darse una vuelta por Queen's Anne Gate al sur de St James's Park

– **Más al norte**, Marylebone y Madame Tussaud's, Regent's Park y el zoo, más al oeste Green Park y Buckingham Palace (el relevo de la guardia es a las 11 h 30) y más allá Belgravia, la zona donde están situadas las embajadas.

• **El centro burgués**

– **Brompton:** La calidad de Harrod's y las tiendas de lujo de Knightsbridge y Beauchamps Place.

– **Más al oeste:** *Kensington, Holland Park* y *Notting Hill Gate,* unos barrios que son acogedores. También se encuentran las pequeñas joyas que son *Portobello*, con su rastro y sus calles onduladas y *Little Venice* cuyos canales recuerdan los de la gran ciudad adriática si se le echa imaginación.

– **A lo largo del Támesis**: Pimlico y la *Tate Gallery* (uno de los museos más hermosos de Londres), un barrio un tanto desnaturalizado por los edificios de oficinas que se han construido allí. Después, *Chelsea*, el barrio de los (ricos) artistas (entre otros Mick Jagger), aunque un poco más tranquilo que hace unos años, y la famosísima *King's Road*, bordeada de tiendas de ropa (aquí se lanzó la moda punk) y pequeños restaurantes majetes (aunque con precios que pueden resultar poco accesibles para los bolsillos poco potentes).

EL SEGUNDO CÍRCULO

• **La otra orilla del Támesis**

– *Southwark* y el barrio de los muelles. Hasta la década de los 50, por los muelles de Londres pasaban la mitad de los intercambios comerciales de la metrópoli con el resto del mundo, en particular con las colonias del Imperio.

Cuando el Imperio se redujo hasta desaparecer, se fueron abandonando los muelles progresivamente. No queráis saber en que trampa mortal se convirtió el lugar. Para rehabilitar esta ciudad dentro de la ciudad se lanzó una de las operaciones inmobiliarias más importantes de todos los tiempos y ahora el barrio de los muelles es un sitio que da gusto visitar. No dejad de ir al *Design Museum*, la *Hay's Galleria* y más lejos *Tobacco Dock*, creaciones arquitectónicas todas ellas más que criticables (incluso al príncipe de Gales le inspiran serias dudas), pero que tienen el mérito de existir.

– Continuando por la orilla del río, *Lambeth* (su palacio y el *Imperial War Museum*), *Kennington* y *Battersea* están en fase de rehabilitación, pero conservan el sello *cockney*. Allí hay una vida cultural interesante e imaginativa, teatros de vanguardia, pubs musicales y un auténtico ambiente popular. Lo mismo se puede decir de *Elephant and Castle*.

A propósito de *Elephant and Castle*, para los que se interesen por el origen del nombre y para que veáis que tenemos un poquito de cultura, y sobre todo para demostrar que allí nunca hubo ni elefante ni castillo. Érase una vez que el rey de Inglaterra se quería casar con una hermosa joven, que además era infanta de Castilla. Entonces, para mostrarse galante, el rey le dio el nombre de la infanta a un rincón de Londres... Los pobres ingleses no entendían que era eso de «Infanta de Castilla» y se pusieron a pronunciarlo como «Elephant and Castle», diciéndose que éstos eran nombres conocidos que tenían algún significado para ellos.

• El oeste

– *Fulham* es, para nosotros, el mejor sitio para alojarse si se va a estar una buena temporada en Londres. Está emplazado (relativamente) cerca del centro de la ciudad y resulta (muy relativamente) barato, majo y abierto.

– *Putney* se encuentra al otro lado del río. Un barrio que nos gusta, un poco feo y algo estropeado, pero lleno de vida.

• El norte

– *Camden Town*, con pubs irlandeses, bares rock y un mercado absolutamente genial; *Camdenlock*. No dejar pasar el fin de semana sin ir, a pesar de que los promotores inmobiliarios le hayan quitado mucho encanto al paseo.

• El este

Shoreditch, Stepney, Islington, Millwall, así como *Spitafields* y *Whitechapel*, unos barrios que nos gustan mucho.

– *Spitafields* es un viejo barrio popular, que limita al oeste con la City (Bishopgate), al sur con *Whitechapel* y al norte con *Shoreditch*. Resulta muy interesante gracias a su población india y paquistaní, a sus calles repletas de colorido, y a sus restaurantes exóticos, sin olvidar sus mercados.

– *Whitechapel:* barrio pintoresco en el que durante el siglo pasado se instalaron muchos judíos que han aportado parte de su folclore.

EL CINTURÓN VERDE

Después de los barrios obreros vienen una serie de barrios burgueses más o menos de construcción reciente o renovados. La mayoría de ellos no tiene ningún interés, pero algunos merecen una visita y, por qué no, el viaje.

• Al norte, Hampstead y Highgate

– *Hampstead* es una colina que domina Londres y sus pequeñas casas blancas han visto pasar por allí a toda la intelligentsia pobre y cosmopolita de este siglo y del anterior. El viejo Marx se cruzaba allí con el viejo Freud: «Hola, Sigmund», «¿qué tal, Karl?». Pero fue sin duda el pintor Constable quien puso de moda *Hampstead*, que hasta entonces era un pueblecito. Hoy te puedes encontrar con Tom Conti, el actor, o con Boy George y Elton John.

– *Highgate*, también un precioso «pueblecito en la ciudad», es menos conocido y por consiguiente menos caro. No perderse el parque de *Hampstead Heath* entre los dos pueblos, que es un magnífico sitio para ir de merienda, ni el cementerio de *Highgate* con sus «egipterías» ni la tumba de Karl Marx.

• Al sudoeste, Wimbledon Village

Wimbledon es un bonito barrio, interesante sobre todo por el famoso torneo de tenis que se celebra a primeros de julio. Las entradas se compran con meses de antelación. Un pequeño truco: todos los días, a partir de las 17 h (hay veces que incluso se consiguen entradas acudiendo por la mañana) se pueden comprar entradas para todas las pistas excepto la nº 1. Una ocasión para ver partidos sin que sea caro.

• Al sur, Dulwich Village

Además de su colegio, sus viejas casas de ladrillo y sus calles particulares (con un guardia apostado en cada entrada), *Dulwich Village* posee una de las mejores galerías de pintura antigua de Europa, el *Cristal Palace*. Todo un lujo.

• Al sudeste, Greenwich

Con su observatorio y su meridiano, así como un hermoso museo marítimo, invita a un bonito paseo en barco por el Támesis.

• Al oeste Kew Gardens

No olvidéis visitar esta maravilla de jardín botánico con miles de especies e invernaderos mágicos.

¿Dónde dormir en Londres?

Es muy difícil encontrar un lugar barato donde dormir en verano. Evitad a toda costa ir personalmente a las direcciones que os indicamos aquí; os arriesgáis a cansaros demasiado para obtener muy pocos resultados, son indicadas sobre todo para temporada baja.

Si conocéis las fechas de vuestra estancia en Londres, lo mejor es hacer la reserva desde España, por teléfono o por escrito, con cargo a la tarjeta de crédito. Las diferentes oficinas de turismo os proporcionarán las listas de los AJ oficiales y de los AJ independientes, donde figuran los establecimientos que aceptan reservas.

Una buena solución es reservar cama o habitación a través de los diferentes organismos dedicados a esta tarea. Todas las oficinas de turismo (LTB) y el British Travel Centre, ofrecen un servicio de reservas. Cierto que cobran un porcentaje, no demasiado elevado, por el servicio, el cual es menor para los AJ que para los B & B.

• Alojamiento: modo de empleo

¡No soñéis con el nidito romántico que dé a una calle adoquinada donde resuenan los gritos festivos de los niños! De todas maneras, pocos niños quedan ya en el centro de Londres. Además, los hoteles son muy caros, en ocasiones carísimos y a menudo la limpieza deja mucho que desear. El nivel de prestaciones no es nada del otro mundo, sobre todo cuando llega la hora de pagar el pico que sube la factura. Unas pocas líneas sobre cada tipo de alojamiento.

– **Los albergues de juventud independientes** (*Independent Youth Hostels*): contrariamente a los AJ oficiales no tienen triángulo verde. Nos da lo mismo, son menos caros que los AJ y no exigen carnet de socio. Se han multiplicado en los últimos años. A menudo situados en lugares agradables e instalados en bellas mansiones burguesas. A veces se trata de antiguos pequeños hoteles. Se duerme en dormitorios de 4 a 15 camas. No hay toque de queda, se puede utilizar la cocina. Las sábanas no siempre tienen un blanco inmaculado, pero puede soportarse. Permanecen abiertos durante todo el día. Los precios oscilan entre 2 000 y 3 000 ptas. por persona.

– **Los albergues de juventud (Official Youth Hostels):** existen 7 u 8 en todo Londres. Las normas de cada AJ son distintas. Antes de elegir un AJ con los ojos cerrados, comprobad si tienen un horario límite de llegada. Las tarifas varían de £2 a 3 según criterios de dudosa lógica. Suplemento para quienes no tengan carnet de socio. Suplemento para socios y no socios durante la temporada alta. Tienen la ventaja de la limpieza y la seguridad. Habitaciones de 3 o 4 plazas, a veces más. Preguntad si tienen habitaciones dobles, a veces ocurre. Para las personas solas, el AJ representa la mejor solución. Los precios oscilan entre 3 000 y 4 000 ptas. por persona, sin desayuno.

Existe una central de reservas: ☎ (07) 44 171 248 6547. Fax (07) 44 171 236 7681; hay que proporcionar el número de vuestra tarjeta de crédito. También se puede reservar, por una pequeña cantidad de dinero, en las oficinas de turismo de las estaciones de Victoria y de Liverpool Street, en el metro del aeropuerto de Heathrow y en los grandes almacenes Selfridges y Harrod´s.

– *Las Residencias de estudiantes (Students Halls):* en principio reservadas a los estudiantes (con carnet), pero a menudo aceptan a todo el mundo. Se trata de residencias universitarias que permanecen vacías en el verano. Por lo general alojamiento en habitaciones individuales, con ducha exterior. No son baratas (entre 4 000 y 5 500 ptas. por persona).

– *Los B & B:* ideal para los enamorados. La dicha en la ducha es mucha, pero casi siempre está situada en el exterior. A partir de 3 personas, algunos B & B no son más caros que un AJ. Fuera de temporada alta siempre se puede pagar una o dos libras menos por habitación si se pernocta 2 o 3 días. El desayuno siempre está incluido, pero actualmente algunos B & B empiezan a abandonar el *English breakfast* por el más pobre desayuno continental. Precios muy variables y siempre sale caro para una persona sola. El precio para dos personas oscila entre las 6 000 y las 12 000 ptas., y para los más elegantes se puede pagar hasta 25 000 ptas.

– *Alquiler de apartamentos y habitaciones:* una buena solución consiste en procurarse la revista *Loot* que sale los lunes y jueves y ver los anuncios clasificados ofreciendo esta clase de alojamiento en los epígrafes «Short lets», «Paying guests», «Flats to rent», «Flats to share», «Student accommodation». Se encuentran alquileres por semanas muy correctos y a precios interesantes para Londres. Llamad a primera hora de la mañana porque hay mucha demanda y es extremadamente difícil hacerse con un rincón donde dormir en Londres. Otra solución consiste en fijarse en las tiendas de periódicos y tabaco (*New agents*)

– *Servicio de reservas en Londres* (*Accommodation Booking Service*): Burlington Court, Burlington Road, Slough SL1 2JS. ☎ 956 241 166. Se pueden alquilar estudios, B & B y viviendas para estudiantes.

EN KENSINGTON Y HOLLAND PARK (PLANO A2)

Es un barrio residencial y tranquilo, oportunamente situado en la Central Line del metro, línea que permite el acceso a la mayoría de los puntos de interés, de Notting Hill Gate a Liverpool Street, pasando por Oxford Circus.

Barato

– *Holland House Youth Hostel (YHA):* Holland Walk (es la calle que bordea Holland Park por el este), W8. ☎ 937 0748. Fax 376 0667. M.: Holland Park o High Street Kensington. Indicamos este AJ porque posee muchas camas, pero la verdad es que no nos gusta. Es un poco caro y tiene hora tope a medianoche. 190 camas en total, en dormitorios de 8 a 20 camas. Despertar en la factoría. Cerrado entre 10 h y 17 h. Para los que no posean carnet es más caro. Alquiler de sábanas. Cocina disponible. De todas maneras, tiene dos cosas buenas: la cafetería sirve pequeños platos que están muy bien y se halla ubicado en medio de un hermoso parque.

Precios normales

– **Ravna Gora:** 29 Holland Park Avenue (esquina con Holland Walk), W11. ☎ 727 7725. M.: Holland Park. Espléndida casa victoriana, a la que se accede por una escalera doble después de haber atravesado un pequeño jardín. Las piezas eran inmensas, pero se rehabilitó para convertir cada una de ellas en 2 o 3 dormitorios. Limpio y confortable. Ambiente de pensión familiar. Trato simpático. Habitaciones de 2, 4 o 6. Gran sala de TV.

Elegante

– **Abbey House Hotel:** 11 Vicarage Gate, W 8. ☎ 727 2594. M.: High Street Kensington o Notting Hill Gate. Se trata de un espléndido edificio victoriano con columnas de mármol, grandes habitaciones con TV, desayuno británico abundante y excelente acogida. Calle muy tranquila a dos pasos del parque de Kensington Gardens para que hagáis footing. Una de las mejores direcciones. El precio es el de un buen hotel de 3 estrellas para dos.

– **Vicarage Private Hotel:** 10 Vicarage Gate, W8. ☎ 229 4030. M.: High Street Kensington o Notting Hill Gate. También buen *standing*. Marco agradable. Precios similares al anterior.

EARL'S COURT, SOUTH KENSINGTON Y WEST BROMPTON (PLANO A3)

Es un barrio conocido por sus numerosos hoteles y Bed & Breskfast. Sin embargo, hay muchos en malas condiciones. Se puede conseguir a veces por el mismo precio unas condiciones de confort y limpieza mucho mejores. Así que, con las direcciones siguientes, no os llevéis sorpresas. Barrio residencial con dos calles comerciales: *Earl's Court Road* y *Old Brompton Road*, no lejos de Chelsea.

Al sur, la trepidante *Fulham Road*, siempre llena de coches.

Barato

– **Fieldcourt House:** 32 Courtfield Gardens, SW5. ☎ 373 0153. M.: Gloucester Road. Situado en una plaza. Hermosa casa burguesa restaurada. Habitaciones de 1, 2, 3 o 4. Cuanto más grande es el dormitorio más módico es el precio por persona. Armarios que cierran con llave. Agua caliente. Dan las sábanas. Relativamente barato. Precios por semanas. Buena dirección. Desayuno continental incluido. Sin hora tope.

– **Earl´s Court Youth Hostel (YHA):** 38 Bolton Gardens, SW5. ☎ 373 7083. M.: Earl´s Court. Recepción de 7 a 23 h. Reservas por teléfono si posees tarjeta de crédito. AJ majo, no muy caro, con muchas cualidades. En el corazón de un animado barrio y no lejos del centro. Dormitorios de 4 a 16 camas, bien cuidado (chicos y chicas separados). Consigna, cocina equipada, lavadora con monedas. Sirven desayunos y cenas (de 17 h a 20 h). Buena dirección a precios razonables.

– **Anne Elizabeth House:** 30 Collingham Place, SW5. ☎ 370 4821. A 5 minutos del metro de Earl´s Court. Amplia casa convertida en hotel para trotamundos. Dormitorios de 5 personas a buen precio. Habitaciones de 4, 3, 2 e individuales. Cuantos menos sean por habitación más sube el precio. Menos caro que un AJ. Lavadora, ducha en cada planta, cocina equipada, llave para regresar a medianoche, plancha gratis (¿a quien se le ocurriría ir a Londres a planchar?). Tarifas regresivas para los estudiantes que cursen estudios en Londres, en función de la duración de la estancia y la estación del año.

Precios normales

– **The Patrick House Hotel:** 60 Warwick Road (entre Nevern Square y Long Ridge Road). SW5. ☎ 373 9584. M.: Earl´s Court. Todavía es una

residencia para trotamundos. No está mal de precio en comparación con los anteriores. Dormitorios de 3 y de 2 (más caros).
– **Ingram Court:** 552 King's Road, SW10 (en el límite de SW6). M.: Fulham Broadway. Una de las 6 residencias del King's College en Londres. Acepta turistas únicamente en verano, de principios de julio a mediados de septiembre, y en primavera de fines de marzo a fines de abril. Habitaciones incómodas, por no decir espartanas (piensa en el saco de dormir). Mostrar el carnet de estudiante, si no es más caro. Sólo para salir del paso. Otra dirección en Chelsea, Lightfool Hall: en Manresa Road al lado de la School of Art. Un poco más caro. Reservas e información: ☎ 351 6011 para todas las residencias.
– **Half Moon Hotel:** 10 Earl's Court Square, SW5. ☎ 373 9956. Fax 244 6610. M.: Earl's Court. Pequeño hotel sin pretensiones en un rincón tranquilo, a 2 minutos del *tube*. Limpio, TV en todas las habitaciones y ducha en algunas de ellas. Pequeño desayuno continental. Apenas más caro que un AJ para dos.
– **Curzon House Hotel:** 58 Courtfield Gardens, SW 5. ☎ 373 6745. Fax 835 1319. M.: Gloucester Road. Recepción abierta de 8 h a medianoche. Lo mejor es el ambiente. Confort correcto, limpio. Dormitorios de 5 y habitaciones dobles. No es caro y es agradable. Cocina. También precio por semanas. Buena dirección para trotamundos.

Elegante

– **Manor Court Hotel:** 35 Courtfield Gardens, SW 5. ☎ 373 8585. M.: Earl's Court. Agradable establecimiento a precios menos elevados que los anteriores por la misma comodidad. Varios tipos de habitaciones, con o sin ducha y WC.
– **Henley House Hotel:** 30 Barkston Gardens, SW 5. ☎ 370 4111. Fax 370 0026. M.: Earl's Court. Las 20 habitaciones son de colores y decoración diferente unas de otras. Tienen un encanto especial, con motivos cálidos y ramos de flores secas. Baño y TV en todas las habitaciones. Pequeño desayuno continental (una pena). Un pequeño hotel majo y sin problemas. Resulta bastante caro.

CHELSEA Y BROMPTON

Precios normales

– **Oakley Hotel:** 73 Oakley Street, SW 3. ☎ 352 5599. Fax 727 1190. M.: South Kensington o Sloane Square. En pleno corazón de Chelsea, pero bastante alejado del metro. Es preferible tomar uno de los autobuses que suben por King's Road (el 11 por ejemplo, viene de Victoria). Hotel regentado por jóvenes y lleno de juventud. Buena atmósfera. Es uno de los pocos hoteles del barrio cuyos precios son asequibles. Muy agradable. Habitaciones sencillas y limpias. Duchas y WC en la planta.

Muy elegante

He aquí unas direcciones de lujo, no para trotamundos, pero sí para una pareja en luna de miel o para quienes celebren sus bodas de oro. El amor no tiene precio. ¿Romántico eh?
– **The Claverley:** 13-14 Beaufort Gardens, SW3. ☎ 589 8541. Fax 584 3410. M.: Knightsbridge. Muy buen hotel en una pequeña calle sin salida, a 2 minutos de Harrod's. 36 habitaciones, todas decoradas diferentes, en un estilo muy «vieja Inglaterra». Lleno de cojines, colores, colgaduras. TV por satélite y vídeo. Excelentes baños. Combina eficacia y discreción como en los grandes hoteles. El desayuno es un verdadero festín. Evidentemente los precios son altos, pero es uno de los mejores B & B de Londres. Clase, encanto y confort.
– **The Millet:** 32 Sloane Gardens, SW1. ☎ 824 8415. Fax 824 8415. M.: Sloane Square. Barrio con edificios de ladrillo rojo, al más puro estilo

victoriano, que te gustará. Refinamiento y deferencia. Habitaciones sobrias y lujosas. Trato impecable que hace de este hotel un establecimiento sin rival. *Full English breakfast*.

EN VICTORIA, PIMLICO Y WESTMINSTER (PLANO B–C3)

Barato

– *Elizabeth House:* 118 Warwick Way, SW1. ☎ 630 0741. M.: Victoria. Este YMCA acepta muchachos. Habitaciones de 2, 3 y 4 bien cuidadas y limpias. Las dobles disponen prácticamente todas de ducha. No cierra durante el día. Sin hora tope. Está en un barrio agradable y tranquilo. Por el precio de un AJ en habitaciones de 3 y 4, y de un B & B en habitaciones dobles. Interesantes precios por semana, pero no permiten alojarse más de 28 días.

Precio normal

Gran concentración de B & B y de hoteles a precios asequibles en Charlwood Street, en la esquina con Belgrave Road, y también en Hugh Street, una pequeña y tranquila calle. Aquí hay algunos :

– *Melita House Hotel:* 33-35 Charlwood Street, SW1. ☎ 828 0471 y 834 1387. Fax 932 0988. M.: Victoria o Pimlico. Autobús 24 (que recorre muchas de las zonas turísticas de Londres). Lo regenta muy bien una familia encantadora. Las habitaciones no son muy grandes, pero están bien arregladas. Muchas de ellas con ducha y WC y más caras (5 libras más). TV color. Copioso *english breakfast* .

– *Richmond House Hotel:* 38 B Charlwood Street, SW1. ☎ 834 4577. Fax: 630 7467. M.: Victoria o Pimlico. Atendido por Mr. Goudie, un escocés simpático que quiere satisfacer a sus clientes. Duchas y WC en la planta. TV y *tea facilities*. Uno de los B & B menos caros del barrio.

– *Oxford House Hotel:* 92 Cambridge Street, SW1. ☎ 834 6467 y 9681. M.: Victoria. Bonito edificio georgiano en un barrio residencial y tranquilo. Habitaciones espaciosas, agradables y limpias. Trato cordial. A veces preparan unas galletas al jengibre para el *breakfast* que son deliciosas. Uno volvería sólo por eso. Un poco más caro que los dos anteriores.

– *Alexander House:* 32 Hugh Street, SW1. ☎ 834 5320. M.: Victoria. Detrás de la puerta amarillo canario, un pequeño B & B llevado por la amable Mrs. Owen. Sencillo, pero correcto. 8 habitaciones solamente con lavabo. Duchas y WC en la planta. *English breakfast* incluido. Una buena dirección.

– *Casa Tina:* 110 Tachbrook Street. ☎ 834 1686. M.: Pimlico. Casa particular convertida en B & B. No tiene letrero. 4 habitaciones solamente. Más que un cliente, serás un invitado de esta afable italiana, que te hablará de su país de origen. Habitaciones sencillas y tranquilas.

– *Central House Hotel:* 37 Belgrave Road, SW1. ☎ 834 8036. Fax 828 0644. M.: Victoria. Gran hotel que reagrupa 3 edificios. Habitaciones sencillas, un poco húmedas en invierno. Satisfactorio en cuanto a comodidades. TV. Duchas y WC en la escalera.

– *Brindle House Hotel:* 1 Warwick Place North, SW1. ☎ 828 0057. M.: Victoria. Pequeño y tranquilo B & B. Unas cuantas habitaciones con baño. Limpio y agradable. Menos caro fuera de temporada.

Más elegante

El barrio alrededor de Ebury Street, que bulle en viviendas de estrellas de la pantalla y de la literatura, ofrece muchas direcciones. M.: Victoria o Sloane Square.

– *Alison House:* 82 Ebury Street, SW1. ☎ 730 9529 y 730 1028. Pequeño hotel familiar en un bonito edificio georgiano, bien llevado por sus propietarios. Confortable y tranquilo. Algunas habitaciones dobles con ducha.

– **Sir Gar House:** 131 Ebury Street, SW1. ☎ 730 9378. Bella casa a dos pasos de Victoria Station. Grandes habitaciones con TV, *electric kettle* y la mayoría con cuarto de baño. Trato cordial. El **Astors Hotel**, en el nº 110, es de los mismos propietarios. Un poco más caro que el anterior, pero igualmente cordial.

– **Woodville House:** 107 Ebury Street, SW1. ☎ 730 1048. Fax 730 2574. Soberbio hotel. Decoración estilo Laura Ashley, con flores en todas las habitaciones, y camas con dosel. Todo muy agradable. El lugar ideal para disfrutar de un fin de semana de enamorados. Si hace buen tiempo, se puede tomar un té en el bonito jardín. Es un pequeño lugar que nos gusta mucho. Evidentemente, un poco más caro que los anteriores, pero la relación calidad-precio es excelente.

EN BLOOMSBURY, MARYLEBONE Y EUSTON (PLANO B1)

La mayoría de las direcciones están cerca del metro de King's Cross. Aprovechad para descubrir Islington, barrio popular, con su animado centro: Upper Street.

Realmente barato

– **Tonbridge Club:** 120 Cromer Street, en la esquina de Cromer Street y Judd Street. ☎ 837 0711. M.: King's Cross. El sitio menos caro de Londres. Se trata de un club de kárate algo cutre. Por la noche transforman dos salas en dormitorios para chicos y chicas. Los tatamis se convierten en camas. Te dan unas mantas algo mugrientas, por lo que es indispensable llevar saco de dormir. Os dirán que tenéis que iros antes de las 10 h porque los clientes tienen que hacer deporte. Por la noche tendréis que llegar entre las 21 h 30 y la medianoche. Ducha espartana, pero con agua caliente, en cada planta. La habitación del equipaje no es nada segura. Sala con TV, mesas de ping-pong y billar. Cocina para calentar las conservas. Lugar sencillo, pero el patrón lo tiene montado para ayudar a los trotamundos. En verano es indispensable reservar. Hay que tener menos de 30 años. Cuesta lo mismo que una entrada de cine los miércoles, *the cheapest in the town*.

Barato

– **International Students House:** 229 Great Portland Street, W1. ☎ 631 3223. Fax 636 5565. M.: Great Portland Street y Regent's Park. Abierto todo el año. Gran hotel que da al agradable Crescent Park. Precios muy razonables para Londres. Lleno permanentemente de jóvenes estudiantes de los 5 continentes. Bar, restaurante, sala de deportes y de *snooker*. Escribid para reservar, porque siempre está lleno.

– **Museum Hostel:** 27 Montague Street, WC1. ☎ 580 5360. M.: Russell Square o Tottenham Court Road. Autobuses 14, 24, 29, 73 y 134. Abierto siempre. Desayuno continental incluido (no *breakfast*). Sábanas limpias. Buen ambiente. Situado justo enfrente del *British Museum* (para los que quieren visitarlo por etapas). Dormitorios de 5 a 10 camas (mixtos), correctos y habitaciones dobles y triples repartidos en 2 edificios. Cocina equipada. Precio muy ajustado. Una de las mejores direcciones de Londres.

– **Central Club Hotel:** 16-22 Great Russel Street, WC1. ☎ 636 7512. Fax 636 5278. M.: Tottenham Court Road. Este YMCA está en pleno corazón de Londres, a dos pasos de Oxford Street y del Soho. Habitaciones dobles, limpias y correctas, algo caras. La fórmula de dormitorios de 5 camas es interesante. Y de regalo, tienes una piscina a tu disposición en los bajos. Todo un lujo.

B & B a precios normales

– **Jesmond Dene Hotel:** 27 Argyle Street, WC1. ☎ 837 4654. Fax 833 1633. Establecimiento muy bien llevado, impecable. Habitaciones de 2,

3 y 4 camas. Familiar. Algunas habitaciones con ducha y WC. Todas con TV. Trato simpático.
- **Garth Hotel:** 69 Gower Street, WC1. Entre Chenies Street y Torrington Place. ☎ 636 5761. M.: Goodge Street. Limpio, correcto y acogida cordial.
- **Staunton Hotel:** 13 Gower Street, WC1. Cerca de Bedford Square. ☎ 580 2740. M.: Tottenham Court Road. Bonita casa a dos pasos del British Museum. Habitaciones sencillas, interior anodino, pero te tratan con gracia y eso lo convierte en una buena dirección. Duchas y WC en la planta. Sirven un *english breakfast*.
- **Regency House Hotel:** 71 Gower Street, WC1. ☎ 637 1804. Fax: 323 5077. M.: Goodge Street. Uno de los B & B menos caros del lugar. Patrón muy majo. Habitaciones sin pretensiones, limpias y bien cuidadas, con TV. Ducha y WC en la planta. *English breakfast* correcto. Establecimiento ideal para el fin de semana.

B & B con encanto

El barrio residencial alrededor del British Museum ofrece espléndidos B & B en casas georgianas. A unos cientos de metros al norte, los Cartwright Gardens, magnífico conjunto arquitectónico (grupo de casas en forma de media luna), ofrecen igualmente B & B lujosos a precios todavía abordables.
- **Gower House Hotel:** 57 Gower Street, WC1. ☎ 636 4685. Trato particularmente amable. Habitaciones agradables con una decoración simpática. Algunas tienen ducha y WC. Un poco más caro que los demás, pero está justificado.

Muy elegante

- **Euro Hotel:** 51-53 Cartwright Gardens, WC1. ☎ 387 6789. Fax 383 5044. M.: Euston o Russell Square. Espléndida plaza arbolada. Hotel encantador, pero no te lo regalan. Algunas habitaciones tienen ducha y WC. Muy limpio. Lo mejor es tener una habitación que dé a la plaza. Lugar muy tranquilo. Idéntica dirección para el *George Hotel*, que está en el nº 60. Precios más o menos parecidos. Más grande y menos acogedor. Habitaciones de 4 y 5 camas con cuarto de baño a precios interesantes. Posibilidad de jugar al tenis en las pistas de enfrente del hotel. Solicitadlo en dirección.
- **Thanet Hotel:** 8 Bedford Place, WC1. ☎ 636 2869. M.: Russell Square o Tottenham Court Road. Bonito establecimiento lleno de encanto en una calle tranquila. Habitaciones impecables con o sin sanitarios. Trato preferente.
- **Avalon Private Hotel:** 46-57 Cartwright Gardens, WC1. ☎ 387 2366. M: Russell Square. Decoración primorosamente pasada de moda y amable hospitalidad. Habitaciones amplias de 1 a 4 personas con o sin ducha y WC. Las mismas tarifas que el anterior.
- **Ruskin Hotel:** 23-24 Montague Street, WC1. ☎ 636 7388 (y 89). M.: Tottenham Court Road o Russell Square. Frente al British Museum. Hermosa casa georgiana. Muy limpio y con mucho encanto.

EN PADDINGTON, BAYSWATER, NOTTING HILL GATE (PLANO A1)

Barrio abarrotado de hoteles, no lejos de Portobello Road y de Likle Venice. Una calle comercial y su centro: Queensway. A dos pasos de Hyde Park.

Barato

- **Quest Hotel:** 45 Queensborough Terrace, W2. ☎ 229 7782. M.: Lancaster Gate o Queensway. No hay toque de queda. Pequeños dormitorios comunales. Muchos jóvenes de todos los países. Barato, pero llegad temprano por la mañana. Tarifa más baja en función del número

de camas por habitación. Posibilidad interesante de alojamiento en invierno por semanas. Buena dirección a precio de trotamundos. Desayuno continental incluido.
– **Kensington Court Hotel:** 4 Princess Square. ☎ 229 1736. Pequeño y sencillo hotel. Acogida normalilla. Una solución para cuando todo está lleno en el barrio.

Precio normal

– **London House Hotel:** 80 Kensington Gardens Square, W2. ☎ 727 0696. M.: Paddington o Bayswater. Acogida amistosa. Hotel majete. Limpio. Tarifas dentro de la normalidad en este barrio.
– **Princess Hotel:** 25 Princess Square, W2. ☎ 299 9876. M.: Bayswater (Circle Line). Autobuses 12 y 83 en dirección a Queensway. Trato agradable en esta gran casa tradicional, sin hora tope. Desayuno continental incluido. Precio interesante para 2 o 3 personas, sobre todo si la estancia es de varios días. Posiblidad de cocinar. Son un poco dejados.

Elegante

– **Manor Court Chambers Hotel:** 7 Clanricarde Gardens, W2. ☎ 792 3361 y 229 2875. M.: Queensway o Notting Hill Gate. A la entrada de esta calle sin salida que da a Bayswater Road. Hotel familiar, tranquilo y agradable. Habitaciones limpias, con TV y *tea facilities*. La mitad de las habitaciones tienen cuarto de baño. Trato simpático. Establecimiento estupendo donde los precios un poco elevados están justificados.

EN EL SOHO

Precios moderados

– **Oxford Street Youth Hostel (YHA):** 14 Neal Street, W1. ☎ 734 1618. Fax 734 1657. M.: Oxford Circus o Piccadilly Circus. Abierto todo el año. Recepción de 7 h a 23 h, en la planta 3 por el ascensor. AJ en pleno corazón de Londres. Un sueño. 90 camas repartidas en habitaciones de 2, 3 o 4 personas. Duchas en cada planta. Todas las habitaciones tienen el mismo precio, pero varía según la edad (de menos de 18 años a más). Bastante caro para un AJ. Suplemento para los no socios. Menos caro en invierno, si se está varios días. No hay hora tope de regreso y está abierto todo el día. Una buena dirección. Se puede reservar por teléfono dando el número de la tarjeta de crédito. En caso contrario, fijar hora de llegada el día antes (hay que respetarla).

EN HAMMERSMITH

Precios normales

– **Hotel 75:** 75 Shepherd's Bush Road, W6. ☎ 603 5323. M.: Hammersmith (*Piccadilly Line*). Limpio. Habitaciones espaciosas con una decoración agradable. Buena relación calidad-precio. El único problema es que está a más de 20 minutos del centro en metro. Un pequeño detalle que puede tener importancia si eres un trotamundos noctámbulo. Atención, la dueña tiene tendencia a olvidar la paga y señal.
– **Queen Elizabeth Hall:** 61 Campden Hill Road, W8. ☎: 351 6011. M.: High Street Kensington. Abierto de fines de marzo a fines de abril y de principios de julio a mediados de septiembre. Una de las residencias de estudiantes del King's College. El carnet de estudiante y la reserva telefónica son obligatorias. Dispone de habitaciones sencillas, limpias y no muy caras.
– **Orlando Hotel:** 83 Shepherd's Bush Road, W6. ☎ 603 4890. M.: Hammersmith. 14 habitaciones sencillas y limpias con TV. Llevado por un italiano que le ha puesto su nombre al hotel. Correcto. Desayuno incluido. Precio interesante.

EN LA CITY

–City of London Youth Hostel (YHA): 36 Carter Lane. ☎ 236 4965.
M.: Blackfriars o Saint Paul´s. En los límites de la City, detrás de la
catedral de Saint Paul. AJ completamente renovado en una soberbia
casa antigua de estilo victoriano. Recepción de 7 h a 23 h 30.
Habitaciones de 1 a 15 camas. Sin hora tope de regreso. El dormitoro
común es grande, pero caro. Cuantas más plazas tiene el dormitorio
más barato resulta. Reducción para los menores de 18 años. Buena
dirección por donde está ubicado. Ultralimpio. Dispone de cafetería,
cabina telefónica, salón TV, lavandería y oficina de cambio.

AL NORTE DE LONDRES

Barato

– **Pax Christi Youth Hostel:** Our Lady´s Hall, Falkland Road, NW5. ☎
(0181) 800 4612. M.: Kentish Town. Sólo abre en agosto. Informarse
antes. Pequeño establecimiento sin pretensiones, situado detrás de la
iglesia, al final de una calle sin salida. 2 grandes dormitorios, uno para
chicos y otro para chicas. Ambiente juvenil y un tanto católico.
– **Hampstead Heath:** 4 Wellgarth Road, NW11. ☎ (0181) 458 9054.
Fax (0181) 209 0546. M.: Golders Greens. Un buen albergue juvenil
rodeado de verde en la zona alta de Londres y a 15 minutos del centro.
Una bicoca. Precios razonables. Habitaciones de 2 a 10 camas. Limpio
y agradable. Sin hora tope. A una estación de Hampstead, uno de los
barrios más vivos de la ciudad.
– **Kent House:** 325 Green Lanes, N4. ☎ (0181) 802 0800. M.: Manor
House. Si solamente tienes entre 16 y 45 años. Abierto las 24 h.
Alejado, pero en la línea del metro *Piccadilly Line*. Dormitorios cuádru-
ples de promedio. Algunas habitaciones dobles. Nada caro para
Londres, pero no muy bien llevado.

¿Dónde alojarse por más tiempo en Londres?

–The Residence: 161 Old Brompton Road, SW5 (al lado de Drayton
Gardens). ☎ 373 6050. Fax 373 7021. M.: South Kensington y Gloucester Road. Recepción abierta de 9 h a 21 h, pero sin hora tope. Residencia llena de estudiantes y jóvenes en plan de marcha, donde hay
que estar por lo menos una semana. Habitaciones de 2, 3 o 4. Duchas
en todas las plantas. Cocina y plancha a disposición.
– **London Diocesan GES Lodge:** 29 Francis Street, SW1. ☎ 834 9913.
M.: Victoria. En pleno corazón del barrio de Westminster, detrás de la
catedral. Atención, no hay ningún letrero en la puerta. Atienden de 9 h
a 12 h 30 y de 18 h a 19 h. Establecimiento que únicamente acepta a
las chicas que vayan a tener una estancia de tres meses por lo menos.
Habitaciones individuales o dobles. Muy agradable y limpio. Duchas en
la planta. Posibilidad de cocinar. Excelente dirección en su categoría,
llevado por unas señoras encantadoras. Gran salón y sala de TV. Precio
por semana igual al de una noche en un B & B.
– **YWCA:** 2 Weymouth Street, WC1. ☎ 580 6011. M.: Great Portland
Street. Abierto todo el año. En el barrio de Marylebone, otro establecimiento reservado a chicas para estancias largas, de 3 meses por lo
menos. Ambiente simpático y cosmopolita. Reservar con mucha antelación. Precios moderados.
– **YMCA of Lambeth:** King´s George´s House, 40-46 Stockwell Road,
SW9. ☎ 274 7861. En pleno barrio obrero al sur del Támesis. Si tienes
ganas de zambullirte en la vida londinense, la verdadera, lejos del centro y de las tiendas de lujo. Lleno de estudiantes procedentes de todo
el mundo. Para chicos y chicas. Más de 300 camas. Habitaciones de 1,
2 y 3 camas. Estancias de 3 meses como mínimo. Nada caro.

Campings

No creemos que el camping sea la mejor solución en Londres. Aunque, accesibles en metro, los terrenos están alejados del centro y no siempre son prácticos. Algunos AJ independientes no resultan más caros que el camping y te ahorran el desplazamiento con el consiguiente ahorro de tiempo. Sólo los que lleven vehículo encontrarán alguna ventaja (y aun así). Todos estos campings admiten los camping-cars y las caravanas.

- *Tent-City Hackney:* Millfields Road, Hackney, E 5 0AR. ☎ (0181) 985 7656. Abierto de primeros de junio al 30 de agosto. Lo más prudente es reservar por correo. A 4 millas del centro de Londres. Se puede domir en una gran tienda de camping. Duchas calientes. Cocina a disposición. Sanitarios mal atendidos. Metro hasta Liverpool Station, autobús 22 hasta Mandeville Street (calcular 45 minutos) y pasad el puente hasta llegar al camping. Otra solución es el autobús 38 hasta Clapton Road y seguir andando hasta Millfields Road.
- *East Way Centre:* Temple Mills Lane, Leyton E 15. ☎ 534 6085 y 519 00 17. Camping de la cadena *Lee Valley Park*, situado a 7 km del centro. Duchas calientes, sanitarios correctos. Acceso por la A 106 en la intersección de Buckholt Road y Temple Mills Lane. Con los autobuses 299 y 236. El camping está cerca de las estaciones de metro Leyton y Stratford (línea Central). Abierto de mediados de marzo a fines de octubre. Reservar por escrito. Un poco caro.
- *Picketts Lock Camping:* Picketts Lock Centre, Picketts Lock Lane, N9. ☎ 803 4756. Tomar el tren en Liverpool Street Station y bajar en Lowar Edmonton. Luego el autobús W 8. No muy caro, teniendo en cuenta la situación. Ruidoso, pues está cerca de la terminal ferroviaria, pero simpático. Pertenece a la cadena *Lee Valley Park.*
- *Sewardstone Caravan Park:* Sewardstone Road, Chingford E4. ☎ (0181) 529 5689. A unas 12 millas del centro. Tomad la línea del metro Victoria y bajad en Walthamstow. Luego autobús 215 hasta la terminal. El camping está a 1 km. Buenas instalaciones, mucho sitio.
- *Abbey Woods:* Federación Road, en el sureste de Londres, a unas 12 millas también. ☎ 310 2233. Para llegar hasta allí: tren de Charing Cross hasta Abbey Wood. Podéis por otra parte viajar con tarifa reducida todo el día, a partir de las 9 h 30, excepto entre 16 h 30 y 18 h 30. Para los trotamundos motorizados: desde la periférica M 25 (en dirección a Dartford Tunnel), tomad la A 2 en dirección a Central London. El camping está indicado en la periférica salida Abbey Wood. En un parque con arboleda y césped inglés. Las duchas calientes son gratis. Abierto todo el año. Reserva obligatoria en julio y agosto.
- *Tent City:* Old Oak Common Lane, East Acton, W3 7DP. ☎ (0181) 743 5708 y 749 9074. Abierto de principios de junio a principios de septiembre, las 24 horas del día. A unas 6 millas. Se llega fácilmente desde Heathrow. Para llegar, en metro por *Central Line* hasta East Acton, o en autobús 7, 12, 15, 72 o 105. Se pueden dejar los objetos personales en una sala sin que corran peligro. Los que no tengan tienda y dispongan de un saco, pueden dormir en cualquiera de las 10 grandes tiendas del ejército. Ni caravanas ni «campers». Posibilidad de un desayuno nada caro. Duchas de agua caliente. Animación por las noches (conciertos, karaoke...). Precios módicos. Bastante ruidoso.

¿Dónde comer?

• *Modo de empleo de los restaurantes*

Los hemos clasificado por barrios geográficos y no por orden de preferencia. Cuando sientas el estómago vacío, entra en el más cercano si no quieres desfallecer, porque las distancias son considerables. No olvides que casi todos los pubs sirven platos (sólo en horas de comidas), son menos caros (y a menudo mejores) que la mayoría de restaurantes (ved capítulo «Los pubs londinenses»).

• *Para los que están en las últimas*

Señalamos la cadena *Deep Pan Pizza Co*, que está en todas partes: Notting Hill, Soho, Covent Garden (103 Charing Cross Road), Bayswater, etc. Interesante por el buffet de ensaladas y sobre todo por el *unbeatable unlimited pizza and pasta* sobre el que se lanzarán los comilones. Precios casi de risa por una comida con la que te puedes hartar. Platos correctos y servicio profesional.

EN WEST END, HOLBORN, COVENT GARDEN, SOHO, MAYFAIR

Hay donde escoger en estos céntricos barrios de Londres volcados al turismo (museos, monumentos, comercios) y a las salidas nocturnas tradicionales de los londinenses, en las que se mezclan burgueses y marginales (teatro, conciertos, cine, pubs y cafés).

Barato

– *Food for Thought:* 31 Neal Street, WC2. ☎ 836 9072. M.: Covent Garden. Abierto de lunes a sábado de 9 h 30 a 20 h y los domingos de 10 h 30 a 16 h 30. Uno de los mejores restaurantes vegetarianos de Londres y además muy barato. Todo el mundo se apretuja en la escalera para degustar una abundante, deliciosa e imaginativa comida. Este establecimiento es la prueba de que la comida vegetariana no es necesariamente sosa. Pocas mesas en el pequeño sótano, pero enseguida se vacían. Cuando vayáis, probad el *spicey peanuts and black beans hot pot*. También están las delicadas quiches de verduras, las copiosas ensaladas mixtas, los buenos pasteles, etc.

– *The Chicago Pizza Pie Factory:* 17 Hanover Square, W1. En Mayfair. M.: Oxford Circus. ☎ 629 26 69. Entrada discreta al restaurante, pero decoración bastante coqueta. Abierto de 11 h 45 a 23 h 30 de lunes a sábado (domingo de 12 h a 22 h 30). Todo Chicago en fotos, pósters, placas de calles, recortes de periódicos, etc. Ambiente relajado e inmensas y excelentes pizzas (¡la carta indica que os hacen un paquete —un *doggie bag*— con lo que os sobre para que os lo llevéis a casa!). Existe desde hace muchos años y sigue siendo muy conocido.

– *Mandeer:* 21 Hanway Place W1. ☎ 323 0660. M.: Tottenham Court Road. Excelente restaurante vegetariano indio. Abierto de 12 h a 15 h y de 17 h 30 a 22 h. Cerrado domingos. Pequeña galería de arte a la entrada. Agradable salón en el sótano. Probad el rico arroz oscuro frito en mantequilla y con *katchoris*. Mediodía, menú muy barato

– *Stockpot:* 40 Panton Street, SW1. ☎ 839 5142. M.: Leicester Square o Piccadilly Circus. Abierto de 8 h a 23 h 30 de lunes a viernes, sábados de 12 h a 23 h 30. Domingos de 12 h a 22 h. Cocina barata (espaguetis, gulash, escalopas, tortillas, ensaladas). Menú completo a precio sin competencia. Siempre lleno. Otros **Stockpots** en Chelsea: 273 King's Road, ☎ 823 3175. En Knightsbridge: 6 Barel Street, ☎ 589 8627.

– *The India Club:* 143 Strand, WC2. ☎ 836 0650. M.: Aldwych. Abierto de 12 h a 14 h 30 y de 18 h a 22 h todos los días (domingo hasta las 20 h). Cerrado domingos mediodía. Conviene reservar. Restaurante indio en el segundo piso del club. Un gran póster de Gandhi os dará la bienvenida. Muy frecuentado por los indios y muy barato. Tipo cantina muy agradable.

Precios normales

– *Le Mirage:* Greek Street, Soho, W1. ☎ 734 0545. M.: Tottenham Court Road. Menú a precios interesantes. Más caro a la carta. Abre a mediodía y por la noche hasta la 1h (3 h los fines de semana).

– *La cafetería de la National Gallery*, en Trafalgar Square, ofrece una amplia gama de platos, sopas y ensaladas no muy caros en un marco agradable. Platos calientes de 11 h 45 a 14 h 45 (patés de verduras, quiches *haddock* ahumado, buenos pasteles etc.). Pasteles y bocadillos de 10 a 17 h. Los domingos sufrirán los alcohólicos, ni vino ni cerveza...

Restaurantes chinos

Gerrard Street, en el Soho, destaca como el eje de un diminuto barrio chino. Restaurantes en general no muy caros, pero se puede degustar una magnífica cocina cantonesa, bastante común en Londres. Carnes y pescados se cocinan rápidamente a altas temperaturas para conservar el sabor al máximo. No olvidéis el «dim-sum», que se sirve sólo durante el día: amables camareras circulan entre las mesas y ofrecen directamente pequeñas especialidades, bolitas de carne, gambas, etc., rodeadas por una corona de arroz y cocidas al vapor. A menudo os sirven gratuita y automáticamente una gran jarra con té. Probad la *Tsing Tao*, una cerveza muy conocida en China. Bien, ésta es nuestra mejor selección. Y no olvidéis visitar los restaurantes chinos del East End: ¡exotismo garantizado!

– *Woog Kei:* 41-43 Wardour Street, W1. ☎ 437 3071. Abierto todos los días hasta las 23 h. Instalado en un inmueble estilo *belle époque*, cuya primera piedra colocó Sarah Bernhardt. Uno de los restaurantes chinos menos caros del Soho. Comida correcta y bastante abundante.

– *Chuen Cheng Ku:* 17 Wardour Street, W1. ☎ 437 1398. Abierto todos los días de 11 h a 23 h 45. Más de 400 plazas. Muy conocido por su dragón gigante que vigila a la clientela. Menú a precios moderados y buen *dim-sum*. Abundante. Algunos platos: *roast duck pickled ginger and pineapple* (con jenjibre y piña), el *fried chicken blood*, etc. Servicio de tipo rápido.

– *The Dragon Gate:* 7 Gerrard Street, W1. ☎ 734 5154. M.: Leicester Square. Abierto de 12 h a 23 h (22 h 30 los domingos). Uno de los escasos restaurantes que ofrecen cocina de Szechuán (oeste de China), es decir, por definición, mucho más condimentada. Carta importante, en la que destacan las buenas sopas de tallarines «especiales», y pescados al vapor con salsa picante. El menú para dos personas no resulta caro.

Más elegante

– *The Red Fort:* 77 Dean Street, W1. ☎ 437 2525. M.: Tottenham Court Road. El restaurante indio que en estos momentos sube como la espuma en Londres. Abierto todos los días de 12 h a 15 h y de 18 h a 23 h 45. Varios salones con una bonita decoración, un poquito sofisticada, en delicados tonos rosas y malva. Con abundancia de flores y plantas verdes. El servicio es irreprochable. Especialidad en *tandoori, mutton* y *chicken tikka*, etc. Todos los días buffet sin límite al mediodía. Resulta caro.

– *Rowleys:* 113 Jermyn Street, SW1. ☎ 930 2707. M.: Piccadilly. Bonita decoración. Paredes con paneles esmaltados. Fachada labrada. Antigua carnicería de los reyes de Inglaterra desde el siglo XVIII. Abierto todos los días a mediodía y hasta las 23 h 30 (domingos 23 h). Menú: entrecot asado a la brasa y ensalada al roquefort. Un poco caro de todos modos.

Muy elegante

– *Rules:* 35 Maiden Lane, WC2. ☎ 836 5314. M.: Covent Garden. Uno de los más antiguos restaurantes de Londres (fundado en 1798). Espléndida decoración. Lleno de encanto y con auténtica cocina inglesa. Traje y corbata obligatorios. Bastante caro. Platos generales y especialidades regionales. Caza en temporada. Probad el encebollado de liebre, la vaca estofada, el rabo de buey, etc. Que no os falten las mollejas de ternera al champán con champiñones, igual que la *Prime Aberdeen Angus Beef*, lo mejor de la carne de vaca. Abierto todos los días de mediodía a medianoche. Obligatorio reservar.

EN CHELSEA, SOUTH KENSINGTON Y BROMPTON (PLANO B3)

En estos barrios, restaurantes caros: id mejor a los pubs y a los restaurantes extranjeros.

–Daquise: 20 Thurloe Street, SW7. ☎ 589 6117. M.: South Kensington. Buena cocina polaca. Probad el *shashlik*, repollo relleno, *bortsch*, etc. También se puede tomar el té y excelentes pasteles. Abierto de 10 h a 23 h.

– **Chelsea Kitchen:** 98 King's Road, SW3. ☎ 589 1330. Abundantes raciones y no muy caro. Abierto de 8 h 30 a 23 h 30 y a partir de las 12 h los domingos. Se come en la barra en un ambiente agradable.

– **King's Head and Eight i Bells:** 50 Cheyne Walk, SW3. ☎ 352 1820. M.: Sloane Square. Antiguo pub con clientela bastante encopetada. Agradablemente situado en el «Old Chelsea», *Salad-bar* y algunos platos calientes. De 12 h a 14 h y de 18 h 30 a 21 h 30 (22 h los domingos).

– **Up all Night:** 325 Fulham Road. ☎ 352 1998. M.: South Kensington. Abierto toda la noche los 7 días de la semana. Un pequeño lugar que no tiene nada de particular aparte de su servicio nocturno *non-stop*. Hamburguesas y ensaladas. Para tomarse un bocado de madrugada.

– **Texas Lone Star Saloon:** 154 Gloucester Road, SW7. ☎ 370 5625. M.: Gloucester Road. Un restaurante folk estilo western que sirve chiles, ensaladas, hamburguesas y *ribs* (costillas). Les encantará a los niños. Música country. Precios razonables. Abierto de 12 h a 23 h 30 de domingo a miércoles y hasta las 0 h 30 de jueves a sábado.

Más elegante

– **Chicago Rib Shack:** 1 Raphael Street, Knightsbridge Green, SW7. ☎ 581 5595. M.: Knightsbridge. Abierto todos los días de 12 h a 23 h 30. Gran salón estilo antiguo *British* pomposo con vidrieras y una curiosa colección de animales de porcelana. Clientela de cuello blanco a mediodía, middle-class por la noche. Ambiente bastante formal. Bueno, la única razón para ir a aburrirse estriba en apreciar una forma genuina de cocinar, asar, freír carnes y aves a la americana. Es bueno sin paliativos. De lunes a viernes de 17 h 30 a 19 h, *happyhour* con bebidas a mitad de precio (!incluso el champán!).

– **La Bouchée:** 56 Old Brompton Road, SW7. ☎ 589 1929. M.: South Kensington. Abierto todos los días de 11 h a 23 h. Un restaurante francés donde se comen ostras, ranas y conejo. El servicio es francés. Decoración similar a los locales franceses. Está bien, pero es bastante caro. A utilizar en caso de necesidad.

– **Parsons:** 311 Fulham Road, SW10. ☎ 352 0651. M.: South Kensington. Preciosa decoración «retro», con grandes plantas verdes. Encontraréis chicos y chicas londinenses. Abierto todos los días de 12 h a 24 h 30. Algunos platos mexicanos, pastas y hamburguesas caseras.

Muy elegante

– **Bombay Brasserie:** Courtfield Close, Courtfield Road, SW7. ☎ 370 4040. M.: Gloucester Road. Abierto todos los días a mediodía y por la tarde de 19 h a 23 h 30. Reserva casi obligatoria; se exige traje correcto. No es casi con seguridad el mejor tandoori de Londres, pero sí la mejor decoración colonial-hindú. Se rumorea que costó más de 1 500 000 de libras esterlinas. Exuberancia de plantas tropicales, bananos, etc., espléndidos muebles de rota, grandes ventiladores; todo contribuye a crear un delicioso ambiente exótico. Servicio impecable y buena cocina que ofrece todas las variedades de la India. Suculentos helados indios para que bajen los *chutneys* demasiado condimentados. Cuesta alrededor de unas 20 libras. ¡Vale su precio indudablemente! Buffet extra a mediodía.

EN EARL'S COURT, FULHAM (PLANO A3)

Barato

– **Troubadour:** 265 Old Brompton Road, SW5. ☎ 370 1434. M.: West Brompton. Abierto todos los días hasta las 23 h (los platos calientes se sirven sólo hasta las 22 h). Vitrina decorada con todo tipo de cafeteras. Más un *coffe-house* que un restaurante. Cocina básica con ensaladas, tartas y bocatas. A veces música por la noche. Lugar agradable para comer algo y tomar un buen café.

Precios normales

– **Sticky Fingers:** 1 Phillimore Gardens, Kensington, W8. ☎ 938 5338. M.: High Street Kensington. Abierto todos los días de 12 h a 23 h 30. Este es un nombre (de álbum) que les dice algo a los aficionados al rock. Claro está, el patrón del local es nada menos que el simpático Bill Wyman, miembro fundador de los Stones. En su decoración se pueden contemplar la colección de discos de oro, guitarras, fotos de época y portadas de diarios de todo el mundo. Buena cocina norteamericana: *burgers, T-Bon*, copiosos *spare ribs* y un *apple pie* llamado *brown sugar*, por supuesto. Precios completamente razonables a pesar de los *pop sta*r que lo visitan (Diane, Guns N´Roses, Steph de Monac´, Duran Duran). Con un poco de suerte, se puede ver incluso al mismo Wyman. No se hacen reservas. Calcular por lo menos 30 minutos de espera en el bar. *Happy hour* de 17 h 30 a 18 h 30.

EN HAMMERSMITH (PLANO AL OESTE DE A3)

Elegante

– **Paulo's:** 30 Greyhound Road, W6. ☎ 385 9264. M.: Hammersmith. Tomar Fulham Palace Road (no confundir esta calle con Fulham Road) y después, tras haber pasado el Charing Cross Hospital, la segunda calle a la izquierda. Abierto por la noche, de 19 h 30 a 22 h 30. Aconsejable reservar. Hammersmith es un barrio medio popular y medio burgués que se está convirtiendo en uno de los más cotizados. Uno de los pocos restaurantes brasileños de la ciudad. Cálida atmósfera familiar al son de Gal Costa y Milton Nascimento. Buffet libre a precio fijo. Pequeño comedor, que se ha hecho famoso en pocos años. La comida es francamente deliciosa y el patrón un tipo simpático a más no poder.

EN NOTEING HID, SHEPHERD BUSH, BAYSWATER Y MARYLEBONE (PLANO B2)

Muchas sorpresas en estos barrios alejados del centro de la ciudad, pero que están cerca de los hoteles (en Bayswater) y, sobre todo, del rastro de Portobello...

Barato

– **Cooke:** 48 Goldhawk Road, W12. M.: Shepherd Bush. ☎ 743 7630. Para empezar, no lamentaréis haber ido a este barrio popular, vivo y colorista. Además Cooke es una auténtica institución aquí. Una de las últimas *Pie & Mash shop*. Atención a los horarios draconianos. Abierto de 11 h a 16 h los martes y los miércoles, 14 h los jueves, 17 h los viernes y 16 h los sábados. Cerrado domingos y lunes. Algunos días la gente hace cola para llevarse (*take away*) las deliciosas anguilas de Mr. Cooke. Están preparadas con una sopa cremosa y aromática de berros y guisantes. Aquí encontraréis también el auténtico *steak and kidney pie*. Todo a precios de antes de la guerra. Cooke, una visita obligatoria a uno de los lugares más tradicionales del viejo Londres.

Precios normales

– **The Khyber:** 56 Westbourne Grove, W2. ☎ 727 4385. M.: Bayswater. Abierto todos los días de 12 h a 15 h y de 18 h a medianoche. Probablemente uno de los mejores restaurantes indios del noroeste de Londres. Marco agradable. Cocina del norte de la India. Especialidades de *tandoori* y *mughulai* lamb *akbari* (cordero guisado con salsa de nata, huevos y avellanas). Excelente *mixed grill*. Buffet a mediodía.
– **Geals:** 2 Farmer Street, W8. ☎ 727 7969. M.: Notting Hill Gate. Abierto de 12 h a 15 h y de 18 h a 23 h. Cerrado domingos y lunes. En una pequeña y agradable calle, a 100 m del metro. Sirven platos de pescado fresco desde hace 50 años. Uno de los más conocidos *fish and chips* de Londres, donde han estado las no menos famosas estrellas del rock (Elton John, Mark Knopfler...). Ambiente cordial. Excelente sopa de pescado de la casa. El pescado se vende a peso. Una de nuestras mejores direcciones.
– **The Sea Shell Fish Restaurant:** 49-51 Lisson Grove (en la esquina con Shroton Street), NW1. ☎ 724 1063. M.: Edgware o Marylebone. Abierto durante la semana de 12 h a 14 h y de 17 a 22 h 15; los domingos de 13 h a 21 h. Muchos londinenses lo consideran el mejor *fish and chips* de la ciudad. Una parte está dedicada a restaurante y otra sólo a platos para llevar. Delicioso, pero resulta bastante caro para ser pescado frito. Y muchas veces hay que hacer cola.
– **Romantica:** 10-12 Moscow Road, W2. ☎ 727 7112. M.: Queensway o Bayswatter. Cerrado el domingo. El servicio dista mucho de ser perfecto y quizá te fuercen un poco a consumir; pero estas críticas quedan superadas por la calidad de una cocina griega fina y copiosa. Y mientras otros te harán pagar la ración de pita, aquí te la ofrecen. En los postres la patrona preguntará: «*lukhums* con el café», están suculentos y son de la casa. Incluso con todas estas pequeñas atenciones, la cuenta resulta completamente aceptable.

Elegante

– **L'artiste Assoiffé:** 122 Kensington Park Road (esquina con Westbourne Grove), W11. ☎ 727 4714. M.: Notting Hill Gate. Abierto solamente por la noche, de 19 h 30 a 23 h. Uno de nuestros restaurantes preferidos por su fabulosa decoración, trato cordial, ambiente único y cocina refinada. Allí te encuentras con las estrellas del rock y del teatro. Los loros, poco locuaces, ponen la nota filibustera: «Ah, ah, la botella de ron». En el plato, rollo de apio con salmón, camembert frito, medallón de ternera, pato al cassis (grosella), etc. Es bastante aconsejable reservar.

AL NORTE DE LONDRES: EUSTON ROAD, KENTISH TOWN Y CAMDEN TOWN

Siempre es interesante alejarse del centro de Londres para ver barrios diferentes y más genuinos...

Barato

– **Diwana Bhel Poon House** 121 Drommond Street, NW1. ☎ 387 5556. M.: Warren Street. Abierto todos los días de 12 h a 23 h 30. Euston. Sin duda uno de los restaurantes indios más baratos. Muy acogedor. Muy frecuentado por indios que nos los recomiendan por su

cocina refinada y vegetariana. Si pasáis por allí, id a echar un vistazo a Ambala Sweet Centre, la pastelería hindú situada justo enfrente.
- **Haandi:** 161 Drummond Street, NW1. ☎ 383 4557. M.: Warren Street. Abierto todos los días de 12 h a 14 h 30 y de 18 h a 23 h 30 (hasta medianoche los fines de semana). Más caro que el anterior, pero los menús vegetarianos y los tandoori para 2 personas (3 platos, postre y café) son interesantes. Buffet a mediodía. Cocina de calidad. Servicio simpático.
- **The Gurkhas Tandoori Restaurant:** 23 Warren Street, W1. ☎ 916 4158. M.: Warren Street. Abierto todos los días de 12 h a 14 h y de 18 h a medianoche. Pequeño restaurante nepalés famoso por su deliciosa cocina. Íntimo, simpático y francamente bueno. Saborear su cordero al curry.
- **Nontas:** 16 Camden Town, NW1. ☎ 387 4579. M.: Mornington Crescent o Camden High Street. Abierto de 12 h a 14 h 45 y de 18 h a 23 h 30. Cerrado los domingos. Cocina griega correcta, sin platos raros. Servicio lento los fines de semana. En verano, se puede comer en el jardín.
- **Le Petit Prince:** 5 Holmes Road, NW5. ☎ 267 0752. M.: Kentish Town. Abierto todos los días hasta las 23 h 30 durante la semana y hasta las 23 h los domingos. Restaurante llevado por una joven pareja que está al loro y muy simpática. La carta es un *patchwork* cuya pieza central es el cuscús.

EN ANGEL E ISLINGTON

Islington es uno de los barrios de Londres que también merece una visita (ver capítulo «Los barrios que nos encantan»). Sobre todo Upper Street, con su despliegue de restaurantes, pubs, wine-bars, teatros, librerías, etc.
- **The Upper Street Fish Shop:** 324 Upper Street, N1. ☎ 359 1401. M.: Angel. Abierto de 11 h 30 a 14 h y de 17 h 30 a 22 h (id lo más pronto posible de todos modos). Cerrado el domingo. En el norte de Inglaterra el *fish'n chips* es una institución que posee sus cartas de nobleza. Aquí manteles de cuadros, plantas verdes y marco agradable. La dueña es encantadora. Ambiente familiar. Abundantes raciones de *haddock* para tomar con *onion rings* y *mushy peas* (guisantes tiernos). Como postre, pedid *bakewell tart*.
- **Parveen Tandoori:** 6 Theberton Street (calle que da a Upper Street), N1. ☎ 226 0504. M.: Angel. Otro buen restaurante hindú del barrio y además barato. Abierto todos los días de 12 h a 15 h y de 18 h a medianoche (1 h de madrugada los jueves, viernes y sábados).
- **The Finca:** 96-98 Pentonville Road, N1. ☎ 837 5387. M.: Angel. En la esquina de Pentonville Road y Penton Street. Abierto todos los días de mediodía a medianoche. *Happy hours* durante la semana de 17 h a 19 h. Pequeño *cover charge* a partir de las 19 h. *Extra charge* (hay un recargo) cuando hay música. La decoración recuerda un viejo salón del oeste americano, pero la carta es española. Cocina correcta. Todo te lo sirven a la vez. Cervezas y vinos españoles. Pequeño escenario para bailar flamenco los miércoles por la noche.

EN PIMLICO, VIKTORIA Y WESTMINSTER (PLANO C3)

Al sur del Soho y de Green Park, algunas direcciones donde dejarse caer después de la visita a los museos o a la espera del tren...

Barato

- **Seafresh Restaurant:** 80-81 Wilton Road, SW1. ☎ 828 0747. A 600 m de la Estación Victoria. Abierto de 12 h a 22 h 45. Cerrado el domingo. Un establecimiento popular frecuentado por los taxistas, donde se saborean excelentes pescados frescos, en abundantes raciones. Degustar el

seafood plate: salmón, bacalao, gambas, calamares, etc. por un precio asombroso. Para las jovencitas preocupadas por su figura. El pescado se puede pedir a la parrilla y no frito (como en todas partes).
– **Westminster College:** 76 Vincent Square, SW1. M.: Victoria o Pimlico. ☎ 828 1222 (extensión 223). Durante el año escolar podéis pedir un almuerzo de los alumnos cocineros. Estos jóvenes «chefs» son muy expertos y no os decepcionarán. Abierto de 12 h a 14 h de lunes a viernes. Se aconseja reservar. Un menú diferente cada día.
– **Tate Gallery:** Milbank, SW1. ☎ 834 6754. M.: Pimlico. Cafetería abierta de 10 h 30 a 17 h 30 (14 h los domingos). Se puede comer. En este establecimiento, las escalopas no saben a suela de zapato. Atención, hay un restaurante caro y enfrente un self-service snack que ofrece muy buenas ensaladas y quiches, buenos bocatas y algunos platos calientes, pastelería inglesa.

Precios normales

– **Chimes:** 26 Churton Street, SW1. ☎ 821 7456. M.: Pimlico. Abierto todos los días de 11 h 30 a 15 h y de 17 h 30 a 22 h 15. Buena cocina inglesa en un marco agradable y bastante elegante. En la carta, salmón poche con huevos y pepinos, buey hervido con manzanas y nueces, tarta de pollo y apio. Muchas especialidades de Kent. Hay una decena de variedades de sidra a presión. Una gozada.
– **Mekong:** 46 Churton Street, SW1. ☎ 834 6896. M.: Pimlico. Abierto todos los días de 12 h a 14 h 30 y de 18 h a 23 h 30. Tiene una fachada roja que no te puedes perder. Si el comedor de la planta baja está completo, no te preocupes, el mogollón está en el sótano. Pequeño restaurante vietnamita, considerado por algunos ingleses el mejor de Londres. Cocina imaginativa y brillante que dirige toda una familia. En la carta hay 80 platos, pero también puedes pedir uno de los copiosos menús con una buena relación calidad-precio.

EN EAST END, LA CITY, CLERTENWELL, WHITECHAPEL Y SPITALFIELDS

Nuestro corazón se ve atraído por la zona del este de Londres (en particular Whitechapel y Spitalfields). Habitantes mucho más cálidos, relaciones más espontáneas y naturales. Antiguos barrios donde todavía se palpa el ambiente obrero del siglo XIX. No obstante, daos prisa: como en nuestro país, los constructores lo arrasan todo y edifican barrios nuevos sin personalidad. Aquí van algunas buenas direcciones para los que vayan a recorrer los pintorescos mercadillos de Bricklane y Cheshire Street. No olvidéis los últimos *mash and pie*. A propósito, como es domingo, no dejéis de tomar un trago en uno de los numerosos pubs populares de estos barrios. Hay a menudo buenos aperitivos en la barra (gambas, huevos duros, arenques pickles, etc.) y, para los desganados, es casi un almuerzo.

– **Bloom's:** 90 Whitechapel, E1. ☎ 247 6001. M.: Aldgate East. Abierto de domingo a jueves de 12 h a 21 h y los viernes de 12 h a 14 h. Cierra los sábados. Uno de los mejores restaurantes judíos de Londres. Gran comedor, animado. Todas las especialidades clásicas (el mejor *salt beef*) y la especialidad de la casa: el *Bloom's fish*.
– **Sheba Tandoori Restaurant:** 136 Brick Lane, E1. ☎ 247 7824. M.: Aldgate East. En uno de los barrios de Londres que preferimos. Este está, según parece, protegido contra las excavaciones. Excelente tandoori (muy condimentado). Probad también el *mutton tika*, carne de cordero muy tierna marinada en hierbas y asada a la brasa. Los *brinjal bhajee* son deliciosas berenjenas salteadas. Admirad los hermosos frescos en las paredes. Abierto todos los días. Aceptan la tarjeta VISA.
– **Cherry Orchard:** 241 Globe Road, E2 (casi en la esquina con Roman Road). ☎ 981 1225. M.: Mille End o Stepney Green. Abierto de martes

a sábado de 12 h a 15 h y de 18 h 30 a 22 h 30. Cerrado domingos y lunes. Excelente restaurante vegetariano en un gran salón claro y florido. Cocina refinada, tampoco cara. En verano se sacan algunas mesas al jardincillo. Lo regentan unos budistas.

Al salir, notaréis que el barrio es una mezcla de la antigua arquitectura del East End (casas obreras, locales sociales en ladrillo característicos del siglo xix y bloques modernos sin gracia). Combinación bastante rara, por todas partes, al haberse derruido muchos edificios para reedificar.

– **Peking:** 92 West India Dock Road, E14. ☎ 987 3418. Abierto todos los días de mediodía a 1 h de la madrugada. Situado frente al anterior. Menos caro. Subid los pocos peldaños para descubrir en un decorado más sencillo las buenas especialidades de la casa: ostras con jenjibre y cebollas cocidas al vapor, *prawns* con todo tipo de salsas, y pescados.

Más elegante

– **Sweetings:** 39 Queen Victoria Street, EC4, en la esquina con Queen Street. ☎ 248 3062. M.: Blackfriars. Abierto de lunes a viernes de 11 h 30 a 15 h. Todos los mediodías comparten unos 200 trajes grises a rayas finas y un número idéntico de llamativas corbatas, su supersencilla pero deliciosa cocina de pescado, alineados en la barra, en elevados taburetes o en el comedor del fondo. Exotismo asegurado, imposible encontrar algo más *british*. Y eso dura desde hace 150 años. El lenguado de Dover y la copa de Chablis son lo más destacado. Lo frecuentan pocas mujeres y ninguna fantasía, pero el personal trata con mucha amabilidad a los que se salen de los estereotipos. Delicioso *home made apple pie*.

EN BLOOMSBURY

En la frontera del Soho y a dos pasos de Oxford Street, un barrio burgués de discreto encanto que se extiende alrededor del imponente British Museum.

Barato

– **Wagamama:** 4 Streatham Street, WC1. ☎ 323 9223. M.: Tottenham Court Road. Abierto de lunes a viernes de 12 h a 14 h 30 h y de 18 h a 23 h; sábados de 13 h a 15 h 30 y de 18 h a 23 h. Cierra los domingos. Muy cerca del British Museum. Un fast-food japonés que pasaría desapercibido si no fuera por la larga cola en las horas punta. Podrás tomar su especialidad «ramen» (tallarines chinos nadando en caldo servido con trozos de pollo y legumbres en un gran bol) y también *pan-fried noddle, fried rice,* ensaladas y bebidas energéticas. Raciones copiosas y sabrosas por sólo unas libras. Basta con un plato. Se paga en caja.

Precios normales

– **China House:** 51 Marchmont Street, WC1. ☎ 713 0866. M.: Russell Square. Abierto de lunes a viernes de 12 h a 15 h y de 17 h a medianoche; sábados y domingos de 12 h a medianoche. Un buen chino que por la noche ofrece cenas copiosas para 2-3 personas a precios razonables. Cocina interesante, las mezclas agridulces son sabrosas, los platos son variados y las raciones copiosas. El buey con nuez de anacardo es excelente. A la carta es más caro.

EN HAMPSTEAD Y ARCHWAY

Precios normales

– **The House:** 34 Rosslyn Hill, NW3. ☎ 435 8037. M.: Hampstead. Abierto de lunes a viernes de mediodía a medianoche y fines de semana de 10 h a medianoche. Restaurante que también ofrece bar y salón de té. Lugar muy apreciado por los londinenses. Durante los fines de semana está lleno. Mucho ambiente y música. Las paredes están cubiertas de fotos dedicadas, casi todas hechas durante rodajes. Cocina sencilla y simpática con pescados, pastas y bocadillos. Excelente *breakfast*.

– *Sabor do Brasil:* 36 Highgate Hill, N19. ☎ 263 9066. M.: Archway. Abierto de martes a viernes de 11 h a 23 h 30 y hasta medianoche los fines de semana. Cierra los lunes. Comida brasileña. Su creadora Alberma (brasileña ella) llegó a Londres con su libro de cocina. Podrás probar sus *cozidos* o sus *feijoadas*. Decoración cálida y música brasileña, como si estuvieras allí.

Elegante

– *Le Bidule:* 73 Haverstock Hill, NW3. ☎ (0171) 722 7482. M.: Chalk Farm (5 minutos andando). Abierto todos los días, se sirven comidas y cenas. Restaurante de estilo francés, a precios muy razonables. La materia prima es fresca y de primera calidad. Los pescados y las carnes llegan a la mesa en el punto exacto de cocción y además admiten sugerencias, la crepe de pollo, los espárragos y los quesos son excelentes, el pan, la pasta y los postres (deliciosos) están hechos en la casa. La bodega ofrece buenos vinos franceses y de otros países del continente. El chef Nabil, francés de origen marroquí, imprime a su cocina un distintivo sabor francés aderezado con sutiles aromas de Oriente. El propietario del local, el francés B. Guillon, ha creado un espacio elegante, íntimo y romántico. El personal es amable, profesional y sensible a las apreciaciones del cliente. Excelente relación calidad-precio. Perfecto para ocasiones especiales sin tener que dejar la VISA a cero. Un detalle: en el sótano hay un bar con una pequeña pista de baile abierto hasta la una de la madrugada.

Los pubs londinenses

En Londres se encuentran varios centenares de pubs. Están los grandes clásicos y los de cada día donde se encuentran los clientes habituales. Recordad que muchos de ellos ofrecen platos nada caros al mediodía. La diferencia entre pubs, bares, clubes de música en vivo y discotecas no está muy clara en Inglaterra. Algunos pubs presentan grupos de música varias noches durante la semana. Si hay sitio incluso se puede bailar. Cuando no actúa ningún grupo, se convierten en pubs como los demás. De modo que el ambiente puede cambiar mucho de una noche a otra.

Algunas de nuestras direcciones podrían figurar perfectamente en las rúbricas «¿Dónde comer?», «¿Dónde escuchar música?» o en «Discotecas», pero lo que predomina es el pub o bar. Cuando actúa un grupo musical, por regla general siempre empieza a las 21 h y finaliza a las 23 h, hora en que suelen cerrar estos establecimientos. Por la tarde están muy tranquilos. Aquí reseñamos los pubs en sentido amplio, o sea, que encontrarás direcciones tradicionales y locales que están más en la onda para la gente marchosa. La mayoría de los pubs históricos están señalizados con un letrero azul *This is an heritage pub.*

EN BLOOMSBURY, SOHO, COVENT GARDEN, HOLLBORN

– *Sherlock Holmes:* 10 Northumberland Street, WC2. ☎ 930 2644. M.: Charing Cross. Está casi siempre lleno. Restaurante de 12 h a 23 h 30. Todo recuerda al célebre detective, sobre todo una colección impresionante de dibujos y grabados. Subid al primer piso para ver el minúsculo museo (de muy mal gusto, pero gratuito) en honor del buen hombre. Sir Arthur Conan Doyle (1859-1930) nació en Edimburgo y fue médico durante unos diez años antes de dedicarse por entero a la literatura y a los viajes. Aficionado a las expediciones lejanas y arriesgadas, tomó parte, a título de médico militar, en la campaña de Sudán y en la guerra contra los bóers. Y, como los mitos duran mucho tiempo, hay que señalar que en ninguna de sus novelas Sherlock Holmes dice la famosa frase: «Elemental, mi querido Watson».

– **Lamb and Flag:** 33 Rose Street, WC2. M.: Covent Garden. ☎ 836 4108. Antes se llamaba *The Bucket of Blood* («El cubo de sangre»), a causa de las sangrientas riñas que se organizaban en otros tiempos. Construido en 1623, ha funcionado desde entonces.

– **The Coal Hole:** 91 Strand. ☎ 836 7503. M.: Covent Garden. A mediodía es un hormiguero de oficinistas que van a tomar un bocado, por la noche de *golden boys* achispados. Bar de copas y vinos en los bajos. Comidas hasta las 20 h.

– **Princess Louise:** 208 High Holborn, WC1. ☎ 405 8816. M.: Holborn. Pub magnífico: soberbios espejos que cubren las paredes, el resto es todo de madera. En 1986 ganó el premio al mejor pub, convocado por el periódico *Evening Standard*.

– **Cittie of Yorke:** 22-23 High Holborn, WC1. ☎ 242 7670. M.: Hollborn o Chancery Lane. Uno de los pubs más antiguos de Londres. En 1430 había allí un tugurio, reconstruido en 1695. En 1890 fue demolido y reconstruido. Por suerte se utilizaron algunos materiales del antiguo pub (vigas, paneles decorativos, barra, etc.). Entonces tomó su nombre actual. Es formidable. Cerveza *Samuel Smith* a presión. Comidas de 12 h a 14 h 30 y de 17 h 30 a 22 h.

– **Melton Mowbray:** 14-18 Holborn, WC1. ☎ 405 7077. M.: Chancey Lane. Un gran local, precioso decorado con paneles de madera, cajas de vino y objetos de viticultura. Al menos en este pub no les gusta sólo la cerveza. Sirven deliciosos platos, no muy caros: *fish and chips, steak and ale, chicken and bacon pie, apple pie*. Como en todos los pubs, las consumiciones se encargan en la barra.

EN KNIGHTSBRIDGE Y SOUTH KENSINGTON (PLANO A2)

– **Turk's Head:** 10 Motcomb Street, SW1. ☎ 237 7850. M.: Knightsbridge. Pub simpático. Se tiene realmente la impresión de entrar en otro mundo. Para desconectar.

– **The Grenadier:** 18 Wilton Row, W1. ☎ 235 3074. M.: Hyde Park Corner. Difícil de encontrar este pub escondido en un *mews*; lugar muy agradable. Era originariamente la cantina de los soldados del duque de Wellington. Hay también un restaurante, pero un poco caro. Exigen ir vestido correctamente: no admiten tejanos.

– **Wilton Arms:** 71 Kinnerton Street, W1. ☎ 235 4854. M.: Knightsbridge. Viejo pub del siglo XIX, clásico y con un cierto toque de lujo. Id a comer o cenar, la comida es buena y poco más cara que en los *fast-foods*. Estupendo *fish and chips*. Durante la semana, servicio hasta las 22 h 30 y los fines de semana sólo al mediodía.

EN CHELSEA Y FULHAM (PLANO B3)

– **Bull Head:** 373 Longsdale Road, SW13. ☎ 876 5241. M.: Hammersmith. Muy lejos del metro, por lo que es conveniente tomar el autobús 9 hasta Barnes Bridge (si váis cinco personas tomad un taxi, no sale tan caro). Para escuchar jazz moderno en un viejo pub victoriano que se asoma al Támesis. Todas las noches y domingos al mediodía. Excelente local.

– **King's Hed and Eight Bells:** 50 Cheyne Walk, SW3. ☎ 352 1820. M.: Sloane Square. Luego bajad por King's Road hasta Oakley Street. En el muelle. La primera casa se abrió en 1580. Un pub histórico en un barrio residencial. Frecuentado por escritores, gente de televisión... Bonitos grabados en las paredes. *Salad-bar* mediodía y por la noche.

EN EARL'S COURT (PLANO A3)

– **Coleherne:** 261 Old Brompton Road, SW5. ☎ 373 5881. M.: Earl's Court o West Brompton. Clientela gay. Ambiente salvaje el sábado por la noche: cuero, sudor y miradas llenas de pasión. Un clásico de su género en Londres. Desaconsejado a gente finolis.

EN NOTTING HILL (PLANO A1)

– **The Duke of Wellington:** 179 Portobello Road, W11. ☎ 727 6727. M.: Notting Hill Gate. Los sábados es una auténtica locura. Una indescriptible mezcla de *freaks* bebedores de alcohol, *snobs* y jóvenes currantes que se tragan hectólitros de cerveza sentados en banquetas desgastadas. En pleno mercado.

– **Julies' Bar:** 137 Portland Road, W11. ☎ 727 7985. M.: Holland Park. *Wine and champagne* bar abierto también los domingos. Carta de vinos de todas las procedencias, buena música, atmósfera íntima, con una pizca de barroco.

– **Jimmies' Wine Bar:** 18 Kensington Church Street, W8. ☎ 937 9988. M.: High Street Kensington. Cerrado los domingos. Enfrente de la iglesia. Por la noche, de jueves a sábado, actúa un grupo: música *sixties* y los grandes clásicos del pop. Precios razonables. Buena cocina mexicana e internacional. Clientela con un aire algo intelectual.

EN LA CITY, EL EAST END Y DOCKLANDS (PLANO E1)

– **Hoop and Grapes:** 47 Aldgate High Street, EC3 M.: Aldgate. Abierto de 11 h (12 h los domingos) a 23 h (3 h los domingos). Cerrado el sábado. Muy bonito, con viejos objetos en las paredes. Lo frecuenta mucha gente joven. A la hora del *lunch* se sirven algunos platos. Este pub, declarado monumento histórico, se remonta al siglo x. El conjunto de casas donde se esconde el pub ha sido el único lugar preservado y restaurado de todo el barrio.

– **Old Bell Tavern:** 95 Fleet Street, EC4. ☎ 583 0070. M.: Aldwych. En pleno barrio de la prensa, este pub histórico es el lugar de cita de los periodistas, como cabía suponer. Construido en 1670 para que saciaran su sed los albañiles que reconstruían la Iglesia de St Bride después del Gran Incendio. Agradable y sin pretensiones.

– **Ye Old Cheshire Cheese:** 145 Fleet Street, EC4. ☎ 353 6170. M.: Aldwych. Situado en el pequeño pasaje. La muerte del loro de la casa fue anunciada por la BBC. Reconstruido en 1667. Entre sus clientes destacaron: Carlyle, Dickens, Mark Twain, Theodore Roosevelt, Conan Doyle y Yeats. Si queréis ser uno de ellos, no olvidéis que el pub cierra a las 21 h.

– **Blackfriars:** 174 Queen Victoria Street, EC4. ☎ 236 5650. M.: Blackfriars. Es el pub que hace esquina frente a la estación. Decoración interior sofisticada, principalmente modernista. Cerrado sábados y domingos.

– **Dirty Dick's:** 202 Bishopsgate, EC2. ☎ 283 1763. M.: Liverpool Street. Abierto de 11 h a 21 h (3 h los domingos). Cerrado los sábados. Un pub que hay que visitar. Decoración con barricas y objetos diversos. También restaurante y *wine bar*. Mucha gente, principalmente jóvenes encorbatados.

– **Prospect of Whitby:** 57 Wapping Mall, E1. ☎ 481 1095. M.: Wapping. Abierto todos los días de 11 h 30 a 23 h. Os arriesgáis a llevaros un chasco a causa de los numerosos turistas. No obstante, la vista sobre los muelles y el Támesis es espléndida. Este pub data del siglo xvi. Allí contemplaba el célebre juez Jeffries, con una pinta de cerveza en la mano, los ahorcamientos de piratas que había ordenado. Muy bonita decoración interior. Restaurante muy caro, pero los platos que se sirven en el bar son asequibles.

– **The Anchor:** 1 Bankside. ☎ 407 1577. M.: London Bridge. No es fácil llegar, pero es un sitio agradable por encima del Támesis. Destruido por el fuego en 1666, fue reconstruido más tarde. Si encontráis que es muy caro para comer, podéis admirar simplemente las grandes chimeneas, los objetos de decoración antiguos y la primera edición del diccionario del doctor Johnson. Algunos platos nada caros. Gran terraza exterior donde instalarse cuando hace buen tiempo.

– **Olde Mitre Tavern:** 1 Ely Court, EC1. ☎ 405 4751. M.: Chancery Lane. Pequeño pub, fundado en 1546, es uno de los más antiguos de la ciudad. Clientela de habituales de traje y corbata. Ambiente cordial, en un local lleno de encanto.

– **Dickens Inn:** Saint Khaterine´s Way, E1. ☎ 488 1226. M.: Tower Hill. Cerca del Tower Bridge. Pasar bajo el hotel Tower Thistle y después sobre el puente rojo basculante. Abierto de lunes a viernes de mediodía a 15 h y sábados y domingos de mediodía a las18 h. Es el único lugar agradable que hemos encontrado para comer o tomar un trago. Para no desequilibrar el presupuesto, es mejor quedarse en el bar-food del entresuelo, donde sirven comida de calidad a precios razonables (el restaurante del primer piso es carísimo). El lugar que a *priori* es muy turístico, lo frecuentan sobre todo los ingleses.

EN EL NOROESTE DE LONDRES: KILBURN

Breve entreacto en Kilburn, al norte de los barrios de Kensington y Notting Hill. El ambiente de los pubs es mucho más cálido que en otras partes. Los emigrantes irlandeses ahogan en ríos de cerveza la nostalgia de su país. A veces triste, a menudo emocionante. De vez en cuando música gaélica y canciones republicanas por la noche y los domingos por la mañana.

– **Biddy Mulligans:** 205 Kilburn High Road, NW6. ☎ 624 2066. M.: Kilburn. Bastante lejos del metro. Pub nuevo y bonito, reconstruido en su estilo anterior... Era un pub irlandés católico, pero fue destruido hace unos diez años por la extrema derecha protestante. Música tradicional irlandesa de viernes a lunes. También *video pool* y *darts.* Almuerzo al mediodía. En 500 m a la redonda se hallan numerosos pubs con ambiente.

– **The Old Bell:** 38 Kilburn High Road, NW6. M.: Kilburn. Antiguo antro irlandés pero no se encuentra Jameson, ya que es demasiado caro para la gente del barrio. Algunas veces, música folk los domingos por la mañana.

– **The Cock:** 77 Kildurn High Road. ☎ 624 1820. Ambiente simpático. Jazz sábados y domingos por la noche o música country. Divertido y popular.

EN EL SUR DE LONDRES

– **The Georgenn:** 77 Borough High Street, SE1. ☎ 407 2056. M.: Borough. Construido en 1554. Si no tenéis mucho tiempo, éste es el lugar adonde debéis ir sin falta. Tiene más de museo que de pub. Shakespeare, que se creía Sartre, escribía sus obras en el borde de una mesa. Por otra parte, éstas se representan en el patio del pub. Nada ha cambiado desde la época en la que los jugadores de baloncesto se veían obligados a doblarse en dos para entrar. Sigue siendo muy oscuro. Espléndida galería exterior. Uno de los pubs más famosos de Londres.

– **The Goose and Firkin:** esquina de Borough Road y Southwark Bridge Road. ☎ 403 3590. M.: Borough o Waterloo. Antiguo pub de barrio. Mesas de madera pulidas por los años, suelo polvoriento. Clientela joven y popular. Uno de los pocos pubs que fabrican la cerveza en su propia bodega. Probad las diferentes variedades: *Goose, Borogh*

medium, etc. La que prefiráis: la *Dogbolter* es la más fuerte. Podéis sacar un carnet vitalicio de socio del pub.
– **Hole in the Wall:** 5 Mepham Street, SE1. ☎ 928 6196. A dos pasos de la estación de Waterloo. Para los entusiastas de la cerveza, un ambiente que no se encuentra en otra parte. Una docena de cervezas superauténticas de barril, incluidas las más famosas: *Ruddles, Young, Fuller, Brackspears*, etc. Pub lleno de estudiantes, ferroviarios, músicos y actores. Una hora basta para emborracharse sin tino. Si veis que tiembla el techo no es que estéis como una cuba, es porque pasa un tren.
– **The Two Brewers:** 114 Clapham High Street, SW4. ☎ 622 3621. M.: Clapham Common. Abierto de lunes a jueves de 18 h a 1 h, viernes y sábados de 12 a 15 h y de 18 h a 2 h, domingos de 12 h a 15 h y de 19 h a 23 h 30. Bar gay de lo más carca. Animación, grupos de música y *drag show*. El local ideal para los fans de *Village People*.
– **Mayflower:** 117 Rotherhithe Street, SE16. ☎ 237 4088. M.: Rotherhithe. Un pub del siglo XVII en donde los pasajeros del Muyflower, de camino a América, tomaron su último trago... Conmovedor, ¿no?
– **Plough:** 90 Stockwell Road, SW9. ☎ 274 3879. M.:Stockwell. Pub que acoge a buenos grupos de miércoles a domingo. Música de 21 h 30 a medianoche. Jazz durante la semana, disco los viernes y sábados. Pub bastante birrioso, pero los grupos son de calidad.

AL NORTE DE LONDRES: CAMDEN TOWN, HAMPSTEAD, ARCHWAY

Son barrios populares, tirando a proletarios. Vale la pena conocerlos aunque sólo sea para hacerse una idea de la realidad social del Reino Unido. Bastantes locales animados donde domina la juventud.
– **World's End:** 174 Camden High Street, NW1. ☎ 482 1932. M.: Camden Town. Enfrente estación de metro. Pub inmenso, considerado uno de los más grandes de Londres. Nada que ver con los de la City: aquí sólo hay jóvenes... Atmósfera relajada y simpática, muchas clases de cerveza y buena música. A las horas de las comidas (hasta 19 h) se sirven unos cuantos platos calientes. Es uno de los pubs de Londres que más nos gusta dentro de su género.
– **Spaniard Inn:** Spaniard Road, NW3. ☎ 455 3276. M.: Hampstead. Pub con 500 años de antigüedad. Dick Turpin (el malandrín de la época) preparaba allí sus fechorías y muchos poetas escribían sus versos entre cerveza y cerveza. También fue residencia del embajador de España en Londres. Jardín para los días de buen tiempo. Buenos platos a mediodía.

¿Dónde tomar el té?

Un número creciente de hoteles londinenses están volviendo a poner de moda los famosos *afternoon teas* con un gran surtido de tés de diferentes aromas, sandwiches y toda una legión de pasteles. Entre los más conocidos, hoteles prestigiosos como el Ritz, el Savoy, el Hyde Park Hotel , el Dorchester, etc. Por si sólo pudieras escoger uno, ése sería sin duda el salón de Fortnum and Mason.

– **Fortnum and Mason:** 181 Piccadilly, W1. Es una institución absolutamente británica y en vías de extinción que hay que visitar antes de que desaparezca. Vestirse correctamente para la ocasión.
– **Richoux:** para merendar en un marco agradable y a precios moderados, 3 direcciones: 86 Brompton Road SW3; 41A South Audley Street; 3 Circus Road, NW8.
– **The Muffin Man:** 12 Wrights Lane, W8. ☎ 937 6652. M.: High Street Kensington. Abierto de lunes a sábado de 8 h a 17 h 30. Una verdadera casa de muñecas donde ir a tomar el té. Precios razonables.

De compras

Ahora, a grandes rasgos, las diferentes zonas comerciales: Oxford Street, Regent Street y sus alrededores. Covent Garden, uno de los rincones de la moda de lujo; Knigthsbridge y Brompton Road (bastante lujoso), Fulham Road y las calles adyacentes.

Prendas de lana

– **Westaway and Westaway:** 65 Great Russel Street (frente al British Museum, plano C1). ☎ 405 4479. M.: Tottenham Court Road. Esta tienda llena a rebosar de turistas, posee un surtido enorme de shetlands, cachemires y telas escocesas.
– Si no disponéis de mucho dinero, pasead por Oxford Street (plano B1) y rebuscad en las secciones de jerseys en *Mark and Spencer's, C & A Selfridges, D. H. Evans* y *Littlewoods*. En estos grandes almacenes es donde haréis buenas compras. Podéis estar seguros de que la calidad es excelente.

Ropa y calzado

– Los grandes almacenes de Oxford Street (plano B1) son siempre aconsejables, así como los de Regent Street.
– Todo King´s Road está lleno de tiendas caras, pero muy buenas. Interesantes sobre todo para hombres. Rebajas en enero.
– La moda de lujo se halla en la esquina de Kensington High Street W8 (plano A2). Es caro. Podéis dar una vuelta por Harrod's o Harvey Nichols. En el número 49 de esta calle hay una galería comercial con más de 130 tiendas.
– **Kensington Market:** 49-53 High Street Kensington. M.: High Street Kensington. Ambiente delirante. Decoración psicodélica. Cientos de tiendas en tres niveles. Ropa y accesorios nunca vistos.
– **Hyper Hyper:** 26-40 High Street Kensington, W8. ☎ 938 4343. M.: High Street Kensington. Abierto hasta las 17 h. Entre semana y hasta las 19 h los sábados. Cerrado los domingos. Creaciones de jóvenes diseñadores a precios asequibles. Las estrellas del rock y del cine se visten aquí.
– **Discount Shoe Sales:** 31 Strutton Ground, SW1. M.: St James's Park. Abierto de lunes a viernes de 9 h 30 a 16 h 30 h. Tienda de calzado donde se encuentran los Dr. Martens menos caros de Londres, surtido limitado.

Discos y vídeos

Los «discófilos» y demás «compactófilos» adoran Londres. Normal, allí se encuentra de todo... Ya en sus tiempos el amigo Boris Vian (que detestaba los viajes) encargaba que le trajeran los *collectors* de jazz...

• Las grandes tiendas de discos

En estos grandes almacenes en cadena, verdaderos hipermercados del disco, la oferta es impresionante, pero en ellas no se encuentran piezas raras (*collectors*). Además, el lugar que ocupa el vinilo es cada vez más reducido. Sólo las novedades tienen precios interesantes. El resto prácticamente está a los mismos precios que en otros países, a pesar de que se diga lo contrario. Buscad al llegar las secciones *best* (o *special price*) que ofrecen descuentos en los productos que están de oferta. No olvidéis que en estos almacenes hay unos importantes stocks de casetes de vídeo con unos precios que no tienen nada que ver con los de otros países. Una ocasión para los aficionados al cine de terror, los dibujos animados, los conciertos filmados, los videoclips o las series de TV cultas...
– **HMV (His Master´s Voice):** 150 Oxford Street. ☎ 631 3423. M.: Oxford Circus o Bond Street. Una tienda inmensa. Los discos están en

la planta baja y las casetes de vídeo, en la primera planta. Varias decenas de CD de ocasión cada semana.

– *Virgin Megastore:* 14 Oxfort Street, W1. ☎ 631 1234. M.: Tottenham Court Road. Otros anexos ubicados en la misma calle. Un clásico del género archiconocido en Londres. El Megastore ya no es tan interesante como en sus comienzos. Surtido importante, pero aquí también sólo se ponen a la vista las novedades. Lo que está muy bien son las secciones «World Music» y la sala reservada a la música clásica. De todas maneras, el lugar es demasiado ruidoso y uno se pierde fácilmente por los innumerables pasillos... Los vídeos están en el sótano (entrada por el número de al lado).

– *Tower Records:* 1 Piccadilly Circus, W1. ☎ 439 2500. M.: Piccadilly Circus. Del mismo tipo que los anteriores. Oferta en los nuevos discos. Sin rival en música clásica y blues.

• *Las pequeñas tiendas de discos*

Tiendas a escala humana llevadas por gente que sabe de que va. Por lo general, especializadas por géneros (rock, blues, jazz o clásica). Algunas sólo se dedican al disco de segunda mano (*second hand*): en ellas es donde se encuentran auténticos *collectors*. Pero no olvides comprobar el estado del disco antes de comprarlo (incluso si es un CD, porque también se rayan)... La ciudad está llena de pequeñas tiendas de discos. La mayoría se encuentran en el Soho, entre otras en Berwick Street (M.: Tottenham Court Road, Oxford Circus o Piccadilly).

– *Going For a Song (Discount Music Store):* 159-163 Charing Cross Road. M.: Tottenham Court Road. Surtido limitado, pero los CD de estos últimos años están a unos precios archicompetitivos. Sobre todo rock, pop y hard.

– *Soho Records:* 3 Hanway Street. M.: Tottenhan Court Road. En un callejón que da a Tottenhan Court Road (saliendo del metro, la segunda calle a la izquierda). Ofertas a 60, 70 y 80 chelines. Todo el material está en muy buen estado y los precios son interesantes. Lugar frecuentado por rockers. Aquí encontrarás un grupo *new wave* olvidado, el primer Pink Floyd o un disco antiguo de los Stones. En la misma calle hay puestos de venta de discos viejos.

– *Music Discount Centre:* 437 The Strand, WC2. ☎ 240 2157. M.: Charing Cross. Una excelente tienda con discos y cintas a precios muy reducidos en música clásica. Amplio surtido.

– *Ray's Jazz Shop:* 180 Shaftesbury Avenue, WC2 (plano C1). ☎ 240 3969. M.: Tottenham Court Road o Covent Garden. Una buena dirección para jazz. «Piezas» raras. Amplia gama de novedades, desde lo más tradicional pasando por el be-bop hasta lo de vanguardia. Gran surtido de «segunda mano» (*second hand*) cuyos mejores títulos se exponen junto a la caja.

– *Dobbel's:* 21 Tower Street, WC2 . ☎ 240 1354. M.: Leicester Square o Covent Garden. Jazz y folk. Algunos *second hand*, pero sobre todo muchas novedades. Especializados también en cintas de vídeo de jazz.

– *James Asman:* 23 A New Row, WC2. ☎ 240 1380. M.: Leicester Square. Un sitio para los entusiastas del jazz tradicional; James Asman colecciona discos desde hace 40 años. Quizás el mejor de Londres en este terreno. Algunas ofertas.

– *58 Dean Street Records:* 58 Dean Street, W1. ☎ 437 4500 M.: Piccadilly Circus o Tottenham Court Road. Una dirección preciosa para los entusiastas de bandas sonoras de películas, comedias musicales, etc. Allí encontraréis la música original de *Los buscadores de oro* de Mervyn Le Roy o de *Lo que el viento se llevó*. Quizás el único sitio en Londres con tanta variedad. Cerrado los domingos.

– *Reckless Records:* 79 Upper Street, Islington, N1, y 30 Berwick Street, Soho, W1. ☎ 437 4271. Una de las mejores direcciones para encontrar buenos discos de ocasión. Se les puede volver a vender sus propios discos cintas y compactos a la semana siguiente de comprarlos.

– **Honest Jon:** 278 Portobello Road, W10. ☎ 969 9822. M.: Ladbroke Grove. Abierto incluso los domingos. No hay prácticamente más que *second hand* de gran calidad, en jazz, reggae y rock; lleno los sábados ya que en esta calle está el mercado de viejo donde también hay algunos puestos de discos (muy flojos).

– **Rhythm Records:** 281 Camden High Street. ☎ 267 0123. M.: Camden Town. Una de las tiendas que más nos han gustado. En el sótano no están mal los *oldies* de reggae, rock y jazz.

– **Rock On:** 3 Kentish Town Road, NW1. M.: Camden Town. Justo al lado del metro. Una de las mayores tiendas de *50's* y *60's UK pressings*. Más floja, no obstante, en lo que respecta a los *American oldies*.

– **Mole Jazz:** 311 Grays Inn Road, WC1. ☎ 278 8623. M.: King's Cross-St Pancras. La tienda de Londres más importante de música de jazz con Ray's Jazz. Enorme variedad de *second hand*, cuyos mejores títulos se retienen para subastarlos por correspondencia. Dejad vuestra dirección y os enviarán una lista de unos 2 000 títulos cada seis meses. También tienen su propia *label*: Mole Jazz Records (Gil Evans, Art Pepper, etc.).

– **Recommended Record:** 387 Wandsworth Road, SW8. M.: Stockwell. ☎ 622 8834. Rock de vanguardia, jazz o música contemporánea. Discos raros y de importación.

– **Harold Moores Records:** 2 Great Malborough Street, W1. ☎ 437 1576. M.: Oxford Circus. Especializado en música clásica que ya no se edita. Además, posee un servicio de búsqueda. Abierto todos los días hasta las 18 h.

Pósters y ampliaciones fotográficas

– **Poster Shop:** 1 Chalk Farm Road. ☎ 267 6985. M.: Camden Town. Vale la pena el viaje. Una tienda igual en Covent Garden.

– En las tiendas de fotos en las que existe servicio *Westons* podéis encargar un póster gigante de vuestra mejor diapositiva por un precio reducido. Es muy ventajoso, pero es preciso quedarse bastante tiempo en la capital.

– **Flashbacks:** 6 Silver Place (Beak Street) Soho, W1. ☎ 437 8562. Una dirección obligatoria para los especialistas en el séptimo arte. Numerosos pósters y fotos. Abierto de 10 h 30 a 19 h todos los días excepto domingos.

Juguetes

– **Hamley´s:** 196 Regent Street, W1. ☎ 734 3161. M.: Oxford Circus (plano B1). El mayor almacén de juguetes del mundo. Si necesitáis hacer un regalo a vuestra hermana pequeña, entrad en este reino de cinco pisos donde encontraréis tanto los juguetes más tradicionales como los más revolucionarios, los más caros y los más baratos. No dejéis de verlo.

Libros

Os aconsejamos que os déis una vuelta por Charing Cross Road. M.: Leicester Square o Tottenham Court Road.

– **Foyles:** 119-125 Charing Cross Road, WC2. ☎ 437 5660. M.: Leicester Square. La mayor librería de Europa según dicen. Se puede encontrar toda clase de libros. Subid al tercer piso, una auténtica cueva de Ali-Babá... Para los músicos, tienen partituras de todos los géneros musicales.

– **Waterstone´s Booksellers:** 64-66/129-131 Charing Cross Road, WC2. ☎ 434 4291. M.: Tottenham Court Road. Abierto de 9 h 30 a 20 h. Gran librería de izquierdas que ofrece una amplia variedad en todos los terrenos: ciencias, ecología, novelas, viajes, etc. Selección de libros de rock, jazz, etc.

– **Cinema Bookshop:** 13 Great Russel Street, WC1. ☎ 637 0206. M.:

Tottenham Court Road o Holborn. Especializados en pósters, carteles y libros referentes al cine. Un mundo mágico. Cierra a las 17 h 30.

– **Gosh Comics:** 39 Great Rusell Street, WC1. Muy cerca del British Museum. ☎ 636 1011. Para los forofos de los cómics norteamericanos. Principalmente ciencia ficción.

– **Edward Stanford:** 12 Long Acre, WC2. ☎ 836 1321. M.: Covent Garden. La tienda del trotamundos. Aquí tienen mapas del mundo entero y libros sobre países que ni siquiera sabías de su existencia.

– **Compendium:** 234 Camden High Street, NW1. ☎ 485 8944. M.: Camden Town. Buenos libros y gran variedad en técnicas alternativas, viajes, filosofía, feminismo y mucho más. En su género, la mejor librería de Londres.

– **Housmans:** 5 Caledonian Road, N1. ☎ 837 4473. M.: King's Cross. Librería de tendencia libertaria que ofrece una amplia selección de obras sobre ecología, movimiento antinuclear, política, sociología, etc. En el sótano, todos los folletos y las publicaciones de los movimientos alternativos y sobre el tercermundismo. Postales inéditas, pósters, etc. ¡Una auténtica mina!

– **Centerprise Community Bookshop:** 136 Kingland High Street, E8. ☎ 254 9632. M.: Old Street, después tomad el autobús o id a pie. Vivir en el East Side no es motivo para no tener una buena librería. Publicaciones feministas, sociales, políticas. Una sección interesante de libros infantiles. Si no se lee en inglés o no se tienen niños, siempre se puede tomar el té. Abierto de 10 h 30 a 17 h 30.

– **Grassroots Storefront:** 71 Golborne Road, W10. ☎ (0181) 969 0687. Librería de la comunidad negra. Abierto de 10 h 30 a 18 h 30.

– **Gay's the World:** 66 Marchmont Street, WC1. ☎ 278 7654. M.: Russel Square. Librería gay con gran surtido en libros y un pequeño café al fondo del establecimiento.

Periódicos

Se puede encontrar prensa española en numerosos quioscos. Y en:

– **Solosy:** 53 Charing Cross Road, W2.
– **W H. Smith:** en Victoria Station.

Hi-fi

Hay numerosas tiendas especializadas en Tottenham Court Road:

– **Lasky's:** 42 Tottenham Court. ☎ 636 0845. La mejor variedad en hi-fi. No es cara en comparación con las otras tiendas. No dudéis en pedir el impreso de descuento para la aduana. Para los modelos del estándar europeo, ya sean de informática, alta fidelidad, televisión, radio, os aconsejamos las tiendecitas de Queensway.

– **Q Tronics:** 232 Tottenham Court Road, W1. ☎ 580 7086. Tiendecita de accesorios diversos, más bien tipo saldos, pero no auténticos hi-fi. Otra concentración de tiendas especializadas en alta fidelidad: Edgware Road, a la derecha saliendo de la estación de metro homónima. Menos conocidas que las de Tottenham Court, y quizá con precios más interesantes.

– **Music and Video Exchange:** 56 Notting Hill Gate, W11. ☎ 727 0424. M.: Notting Hill Gate. Hi-fi, TV, instrumentos, juegos de vídeo. Veinte metros más allá. La misma tienda para discos, casetes, etc.

Instrumentos musicales

– Gran concentración de tiendas de instrumentos musicales en Denmark Street. M.: Tottenham Court Road.

Hogar

– **Tempo Electrical Discount Store:** 190 High Street Kensington, W8 (plano A2). ☎ 937 5166. M.: High Street Kensington. Abierto todos los

días hasta las 18 h. Incomparable en Londres en cuestión de material eléctrico. Compraos una preciosa *kettle*, es el momento.
- **Reject China Shop:** 133 Brompton Road, SW3. ☎ 581 0733. M.: Knightsbridge. Gran surtido de porcelanas y cristal. Porcelanas inglesas bastante baratas. Visitadlo en época de rebajas.

Joyas

Para los trotamundos retro que buscan un anillo de pedida para su amada: echad un vistazo en Hatton Garden cerca de Holborn Circus; joyas con descuento. Una cosa más: algunas tiendas abren los domingos de 10 h a 14 h.

Tiendas caras que merecen una ojeada

- **Harrod's:** 87-135 Brompton Road, SW1. ☎ 730 1234. M.: Knightsbridge. Abierto de 9 h a 19 h. Cerrado el domingo. Uno de esos establecimientos de lujo como ya no existen. De vez en cuando la Reina va a comprarse sus cereales. Incluso se asegura de que la tienda abre especialmente para la familia real el domingo. No olvidéis que la divisa del célebre almacén es: *Omnia, omnibus, ubique* (para todos, de todas partes). Henry Charles Harrod, un negociante en té, jabones y velas, abrió su establecimiento en 1849, con dos empleados. Hoy Harrod's cuenta con 4 000 personas y pertenece a un acaudalado egipcio. Se encuentra realmente todo. Hasta 1976 se vendían cinturones de castidad. Convertido en un monumento total, Harrods posee secciones que son obras maestras de decoración y buen gusto. Algunos ejemplos:
• Sección alimentaria (*food halls*) con interesantes embutidos colgados del techo. Soberbia decoración realizada con espléndidos zócalos de madera; mármoles y embaldosados policromos. Allí encontraréis las frutas exóticas de la Commonwealth y cien variedades de té.
• Los lavabos de caballeros (en la sección de ropa y confección). Butacas de cuero, revestimientos de madera. Un sitio donde nos encantaría vivir...
• Las orquídeas y los ramos suntuosos de la sección de floristería.
• La sección de animales, en el segundo piso. Si váis con vuestro perrito, podrá esperaros educadamente en la perrera prevista a tal efecto.
- **Fortnum and Mason:** 181 Piccadilly, W1. ☎ 734 8040. Abierto de 9 h 30 a 18 h (19 h los jueves). Cerrado los domingos. Una tienda de muñecas a escala humana decorada con un gusto y refinamiento llevados al extremo. Ver las mesas dispuestas para presentar los servicios y cubiertos. Si has visto *Harrod's* preferirás ésta, donde el lujo no se codea con el mal gusto. Inmejorable presentación de la gran sección de alimentación, la cual disfruta de reputación desde el siglo XVIII por sus delicados comestibles. Allí se encuentra (casi) de todo. Los clientes son acompañados hasta el taxi por un mozo con paraguas. Los cajeros llevan chaqué. Una cosa que hay que hacer en Londres: tomar un té completo (*cream tea, please*) en *Fortnum and Mason*.
- **Liberty's:** Great Martborough Street, cerca de Regent Street y de Carnaby Street. ☎ 734 1234. M.: Oxford Circus. Todo el mundo conoce esta tienda y el estilo que ha impuesto al mundo entero. Por desgracia este establecimiento es muy caro. No obstante, merece la pena el viaje para ver cosas bonitas y encontrar quizás inesperadas rebajas. Poca gente sabe que en la sección de mobiliario se encuentran cortinas en telas Liberty realmente fantásticas. Todos los precios y a veces ocasiones.
- **Lillywhites:** Piccadilly Circus, SW1 (plano C2). La mejor tienda de artículos de deporte del mundo. Esto es ya una pequeña referencia.
- **Joseph** y enfrente el **Michelin Building** en Fulham Road, dedicadas al vestido y al mobiliario y decoración respectivamente. Son las tiendas más hermosas, alucinantes, caras y esnobs que puedas ver en toda tu vida. Lo más demencial son los precios.

Mercados de viejo (*Flea markets*)

– *Caladonian Market:* el viernes por la mañana, en Abbey Street. M.: Borough Market o London Bridge. En la orilla derecha, de 7 h a 13 h. Antigüedades, joyas, porcelanas, etc. Está muy bien, pero resulta caro.
– *Portobello Road.* M.: Notting Hill Gate (plano A1). Sábados de 8 h 30 a 18 h. Hay muchas antigüedades. El sitio más famoso de Londres. Podréis encontrar ocasiones subiendo por Portobello a partir de Golborne Road. M.: Ladbroke Grove. Los demás días, excepto los domingos, mercado de flores y frutas.
– *Antique Market:* King's Road (plano B3). Preciosas antigüedades.
– *Petticoat Lane.* M.: Liverpool Street o Aldgate. Los domingos por la mañana de 9 h a 16 h en Middlesex Street. Antigüedades y también tiendas de ropa en las calles adyacentes. Muy turístico.
– A dos pasos de Petticoat Lane *Brick Lane Market* más auténtico y frecuentado por los verdaderos londinenses por el ambiente del East End. M.: Besthnal Green. El que nosotros preferimos. Todos los domingos de 8 h a 13 h-14 h.
A lo largo de Brick Lane, y sobre todo de Cheshire Street y Slater Street, el paraíso de los fisgones: antigüedades, chucherías, discos, ropa, un batiborrillo increíble. Junto al cruce de Sclater Street y Brick Lane, gran almacén en Slater, bajo los arcos de ladrillo: toneladas de ropa, camisas, pieles, etc.
– *Mercado de las flores:* Columbia Road, cerca de la esquina con Ravenscraft Street, a 10 minutos a pie de Brick Lane en el barrio de Shoreditch. Toda la calle. Los domingos por la mañana también. Muy animado igualmente a última hora de la mañana: las flores se venden a cualquier precio.
– *Covent Garden:* los sábados por la mañana, mercado de pequeños artesanos. Espantosamente turístico.
– ¿Por qué no acercarse al mercado de antigüedades de *Camden Town*? Basta con tomar uno de esos barcos que salen de Bloomfield Road (M.: Warwick Avenue) y siguen el canal hasta Camden Town. Paseo romántico a pedir de boca. Informaciones: ☎ 286 3428. Si no, también se puede ir en metro, por supuesto. Bajar en la estación de metro de Camden Town. El mercado abre los sábados y los domingos. A la orilla del río, muy animado. Se lo conoce por Camden Lock o Dingwalls Market. Un poco más lejos está el mercado de antigüedades propiamente dicho, en Camden High Street. En el barrio encontraréis también un montón de artesanía en barro, pintura y cristal. Muy interesantes los discos (grabaciones raras, piratas, *collectors*) y los compactos. Indispensable oír las cintas antes de comprarlas.

Mercados

Es un aspecto de Londres que los turistas conocen poco; sin embargo, constituyen una parte fundamental de la vida de la capital. Levantaos pronto (si podéis) e id a ver uno de los mejores espectáculos gratuitos de la ciudad. Allí oiréis el más puro acento cockney que habéis escuchado desde *My Fair Lady*; os tolerarán a condición de que no estorbéis el paso a los descargadores. Algunos pubs que se hallan cerca de los mercados abren muy pronto por la mañana aunque en principio no sirven más que a los empleados de éstos. Así que, probad a ver si una cerveza a las 5 h de la madrugada os sienta bien.
– *Berwick Street Market:* Berwick Street, W1. Situado en el centro del Soho (plano C1) y rodeado de clubes de strip-tease, este mercado de frutas y verduras es muy animado y barato. De 8 h a 17 h de lunes a sábados.
– *Brixton Market:* terminal de la línea Victoria a Brixton o autobús de la línea 2 desde Victoria. Todos los días excepto domingos, de 9 h a 17

h 30. Se encuentra de todo: rastro y también verduras, carne, *take-away* nada caros, discos antiguos, militantes que venden el *Socialist Worker*; se hacen amistades. Todo con un fondo de Bob Marley.
– *Leadenhall Street Market:* EC3 (el acceso principal es por Gracechurch Street). Frutas y legumbres al por menor, aves, carnes y pescados. Algunos puestos abren con horarios diferentes, pero en general de 9 h a 17 h de lunes a viernes. M.: Bank o Monument.
– *Smithfield Market:* (mercado central de carne): EC1. Carne, volatería y caza al por mayor. De lunes a miércoles. El mejor momento es de 9 h a 11 h. M.: Barbican o Farringdon.
– *Spitalfields Market:* Brushfield Street, E1. Carne y verduras al por mayor; también, en un gran almacén, artesanos, discos antiguos e incluso puestos de cocina extranjera. De 6 h a 13 h. Cerrado los domingos. M.: Liverpool Street. Autobuses: 6, 8 y 22.

Museos y galerías

► *Museum of London:* 150 London Wall, EC2. ☎ 600 3699. Información por contestador automático: ☎ 600 0807. M.: St Paul's. Abierto de martes a sábado de 10 h a 18 h y los domingos de 12 h a 18 h. Cerrado los lunes, salvo los festivos. Gratuito después de las 16 h 30. Media tarifa para estudiantes. Museo fascinante que se remonta a los orígenes de Londres y que presenta las diferentes fases de evolución de la ciudad y de sus habitantes hasta hoy. Museo de concepción completamente innovadora.

► *Dicken's House:* 48 Doughty Street, WC1. ☎ 405 2127. M.: Russell Square. Abierto de 10 h a 17 h de lunes a sábado. Cerrado los domingos. Hay que pagar entrada. Allí vivió el célebre escritor, de abril de 1837 a diciembre de 1839. Numerosos retratos, ilustraciones, cartas, reliquias que pertenecieron a Dickens, así como la mayor colección del mundo de libros sobre el escritor. Para sus fans, naturalmente.

► *Old Curiosity Shop:* 13 Portsmouth Street, WC2. ☎ 405 9891. M.: Holborn. Abierto de 9 h a 17 h. Entrada gratuita. Pequeño almacén del siglo xv que pretende haber sido inmortalizado por Dickens en el libro del mismo título. Muy pintoresco. Numerosos objetos relacionados con Dickens y Londres.

► *Whitechapel Art Gallery:* Whitechapel High Street, E1. M.: Aldgate East. M.: 377 0107. Abierto de martes a domingo de 11 h a 17 h (20 h los miércoles). Gratuito. Preciosa galería de arte moderno y contemporáneo. Sólo exposiciones temporales. Pintura, escultura, fotografía... siempre de artistas de nivel internacional.

► *British Museum:* Great Russell Street, WC1. ☎ 636 1555. Información en el contestador automático las 24 horas del día: ☎ 580 1788. M.: Holborn, Tottenham Court Road o Russell Square. Abierto de 10 h a 17 h durante la semana y de 14 h 30 a 18 h los domingos. Cerrado del 24 al 26 de diciembre, día de Año Nuevo, Viernes Santo y primer lunes de mayo. Entrada gratuita. «EL» museo por excelencia. Uno de los más ricos del mundo. Abarca toda la historia de la humanidad desde sus orígenes hasta nuestros días, pero la mayor parte de los 26 000 m² de galerías están ocupados por las colecciones de antigüedades egipcias, griegas, romanas, orientales. Prehistoria, arte celta y antigüedades anglorromanas. Arte de la Edad Media al siglo xx. Las secciones dedicadas a Grecia, Egipto y Asiria son de una riqueza apabullante. Recientemente se ha abierto una nueva galería consagrada a las civilizaciones mexicanas previas a la conquista de Hernán Cortés. Por si fuera poco, acoge la British Library que posee más de 18 millones de volúmenes, algunos de los cuales son piezas únicas. Visitad la famosa sala de lectura, de acceso libre, una buena ocasión de ver dónde trabajaron Dickens, Marx y Lenin. Imposible visitarlo todo en un sólo día.

▶ *Courtauld Institute Gallery:* Somerset House, The Strand, WC2. ☎ 873 2526. M.: Charing Cross, Temple o Covent Garden. Abierto de 10 h a 18 h durante la semana y de 14 h a 18 h los domingos. Cerrado del 24 al 26 de diciembre y Año Nuevo. Hay que pagar entrada. Descuento a estudiantes. Esta galería presenta un conjunto de cuadros impresionistas y postimpresionistas de una riqueza prodigiosa. También hermosos cuadros del Renacimiento italiano y unos cuantos Rubens.

▶ *Tate Gallery:* Milbank, SW1. ☎ 887 8000 y 887 8008 (información por contestador automático). M.: Pimlico. Abierto de 10 h a 17 h 50 entre semana y de 14 h a 17 h 50 los domingos. Cerrado los días festivos. Entrada gratuita (aunque hay que pagar determinadas exposiciones temporales). El otro gran museo de pintura de Londres, complemento ideal de la National Gallery, está dedicado en gran parte a los artistas modernos y contemporáneos.

▶ *Turner Collection:* en un edificio de líneas modernas, la *Clore Gallery*, justo al lado de la Tate Gallery (mismo recinto). Mismos horarios. Gratuito. Reúne permanentemente 300 telas de J. M. W. Turner, artista de la luz y gran precursor de los impresionistas. Admirad sus cuadros de principios del siglo XX, época en la que demostró ser, como Constable, digno continuador de los paisajistas flamencos, de Poussin, de Lorrain y de otros favoritos del siglo XVIII inglés, y observad cómo nos sorprendió, 30 años más tarde, por su ausencia de figurativismo que, sin embargo, es completamente palpable.

▶ *National Gallery:* Trafalgar Square (plano C2). ☎ 839 3321 y 839 3526. M.: Charing Cross. Abierto de lunes a sábado de 10 h a 18 h y los domingos de 14 h a 18 h. Cerrado el 24 al 26 diciembre y Año Nuevo, Viernes Santo y 1º de Mayo. Entrada gratuita, pero las exposiciones temporales hay que pagarlas. Uno de los mejores museos de pintura del mundo, gracias a sus 2 000 cuadros pintados desde el siglo XIV hasta principios del XIX. Todas las grandes escuelas occidentales están representadas.

▶ *Guinness World of Records:* edificio Trocadero, Piccadilly Circus, W1. ☎ 439 7331. M.: Piccadilly Circus o Leicester Square. Abierto todos los días de 10 h a 22 h. Hay que pagar entrada (un poco cara). El famoso libro de récords Guinness ha abierto una exposición permanente. Hay reunidas reproducciones más reales que la propia realidad, como el hombre más grande del mundo (medía 2,72 m), el hombre que se pudo tragar 33 cuchillas de afeitar... El mundo de los récords del deporte está representado por un estadio en donde los ordenadores permiten visualizar los récords deportivos. También están los récords industriales y los del planeta, del Gran Cañón al Everest.

▶ *Madame Tussaud's:* Marylebone Road, NW1 (plano B1). ☎ 935 6861. M.: Baker Street. Abierto todos los días de 10 h 30 (9 h 30 los sábados y domingos) a 17 h 30. Hay que pagar entrada (muy caro). Sin reducción para estudiantes, pero precio especial para menores de 16 años. En verano, reservad las entradas, de lo contrario dos horas de cola. Nuestros museos de cera son una pálida imitación suya. Personajes célebres representados en cera. Desde 1984, existe una sección famosa dedicada a las estrellas del espectáculo, que se pueden observar en su propio entorno gracias a la electrónica y a la técnica audiovisual. Así, podéis contemplar a Michael Jackson como si cantara en un escenario y a John McEnroe como si estuviera jugando en una pista de tenis... Boy George y David Bowie están también representados. En el sótano la cámara de los horrores, aunque no es muy impresionante; el criminal que prepara el papel pintado para emparedar a una nueva víctima es muy divertido. ¿Sabéis quién era Madame Tussaud? Era francesa e hija de un verdugo y su gran pasatiempo consistía en modelar en cera las máscaras mortuorias de los condenados que subían al cadalso. He aquí cómo ciertos entretenimientos pueden conducir a la celebridad.

▶ *Wallace Collection:* Hertford House, Manchester Square, W1 (plano B1). ☎ 935 0687. M.: Bond Street. Abierto de 10 h a 17 h entre semana y de 14 h a 17 h los domingos. Cerrado en Año Nuevo, Viernes Santo, primer lunes de Mayo y del 24 al 26 de Diciembre. Entrada gratuita. Espléndida colección de mobiliario, objetos de arte y cuadros, la mayor colección privada del país que fue legada al Estado a fines del siglo xix.

▶ *Victoria and Albert Museum:* Cromwell Road, SW7. ☎ 938 8500. M.: South Kensington. Información sobre las exposiciones temporales ☎ 938 8349. Información general por contestador automático las 24 horas del día ☎ 938 8441. Abierto los lunes de 12 h a 17 h 50 y de martes a domingo de 10 h a 17 h 50. Cerrado del 24 al 26 de diciembre, Año Nuevo y Viernes Santo. Los demás días festivos, mejor llamar antes porque los horarios son específicos. La entrada es gratuita en teoría, pero más vale dar un donativo por el importe «sugerido». Reducción para estudiantes. Entrada de pago para las exposiciones temporales. El *V and A*, como lo llaman los londinenses, es de una excepcional variedad y de una gran calidad. Presenta las bellas artes y las artes decorativas de todos los países occidentales y orientales y de todos los períodos.

▶ *Science Museum:* Exhibition Road, SW7. ☎ 938 8080. M.: South Kensington. Abierto de lunes a sábado de 10 h a 18 h y los domingos de 11 h a 18 h. Cerrado del 24 al 26 de diciembre. Hay que pagar entrada, salvo después de las 16 h 30. Media tarifa para estudiantes. Fundado en 1856, el Science Museum es una verdadera mina de conocimientos. Contiene más de 10 000 piezas repartidas en 40 salas en 5 plantas. Las colecciones cubren casi todas las actividades científicas, tecnológicas y médicas que han contribuido a eso que se ha dado en llamar progreso.

▶ *Natural History Museum:* Cromwell Road, SW7. ☎ 589 6323. M.: South Kensington. Abierto de lunes a sábado de 10 h a 18 h y los domingos de 13 h a 18 h. Cerrado del 24 al 26 de diciembre, Año Nuevo, Viernes Santo y 1º de Mayo. Hay que pagar entrada; gratuita a partir de 16 h 30. Mitad de tarifa para estudiantes. Dos categorías de salas: las *life galleries* (paleontología, zoología, entomología, botánica) y las *earth galleries* (mineralogía, vulcanología, sismología). Las colecciones tienen más de 67 millones de piezas diferentes.

▶ *El gabinete de guerra de Churchill (Cabinet War Rooms):* Clive Steps, King Charles Street, SW1. ☎ 930 6961. M.: Westminster. Abierto todos los días de 10 h a 18 h. Hay que pagar entrada. Con el carnet de estudiante, ofrecen el 50 % de descuento. Están abiertas al público las 19 habitaciones históricas que sirvieron de cuartel general a Churchill desde el 27 de agosto de 1939 a la rendición japonesa en 1945. Concretamente Transatlantic Telephone Room, desde la que Churchill comunicaba directamente con Roosevelt en la Casa Blanca, la sala de Mapas desde donde seguía todas las operaciones en todos los frentes, su alcoba-despacho, etc. Situadas en un edificio del gobierno bajo toneladas de hormigón para protegerlas de las bombas, estas habitaciones simbolizan, para los británicos, su heroica resistencia a la agresión nazi.

▶ *Imperial War Museum:* Lambeth Road, SE1. ☎ 416 5000 y 820 1683. M.: Lambeth North o Elephant and Castle. Abierto todos los días de 10 h a 18 h. Hay que pagar entrada (reducción para los estudiantes). Un museo completamente dedicado a la guerra en sus cuatro plantas.

▶ *London Toy and Model Museum:* 21 Craven Hill, 2. ☎ 262 9450. Información por contestador automático: ☎ 262 7905. M.: Queensway o Bayswater. Abierto de martes a sábado de 10 h a 17 h 30 y los domingos de 11 h a 17 h 30. Hay que pagar entrada. Si visitas Londres con los niños y tienes ganas de volver a la infancia, debes visitar este museo escondido detrás de la fachada de dos casas victorianas.

► *The London Dungeon:* 23-34 Tooley Street, SE12. M.: London Bridge (frente a la Torre, cruzando el Támesis). ☎ 403 0606. Abierto todos los días de abril a septiembre de 10 h a 17 h 30 y hasta las 16 h 30, el resto del año. Hay que pagar entrada (cara). Situado bajo la estación de London Bridge. Un «museo de los horrores». El folleto aconseja que no se lleven niños menores de 10 años. Interminable serie de mal gusto en cera sobre el tema, enfermedad y brujería medievales, peor que la cámara de torturas en el sótano del Mme. Tussaud's. Os granjearéis la antipatía de cualquier adolescente si no lo lleváis bajo esas bóvedas siniestras para que haga acoplo de pesadillas. Fango, hediondez y decadencia garantizados.

► *Sir John Soane's Museum:* 13 Lincoln's Inn Fields, WC2. ☎ 405 2107. M.: Holborn. Abierto de 10 h a 17 h de martes a sábado. Cerrado los domingos, lunes y días festivos. Entrada gratuita. Esta es la casa del excéntrico sir John Soane, arquitecto y coleccionista de objetos de todas clases. La diseño él mismo para colocar sus muchos mármoles, moldes antiguos, cuadros y fruslerías.

► *The Wimbledon Lawn Tennis Museum:* Church Road, Wimbledon, SW19. ☎ (0181) 946 6131. Abierto de martes a sábado de 11 h a 17 h y los domingos de 14 h a 17 h. Cerrado durante los campeonatos y los días festivos. Hay que pagar entrada. Presenta la historia del tenis con reportajes sobre los campeones pasados y presentes... ¡Para los fanáticos de la raqueta, naturalmente!

► *Museum of the Moving Image (MOMI):* South Bank Arts Centre, Waterloo, SE1. ☎ 928 2636. M.: Waterloo o Embankment (y cruzar la plataforma). Abierto de 10 h a 18 h. Hay que pagar entrada (reducción para los estudiantes). El MOMI constituye todo un homenaje al séptimo arte y a la televisión. A través de unos cuarenta paneles que explican el recorrido se reconstruye el camino centenario del cine desde los hermanos Lumière hasta ET.

Monumentos y paseos

► *House of Parliament y Big Ben:* Bridge Street, SW1 (plano C2) M.: Westminster. Edificio de estilo victoriano neogótico. Se puede acceder a la Stranger's Gallery (galería de visitantes) de la Cámara de los Comunes y asistir a los debates del Parlamento. ☎ 0171 235 8080. Basta con hacer cola antes de la sesión o reservar un sitio escribiendo antes. Sesiones diarias de lunes a jueves a las 14 h 30 y los viernes a las 9 h 30, desde mediados de octubre hasta fines de julio. Apertura a cargo del Primer ministro a las 15 h 15 todos los martes y jueves. Torre del Big Ben, soberbio reloj siempre exacto. Big Ben no designa la torre sino la gran campana que suena cada 15 minutos.

► *Tower of London (Torre de Londres):* Tower Hill, EC3 (plano E2). ☎ 709 0765. M.: Tower Hill. Abierto de marzo a octubre, de lunes a sábado de 9 h 30 a 17 h y los domingos de 10 h a 17 h. De noviembre a febrero, de lunes a sábado, de 9 h 30 a 16 h. Cerrado los domingos en invierno y los días festivos. Entrada cara. La Sangrienta —ése es su apodo—, ha servido durante mucho tiempo de prisión. Hoy os podéis extasiar ante las joyas de la Corona (una errata de imprenta en la que aparecía algo como «Las alegres de la Corona» originó interminables colas de espera ante el monumento). En agosto hay siempre una cola de 2 horas. En la White Tower, un siniestro despliegue de instrumentos de tortura. Por otra parte, hospedó siempre prisioneros célebres como los burgueses de Calais, el rey de Francia Juan el Bueno e incluso Rudolf Hess, compañero de Hitler. Seguiréis la senda de Dickens, quien toda su vida estuvo obsesionado con el recuerdo de su padre, encarcelado en la Torre a causa de sus deudas.

► *St. Katharine's Docks:* Muy cerca de Tower Bridge. M.: Tower Hill o Tower Gateway. Un viejo rincón del puerto estupendamente transformado en lujoso barrio marinero. Interesante combinación de lo viejo y lo nuevo. En medio de los veleros, un viejo navío para hacer bonito. Agradable paseo entre edificios futuristas y muelles de rancio sabor marinero. Se puede tomar algo en el gigantesco pub Dickens Inn.

▶ **Westminster Abbey:** Parliament Square, SW1. M.: Westminster. Hay que pagar entrada para el transepto, el coro y las capillas reales, en resumen, todo lo que resulta interesante. Abierto de lunes a viernes de 9 h a 16 h 45 y los sábados de 9 h a 14 h y de 15 h 45 a 17 h 45. Magnífica iglesia donde están enterrados los hombres más ilustres de Inglaterra y donde se hacen coronar los reyes y las reinas de este país (como si fuera algo baladí). Hay que ver el tesoro de la cripta y el trono de la coronación.

▶ **St Paul´s Cathedral:** Ludgate Hill, EC4. M.: St Paul´s. Abierto de 9 h 30 a 16 h 30, todos los días salvo servicio especial. A menos que seáis una mezcla de curas y expertos en arquitectura barroca, más vale limitarse a contemplar el interior desde la entrada. De lo contrario, tendréis que pagar. A partir de la primera nave, la caja registradora no para de funcionar como si los mercaderes del templo hubieran fijado aquí su sede social.

▶ **Law Courts:** Fleet Street. M.: Temple. Abierto durante la celebración de las vistas, generalmente de 10 h 30 a 13 h y de 14 h a 16 h. Se puede echar un vistazo al interior de la Corte de Justicia y asistir a un proceso (varias salas de audiencia). Es divertido ver a los jueces y abogados con peluca. ¡Sobre todo no olvidéis saludar a los jueces al entrar! Con una inclinación es suficiente. De cualquier forma, más vale saber inglés...

▶ **Stock Exchange:** Old Broad Street, esquina con Threadneedle. Es la actual Bolsa de Londres, construida en 1970: en ella se negocian más títulos que en Wall Sreet. Miles de millones cambian de manos como si nada. Ya no se visita.

▶ **El edificio de la Lloyds:** Lime Street. M.: Bank o Monument. Edificio reciente de la célebre compañía de seguros, obra del arquitecto Richard Rogers, creador, entre otras cosas, del Centro Pompidou (Beaubourg) de París. Este edificio de 12 plantas con sus tubos exteriores suscitó en Inglaterra numerosas críticas. Por desgracia, ya no se puede visitar.

▶ **El barrio de Whitechapel:** bajad en Whitechapel Station. Es un barrio judío en el que se instalaron numerosos judíos rusos en 1881. Muchos sastres y comerciantes (Brady Street). Este barrio fue testigo de los crímenes de Jack el Destripador.

▶ **Christie's:** 8 King Street, SW1. La sala de subastas más famosa del mundo. Las obras que se venden alcanzan a menudo sumas fabulosas. Aquí podéis comprar vuestro Rubens, ¡se os garantiza que será auténtico! Cerrada en agosto y septiembre.

▶ **Covent Garden:** M.: Covent Garden. Como en tantas ciudades, las lonjas de Covent Garden han tenido que ser trasladadas; pero en lugar de confiar la remodelación a sórdidos constructores, los ingleses han preferido recrear un pequeño pueblo. Nada de grandes modistos ni joyerías de lujo; nada de escaleras mecánicas interminables. Para empezar han conservado la gran vidriera (más bonito, menos caro, pero muy poco rentable para los constructores) y han preferido instalar tiendas de artesanía y pequeños comercios... Los ingleses tienen mucho que enseñarnos. El *London Transport Museum* es muy bonito.

▶ Los parques: **St James's Park, Hyde Park, Regent's Park, Green Park, Kensington Gardens**. En verano con su copiosa fronda; en otoño, nostálgicos con sus hojas muertas, en invierno, mansos con sus copos de nieve; en primavera, con las incipientes señales de la vida que nace... La Guía del Trotamundos se vuelve poética, pongámosle freno. Aconsejable para los trotamundos ecológicos y románticos que quieran respirar una bocanada de aire fresco. Parques magníficos. En verano, conciertos gratuitos en St James's Park y en Hyde Park. St Jame's Park recuerda los jardines franceses diseñados por Le Nôtre, cuyo gusto influyó en Carlos II durante su exilio en Francia. En el lago del parque, según parece, habita el fantasma de una dama decapitada: era la mujer de un sargento de la guardia que se enamoró de otro militar. Su marido le cortó la cabeza y arrojó su cuerpo al lago del St James's Park.

▶ *Speakers Corner* (en Hyde Park, cerca de Marble Arch). Todo británico que tenga algo que decirle al mundo puede exponerlo ante una masa de oyentes indiferentes. Se puede decir cualquier cosa, de cualquier manera, sólo los domingos. Hay que guardar aliento para la próxima vez. Naturalmente, el interés de los intercambios verbales es proporcional al estado de embriaguez de los interlocutores, por lo que un buen dominio del inglés es indispensable: se necesita sentido del humor.

▶ *El complejo Barbican:* M.: Barbican. Un interesante intento de arquitectura moderna. Edificios residenciales, comerciales y culturales con flores, terrazas, césped, estanques interiores, surtidores, pasos peatonales aéreos. Ved el Barbican Centre con jardines colgantes y salas de exposiciones. Es también el nuevo templo de la música clásica, con los conciertos de la London Symphony Orchestra, y del teatro, con la Royal Shakespeare Company.

▶ *Thames Barrier* (la gran presa de Londres): Woolwich, SE18. ☎ (0181) 854 1373. *Visitor's Centre* a orillas sur del Támesis, abierto de 10 h a 17 h. Para ir, lo mejor es coger el barco en el muelle de Westminster. Un paseo agradable por el Támesis. Varias salidas a lo largo del día. Llega hasta Barrier Gardens. Travesía que dura 1 h 15. Para informarse: ☎ 930 3373. Desde Barrier Gardens, paseo en barco que da la vuelta a la presa. La idea de su construcción se remonta a 1953, cuando 2 000 londinenses se ahogaron en unas inundaciones catastróficas. Fue comenzada en 1972 y terminada en 1983. Cuenta con siete compuertas monumentales de acero, cuyo funcionamiento se explica en un vídeo.

▶ *Paseo en barco por el Támesis:* para informarse: ☎ 730 4812. Muchas paradas a lo largo del río. Un buen sistema para ir a Greenwich y a la Thames Barrier.

▶ *Cutty Sark:* Greenwich Pier, SE10. ☎ (0181) 858 3445. Abierto de 10 h a 18 h y de 12 h a 18 h los domingos (17 h en invierno). Célebre barco de té de fines del siglo XIX.

▶ *Highgate Cemetery:* Swain's Lane. M.: Archway. Abierto todos los días de 10 h a 16 h. A Karl Marx le encantaba este sitio. Cuando empecéis a apreciar la exuberancia de este cementerio, cuyas tumbas y monumentos funerarios se pierden entre una vegetación romántica, os convertiréis en auténticos ingleses.

Conciertos

▶ *Royal Festival Hall:* South Bank SE1. M.: Waterloo. Conciertos Foyer Music todos los mediodías de 12 h 30 a 14 h en la cafetería. Se puede comer una ensalada gigantesca a buen precio o tomar una cerveza escuchando música.

▶ *Purcell Room:* South Bank SE1. ☎ 928 3002 y 633 0932. M.: Waterloo.

▶ *Queen Elizabeth Hall:* South Bank SE1. M.: Waterloo. Éstas son las tres grandes salas de música clásica de Londres.

▶ *Royal Albert Hall:* Kensington Gore, SW7. ☎ 589 3203. M.: Knightsbridge. Muy famoso, sobre todo durante las promociones veraniegas organizadas por la BBC. Se avisa a los fanáticos que la cola para adquirir las localidades más baratas se hace detrás del edificio y no delante.

Teatros

La mayoría de los teatros de Londres están en el West End. Representan por lo general comedias ligeras, excepto algunas obras que han triunfado en los Fringe Theatres y que acceden a los honores del West End. Un poco como los Broadway que llegan a Times Square en Nueva York. De esta forma una obra magnífica como *Accidental Death of an Anarchist* (*Muerte accidental de un anarquista*) salió de su gueto y se representó en el Wyndham Theatre de Charing Cross. Las obras del West End son las más caras y para las que es más difícil encontrar entradas.

Se pueden comprar las entradas a mitad de precio para la mayoría de los teatros en el mismo día SWET: Leicester Square WC2. La taquilla está abierta de 12 h a 14 h para las representaciones de *matinée* y de 14 h 30 a 18 h 30 para las de la tarde. También se pueden conseguir *standby seats*, que se ponen en venta una hora antes de cada representación en la mayoría de los teatros.

▶ **Barbican Theatre:** Barbican Centre, EC 2. ☎ 638 8891. M.: Moorgate o Barbican. Teatro de la **Royal Shakespeare Company**. Piezas clásicas y creaciones (ejemplo: *El balcón* de Jean Genet).

▶ **National Theatre:** South Bank, SE1. M.: Waterloo. ☎ 928 2252. Una selección juiciosa. Mucha creatividad.

▶ **Open Air Theatre:** Regent's Park, NW1. M.: Regent's Park. ☎ 486 2431. Al aire libre en verano. Se representan fundamentalmente obras de Shakespeare.

▶ **Albany Empire:** Douglas Way, SE8. ☎ (0181) 691 3333. Uno de los locales que más vibran en Londres. Muy buen teatro también para el público infantil.

▶ **Bush Theatre:** Bush Hotel, Shepherd's Bush Green, W12. M.: Shepherd's Bush. ☎ 743 3388. Este teatro está especializado en éxitos de vanguardia.

▶ **Half Moon:** 213 Mile End Road, E1. ☎ 791 1141. Quizás el mejor teatro experimental en obras populares y políticas.

▶ **King´s Head:** 115 Upper Street, N1. ☎ 226 8561 y 226 1916 (información en el contestador automático). M.: Islington o Angel. Pub con un escenario en el fondo de la sala, en el que se representan piezas al mediodía y por la noche.

▶ **Theatre Gay Sweat Shop:** 274 Upper Street, Islington, N1. ☎ 226 6143. Grupo de teatro compuesto únicamente por actores profesionales homosexuales.

▶ **Bloomsbury Theatre:** Gordon Street, WC1. ☎ 387 9629. M.: Euston Square o Goodge Street. Este teatro presenta obras generalmente montadas por estudiantes de buen nivel. Localidades a muy buen precio sobre todo para los estudiantes.

▶ Hay otros muchos pequeños teatros que, a pesar de las dificultades financieras y los costes de producción, presentan espectáculos de primer orden y hacen probablemente de Londres la capital del mundo del teatro experimental.

▶ Finalmente, hay que señalar un récord del **St Martin's Theatre** de Londres: la misma obra, La *ratonera*, de Agatha Christie, lleva en cartel más de 35 años. Anímate y ve a verla, es de lo más divertido.

Cine

▶ **Scala Cinema:** 275-277 Petonville Road, N1. ☎ 278 8052. M.: King's Cross. Organiza noches enteras sobre un tema o sobre un realizador. Se puede comer, beber.

Ambiente encantador.

▶ *C/C Empire:* Leicester Square. ☎ 497 9999. Decoración espectacular. Acústica excelente. Sesiones más baratas durante el día. Al lado, el Warner, completamente nuevo, ultramoderno. Cantidad de películas de éxito.

▶ *Whiteleys:* Queensway, W2. ☎ 792 3303. M.: Bayswater o Queensway. Uno de los mejores. 8 salas. Buena acústica, en unas soberbias galerías comerciales. Para las sesiones del fin de semana es necesario reservar.

¿Dónde bailar?

▶ *Dingwalls:* Middle Yards, Camden Lock (al principio de Chalk Farm Road, a la izquierda después del puente), NW1. ☎ 924 2766. M.: Camden Town. Abierto todas las noches. De domingos a jueves, es una discoteca, y el fin de semana Dingwalls se convierte en *Jongleurs*. Los ingleses llaman a eso *Comedy Club*. Vienen cómicos (no precisamente los mejores) a hacer sus números. Y después la gente baila. Un sitio con más voltaje que una central eléctrica. Es sencillamente el mejor club acid jazz de Londres: allí van los fans de toda Europa. El Dingwalls también tiene la particularidad de abrir en domingo, de mediodía a 19 h. Si mientras paseas por los puestos del rastro de Camden un domingo por la tarde tu amigo(a) te propone «ir a una discoteca», llévalo(a) a ésta. Un par de minutos después estaréis en un club lleno hasta los topes, con lo mejor de la nueva música, rodeados por esa famosa gente con una marcha increíble de la que tanto os han hablado. Menos mal que hay guardarropa (*cloakroom*), donde meter tus compras y no sentirte un poco idiota...

▶ *The Borderline:* en la pequeña Manette Street (que da a Greek Street), en mitad de la calle, al fondo de un descampado, WC2. ☎ 434 1911. M.: Tottenham Court Road. En los bajos, en un ambiente de ladrillo y madera. Grupos de rock, blues y *new wave* cada noche, aproximadamente entre 21 h y 23 h. Entrada a precios razonables. Después de las 23 h, se convierte en un dancing. Pero hay que pagar de nuevo. Cierra a las 3 h cada día salvo los domingos (23 h). La clientela está formada por jóvenes de los alrededores y gente marchosa.

▶ *Camden Palace:* 1A Camden High Street (esquina con Crowndale Road) NW1. ☎ 387 0428. M.: Camden Town. Los sábados noche, entrada menos cara si se llega antes de las 22 h 30. Un antiguo teatro convertido en discoteca que estuvo de moda durante mucho tiempo (sobre todo cuando el auge de la *new wave*). Ahora es lugar de cita de jóvenes de todo tipo y turistas de todas clases. Inmensa y ensordecedora, género disco provinciana. Grupos en vivo los martes noche.

▶ *Underworld Club:* 174 Camden High Street, NW1. ☎ 482 1932. De 22 h 30 a 3 h. Entrada no muy cara. Bajo el inmenso pub *World´s End* (enfrente del metro de Camden), una discoteca muy de moda por sus «noches delirantes»: los lunes se mezclan como si tal cosa Abba y los punks; los jueves, top de los *sixties* a los *nineties*; los viernes, *soul* y *rythm´ n´ blues* , y los sábados *dance, hot* y ambiente *rave*.

¿Dónde escuchar música?

No te decimos nada nuevo: Londres es la verdadera capital del rock (y derivados). Aquí nacieron el pop, el psyché, el hard, el punk, la new y la cold wave, el acid house y otras tantas músicas meteoríticas de nombres estrafalarios. ¿Por qué aquí y no en otro sitio? Hay por lo menos dos buenas razones; en primer lugar, la presión de una sociedad conservadora que incita a una parte de la juventud a reivindicar su derecho a la libertad. En segundo lugar (y paradójicamente), la fabulosa concentración de lugares donde expresarse: los pubs y los clubes (a este respecto, si los músicos españoles tuvieran más sitios donde tocar, está claro que sus discos se exportarían mejor). Hay además otros factores que han intervenido en favor de la escena inglesa: una afición innegable a la excentricidad (aquí se inventó el *look*), una gran apertura a las influencias extranjeras (soul, blues, música hindú, reggae...) y también las sucesivas crisis industriales que llevaron a miles de adolescentes a expresar su rabia y a buscar sitio en el rock business...

En resumen, para que la visita a Londres valga la pena hay que asistir a unos cuantos conciertos, en todo caso a uno por lo menos. Con la cantidad de salas que hay, el único problema es escoger. El excelente **Time Out** te facilitará la tarea gracias a su calendario semanal clasificado por géneros musicales. No vacilar en ir a escuchar grupos desconocidos, porque hay sorpresas; el nivel general es mucho más alto que en cualquier otro sitio. Otro factor que tiene su importancia: el público londinense es eso que se ha dado en llamar un «buen público». El ambiente suele ser cálido y hasta memorable cuando los grupos están en forma. Además, las entradas no son muy caras. ¿De acuerdo?

Las tres primeras salas de nuestra selección (forzosamente reducida, pero representativa) constituyen la base del rock y del jazz en Londres. No se va a bailar sino a escuchar música. La mayoría de las discotecas donde se baila también presentan grupos. Las hemos clasificado en el apartado «¿Dónde Bailar?», pero también podrían figurar aquí (¡mi madre, vaya rompecabezas!).

▶ **The Marquee:** 105 Charing Cross Road, WC2. ☎ 437 6603. M.: Tottenham Court Road. ¡Atención! *The Marquee* se trasladó de local en Marzo de1996, en el momento en que nosotros actualizábamos la guía. Todavía este verano no estaba acondicionada la nueva sala. Cada noche a partir de las 19 h 30. El templo de la música pop. A su antigua dirección en Wardour Street iban a tocar en los años 60 los mejores grupos como los Who y los Stones que empezaron allí. El local tiene tanto prestigio que aún hoy los mejores artistas intentan actuar con seudónimos (para evitar que se arme follón). Así, de Police a Bowie, pasando por Nirvana, casi todos han dado allí su «concierto sorpresa»... Precios muy razonables dada la calidad del espectáculo. De vez en cuando se les ocurre hacer descuento a los estudiantes que les presentan el carnet, más esto depende del humor que tengan en ese momento. Otro truco es que si llegas a mitad del espectáculo y todavía hay entradas, puedes entrar a mitad de precio. Le tenemos un cariño muy especial a esta pequeña sala.

▶ **Ronnie Scott's Club:** 47 Frith Street, Soho, W1. ☎ 439 0747. M.: Leicester Square o Piccadilly Circus. Abierto hasta las 3 h. Ronnie Scott se merece toda nuestra consideración. Es el que hace el solo de saxo en *Walk on the Wild Side* de Lou Reed y sólo por eso ya vale la pena ir a su club. La entrada es de impacto. Es un club de jazz como en las películas: atmósfera llena de humo, mesas redondas, luces bajas y un pequeño escenario al fondo. A pesar del precio de las consumiciones, siempre está lleno. Aunque los nombres que veas fuera no te digan nada, te recomendamos que entres. A veces hay *jams* improvisadas completamente desmadradas con grandes músicos. Dos pases cada noche, el primero hacia las 20 h 30. Pero cuando empieza la marcha es hacia las 22 h. Para hacer tiempo, tres bares y un restaurante. Los estudiantes tienen la bicoca entre semana (de lunes a jueves) de una reducción en el precio de la entrada.

▶ **Forum:** 9-17 Highgate Road, NW5. ☎ 284 2200. M.: Kentish Town. Es la sala por donde tienen que pasar todos los grupos si quieren hacerse un sitio en el universo del *rock'n and roll*. Elegida cada año por los lectores de la prensa musical británica como la mejor sala de conciertos de Londres, ofrece una excelente acústica, una buena visión del escenario en el entresuelo y tiene unos balcones y una decoración que hacen que el local pueda ser de todo menos glauco.

▶ *Academy Brixton:* 211 Stockwell Road, SW9. ☎ 924 9999. M.: Brixton. El gran treatro de Brixton (capacidad 4 000 personas) es el sitio con más marcha del sur de Londres. No te asombres si ves patrullas de policía a caballo delante del local los días de concierto. El lugar está dedicado al rock y a las músicas black (rap y funk en primer lugar). Pocas probabilidades de ver un grupo de folk allí.

▶ *Ulu:* Malet Street. ☎ 323 5481. M.: Tottenhan Court Road. En Inglaterra, todos los grupos rock pasan por las salas de las universidades antes de poder hacer grandes giras. O sea, que es en un lugar como éste, lleno de estudiantes con acné, donde se pueden ver los grupos que dentro de 3 años ocuparán las portadas de las revistas de rock. El precio de las bebidas es más bajo que en los pubs, pero la comida es incomible. Los conciertos empiezan hacia las 20 h.

▶ *Jazz Café:* 5 Parkway, NW1. ☎ 916 6000. M.: Camden Town. Abierto todas las noches y los domingos al mediodía. El templo inglés de la música negra. Ambiente de lo más *casual* (distendido) en locales completamente nuevos. Entrada más cara que en la mayoría de los clubes de rock, pero los grupos siempre son de un excelente nivel. Grandes nombres del jazz (y del blues, del soul o del funk) una noche de cada tres. Precios reducidos para los estudiantes los martes por la noche.

▶ *Bull's Head Barnes:* Barnes Bridge, SW13. ☎ (0181) 876 5241. M.: Hammersmith y autobús 9 hasta Barnes Bridge (si sois cinco tomad un taxi, no resulta tan caro). Pequeño pub que se ha hecho famoso por su cocina y su música. Funk y modern jazz . Algunos de los mejores jazzman ingleses van allí regularmente. La entrada es barata. Música a partir de las 20 h 30 h y los domingos por la mañana.

▶ *100 Club:* 100 Oxford Street, W1. ☎ 636 0933. M.: Tottenham Court Road. Ambiente cordial y consumiciones como en un pub. No muy cómodo pero de vez en cuando hay buena música: jazz, rockabilly, blues, country... Por desgracia está menos de moda que hace algunos años. Conciertos de 20 h 30 a 2 h 30.

▶ La cadena *Pizza Express* está especializada en pizzas y también en música. Varias salas presentan grupos de jazz o de blues cada noche. Hay que pagar entrada, pizza no incluida. Una dirección: 11 Knightsbridge, SW1. ☎ 235 5550. En el sótano. Y también 10 Dean Street, W1. ☎ 437 9595. Todas las noches (salvo los domingos) desde las 21 h.

▶ Si no, los grandes conciertos suelen tener lugar en el *Hammersmith Odeon*, en el *Royal Albert Hall* o en el *Wembley Arena*. Mirar los anuncios en las calles o los encartes publicitarios en la prensa musical. Dada la importancia de Londres, siempre habrá una o dos estrellas presentes cuando te encuentres allí. Insistimos, es imprescindible comprar la revista *Time Out*, aparecen todas las actividades que se realizan en Londres durante la semana.

¿Dónde hacer autostop a la salida de Londres?

Es preferible tomar las carreteras nacionales para salir de Londres. De todas maneras caminar por una autopista está prohibido.
IMPORTANTE: no olvidéis escribir «Please», detrás del nombre de la ciudad en vuestro cartel.

– *Dirección Oxford:* tomad el metro hasta West Ruislip. Luego caminad un poco en dirección a la Western Avenue y quedaos allí para hacer autostop. Si la cosa no funciona, la circunvalación donde se inicia la autopista está a 1,5 km aproximadamente. Se puede ir a pie.
– *Dirección Bristol y País de Gales* (Motorway M 4) y *Suroeste* (Motorway M 3). Tomad el metro hasta Hammersmith Bridge y empezad a hacer autostop cerca del puente. No obstante, los coches tienen dificultades para parar. Así que es mejor continuar, pasar bajo el puente y llegar hasta el cruce.

– *Dirección Brighton y hacia el Sur* (A 23 y M 23) Tomad el autobús hasta Shepherd's Bush, luego el autobús 49 hasta Streatham Garage y finalmente el 109 hasta Purley; haced autostop en Brighton Road.
– *Dirección Cambridge:* M.: Redbridge. Entrada de la autopista muy cerca.
– *Dirección Norte.* M.: Finchley Road, luego el autobús 113 hasta el principio de la M 1. La parada del autobús se encuentra a la izquierda de la salida del metro.
– *Dirección Dover.* Autobús 53 a Tratalgar Square y bajad al Royal Standart en Blackheath. Desde allí, 5 minutos andando hasta el *rouddabout* de la M 2. Poneos después de los semáforos. También, las dos estaciones terminales de metro New Gross y New Gross Gate os dejan a 500 m de la nacional de Dover, que empieza entre ambas estaciones.
– *Dirección Escocia.* M.: Hendon Central, luego autobús 113 a lo largo de 3 km.

El Gran Londres

WINDSOR CASTLE

A 20 millas al oeste de Londres. Acceso directo en tren desde Waterloo Station en 45 minutos y unos 10 minutos aproximadamente a pie. Trenes cada 30 minutos (1 hora los domingos). ☎ (01753) 831 118 o 868 286. Visita exterior (previo pago) todos los días de 10 h a 18 h (16 h de octubre a marzo). Interior (desembolsando y relativamente caro): de 10 h a 16 h 30 en verano, hasta las 15 h 30 en octubre, noviembre y febrero, y hasta las 14 h 30 en diciembre y enero. Se pueden visitar *State Apartment, Queen Mary's Dolls House* y *The Gallery*. El que avisa no es traidor: hay que pagar por cada visita. A las 11 h, relevo de la guardia, en el interior del castillo.
Parece el mayor castillo del mundo habitado todavía. La Reina reside aquí cada año durante 15 días en el mes de junio. La arquitectura de la propiedad tiene un *look* medieval con sus torres almenadas y matacanes que resulta impresionante. Completamente remodelado en el siglo XIV por Eduardo III y en la época victoriana. Windsor ya no tiene nada que ver con la modesta fortaleza de madera construida por Guillermo el Conquistador para vigilar los accesos a Londres...
El mismo Eduardo III se hizo célebre en la historia por ser el creador de la Orden de la Jarretera, un club muy cerrado en el que sólo entran los mejores caballeros del Reino. Todo el mundo ha oído hablar alguna vez de la creación de la Orden: en un baile, una joven condesa perdió la liga y el rey se apresuró a ponérsela de nuevo. Exasperado por las risas que estallaron a sus espaldas, contestó entonces: «mal haya quien piense mal de ello, el que se burla hoy mañana se sentirá orgulloso de poder llevarla...». Dicho y hecho, al día siguiente, los más eminentes señores del Reino se vieron obligados a llevar una jarretera. Lo más gracioso de todo es que la Orden existe todavía: la Reina es la única que puede llevar la jarretera en el brazo... Pero eso no le ha traído suerte a Isabel II porque el ala sur del castillo de Windsor se quemó en 1992. Tras este penoso accidente, estalló la polémica entre los medios de comunicación y los políticos: fue la primera vez que se puso sobre el tapete la cuestión de las ingentes sumas de dinero que el Estado entrega a la Reina...
La visita del castillo de Windsor sólo está autorizada en la parte norte. Dadas sus dimensiones, basta y sobra un recorrido parcial. Además de los laberintos de los jardines (inmensos) y la hermosa vista sobre el Támesis desde las terrazas, se visita:
▶ *La Capilla de San Jorge*, del siglo XV. En el salón del trono se celebran las ceremonias de la Orden de la Jarretera.

▶ *El salón Waterloo*, donde cada año se festeja el aniversario de esta batalla tan querida por los ingleses.

► *El gran vestíbulo*, hermosa panoplia de armas antiguas. Aquí se conserva piadosamente la bala que mató a Nelson.

– *La «casa de las muñecas»*, un encantador palacio pequeño construido para la reina María. Todo está miniaturizado. Una obra maestra en su género.

► También una *exposición* de carrozas reales y otros tesoros.

► Si tienes tiempo, el famoso *college de Eton* está a 15 minutos de Windsor. Fundado en el siglo xv, ha tenido alumnos de prestigio como George Orwell, Aldous Huxley y John Le Carré.

• El valle del Támesis

Tomad el tren hasta Windsor (ved párrafo anterior). A continuación un excelente servicio de autobuses enlaza las ciudades citadas más arriba. También podéis recurrir al tren.

Tomad la dirección de estas dos encantadoras ciudades: Marlow y luego *Henleyon-Thames*. Después bajad hacia Reading por la A 321, luego la A 4, sin olvidar el espléndido pueblo de *Sonning*, 3 km antes de Reading. Preciosas casas de ladrillo rojo, una pequeña iglesia y su cementerio. Ved también la cárcel, de siniestro recuerdo, en la que se consumía Oscar Wilde declarado culpable de homosexualidad. Si Wilde ya no os hace reír, recordad que el decadente escritor, cuyas obras fueron ilustradas por el también decadente Aubrey Beardsley, se describió a sí mismo en *El retrato de Dorian Gray*, y emocionaos con *The Ballad of Reading Gaol*.

En Reading, excelente restaurante donde se puede degustar una gran variedad de *pies*, especialidad del lugar. Es el *Sweeney and Todd*, detrás del Civic Center, muy cerca del centro.

Después subid a Oxford por la A 329 que bordea el Támesis, con los Berkshire Downs de espléndidos pueblecitos floridos (Bradfield, Yattendon, Hampstead, Noris, etc.).

Deteneos sin falta en *Streatley-Goring*. Hay un pub muy simpático: tomad la B 4009, a la izquierda; a la salida del pueblo veréis la enseña de un pub, *Ye Olde Leatherne Bottle*. Tomad la pequeña carretera que baja en picado sobre el Támesis. El pub está junto al río; los barcos se paran cerca de él. El interior es muy agradable, el dueño también.

Para seguir hacia Oxford, tomad la A 329. Interesantes: *Wellingford*, *Brightwell*, *Dorchester* (abadía).

• Hampton Court Palace

A 25 km al sudoeste de Londres, escondido en una curva del Támesis. Acceso 30 minutos en tren desde la estación de Waterloo hasta el final. Barco desde el puente de Westminster en verano si tenéis más tiempo: salida cada 30 minutos entre semana y cada hora los domingos. ☎ (0181) 781 9500. Abierto todos los días de 9 h 30 a 18 h (16 h 30 de mediados de octubre a mediados de marzo). Los lunes de todo el año abierto a partir de las 10 h 15.

Cerrado del 24 al 26 de Diciembre y el día de Año Nuevo. Los jardines se cierran cuando oscurece (acceso gratuito salvo para el laberinto). Entrada cara para el palacio, incluso con la reducción para estudiantes. Castillo de dos fachadas, una Tudor de ladrillo rojo y otra neopalladiana, de un gran interés arquitectónico debido a las muchas reformas que sus sucesivos ocupantes (testas coronadas) le hicieron sufrir. Si no os ha gustado Buckingham Palace, os encantará Hampton Court. Interiores fastuosos y espléndido mobiliario, tapices y pinturas de la colección real. Si en Londres sólo hubiera un palacio para visitar, ¡sería éste!

• Kew Gardens

Al sudoeste de Londres, a orillas del río Támesis. ☎ (0181) 940 1171. M.: Kew Gardens (a 30 minutos del centro de Londres). Pasad al otro lado de la vía férrea y seguid por la Lichfield Road. También se puede ir en tren (estación de Kew Bridge) o en barco desde el puente de Westminster; de abril a octubre en golondrina desde Victoria Embarkment, cerca de Westminster. Abierto todos los días de julio-agosto hasta las 20 h 30 aproximadamente; en abril, mayo, junio, septiembre y octubre de 9 h 30 a 18 h, de octubre a diciembre hasta las 17 h, en enero y febrero hasta las 16 h 30. Cerrado en Navidad y Año Nuevo. La hora de cierre depende de la puesta del sol. Los invernaderos cierran 1 h 30 antes que las verjas. Hay que pagar entrada. Soberbio jardín botánico de gran variedad (90 000 vegetales diferentes). Es el resultado de la coleccionitis aguda que sufrián los aristócratas del siglo xix. El período ideal para visitarlo es la primavera, cuando los rosales y los rododendros están floridos. Hermosa ordenación de la naturaleza donde los sorprendentes cambios de paisaje demuestran que no se ha descuidado nada: al sudoeste del parque se pasa bruscamente de un bosque de coníferas a un bosque frondoso. Desde allí, vista del «Támesis en el campo», tranquilo y bucólico, y de *Syon House*, una casa de campo del siglo xvi. No perderse la visita de los invernaderos, en particular el *design Princess of Wales Conservatory* y sus Victoria Amazónica, nenúfares gigantes de 2 m de diámetro. Allí están reproducidas diez zonas climáticas diferentes. La *Palm House* contiene un bosque tropical en miniatura y todas las especies de palmera que existen. En el sótano se permiten el lujo de tener acuarios para las algas e igualmente una bella colección de mariposas.

Para los amantes de residencias reales, **Kew Palace** (abierto todos los días de abril a septiembre de 9 h 30 a 17 h 30, pagando entrada) que sirvió de asilo al rey Jorge III cuando se volvió loco. En el interior, una interesante colección de juguetes reales.

• *Richmond Park*

Si habéis llegado hasta Kew Gardens, vale la pena coger el metro hasta la siguiente estación (Richmond) para ver la naturaleza en estado silvestre en este immenso bosque. El rey Carlos II utilizó Richmond como coto de caza. No es raro cruzarse con algunos gamos. Un paseo muy majo y soberbia vista de los meandros del Támesis desde arriba de Richmond Hill. En primavera la **Elisabetta Plantation** explota literalmente con millones de flores de todos los colores. Un espectáculo inolvidable.

• *Osterley Park*

Al oeste de Londres, estación de metro homónima, todavía técnicamente dentro del casco de Londres. Suburbios residenciales muy agradables pese a los ruidos de Heathrow: allí se alojan a menudo los huéspedes de pago en familia. El palacio y el parque merecen el paseo si estáis cerca. Abierto de abril a octubre de miércoles a sábado de 13 h a 17 h y los domingos, lunes y días festivos de 11 h a 17 h. ☎ (0181) 560 3918. Hay que pagar entrada. Bonita casa solariega de la época isabelina, restaurada en el siglo xviii. Visitar el antiguo frontón, la columnata y las salas de Verano. En el interior, encontraréis la sala de las Tapicerías de los Gobelinos y un sorprendente salón etrusco.

Si váis a Oxford por la autopista, en 1 hora y media, evitando las horas punta, admirad a la derecha la hermosa fábrica modernista de Hoover.

SURESTE Y SUR DE INGLATERRA

Salimos de Londres en dirección sureste y regresamos en el sentido de las agujas del reloj, rodeando Inglaterra y el País de Gales; un segundo viaje nos lleva a Escocia, solitaria al final del recorrido. *Have a nice trip and enjoy yourself!*

– KENT –

Kent es una región industrial al norte, a lo largo del estuario del Támesis, cuya actividad podéis observar en Gravesend; al sur está cubierta de huertas y de algunos cultivos de lúpulo; en los pueblos se conservan los palomares.

CANTERBURY

Canterbury era el punto final de la peregrinación medieval de Winchester, que inspiró la primera ficción de la literatura inglesa: los *Cuentos de Canterbury* de Chaucer. Según esta obra, escrita a fines del siglo XIV, los peregrinos de este *pilgrim's way* eran más bien alegres tunantes. Se dirigían a la milagrosa tumba de Thomas Becket, a quien el rey Enrique II Plantagenet mandó asesinar en 1170, en plena catedral. Después de 350 años cesaron tanto los milagros como las peregrinaciones.

¿Cómo ir?

A una media hora en tren de Dover y a una hora de Londres. Si no se trata más que de una escala, se puede dejar el equipaje en consigna. (Estación Este). Por carretera, la A 2 de Dover es más agradable que la M 20: la llegada es espectacular entre verdes colinas.

¿Dónde ir de copas? ¿Dónde comer? ¿Dónde dormir?

– Excepcionalmente, los salones de té y pubs muy turísticos. Cerca de la carretera. Son muy agradables.
– Cerca de las murallas, restaurantes chinos e hindús donde los estudiantes pueden adquirir platos preparados para llevar.
– **Youth Hostel:** Ellerslie, 54 New Dover Road. ☎ 462 911. Espacioso, 72 camas, pero muchas veces está completo. Reservad.

¿Qué visitar?

▶ *La catedral:* construida a partir del año 1070 y terminada en cinco siglos. Es la residencia del arzobispo primado, copartícipe de la autoridad anglicana junto a la reina; en Gran Bretaña no hay separación entre la Iglesia y el Estado. Todos los estilos arquitectónicos se fusionan extrañamente. En la entrada de los grandes monumentos religiosos se os sugiere que dejéis una donación para la restauración, que se financia tan sólo con la aportación de los turistas. Poneos de acuerdo con vuestra conciencia.

▶ *Poor Priests'Hospital:* Stour Street. ☎ 452 747. Abierto de lunes a sábado de 10 h 30 a 16 h y los domingos en verano después del mediodía. Recientemente convertido en museo municipal. Hermoso conjunto medieval. Admirad la estructura de la vieja iglesia.

▶ *The Pilgrim's Way:* en la iglesia de St Margaret, en el centro de la ciudad. ☎ 454 888. Abierto todos los días. Se paga entrada. Tarifa reducida para estudiantes. Bastante reciente (1988) y cuidado como el anterior. Construido según el principio de Jorvik en York: visitad las excavaciones *in situ*, siguiendo la peregrinación por colinas y valles, evocando las escenas extraídas de Chaucer y los baños romanos. Por supuesto, la peregrinación es la imagen terrestre del difícil viaje iniciático del alma. En resumen, una experiencia mística.

▶ *Chilham:* a unos 7 km entre Canterbury y Ashford. Preciosa plaza flanqueada por anticuarios y casas del siglo xv que dan a la entrada del castillo. Parque abierto al público.

MARGATE Y RAMSGATE

Demasiado grandes y demasiado llenas de adolescentes extranjeros para nuestro gusto. Estas dos localidades de estilo un poco *working class* —ambiente popular— fueron testigos de los primeros enfrentamientos de *los mods* contra los *rockers* en los años sesenta.
Ramsgate es uno de los puertos del Hovercraft; hay menos afluencia que en Dover, pero el agradable recorrido campestre desde Londres lleva su tiempo.
Como en otras muchas ciudades veraniegas, se encuentra un pueblo en miniatura y dos museos: uno de automóviles y otro de barcos. Margate posee una «Templo»: una gruta natural que sirvió a los contrabandistas y que fue recubierta con conchas al estilo de la decoración dieciochesca. Numerosos balnearios, a medida más humana, siguiendo la costa y sus acantilados rocosos hacia Lydd (que conviene evitar, por el aeropuerto).

BROADSTAIRS

Esta ciudad no es la única que reclama la herencia de Dickens, pero ha creado un museo dedicado al escritor: su festival anual se celebra, desde hace más de 50 años, a fines de junio. Dickens vivió en diversas ocasiones en el edificio que actualmente ocupa el hotel *Royal Albion*.

SANDWICH

Hermosas casas antiguas en un agradable laberinto de callejuelas medievales. Aparte de la anécdota del conde que tenía hambre, se cuenta también que la reina Isabel I celebró aquí un suntuoso banquete.

DOVER

Puerto muy atractivo gracias a su incesante tráfico de viajeros con destino al continente; está rodeado por altos acantilados blancos. La ciudad está dominada por una fortaleza imponente.
Detrás del castillo, un monumento recuerda la hazaña que realizó Louis Blériot el 25 de julio de 1909. Lo que nadie sabe es que, al año siguiente, el célebre Rolls (el cofundador de la conocida marca de automóviles) consiguió también realizar un vuelo de ida y vuelta hasta Calais de un tirón. De esa fecha data la espectacular fama de esos coches.

Direcciones útiles

– *Tourist Information Centre:* Townwall Street. ☎ 205 108 y 240 477. Abierto todos los días de 9 h a 18 h. Se pueden hacer reservas para los ferrys, los autobuses y los hoteles.
– *Bancos:* en Market Square.

¿Dónde dormir?

– *Youth Hostel:* 305/6/7 London Road. ☎ 201 314. Abierto todo el año. 68 camas. Confortable.
– *Youth Hostel:* 14 Godwyne Road. Abierto sólo cuando el anterior está completo. A 10 minutos a pie del puerto; 66 camas.
– *YMCA:* 4 Leybourne Road. ☎ 209 525. El precio comprende las sábanas, el desayuno y la ducha. Cocina a vuestra disposición.
– *B & B:* en Folkestone Road.

Campings
– *Hawthorn Farm:* Martin Mill. ☎ 852 558. A tres millas al noroeste de Dover. En la A 2/A 258 hacia Deal-Dover. Tranquilo y bien equipado.

FOLKESTONE

Puerto y estación balnearia comparable a Dover, pero en más pequeño. En contrapartida, Folkestone posee muchos menos alojamientos asequibles (no hay AJ). Es la terminal inglesa del túnel del Canal de La Mancha.
– *Tourist Information Centre:* Harbour Street. ☎ 258 594.

ROYAL TUNBRIDGE WELLS

Como Bath, Royal Tunbridge Wells es un balneario que en el siglo xviii pusieron de moda los cortesanos aficionados a los baños; tomando la salud como pretexto: se dice que la ciudad está repleta de pasos subterráneos que hicieron los nobles, aunque conservaron una fachada tan austera como las casas georgianas y neopaladianas. Extraña plaza porticada donde se encuentran tiendas elegantes y anticuarios.
– *Tourist Information Centre:* The Old Fishmarket. ☎ 515 675.

– SUSSEX –

Las playas más famosas de Londres, ya que están situadas a una hora y media de la capital en tren. Tarifas *day return*. Se pueden realizar interesantes excursiones.

RYE

Una de las ciudades más hermosas del sur de Inglaterra, ya que ha sabido conservar su aspecto medieval, con sus callejuelas empedradas y entrelazadas, flanqueadas por casas antiguas. Rye fue una de las principales bases navales para las operaciones contra Francia durante la guerra de los Cien Años. En la pintoresca *Mermaid Street*, podéis

visitar Mermaid Inn, magnífica casa con voladizo construida en 1420; hoy es un hotel (inasequible, desde luego). Id de todos modos a tomar una cerveza en su pub. Chimeneas gigantescas. Genial.
– **Tourist Information Centre:** The Heritage Centre, Strand Quay. ☎ 226 696.

¿Dónde dormir?

– Numerosos B & B en Winchelsea Road y Udimore Road, justo detrás del molino.
– **Aviemore Guesthouse:** 28–30 Fishmarket Road. ☎ 223 052. Habitaciones correctas a precio razonable.

¿Dónde comer?

– **The Strand:** The Quay, al lado de la oficina de turismo. No es caro. Sandwiches para llevar y platos calientes.
– **Standard Inn:** situado en The Mint. Pub típico con un decorado casi kitsch. Autoservicio. Se come bien, a buen precio.

HASTINGS

Gran estación balnearia. Las casas están construidas en las colinas que rodean la ciudad.
– **Tourist Information Centre:** Robertson Terrace. ☎ 718 888. Abierto de octubre a mayo.

¿Dónde dormir?

– **Youth Hostel:** Guestling Hall, Rye Road, en Guestling (a 9,5 km de Hastings). ☎ 812 373. Cerrado de diciembre a mitad de febrero. Autobús 11-12; 58 camas en dormitorios de 8 o si lo pedís, en habitaciones privadas. Antiguo edificio, en medio de un bosque, que posee un pequeño lago.
– **B & B:** se agrupan en Cambridge Garden, una pequeña calle, detrás de Cambrige Road, a 3 minutos del centro.
– **Waldorf Hotel:** 4 Carlisle Parade. ☎ 422 185. Da directamente al mar. Decorado kitsch, pero precios correctos.
– **East Kent Guesthouse:** 38 White Rock. ☎ 439 291. B & B con vistas al mar, al lado de la carretera. Agradable.

Campings
– **Camping Shear Barn Holiday Park:** en Barley Lane. ☎ 423 583. En pleno centro.

¿Qué visitar?

▶ **Cuevas de Saint-Clément** (Smugglers Adventure): West Hill. ☎ 422 964. Abierto todos los días de 10 h a 17 h 30 en verano y hasta las 16 h 30 el resto del año. Museo de contrabandistas. Museo de cine. Un fabuloso laberinto en el que la fantasía permite traficar con Francia.

▶ **The Old Town:** agradable conjunto de callejuelas en pendiente.

▶ **Ruinas del castillo de Guillermo el Conquistador:** abiertas de fines de marzo a fines de octubre. Vestigios de la invasión normanda de 1066. En el siglo X, algunos vikingos (nor-man), al ver que ya eran muchos en su país, atacaron a Hugo Capeto que, tras ser derrotado, les ofreció la Nor-man-día. Enseguida cruzaron el Canal de la Mancha para expandirse por Inglaterra, pero dejaron pasar varios siglos antes de habitarla, contentándose con ir a recaudar impuestos a los anglosajones: esto explica la larga mutación de la lengua inglesa, pues hasta la época de Shakespeare no se estructuraron sus componentes.

EASTBOURNE

Otra de esas ciudades-balneario invadidas en verano por abundantes turistas en misión lingüística. Evitad el *Museum of Shops*, siempre demasiado abarrotado para reconstruir el ambiente de las tiendas antiguas. Preferid el de Battle.

– *Tourist Information Centre:* Cornfield Road. ☎ 411 400.

BRIGHTON

La estación balnearia más concurrido de Inglaterra, sobre todo durante las Bank Holidays, cuando se asegura popularmente que es imposible clavar un alfiler en su playa de guijarros. Las casas de elegantes balconadas recuerdan que Brighton tuvo un gran auge en el siglo pasado.

Direcciones útiles

– *Tourist Information Centre:* Room 20, Bartholomew Square. ☎ 323 755.
– *Terminal de autobuses:* Pool Valley, al comienzo de Old Steine. Reservas: ☎ 674 881 o 886 200. Autobuses para recorrer toda la ciudad en un día por muy poco.

¿Dónde dormir?

No es fácil encontrar una habitación asequible en verano.

– *Youth Hostel:* Patcham Place–London Road. En el noroeste de la ciudad, a 5 km del centro. ☎ 556 196. Autobuses 5, 5 A, 107, 137, 770 y 773. Cerrado en enero. 80 camas. Todo el confort necesario.
– *Amalfi Hotel:* 44 Marine Parade. ☎ 607 956. No es caro y está muy bien situado. Propietarios muy simpáticos.
– *Madeira Place:* es la calle donde están la mayoría de los guesthouses.

¿Dónde comer?

– La mayor parte de los restaurantes se encuentran en Preston Street, una calle que desciende hacia el mar, al lado de Westpier, donde se encuentra todo tipo de comida (italiana, turca, china, etc.).
– *Garfunkel:* North Street. Cadena de restaurantes especializados en ensaladas mixtas abundantes. A degustar antes de las 16 h.
– *The Dorset:* 28 North Road. ☎ 605 423. Ambiente juvenil. Buena música, carta variada, mezcla de cocina inglesa, francesa y antillana.

Precio normales

– *Blues Brothers:* 6 Little East Street. ☎ 735 527. Extraña mezcla de cocina franco-americana con dulce acento del sur.
– *Ben's Cookies:* 2 Brighton Square; en The Lanes. Las mejores *cookies*, calientes y crujientes. Además, sandwiches con pan de pita. Sería una lástima pasar por allí sin detenerse.
– *The Coffee Company:* en la esquina de Duke Street y Prince Albert Street. Todo tipo de café. Decorado retro y ambiente de jazz.
– *Wheeler's:* 17 Market Square. ☎ 325 135. Famoso por sus pescados. Un poco caro. Clientela de viejos burgueses. Conviene reservar.

¿Dónde tomar una copa? ¿Dónde escuchar música?

– *Royal Pavilion Tavern:* Castle Square, justo antes del Royal Pavilion. ☎ 325 584. Un pub donde los blues son de rigor todas las noches. Lugar de encuentro de gente de todas las nacionalidades.
– *King and Queen:* 13 Marlborough Place. ☎ 607 207. Antiguo pub muy bonito, que se convierte en local de jazz con karaoke los martes por la noche. Edad mínima 18 años.
– *Great Eastern:* al comienzo de Trafalgar Street, al lado de la estación. Pub estudiantil muy simpático.
– *The Concorde:* Madeira Drive, junto al acuario. Para los adictos al jazz, muy buenos conciertos.

¿Qué visitar?

▶ *Royal Pavilion:* abierto todos los días de 10 h a 18 h, de junio a septiembre y de 10 h a 17 h de octubre a mayo. Se paga la entrada. Reservas: ☎ 603 005. Increíble extravagancia arquitectónica que mezcla los estilos árabe y mogol (de la India). Residencia del príncipe de Gales que encarnaba el dandismo más británico. El interior merece una visita: decorados chinos. El príncipe lo empleaba para dar fiestas grandiosas. Una escalera lleva directamente de los aposentos del rey a la habitación de su amante. Evidentemente esto no era del gusto de la reina Victoria, que dejó abandonado este lugar marcado por el pecado. Felizmente, el municipio se hizo cargo de la rehabilitación del lugar.

▶ *The Lanes:* callejuelas estrechas de origen medieval, no muy lejos del anterior. Vista la afluencia turística se ha llenado de tiendas de anticuarios y restaurantes lujosos.

▶ *North Lane:* el barrio bohemio. Ambiente lleno de tiendas extravagantes. Lo ideal es partir de Church Street, atravesar Kensington Gardens y detenerse en Sydney Road.

ARUNDEL

Pequeña ciudad situada al pie de un imponente castillo feudal.
– *Tourist Information Centre:* 61 High Street. ☎ 882 269.

¿Dónde dormir?

– *Youth Hostel:* Warningcamp. ☎ 882 204. Cerrado de diciembre a marzo. Autobús 31 desde Brigthon. 60 camas.

– HAMPSHIRE Y WILTSHIRE –

Marcado por la historia, con una campiña intacta, la costa de Portsmouth a Southampton está llena de romanticismo.

PORTSMOUTH

Uno de los mayores puertos británicos, con ocho siglos de existencia. Nada interesante, excepto la *H.M.S. Victory*, el barco del almirante Nelson con el cual los ingleses ganaron la batalla de Trafalgar. A su lado *Marie-Rose*, nave inglesa del siglo XVI.

Direcciones útiles

– *Tourist Information Centre:* The Hard. ☎ 826 722. En el mismo puerto. Hay otras tres oficinas en la ciudad: 102 *Commercial Road.* ☎ 838 382; *Continental Ferry Port.* ☎ 838 635; *Clarence Esplanade*, en el Pyramids Resort Centre. ☎ 832 464.

¿Dónde dormir? ¿Dónde comer?

– *Youth hostel:* Wymering Manor-Old Wymering Lane, en Cosham. ☎ 375 661. Cerrado durante el mes de enero y los miércoles. En la A 3, dirección Londres y Cosham, justo detrás de la iglesia. El edificio es espléndido y el sitio ideal para pasar una buena noche después de una travesía en ferry.
– *YMCA:* Penny Street. ☎ 864 341. A 10 minutos del puerto. Viejo edificio en el cual se puede dormir en habitaciones privadas. Correcto y nada más. Se aconseja reservar en las vacaciones escolares.
– *B & B:* la mayoría están agrupados en Southsea, a lo largo de las «Parade» y en las calles paralelas al paseo marítimo.
– *Fortitude Cottage:* 51 Broad Street. ☎ 823 748. Justo a la entrada del puerto. Un poco más caro que los anteriores, pero de superior calidad.
– *The Bamboo House:* 110-114 Palmerston Road. ☎ 822 100. Una calle grande que lleva del centro comercial a los «Parade» y es perpendicular al paseo marítimo. Abundante. Buena relación precio-calidad.

¿Qué visitar?

▶ *Sea Life Centre:* en Clarence Esplanade. ☎ 734 461. Abierto todos los días a partir de las 10 h. Bonito acuario de 4,5 m de profundidad, 300 especies clasificadas de peces. Un saliente permite recoger anémonas de mar, etc.
▶ *Victoria Park:* detrás de la Guildhall. Invernadero con raras especies florales.

LA ISLA DE WIGHT

Uno de los lugares más encantadores de Inglaterra con sus pequeños *cottages* con techo de cañizos. Todos los ingleses, incluidos los Beatles, sueñan con pasar aquí su jubilación (volved a escuchar *When I'm sixty-four*). La isla de Wight se ha convertido en un centro vacacional muy buscado gracias a su clima especialmente suave. También porque la reina Victoria pasaba aquí sus vacaciones.
Antes de eso, la isla fue residencia de Carlos I, quien esperaba que sus súbditos le cortaran la cabeza. El lugar es también famoso porque todas las fuerzas que participaron en el desembarco se reunieron en sus orillas especialmente bien protegidas.

– *Desde Portsmouth:* se puede llegar a la isla de Wight en ferry con Wightlink Isle Of Wight Ferries: ☎ (01705) 827 744. Para en Fishbourne para los coches (duración 40 minutos) y en Ryde para los peatones (15 minutos en catamarán).
– *Desde Southsea:* con Hovertravel. ☎ 811 000. Servicio de *hovercraft* únicamente para peatones. Llega a Ryde (duración 8 minutos).
– *De Southampton:* con la Red Funnel Ferries. ☎ (01703) 330 333 o 220 099. Parte cada 30 minutos; atraca en West Cowes para los peatones (duración 20 minutos) y en East Cowes para peatones y coches (duración 1 hora).
– *De Lymington:* con Wightlink. ☎ (01705) 827 744. Para en Yarmouth para vehículos y peatones (30 minutos en car-ferry).

Transportes

– Para visitar Wight, lo ideal es partir de Cowes, al norte, y dar la vuelta a la isla en el sentido de las agujas del reloj hasta llegar a Newport. También se puede recorrer en autobús toda la isla con la compañía Southern Vectis Omnibus. ☎ 522 456.
– El autostop es difícil.

¿Dónde dormir?

– **Waverley Park:** Old Road, East Cowes. ☎ 293 452.
– **Camping Beaper Farm:** cerca de Ryde. ☎ 613 760. Abierto de lunes a sábado de 9 h a 17 h 30 y el domingo de 10 h a 17 h. Gratuito.
– **Youth Hostel:** The Firs, Fitzroy Street, en Sandown. ☎ 402 651.
– **Salween House:** 7 Watergate Road, en Newport. ☎ 523 456.

¿Qué visitar? ¿Qué ver?

▶ **Arreton Manor:** en la A 3056. ☎ 528 134. Abierto todo el año de lunes a viernes, de 10 h a 18 h (domingos de 12 h a 18 h). Museo de una soberbia arquitectura. En el interior los paneles de madera datan de la época jacobina. En el último piso, colecciones de muñecas.

▶ **Osborne House:** al este de Cowes. Abierta de abril a octubre. ☎ 200 022. Amplia mansión de estilo italiano que fuera residencia veraniega de la reina Victoria. En ella murió en 1901. En el parque, el *Swiss Cottage,* construido para los niños de la familia real, y un pequeño museo donde se exponen los objetos regalados a la familia real durante sus viajes.

▶ **Carlsbrooke Castle:** a 3 km al suroeste de Newport. ☎ 522 107. Abierto de abril a octubre de 10 h a 18 h y de abril a marzo de 10 h a 16. Célebre porque allí mandó Cromwell que encerraran a Carlos I. Ved la *Well House:* el agua de sus pozos, de unos 50 m de profundidad, se saca mediante un molino de tracción animal. No os engañéis: si el asno muere en esta estúpida tarea (en la época de las bombas eléctricas) es sólo para satisfacer a los turistas.

▶ **Las regatas de Cowes:** las más célebres de Inglaterra, durante la primera semana de agosto.

▶ Hay muchos senderos muy bien indicados. Los itinerarios exactos se pueden comprar en las oficinas de turismo locales.

SOUTHAMPTON

Un puerto industrial sin encanto, demasiado grande para el trotamundos.
– **Tourist Information Centre:** Bar Street. ☎ 221 106.

¿Dónde dormir?

– **YMCA:** Cranbury Place, al comienzo de The Avenue. ☎ 221 202. No lejos del teatro Mountbatten.
– **YWCA:** Princess Margaret Residential Club, Bellevue Road. Muy cerca del centro de la ciudad.

WINCHESTER

A 19 km al NE de Southampton, la otrora capital de Inglaterra, tiene hoy el encanto de una pequeña ciudad de provincia. Allí se reunían los caballeros alrededor de la tabla redonda. No dejéis de visitar la catedral, con la nave más larga de Europa después de San Pedro de Roma, y la iglesia del Winchester College, la más antigua y hermosa Public School (visitas organizadas).

– *Tourist Information Centre:* en el Guildhall Broadway. ☎ 840 500.

¿Dónde dormir?

– *Youth Hostel:* The City Mill, 1 Water Lane. ☎ 853 723. Cerrado de noviembre a mediados de marzo. En un antiguo molino de agua precioso. Muy cerca del Tourist Information. Detrás del AJ, subid hasta St Giles's Hill. Bonita vista de la ciudad y de sus alrededores.

¿Qué visitar?

▶ *Winchester College:* College Street. ☎ 868 778. Abierto de abril a septiembre, de lunes a sábado y domingos por la mañana. La escuela más antigua del país. Soberbias vidriedras y magnífica iglesia.

▶ *La tabla redonda del Rey Arturo:* en la Great Hall. ☎ 846 476. Gratuito. La célebre mesa donde degustar un vino.

SALISBURY

Apacible y bonita ciudad a orillas del Avon, Salisbury cuenta con una prestigiosa catedral y un conjunto monumental que le confieren un aspecto un tanto medieval. Un mercado célebre (martes y sábados). La catedral fue construida en una sola etapa, lo que se tradujo en una excepcional unidad de estilo. La aguja, de 123 m de altura, es la mayor del país. Por la tarde, se adorna con colores espléndidos. Para gozar de una bonita vista de la catedral, acercarse por St Ann's Street. Los amplios céspedes, los árboles y las casas antiguas forman un marco digno del majestuoso edificio. Para los fanáticos de las ruinas, *Old Sarum Castle*, a 3, 5 km de la ciudad. Autobús 3, 5 y 9. ☎ 335 398.

– *Tourist Information Center:* Guildhall Square. ☎ 334 956. Folleto barato con plano de visita de la ciudad. Bien hecho.

¿Dónde dormir?

– *Youth Hostel:* Milford Hill, al este de la ciudad. ☎ 327 572. Abierto todo el año, 93 camas, en un gran parque. Muy limpio.
– Varios *B & B* en Wyndham Road y Eastcourt Road. Y también en London Road.
– *Grasmere House:* 70 Harnham Road. ☎ 338 388. Habitaciones con nombres de poetas ingleses, con vistas a la catedral. Frioleros abstenerse.

¿Dónde comer?

– *Old Mill Hotel:* Town Path, en Harnham. Al sudoeste del centro. ☎ 327 517. Preciosa vista de la catedral. El restaurante más viejo de la ciudad.
– *The White Horse Hotel:* 38 Castle Street. ☎ 327 844. Simple y original. Se come sobre mesas antiguas. Buen ambiente.

ALREDEDORES

– *Shaftesbury:* a 35 km al oeste de Salisbury (carretera A 30). Pequeña ciudad con un centro muy bien conservado. Muy famosa, *Gold Hill*, calle peatonal flanqueada por casas típicas. En la parte de arriba de la calle, *Gold Hill Museum*, interesante.

STONEHENGE

A 3,5 km al oeste de Amesbury. Desde Salisbury, autobús 3. También podéis tomar la Ring Road y seguir por la A 345 hacia Amersbury; doblad en la segunda a la izquierda, Stratford Road. ☎ (01980) 624 715. Abierto todo el año de 9 h 30 a 18 h en verano y hasta las 16 h el resto del año. Ruta más simpática con muchas casas de tejados de tejas. Formado por megalitos, menhires y otros elementos, es más que un simple montón de piedras. Estos famosos conjuntos constituyen el más importante monumento prehistórico de Inglaterra. Levantado durante la primera mitad del segundo milenio a.C., este templo estaba consagrado a una divinidad solar. Un bloque indica el punto del horizonte donde el sol sale durante el solsticio de verano, mientras que otras piedras más pequeñas situadas al sudeste y al nordeste señalan el lugar por donde sale el sol en el momento del solsticio de invierno. Por desgracia, hay que pasearse a unos veinte metros de las piedras. Se paga entrada. Pero se ve muy bien desde la carretera. Se celebran ceremonias druídicas, por lo general el 21 de junio, con la participación de divertidos personajes disfrazados de bardos que llevan extraños estandartes. Sin embargo, desde hace unos años, estas ceremonias dan lugar a enfrentamientos violentos con la policía.

Una cosa es segura: no es un monumento druídico, ya que los tres períodos de su construcción son bastante anteriores a los celtas. Las piedras azuladas son del período intermedio, llevadas desde el País de Gales en barco. Los pequeños orificios blancos en un círculo mucho mayor contienen osamentas, pero también servían para predecir los eclipses. Los bloques fueron pulidos antes de su colocación en la edad del Bronce. Los guías del siglo XIX contribuyeron mucho a su deterioro al prestar pequeños martillos a los turistas. Se han desplazado numerosos bloques y hoy las teorías son sólo hipótesis. La pasión por la astronomía era común a muchos pueblos de la Antigüedad, y se ha demostrado que, hace 3 500 años, los habitantes de estos lugares tenían contactos con otros pueblos del Báltico y del Mediterráneo.

THE WEST COUNTRY

Poco a poco el verde se hace más verde; es la tierra de las manzanas que dan su color a las mejillas de las zagalas de Thomas Hardy, novelista nacido en Dorchester. Hay que probar las numerosas variedades de sidra, la nata, los caramelos (*toffes*), y también degustar un *cream tea*, especialidad de Devon: un scon, cortado dos veces horizontalmente para llenarlo de fresas y nata montada de pura leche, con la tetera al gusto. El floclore está vivo, lo fantástico está presente en los ríos cuajados de piratas como en las novelas de Daphné Du Maurier, ambientadas en Cornualles, y los *pixies*, duendes que habitan sólo en el césped y sobreviven mejor en un paraje donde el clima es más suave. Cruzaremos Dorset, Devon y Cornualles hasta el confín del mundo local, para regresar por la costa septentrional de Devon.

BOURNEMOUTH PREF. TEL.: 1202

El «Mónaco inglés» tanto por la suavidad de su clima como por sus casinos. Por desgracia cada verano se convierte en un populoso lugar lleno de extranjeros. Parques magníficos. Bowling americano.

Direcciones útiles

– *Tourist Information Centre:* Westover Road. ☎ 789 789.

¿Dónde dormir?

– *Chesildene Caravan Park:* 2 Chesildene Avenue. ☎ 513 238. A 5 km, abierto de abril a octubre. Limpio y sombreado.

ALREDEDORES

– *New Forest:* uno de los rincones más hermosos de Inglaterra. Id a Burley, un pueblo encantador en el centro de este parque nacional. Se puede pasear a caballo (están libres por las calles). Existía una sugestiva tradición de gitanos guardabosques y de póneys, pertenecientes a la Corona, que ha desaparecido.
– *Youth Hostel:* Cottesmore House, Cott Lane. ☎ (01425) 403 233. Cerrado en enero y mitad de febrero. En medio del bosque. Ultralimpio. Grande. Atención simpática. Restaurado recientemente.
Para los enamorados de las excursiones, hay muchos itinerarios que se pueden seguir a voluntad. Se puede conseguir un mapa en 1/25 000 de la New Forest editado por la Ordnance Survey, muy exacto.
– *Beaulieu* (pronunciad «Biouli»)*:* al sudeste de la New Forest, a mitad de camino entre Lymington y Southampton por la B 3054. Beaulieu es un pequeño pueblo que se ha hecho célebre por las ruinas de su abadía y de su Museo del automóvil, realmente sorprendente: 200 coches antiguos y un arsenal de motos de todas las épocas. Abierto todos los días de 10 h a 18 h. Parque de atracciones con un monorraíl colgante, un coche antiguo que se puede conducir, vídeo y todo tipo de actividades relacionadas con el tren y los coches. En unas pequeñas vagonetas pueden tomar asiento dos adultos y un niño: se pasa a través de una inmensa sala oscura en donde los últimos descubrimientos en

robótica y técnica audiovisual permiten recrear todas las épocas del automóvil. Visitad las ruinas de la abadía y la mansión de lord Montagu, que pertenece a dicha familia desde 1538.

WEYMOUTH PREF. TEL.: 01305

Swanage, Bridport, Lyme Regis son más tranquilos, pero tienen menos recursos. Weymouth es la estación balnearia típica: diversiones para gastar la calderilla; caramelos con el nombre de la ciudad escrito a todo lo largo; divertidas postales, típicas y muy útiles para el argot, colmo del mal gusto que acaba por resultar cursi; la iluminación del *pier* (muelle) por la noche; elección semanal de Miss Playa, cuyas medidas se publican en el periódico local; souvenirs de conchitas, etcétera.

ALREDEDORES

– **Dorchester:** localidad sin interés; quizá el museo donde podéis poner la mano sobre un *feel-box* para saber el efecto que os haría acariciar a un diplodocus. ☎ 269 880.
– Si os interesa, buscad el sajón gigante dibujado en la colina en **Cerne Abbas**, en la A 352, a 20 km de Dorchester. Podría ser Baal, Hércules o, más probablemente, el dios celta Cernunnos.

ISLAS ANGLONORMANDAS (CHANNEL ISLANDS)

Son islas completamente anglo-anglo: desde la guerra de los Cien Años, sólo son unas islas del Canal de la Mancha (*Channel* a secas para los ingleses). Una Inglaterra en miniatura y puerto franco cerca de Francia; las dos mayores son muy visitadas, sobre todo los fines de semana.

¿Cómo ir?

– **Desde Francia:** barco de Carteret (*Emeraude Lines*). ☎ 33 52 61 39.
– **Desde Portbail** (☎ 33 04 86 71, de Granville (*Emeraude Lines*, ☎ 33 50 16 36), de Saint-Malo (*Condor Line*, ☎ 99 56 42 29 o *Emeraude Lines* ☎ 99 40 48 40), y de Saint-Quay-Portrieux (reservas: ☎ 96 70 49 46).
– **Por avión:** desde Cherburgo (*Aurigny Air Services*, ☎ 33 22 91. Desde París (*Jersey European Airway*, ☎ 42 96 02 44).

¿Qué visitar?

▶ **Jersey** es la isla mejor conectada y la más visitada. Capital St Hélier. Castillo a 1 km que se puede visitar con la marea baja. Las playas más bonitas están en el norte.

▶ **Guernesey** estaba más de moda a principios de siglo.

▶ **Hauteville House:** 38 Hauteville, St Peter. ☎ (0481) 21 911. Casa de exilio de Victor Hugo (1855-1870), donde escribió *Los Miserables;* decorada por él mismo.

▶ **St Peter Port:** capital de la isla. Iglesia del siglo XII y castillo del siglo XIII.

EXETER PREF. TEL.: 01392

Ciudad situada junto al río Exe, brutalmente bombardeada durante la Segunda Guerra Mundial. Ya no queda mucho de las antiguas casas que le daban encanto en tiempos de nuestras abuelas. Se ha hecho un

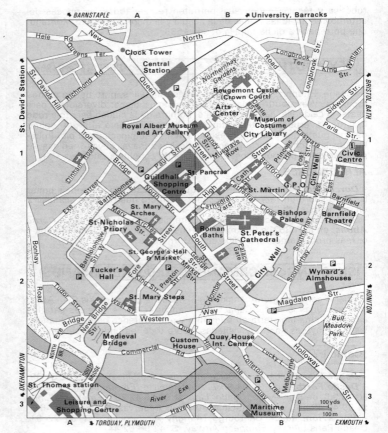

EXETER

gran esfuerzo para reconstruirlas, pero muchas no son más que fachadas restauradas. Antes de la guerra esta ciudad era un resumen de la
historia de Inglaterra: primero fue un fuerte y luego ciudad romana;
asediada por Guillermo el Conquistador y enriquecida en la Edad Media
gracias al comercio de la lana, llegó a suscitar la envidia de algunos
gobiernos; sirvió de base contra la Armada Invencible y fue asediada
durante la guerra civil sucesivamente por ambos bandos.

Direcciones útiles

– **Tourist Information Centre:** Civic Centre, Paris Street. ☎ 265 700.
Sucursal en la M 5 en Sandygate (Exit 30) ☎ 437 581. Abierto en invierno pero con horarios restringidos.
– **Correos:** Bedford Street.
– **Estación de tren:** la más frecuentada es la de Exeter St David's, a 20
minutos a pie del centro. Es donde paran los trenes rápidos de Londres. Los más lentos se detienen en la estación central.

– **Estación de autobuses:** Paris Street (frente a la oficina de turismo).
☎ 56 231. Autobús para Plymouth: posibilidad de enlazar con Devon y
Cornualles. Los que quieran explorar el Dartmoor National Park pueden
tomar el autobús que atraviesa el parque, el 82 de la estación de Exeter.

¿Dónde dormir?

– **Youth Hostel:** 47-49 Countess Wear Road. A 4 km al sudeste del
centro. Abierto todo el año. ☎ 873 329. Minibús N de la estación St
David hasta High Street, después el autobús T o K. Abierto hasta las 23
h. Muy tranquilo y bien equipado. Chicos y chicas separados. Cocina
disponible. Desayuno y cena. Para los campistas, posibilidad de colocar
la tienda en el jardín de atrás. Reservas telefónicas.
– **Dunmorre Hotel:** 22 Blackall Road. ☎ 431 643. Más abajo de la estación central. Tranquilo y buena relación calidad-precio.
– **Cyrena:** 73 Howell Road. ☎ 438 386. En una callejuela cercana a
Blackall Road. Casa sencilla y limpia. Habitaciones con ducha y lavabo
exterior. Buen precio.
– **Telstar Hotel:** 77 Saint David's Hill. ☎ 72 466. Precios razonables.
Habitaciones con y sin ducha. Buen trato.

Campings

– **Hill Pond Camping Site:** en Clys St Mary, en la carretera de Lyme
Regis (A 3052). ☎ (01395) 32 483. De estilo rural y simpático, los dueños son personas atentas y amables. Agua caliente mediante pago.
Parada del autobús muy cerca.
– **Haldon Lodge Farm:** a 8 km del centro, en pleno bosque. Muy complicado para llegar. Evitar si viajáis a pie. Tranquilo. Buena acogida. Duchas calientes de pago. Posibilidad de montar a caballo.

¿Dónde comer y tomar una copa?

– **The Well House:** Cathedral Yard. Antiguo pub frente a la catedral,
decorado con preciosos grabados.
– **The Ship Inn:** St Martin's Lane, callejuela junto a Cathedral Yard.
Este pub debe su fama a sir Francis Drake, que se tomaba aquí sus
copas y departía con sir Walter Raleigh.
– **Vines:** Gandy Street. ☎ 213 924. Un buen pub todo de madera, ubicado en una calle animada de bares y de bonitas tiendas, perpendicular a High Street.

¿Qué visitar?

▶ **Visitas guiadas gratuitas:** de 90 minutos de duración, desde el 1 de
abril hasta el 31 de octubre. Reservas en la oficina de turismo.
▶ Cerca de las murallas de la ciudad encontraréis los pasajes subterráneos, en High Street, la calle principal. Visitas guiadas cada 30 minutos. Abierto de Pascua a octubre, de lunes a sábado, y en invierno sólo
por las tardes. Aquí se efectuaba el aprovisionamiento de agua para
abastecer a la ciudad.
Continuad, cruzad High Street, seguid Castle Street hasta Rougemont
Gardens & Castle.
▶ **Rougemont and Northernhay Gardens & Castle** (plano B1): restos
de la muralla fortificada de la ciudad construida por Guillermo el Conquistador después de 1066. Observad la técnica romana en la muralla
y los ladrillos en disposición de espina de pez. Muy cerca, el Museo del
Traje en una preciosa casa rosa, Museo Histórico y el Royal Albert
Memorial Museum, demasiado genéricos. Cruzad los jardines a la
izquierda para echar un vistazo a las catacumbas que la ciudad cons-

truyó en el siglo XIX para conseguir algo de dinero. Fue un desastre en el que sólo pagaron 15 muertos. Entonces las catacumbas fueron convertidas en depósito de cadáveres después de la epidemia de peste que siguió. Se izaban los cadáveres desde la fosa. Observad en North Street el puente que enlaza con la cuesta; data del siglo XIX, apoteosis de la arquitectura en hierro, ya que se acababa de descubrir el coque. Ved también la pasarela al otro lado de la ciudad, en Southernhay, y sus terrazas georgianas. Etéreo y tan propio de Dickens.

▶ Girad a la izquierda y ya estáis en High Street (plano B1), donde podréis admirar hermosas fachadas; la única fachada que se apoya sobre su estructura original es la de Laura Ashley. La bajada se llama ahora Fore Street. A la derecha, extraño Ayuntamiento, que tal vez era de un modelo corriente hace seis siglos, el *Guildhall*. Se puede entrar para visitar la bella sala de madera del siglo XVII. Era el Tribunal Municipal.

▶ Al final, ruinas del puente medieval. Tomando a la derecha se pueden encontrar pubs agradables a la orilla del agua y así se llega a The Quay. Se puede ir por el puente o en el antiguo ferry hasta el Exeter Maritime Museum.

▶ **The Exeter Maritime Museum:** 60 Haven Road. ☎ 58 075. Reúne barcos de todos los tamaños, todas las formas y procedencias. Abierto todos los días de 10 h a 18 h (16 h en invierno). Al sur de la ciudad, a lo largo del río. El extraño banco público a lo largo del muelle es un antiguo puente ferroviario giratorio: observad la separación de los raíles, todavía no homologada en aquella época.

▶ Volved a cruzar el río, subid hasta Fore Street, girad a la derecha en West Street junto a St Mary's Church para admirar las casitas antiguas. Se construían muy pequeñas en su base, luego cada vez más anchas, a la vez para ganar espacio sobre la calle y no pagar tantos impuestos de construcción. Observad asimismo los diferentes tipos de impermeabilización: pizarra, porcelana, en las paredes de las casas más expuestas a la intemperie. La más pequeña se llama la casa de las ruedecillas: data de 1500, pero fue desplazada en 1961. Entre estas casas sube Stepcote Hill que, a parte de la limpieza, conserva su aspecto del siglo XV. Seguid subiendo en esta dirección, girad a la derecha por la entrada oeste de la catedral.

▶ **La catedral:** merece por sí misma la visita a la ciudad. Es un notable edificio de estilo gótico, extrañamente plano. Soberbio friso de estatuas de obispos y de reyes a la entrada. A pesar de que le falta altura respecto a su gran tamaño, no parece achatada gracias al juego de enervaduras que estilizan el edificio. Esta vasta catedral-castillo se erigió aprovechando una antigua construcción de época romana, de la que todavía subsisten las gruesas torres laterales. El resto fue construido en el siglo XIV. Se la considera la más grande del mundo. Al salir, alrededor de la catedral, se alzan preciosas casas isabelinas, sólo las fachadas, pero muy bien restauradas.

¿Dónde comprar?

– **Libertys:** High Street. Telas, ropa y joyas.
– En High Street, la tienda **Laura Ashley**. Sería un crimen dejar pasar las rebajas de julio, en las que los vestidos de mujer están a precios tan asequibles. Probad los perfumes.
– **Early Learning Centre:** en High Street (y en todas las ciudades inglesas). Para hacer regalos baratos e inteligentes a menores de 6 años.
– La mayoría de las **tiendas** se concentran en High Street, Queen Street y Princess Hay.
– **University Bookshop:** hay que subir la colina hasta la Universidad. Esta librería tan buena está situada delante de un gran teatro antiguo.
– **Marks & Spencer:** siempre se encuentra buena calidad.

En los alrededores

La orilla este del estuario del Exe es tranquila, igual que las playas que la prolongan. Se llega allí en autobús, carretera A 316 y en tren desde Exeter St David's.

TOPSHAM

Uno de nuestros lugares preferidos. En el extrarradio de Exeter, más allá de Countess Wear YHA, sin dejar el río Exe. En coche, tomar la carretera A 376. Trenes regulares desde la estación principal, dirección Exmouth, autobús desde el centro.

La calle que sigue el río está flanqueada por casas con aguilones de estilo flamenco, de todos los colores, que datan del siglo XVII.

¿Dónde dormir? ¿Dónde comer?

– *The Lighter Inn:* en el muelle. ☎ (01392) 875 439. Sitio tranquilo, bonito decorado, precio intermedio. Se come muy bien.

– *Passage House Inn:* ☎ 873 653. Un sitio siempre lleno. Los clientes se reparten por el muelle, donde pueden contemplar los barcos que suben por el río. Para comer, es mejor llegar pronto.

EXMOUTH

Estación balnearia, familiar y típica, con casas georgianas y una bella playa. A 25 minutos en tren desde Exeter.

– *Playas:* Al sur de Exmouth se encuentran las más bellas playas de la región. El tren pasa por un precioso paisaje. El ferrocarril discurre a lo largo de las playas de arena, no demasiado pobladas. Se puede llegar en el autobús 85 desde Exeter.

LA COSTA INGLESA: TORBAY

Nombre oficial de la reunión arbitraria de Torquay, Paignton y Brixham, en una bahía resguardada que sirvió de defensa contra la Armada Invencible y para el bloqueo continental. Su nombre procede del microclima bastante suave, más que del paisaje, excepto en las rocas rojas. Se obliga a unas maltrechas palmeras a crecer. Todos los deportes marinos y acuáticos: vela, windsurf, esquí acuático e incluso paracaidismo ascensional, a precios democráticos (sobre todo en Princess Pier en Torquay).

TORQUAY

Su auge data del regreso de América, en la época de los colonos acaudalados que buscaban el calor; de aquí la riqueza de las villas en el promontorio y de las iglesias casi siempre cerradas por el mismo motivo. Las jóvenes tísicas iban a pasar temporadas allí. En la actualidad, van algunos jubilados a tomar el aire, lo que hace que esta ciudad sea una de las más conservadoras; es como el Benalmádena inglés. Lo mejor y lo peor se codean. Los miles de estudiantes extranjeros se apiñan en verano en Castle Circus. El resto de la ciudad os pertenece.

¿Cómo ir?

– *En tren:* hay algunos trenes directos desde Londres y otros con transbordo en Newton Abbot o Exeter.

– *Por carretera, en autocar:* directo Torquay-Londres, desde Victoria Station, 7 autobuses al día; duración 5 horas.
– *En barco:* enlaces desde Torquay-Brixham.

Transportes en la región

– *Western National:* la compañía cubre la región hasta Plymouth, y una parte de Cornualles. Enlaces con Exeter y Exemouth. Posibilidad de billetes de 3 o 7 días. Se compran en la oficina de turismo.
– *Bayline Ticket:* Válido por 1 semana y cubre toda la costa. Se compra en la oficina de turismo.

Direcciones útiles

– *Tourist Information Centre:* Vaughan Parade (frente al Pavilion). ☎ 297 428.

¿Dónde dormir?

– La mayor parte de los *B & B* están concentrados en Belgrave Road, Avenue Road y la pequeña Morgan Avenue, a 10 minutos del puerto a pie. Todos ofrecen el mismo tipo de servicio a precios similares. Los hoteles, los más caros, se agrupan en la Babbacombe Road. Algunos tienen una bella vista de la costa.
– Conocidos *campings* alrededor de Torquay, Paignton y de Brixham. La mayor parte rechazan a la gente que no va en pareja. Si vais en grupo, nada: increíble pero es así. Se encuentran campings a todo lo largo de la costa francamente poco simpáticos. Hay una concentración de ellos siguiendo la Totnes Road (A 385) al oeste de Paignton.

¿Dónde comer?

– *The Hole in the Wall:* 6 Park Lane. En una callejuela más arriba del puerto. Atención jovial. Es una minúscula casa de contrabandistas, música agradable, y pequeña cocina de pub, sencilla y fresca. Para comer y cenar. Patrón particularmente comunicativo.
– *Chaplins:* 142 Union Street. Abierto toda la jornada. En la parte alta de esta calle comercial. Pub-bar animado y simpático. Comidas poco complicadas y sobre todo muy baratas.

Precios normales y más elegante

– *The Steps:* 1 A Fleet Street (también llamada Fleet Walk). ☎ 292 818. Sólo por la noche. Familiar, a mitad de camino entre un pub y un restaurante elegante. Platos clásicos. Música en vivo todos los miércoles y viernes y a veces los sábados. Realmente bien.
– *Capers Restaurant:* 7 Lisburne Square. ☎ 291 177. Abierto de las 18 h 30 a las 22 h. Cierra el martes. Elegante y refinado. El acento está puesto sobre todo en los pescados, frescos y bien cocinados.

¿Dónde tomar el mejor *cream-tea*?

– *The Osborne Hotel:* Meadfoot Beach. Un poco más caro que en la ciudad, precioso semicírculo estilo Regencia que da a una playa. Hermosa vista. El propio hotel tiene precios imposibles, pero los tés y las comidas son servidos con gran despliegue de lujo y plata.
– *The Pavilion:* inteligente restauración de un pabellón victoriano, en la esquina del fuerte. Tiendas de lujo, excepto la del National trust; en la planta baja, salón de té-pub. Os podéis sentar en los sofás o en la terraza. También excelentes pasteles: *cheese cake* y *chocolate cake*. Vista soberbia del puerto.

¿Dónde tomar una copa?

– *The Devon Dumpling:* 108 Shiphay Lane. Gran casa de piedra del siglo XVI. Excelente lugar de encuentro para los de 30 a 40 años.
– *The Wig and Pen:* 170 Union Street. Es el pub menos antipático del barrio.
– *Upton Vale:* detrás de la Coach Station, en Upton Hill. Pub simpático frecuentado por la gente del lugar. No turístico. Música en vivo todos los sábados por la noche.

¿Dónde escuchar jazz?

– *Devons Arms:* Harbourside. ☎ 292 360. Grupos todos los jueves.
– *Crown and Spectre:* Petitor Road. St Mary Church. ☎ 328 290. Grupos los martes y domingos por la noche.

¿Dónde ir a la playa? ¿Dónde pasear?

► Evitad las playas cerca del puerto. *Babbacombe Beach*, autobús 32 desde el Strand hasta el puerto. Se baja en coche por Oddicombe, menos bonita y rápidamente llena de sombra, pero comunicada por carretera o por el Cliff Railway, funicular (el último, a las 17 h). Una soberbia vista bajando a las rocas rojas: en el cruce entre Antheor y Rio. Abajo, la playa es corriente, pero os podéis bañar. Arriba, el hotel fue escenario de la triste historia de amor de Oscar Wilde, que detestaba Torquay.

► A lo largo de la costa, hay multitud de pequeñas calas escondidas entre acantilados de rocas rojas.

► Siguiendo la costa sobre el promontorio, encontraréis otras playas correctas (Anstey's Cove); espléndido *sendero marítimo*, villas vertiginosas muy bien integradas en el lugar y un escándalo financiero que se extiende como una mancha de aceite. Paseo de una hora, con vistas inexpugnables de las escotaduras de la costa.

¿Qué visitar?

► *Torquay Museum:* 529 Babbacombe Road. ☎ 293 975. Abierto de 10 h a 16 h 45 de lunes a sábados (sólo hasta el viernes en invierno). Museo general bastante aburrido: historia natural, geología, mobiliario... Hay que subir demasiado para encontrar la sala más interesante, dedicada a Agatha Christie. Numerosas ediciones originales y extranjeras, fotos de esta mujer de las letras, documentos...

► *Torre Abbey:* The Kings Drive (calle perpendicular a Torbay Road). Abierto de Pascua a octubre, de 9 h 30 a 18 h (última entrada a las 17 h). ☎ 293 593. Antiguo monasterio del siglo XII que sufrió numerosas vicisitudes. La iglesia hace mucho tiempo que está en ruinas; en cuanto a las habitaciones, fueron transformadas en el curso de los siglos en residencia burguesa y después en museo de Bellas Artes: pinturas de los siglos XVII y XIX (escenas sociales, paisajes, marinas) y mobiliario, con piezas de estilo victoriano y una sala dedicada a Agatha Christie. Detrás, ruinas de la iglesia, jardín botánico e invernadero. En una palabra, el museo es lo más rico de la ciudad.

► *El pueblo de Cockington:* tomad cualquier autobús que siga Princess Pier en la esquina del Pavilion y bajad en Cockington Lane. Dejad a un lado las calesas porque no hay más que 500 m de camino encantador si tomáis el sendero de la derecha de la carretera. El pueblo, de tejados de caña, puede resultar bastante cursi por lo artificial y bastante bonito. La entrada es gratuita, pero cada casa es una tienda de souvenirs o un salón de té. Nada apasionante. El pub está bien. Si vais un poco más allá encontraréis prados, bosques y estanques.

▶ *The Caves (Kent Cavern):* Ilsham Road. Calle que parte bifurcada a partir de Babbacombe. Bien indicado. ☎ 294 059. Abiertas todos los días de 10 h a 17 h 15 (20 h 15 en verano los domingos, lunes y miércoles). Visita guiada cada 20 minutos. Entrada cara. Grandes galerías subterráneas. Cueva de estalactitas habitada en la prehistoria.

PAIGNTON

Estación balnearia más familiar, dotada de menos carácter y menos cara, frecuentada y pretenciosa que Torquay. Grandes playas de arena bordean la ciudad; por lo general abarrotadas. Goodrington Sands es más tranquila, al oeste. Se llega con el tren de Newton Abbot, de Totnes (en vapor) o con el autobús 100 de Pavilion a Torquay, en el puerto.

Direcciones útiles

– *Tourist Information Centre:* Paignton Festival Hall, Esplanade Road. ☎ 558 383. Justo detrás, cafetería con vistas a la playa.

¿Dónde dormir?

– Numerosos *B & B* en toda la ciudad, con precios equiparables a los de Torquay.
– *Campings:* al sudoeste de Paington, numerosos campings en el campo. Destacables: Whitehill Farm Camping y Ramslade Touring Park.

¿Qué visitar?

▶ *Oldway Mansion:* Torquay Road. Entrada gratuita. Antigua residencia de la familia de las máquinas de coser Singer, convertida en oficina municipal. Se le llama el «Pequeño Versalles». Pequeño, pero lujoso.
▶ *Paington Zoo:* entrada por Totnes Road. ☎ 527 936. Abierto de 10 h a 18 h, de principios de abril a septiembre. En la carretera de Totnes en Paignton (A 385). Buenas instalaciones en las que los animales parecen encontrarse a gusto. Muy inglés. Para los niños, *The Ark.*

BRIXHAM

Puerto pesquero tranquilo que no vive más que del turismo. Es la más agradable de las tres estaciones de la Rivera. Autobús 100 desde Torquay o, en verano, tomad, a las horas en punto, el Open Top descapotable 127 (1 hora). En barco, desde el puerto de Torquay hay enlaces frecuentes durante todo el día hacia Brixham. Trayectos de unos 30 minutos. También Paignton-Brixham.

Direcciones útiles

– *Tourist Information Centre:* The Quay. ☎ (01830) 852 861.

¿Dónde dormir?

– *B & B:* al oeste del puerto (a la derecha de cara al mar), hacia el muelle en la carretera de Berry Head. Acogedor.

¿Dónde comer? ¿Dónde tomar una copa?

No contéis con el pescado fresco. El mercado no se visita y el último puesto vende congelados. Evitad el este del muelle, es muy turístico.

– *Saxty's:* Middle Street, justo antes de llegar al puerto, a la izquierda. Numerosos platos a precios variados. Popular y turístico a la vez.
– *The Old Millhouse Restaurant:* 54 Fore Street, calle peatonal. Extensa oferta de platos, tartas y pasteles. Buena relación calidad-precio.

¿Qué visitar?

▶ Soberbia *maqueta* a escala 2/3 de la *Golden Hind* (la cierva dorada), carabela en la que sir Francis Drake dio la vuelta al mundo de 1577 a 1580. No merece la pena pagar para entrar, se ve desde el exterior.

▶ Los otros barcos se pueden visitar previa petición. Si sois lanzados salid con un pescador. Preguntad en los pequeños *kiosks* al este de la dársena. Imaginaos las hogueras que se encendían en la costa para atraer los buques y saquearlos, lo que representaba todavía menos riesgo que el contrabando (los impuestos eran muy elevados en los siglos XVII y XVIII, época de *press-gangs*).

▶ A 2 km al oeste empieza el *Berry National Park*, reserva de plantas y aves. Hermosos paseos: playa de St Mary's Beach a 3 km del puerto.

▶ Se puede remontar el río *Dart en barco*. Información: Brixham Belle, Quay Side, cerca del TIC.

TOTNES   PREF. TEL.: 01803

Muy floreciente en la Edad Media. Sus habitantes preservan sus hermosas moradas y se disfrazan de isabelinos los martes, desde mayo a mediados de septiembre, sólo para vosotros.

Direcciones útiles

– *Tourist Information Centre:* The Plains, en el centro. ☎ (01803) 633 168. Abierto de 9 h 30 a 17 h 30 todos los días excepto el domingo. Los martes, visita gratuita a la 1 h 30; salida para Vire Island (en verano). Todos los pubs son muy agradables. Antigüedades el viernes por la mañana. Comercio de maderas en el puerto. Subid por Fore Street, pasando Gothic House (moda de fines del siglo XVIII), a la altura de Atherton Lane.

¿Qué ver? ¿Qué hacer?

▶ Espléndidas casas de los comerciantes de los siglos XVI y XVII en las calles del centro. Se construían hermosas fachadas para darse tono y se hacían chapuzas detrás, hay que visitar por tanto los pequeños patios y las avenidas. *Elisabethan HouseMuseum*, en 70 Fore Street, es un museo de la época.

▶ *Excursión por el Dart:* hay billetes combinados tren-vapor desde la estación de Paignton. Para bajar por el río informaos en el muelle de Totnes. No es muy caro; duración 1 hora y 15 minutos aproximadamente, cada hora; la ida y vuelta cuesta un poco más que la ida. Horarios según las mareas del estuario. Hermosos paisajes, y además se ve la propiedad de Agatha Christie y, la favorita de la familia real, la Escuela Naval... comentario en inglés inaudible y café malísimo, aunque el paseo es agradable.

▶ *Viaje en tren de vapor de Totnes a Buckfastleigh,* donde los aficionados pueden pasearse por un criadero de mariposas gigantes. La abadía era el modelo de Baskerville, el prior era vampiro. Parte del personal de los trenes de vapor es agradable, para que no se extinga el gran espíritu de los ferrocarriles. ¡Ah, estos ingleses!

DARTINGTON

– A 3 km de Totnes; hay un AJ pequeño y simpático, en un molino restaurado. Cierra los martes.

– *Dartington Hall:* notable edificio de 1388 que estaba en ruinas en 1925; una familia lo ha reconstruido por completo y luego lo ha ofrecido para actividades comunales. Si no entendéis ni papa, id una noche a ver una obra de Shakespeare, al aire libre y en verano, la representará una compañía de aficionados, pero que se muestran muy profesionales. Llevaos una manta y tapaos los tobillos y las manos (los mosquitos algunas noches también van a ver la representación). Bebed en el pub (muy agradable) con los actores. Pero hay que estar motorizado para volver. Los pequeños edificios acogen diversas artesanías de la comunidad vecina y una escuela de Bellas Artes. La Fundación ha restaurado incluso un antiguo puerto minero cerca de Plymouth, Morwellham, donde podéis discutir con victorianos del siglo XIX que se creen todo este asunto. Nada de sectas detrás, sólo un gran amor por el pasado, por una obra bien hecha y por un trabajo voluntario por el bien de todos. Inimaginable.

DARTMOUTH   PREF. TEL.: 01803

Se llega en tren hasta Kingswear (cruzar el estuario con el ferry) o en barco. Evoca un poco Cadaqués, en la Costa Brava de Gerona: actividad portuaria, bonitas casas, artistas. El puerto fue el punto de partida de las cruzadas y luego de expediciones hacia el Nuevo Mundo. Los astilleros navales están agonizando, pero la ciudad se despierta para la regata a fines de agosto. Hay algunos anticuarios de primera. De esta región es nuestra ciudad preferida.

¿Cómo ir?

– *Desde Paignton:* en tren de vapor hasta Kingswear y ferry para atravesar el río.
– *Desde Totnes:* en barco; numerosas salidas al día, ida o ida y vuelta.
– *Desde Kingswear:* en ferry.

Direcciones útiles

– *Tourist Information Centre:* en Mayor's Avenue. A la izquierda del puerto, cuando se ve el agua. ☎ 834 224.

¿Qué visitar?

▶ Desde el muelle, rodead la *square* subid por Duke Street y admirad las preciosas casas (a menudo restauradas, allí también hubo guerra) y el museo. Tratad de ver las paredes interiores y las arañas del Butterwalk Restaurant y de la farmacia. Continuad hasta el mercado viejo y comprad algunos perfumes de flores. Torced a la izquierda, luego a la derecha, pasad la hermosa iglesia de St Saviour, de estructura gótica del siglo XIV, restaurada en el siglo XVII, situada justo detrás de Fairfax Place, una espléndida casa cubierta de cerámica. Id a Lower Street, en el extremo del puerto, a tomad el sol. Se pasa delante de Agincourt House, la casa de un rico comerciante convertida en museo, y seguid hasta el muelle que se abre sobre la bahía. La vista es romántica. En la calle principal numerosos anticuarios exponen objetos e instrumentos de navegación.

▶ En un extremo de la desembocadura del río Dart, en una situación soberbia, se encuentra el *Dartmouth Castle*. No merece la pena entrar, pues exceptuando los cañones, las salas se encuentran en general vacías. La vista que ofrece puede ser perfectamente apreciada desde el exterior.

▶ A 3 km de Dartmouth se puede visitar la *Plage de Black Pools Sands*.

DARTMOOR

Gran landa salvaje en donde Conan Doyle situó la acción de uno de los enigmas más sombríos que la sagacidad de Sherlock Holmes tuviera que resolver nunca, *El perro de Baskerville.*

¿Cómo ir?

– En *coche* tomad la carretera B 3212 que cruza la landa.
– *Autobuses* diarios en verano (Transmoor Link), con salidas desde Plymouth y desde Exeter.
– Los valientes lo hacen en bicicleta (alquiler en Plymouth o Exeter).

Direcciones útiles

– *Dartmoor Forest* es un parque nacional. Procurad conseguir el *Dartmoor National Park* en la oficina de turismo de Exeter. Muy bien ilustrado, tiene buenos planos y la relación de las cosas que hay que visitar en el parque.
– Los *centros de información* en el parque son: *High Moorland Visitor Centre*, abierto todos los días del año, de 10 h a 17 h. ☎ 890 414. En *Postbridge*, abierto de primavera a verano. En *Tavistock*, de 10 h a 17 h de lunes a sábado, en *Steps Bridge* y en *New Bridge*. Todos ellos poseen abundante documentación, mapas y varias propuestas de itinerarios y paseos.

¿Dónde dormir en el parque?

– Pequeños *hoteles* en algunos pueblos.
– *AJ:* en el parque, en Step Bridge. ☎ (01647) 52 435. Abierto de marzo a septiembre. En Bellever: ☎ (01822) 88 227. Abierto todo el año. En una pequeña carretera, a 2 km de la B 3212, muy aislado al borde de la carretera. Es mejor reservar.

Campings

– *Holne Coirt Farm:* camping en Holne, al lado de Newton Abbot.
– *Runnage Farm:* en Postbridge, Yerbelton. ☎ 82 222.
– *The Plume of Feathers:* en Princentown. ☎ (01822) 890.

CHAGFORD

Autobús desde Exeter. Al principio, carretera con árboles y colinas suaves; luego se entra en la landa, hierba rasa, brezos, póneys y ovejas sueltos. Chagford es una encantadora aldea que fue muy próspera en los siglos XIV y XV porque el rey le había otorgado el derecho de comerciar con el estaño («Stannary Town»). Si hay aquí una cosa que ver es la increíble tienda James Bowden and Son Hardware and Moorland Centre (abierta de 8 h a 18 h de lunes a sábado), verdadera sucursal de la Samaritana. Desde hace más de un siglo, Chagford, gracias a esta tienda, puede enorgullecerse de ser la aldea mejor aprovisionada de la región. Id a dar una vuelta, como todo el mundo, encontraréis, seguro, alguna que otra cosilla para comprar.

CASTLE DROGO

A 4 km al norte de Chagford. Locura de un rico «tendero» de principios de siglo que se hizo construir, en 1910, una fortaleza de granito sobre una colina que domina la landa y el valle del río Teign.

El arquitecto Luytens se inspiró en un castillo de Northumberland del que se pueden ver las fotos. Es una enorme construcción a caballo entre el *blockhaus* moderno y la fortaleza medieval, particularmente austero y triste en un paisaje soberbio, rodeado de espléndidas colinas. Habitaciones inmensas con una decoración heteróclita, cosmopolita, curiosa mezcla de cosas bonitas que, dispuestas de cualquier modo, le dan un efecto cacofónico. Tenéis que ver la ducha. El conjunto no es interesante, pero sirve para verificar que el dinero no es necesariamente sinónimo de buen gusto. Después de la visita, ¿por qué no jugar al croquet? No es caro, divierte y se os proporciona el material y un buen manual para aprender. Reservas en el ☎ (01647) 433 306.

DE POSTBRIDGE A TWOBRIDGES

En la carretera B 3212, en pleno centro de la landa.

Informaciones útiles

– En **Postbridge** encontraréis un *centro de información* sobre el parque. No dejéis de visitarlo por sus folletos gratuitos, planos, informaciones y acogida muy amable, aunque sólo en inglés. Ver los horarios de los *firing ranges*. Pub (buena comida), supermercado y correos en Postbridge. Se ve, a un lado de la carretera, un *Clapper Bridge*, un puente empedrado del siglo XIII para las caballerías, ahora algo encorvado.

¿Dónde dormir? ¿Dónde comer?

– **Youth Hostel:** en Bellever. ☎ (01822) 88 227. Cerrado los lunes. Hay que reservar con antelación. En una pequeña carretera, a 2 km de la B 3212, muy aislado y junto al bosque. Cerrado los lunes.
– **En Haxtor Vale:** The Rock Inn, pub y albergue. ☎ (013646) 205. Buena comida, agradables rincones y bombones con el café.

¿Qué ver? ¿Qué hacer?

▶ Se pueden realizar espléndidas **excursiones hacia los Tor** (restos graníticos). ¡Qué paisaje! Para alejarse de verdad sin perderse o para no pasar ante algunos tesoros sin comprender, no dudéis en seguir una *walk* comentada por uno de los *rangers*. Se elige la excursión en función de la preparación física. Esta landa es la más rica de Europa en emplazamientos neolíticos: más de 2 000 círculos, piedras verticales, etc. Por lo menos os daréis cuenta de los círculos que formaban las casas. Las cruces en lo alto señalan el itinerario; eran muy útiles para los que llevaban los ataúdes, que recorrían 20 km sin poder detenerse. Había un parlamento local que celebraba sesión en plena landa y dictaba leyes sobre la contaminación, la irrigación (ved las conducciones de piedra). Hace 200 años se podía construir libremente una casa si se levantaban 4 paredes y una chimenea en un sólo día; de ahí el estilo local. Hay minas, hoy bastante agotadas. Hace 100 años inventaron un sistema demencial de buzón de cartas: se echaba la carta sin sello, sólo con el matasellos que había en el buzón. El primer viajero que pasaba, la recogía y la llevaba más lejos. Funcionaba y funciona todavía hoy, pues los coleccionistas de *postmarks* recorren la landa, firman en el *Visitor's Book*, matasellan su correo y lo meten junto al vuestro en un buzón de correos más civilizado cuando llegan a la ciudad.

La vegetación húmeda de los pantanos tiene asimismo sus secretos: turba (todavía en prospección), orquídeas, hongos alucinógenos que crecen en el estiércol como en los *Freak Brothers* y plantas carnívoras. Las ovejas de Dartmoor, de cabeza blanca, están siendo sustituidas cada vez más por las *Scotch black faced*, escocesas y todavía más resistentes. Podéis acariciarles el jersey.

▶ Yendo por **Twobridges** y **Princotown**, se ve la siniestra cárcel de Dartmoor; se puede rodear en coche, si éste no tiene miedo de las cuestas. En la carretera pequeña encontraréis unos póneys bastante lanudos en libertad. No obstante, las ovejas no se mezclan con ellos; las alambradas en la carretera les impiden pasar a casa del vecino.

▶ Otro buen punto de salida para una excursión, con oficinas de información y estupendos albergues: **Bovey Tracey** para ir a las cascadas **Becky Falls**. Por lo menos no corréis el riesgo de perderos, ¡no estaréis solos! Recordad que estáis a más de 500 m, que hace frío, que el sol quema y que las tiendas cierran a mediodía los miércoles.

▶ Se puede dar un buen paseo a caballo por los alrededores de **Buckland in the Moor.**

PLYMOUTH   PREF. TEL.: 01752

Gran puerto que no presenta un encanto excepcional. En 1620, los *Pilgrim Fathers* que habían zarpado de Southampton, hicieron una última escala en Plymouth antes de enfrentarse con el Atlántico. Iban a Nueva Inglaterra a fundar una colonia resguardada de las persecuciones. Ellos fueron los primeros inmigrantes norteamericanos. Una placa conmemora el punto de partida de su barco, el *Mayflower*. Dos barrios agradables para los turistas: **The Barbican**, antiguo barrio de pescadores, y **The Hoe**, una colonia residencial, ambos situados en la orilla. Escaso interés, excepto las salidas para Roscoff en barco (una noche).

Sir Francis Drake, gran navegante

Si hay que citar un marino de la gran época isabelina, éste es sir Francis Drake. Caballero del mar, nació hacia 1540. Se le confió la misión de dar la vuelta al mundo, cosa que realizó en tres años. Su reputación no hizo más que acrecentarse y fue elegido alcalde de Plymouth, la base naval más importante de la época. Su carrera estuvo marcada por derrotar a la Armada Invencible. Murió en 1596 en Panamá.

Direcciones útiles

– **Tourist Information Center:** Island House, 9 The Barbican (al lado de Southside Street, frente al mercado de pescado). ☎ 264 849. Abierto de mayo a septiembre de 9 h a 17 h, de lunes a sábado, y de 10 h a 16 h, el domingo.
– **Autobuses y autocares:** Bretonside. Al principio de Royal Parade en pleno centro. ☎ 664 111. Numerosas conexiones. La mejor compañía es Western National.
– **Correos:** St Andrew's Cross.
– **Alquiler de bicicletas:** Plymouth Mountain Bike Company, Queen Anne's Battery. ☎ 268 328.

¿Dónde dormir?

– **Youth Hostel:** Belmont House, Devonport Road, en Stoke. ☎ 562 189. A 3 km al noroeste del centro. Hermosa casa que recuerda a un teatro neoclásico.

- **YWCA:** 9-13 Lockyer Street. ☎ 660 321. Cercano al barrio de The Hoe. 90 camas individuales o dobles y dormitorios de 4 y de 6. Acepta chicos y chicas, pero en habitaciones separadas. Desayuno incluido y buena ubicación, al pie del ferry.
- **Tudor House Hotel:** 105 Citadel Road, The Hoe. ☎ 661 557. Bed & Breakfast. Si está lleno, probad con el vecino. En el barrio The Hoe hay numerosos B & B a precios razonables

Campings

- **Riverside Caravan Park:** Longbridge Road, Marsh Miles Plymouth. ☎ 344 122. En un suburbio de la ciudad, a 4 km, casi en el camino de Cornualles (A 38). Autobuses 20, 21 y 22 a orillas del río Plym. Bien equipado. Tienda, duchas, máquinas de lavar y secar, etc.

¿Dónde comer? ¿Dónde tomar una copa?

- **The Ship:** Quay Road. En pleno corazón de Barbican, lleno de gente. En el pub se bebe, arriba se come.
- **The Distillery:** Southside Street. Restaurante y bar instalados en una antigua destilería de ginebra que regentaban unos monjes en el siglo XV. Las diferentes dependencias han sido remodeladas. Preciosa decoración; todavía se puede contemplar el alambique; está restaurado.
- **The Queen's Arms:** Southside Street. Pub donde se puede comer al mediodía. Las dos encantadoras señoras que lo atienden, así como la colección de cerditos rosas en porcelana valen el desplazamiento. Una buena dirección.
- **Queen Anne Eating House:** al sur de la callejuela White Lane, perpendicular a Southside Street, en Barbican. Abre al mediodía y por la noche. Cierra los lunes. Cocina bien preparada y elaborada (pescado, conejo, platos vegetarianos, etc.).

¿Qué visitar?

▶ **The Barbican:** Antiguo barrio de pescadores, actualmente restaurado. Pasead como todos los turistas por el barrio del puerto, donde se encuentra la calle más agradable del pueblo. En la casita que alberga la oficina de turismo, los pasajeros del *Mayflower* (1620) tomaron su último trago antes de embarcarse hacia el Nuevo Mundo. Delante del puerto se halla un pórtico en el cual numerosas placas conmemoran las diferentes salidas hacia América y Nueva Zelanda.

▶ **Merchant's House Museum:** St Andrew's Street. Abierto de 10 h a 13 h y de 14 h 15 a 17 h. Cerrado los domingos. Museo de las diferentes corporaciones locales, instalado en una casa del siglo XVI, organizada según la cantinela: «Tinker, Teacher, Tailor, Soldier, Sailor, Richman, Poorman, Apothecary, Thief». En el último piso todavía funciona una farmacia de la época. El conjunto es muy interesante. Observad atentamente el dibujo del puente de Brunel en el río Tamar que separa Devon de Cornualles. Podéis ver cómo fue construido. Impresionante.

▶ **Plymouth Dome:** en Hoe Road, al pie del faro, en la cima de la colina. ☎ 603 300. Abierto todos los días de 9 h a 18 h (última entrada a las 17 h). Especie de museo multimedia, moderno e interactivo, que muestra todos los aspectos del pueblo a través de su historia, en especial la marítima. Reconstrucción de una calle, maquetas, diapositivas.

ALREDEDORES

- **Brunel's Bridge:** en Saltash. Puente de ferrocarril sobre el río Tamar, de 1850. Va paralelo al puente que tenéis que cruzar para pasar a Cornualles. Si tenéis suerte de que haya cola para el peaje, tendréis tiempo de admirarlo. Mr. Brunel construyó el primer barco de acero.

CORNUALLES

Al oeste de Plymouth empieza nuestra costa preferida. Allí se encuentran los pequeños puertos encajonados, las carreteras estrechas y una cierta alegría de vivir.

¿Cómo ir?

– A los que deseen limitarse a visitar sólo esta región les convendría tomar un **barco** de la Brittany Ferries (Roscoff-Plymouth).
– Hay bonos para circular en **autobús**, «Cornualles 7 días». Informaos en la Western National ☎ (01752) 222 666. Se pueden comprar en Exeter o en Plymouth. Conseguid el *Cornwall Public Transport Summer Timetable*. Indispensable para los que viajan en autobús. Ganaréis mucho tiempo.
– Los que van en **coche** deberán dejar su vehículo en el aparcamiento (pagando, naturalmente), para poder visitar las ciudades turísticas.

Algunas especialidades de Cornualles

– **El cornish cream tea:** té con leche servido con dos *scones*, pastelitos que se toman con mermelada y nata del país. Llenan y son ricos.
– **La cornish pasty:** cebollas, patatas cortadas finas y carne de vaca, envuelto todo ello en una pasta de hojaldre. No es caro. En todos los *Fish and Chips*.
– Aquí va la lista de pescados y mariscos que se encuentran más a menudo en la carta de los restaurantes de Devon y de Cornualles: *Cod* (bacalao), *crab* (cangrejo), *cockles* y *mussels* (berberechos y mejillones), *lobster* (langosta), *mackerel* (caballa), *monkfish* (rape), *oyster* (ostras), *plaice* (acedía), *prawn* (gambas), *salmon* (salmón), *shark* (tiburón) y *skate* (raya).

Clima

En esta región el tiempo es muy caprichoso y las cuatro estaciones pueden sucederse en el mismo día: tened siempre a mano gafas de sol, impermeable y alguna prenda de abrigo. A pesar de todo, seréis recompensados por las maravillosas puestas de sol, los efectos misteriosos de la bruma y la luz.

LOOE   PREF. TEL.: 01503

Hermoso puerto pesquero, pequeño, situado a ambos lados de un estuario. No está mal de turismo. Desde Plymouth es muy difícil acceder en autostop. Tomad un autobús. La proximidad de la corriente Gulf Stream, que pasa por los alrededores, hace de Looe un sitio célebre para la pesca de tiburones. Es posible ir de pesca (desde el tiburón azul de 100 kg hasta el mako, de 500 kg). Bastante caro. No olvidéis la cámara de fotos para asombrar a vuestros compañeros de oficina.
Si os gustan los paseos en barco, negociad con un marinero el viaje a Polperro en barco. Normalmente, hacen ida y vuelta. De este modo veréis la costa desde el mar y las calas —Talland Bay entre otras— que utilizaban los contrabandistas.

¿Dónde dormir?

– *Tidal Court Guesthouse:* 3 Church Street, West Looe. ☎ 263 695. La dueña de este B & B es absolutamente encantadora y os buscará una habitación en casa de una amiga si su establecimiento está lleno. ¡No hay problema! Además, su B & B está frente al pub *The Olde Jolly Sailor*, ¡muy práctico!
– *Camping Tencreek:* al oeste de la ciudad, a 3 km del centro. ☎ 262 447. Espléndida vista al mar. Confortable piscina, bar, juegos, sala de baile (que cierra a las 23 h), duchas gratuitas, posibilidad de hacer la colada. Bastante caro.

¿Dónde comer?

– *Dave's Dinner:* en el muelle, cerca de Ferry Side. Un *Fish and Chips* de calidad excepcional. Buen olor a fritura y luces de neón. Cierra a las 18 h.
– *Palfrey's:* Fore Street. Panadería donde podéis comprar *cornish pasties* de calidad.

Más elegante

– *Surcouf:* Lower Market Street. ☎ 262 562. Sólo abre por la noche. Como su nombre indica, es un restaurante francés. Se come pescado bien cocinado. Un lugar agradable.

¿Dónde tomar una copa?

– *Ye Olde Salutation Inne:* pub donde se dan cita los (auténticos) marineros. Por otra parte, los relojes indican los horarios de las mareas. Fotos de los tiburones más grandes que se han pescado. Dardos.
– *Fishermans Arms:* en Higher Market Street, frente al museo. Pub con una sorprendente colección de nudos marineros. Los jueves, música en vivo.
– *The Olde Jolly Sailor:* al otro lado del estuario, en West Looe. Presenta la ventaja de estar un poco apartado y menos lleno. También antiguo, como los dos anteriores, y lleno de historia. Fue un escondite de contrabandistas. Pedid que os lo cuenten.

¿Qué visitar?

▶ A dos pasos de la playa, el *Old Guildhall Museum*, instalado en el antiguo tribunal del pueblo; maquetas de barcos, grabados, minerales de la región etc. Observad la picota y el aparato que servía para afilar cuchillos. Si no los veis, pedid a la celadora que os los enseñe, cosa que hará de mil amores.

POLPERRO   PREF. TEL.: 01503

Precioso pueblo de pescadores escondido al fondo de una cala rocosa. Hay muchos campings entre Looe y Polperro.

¿Dónde comer? ¿Dónde tomar una copa?

– *Wheelhouse Gallery:* pequeña cafetería junto al puerto.
– *Pub Three Pilchards:* en el puerto. Uno de los más simpáticos en nuestra opinión. Tomad un *seafod morney* acampañado de una pinta de sidra.

¿Qué visitar?

▶ *Polperro Heritage Museum of Smuggling and Fishing:* en el puerto, en la parte izquierda. Abierto todos los días en verano de 10 h a 18 h. Museo casi enteramente dedicado al contrabando de droga. Se muestra cómo «hacen» para inundarnos de droga y también los efectos de las diferentes drogas sobre nosotros. Muy instructivo. Se sale asqueado para siempre.

▶ *Shellhouse:* en la callejuela que va a dar al museo, casa cuyas paredes están cubiertas de conchas.

▶ *Paseo hacia Talland Bay y Looe:* Y después, id más allá del puerto y tomad el camino a la izquierda que lleva a Talland Bay, célebre por el contrabando. El camino cae en picado sobre el mar y se contempla la bahía de Looe: un paseo muy agradable.

FOWEY

Pronunciad «Faui». Maravilloso puerto, con el pueblo que se extiende paralelo al agua. Se llega en ferry desde Polruan o en coche desde Bodinnick. Al llegar tendréis una vista estilo tarjeta postal con el puerto enfrente. Con la puesta de sol es todavía más bonito. Fowey, con actividad portuaria desde el siglo XII, continuó luchando contra Francia mucho tiempo después de que terminara la guerra de los Cien Años.

¿Dónde dormir?

– *Youth Hostel Golant:* a pocos kilómetros de Fowey. ☎ 833 507. Alejado de la carretera B 3269 en dirección a St Austell, a orillas del río Fowey. Abierto todos los días.
– *The Ship Inn:* en la plaza del puerto. ☎ 833 751. En una antigua casa isabelina. Directamente del bar a la cama.
– *Top Sides Guesthouse:* The Esplanade. ☎ 833 715. Más o menos 70 m antes del Fowey Hotel (gran hotel muy gris), tomad la estrecha escalera de la derecha. Encantadora casita que ofrece una estupenda vista de la bahía. Sólo tres habitaciones con lavabos fuera. Una de las direcciones más baratas.

Campings

– *Camping Yeate Farm Camp & Caravan Site:* Yeate Farm, justo frente al ferry de Bodinnick. ☎ 870 256. En un prado, cerca de la granja de la que depende. Antes de instalaros aseguraos de que la propietaria os dejará plantar la tienda donde realmente queréis. Instalaciones correctas. Duchas calientes. Barato.
– *Penhale Caravan and Camping Park:* entre Par y Fowey, en la A 3082, a dos millas de Fowey. Camping bastante bien equipado. No obstante, presenta una gran desventaja: está en una cuesta. Si tenéis una tienda grande podéis tener dificultades para encontrar un sitio lo suficientemente grande para plantarla.

¿Dónde comer? ¿Dónde tomar una copa?

– *The King of Prussia:* pub donde se puede comer al mediodía y por la noche. No creáis que fue el mismísimo rey de Prusia quien se dejó caer por el local... La enseña es el sobrenombre de un contrabandista local, ¡un auténtico héroe!
– *The Ship Inn:* otro pub cerca del primero (ved «¿Dónde dormir?»). La gente del lugar va del uno al otro.

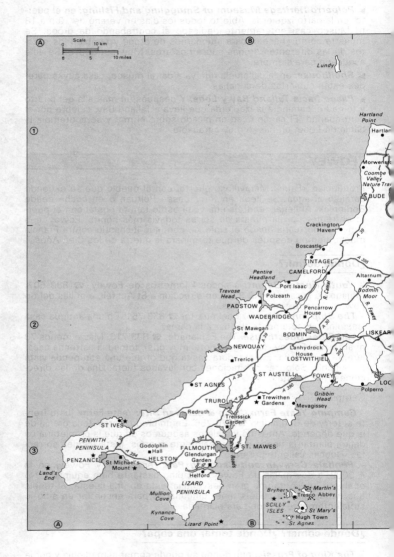

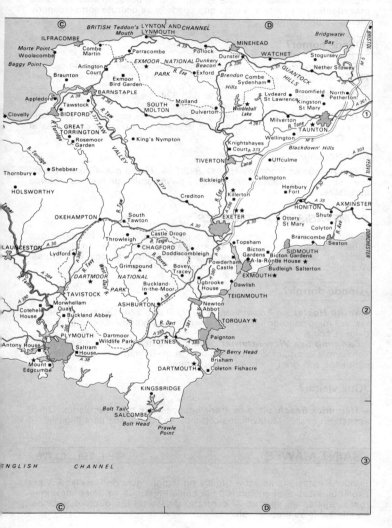

CORNUALLES

MEVAGISSEY   PREF. TEL.: 01726

Pronunciad «Mevagisi». Aunque este pueblo no posee el encanto de los precedentes, el puerto y la vista que desde él se disfruta son verdaderamente sorprendentes.

¿Dónde comer?

– *The Fountain Inn:* en una callejuela perpendicular a la calle central. ☎ 842 320. Pequeño pub de techos bajos. Se come y también se duerme en las habitaciones del piso superior.
– *The Ship Inn:* Market Street. ☎ 843 324. Se bebe y se come a discreción (tiburón, cuando la pesca ha sido buena).
– *The Captain's Table:* un pequeño rincón en la terraza de un edificio horroroso, frente al mar, en el lado izquierdo del puerto, con vistas al mar. ☎ 843 051.

Más elegante

– *The Rainbow:* Tregoney Hill. ☎ 842 254. *Home made pies* y *cream teas*, si estáis cansados del pescado y de la comida de los pubs. Marco agradable.

DE MEVAGISSEY A ST MAWES

Si vais en coche, perdeos por esos pequeños caminos hundidos que suben y bajan, rodeados de altas hayas. Si vais a pie, no dudéis en tomar el camino (*coastal footpath*) a través de campos y praderas. Acantilados a un lado y el mar al otro.

¿Dónde dormir?

– *Youth Hostel:* en Boswinger. ☎ (01726) 843 234. Cerrado el miércoles. AJ minúsculo en un pueblo apenas más grande. Dormitorios sencillos. Cocina.
– *Camping Sea View International:* justo antes de llegar a Boswinger, señalado a la izquierda. Muy bien equipado. Bastante caro. Numerosos campings con granja a lo largo del camino.

¿Qué visitar?

▶ *Hemmick Beach:* playa de arena situada entre dos acantilados. Difícil acceso en coche. Maravillosos caminos en hondonada para llegar.

SAINT MAWES   PREF. TEL.: 01326

Pequeña estación balnearia situada en la península de Roseland. Vista espléndida sobre el conjunto de la bahía en la que se celebran numerosas regatas en verano. Al contrario de las de los pueblos vecinos, aquí la bahía es amplia y abierta.

¿Dónde dormir?

– *B & B Maria Bysouth:* dirigíos hacia el castillo y continuad subiendo. Torced a la derecha de Newton Road y más abajo, hacia la izquierda. ☎ 270 036 (casa de la hija). 2 habitaciones coquetas. Espléndida vista y gran prado delante que parece descender directamente al mar.

¿Dónde comer? ¿Dónde tomar una copa?

- **Rising Sun:** bar agradable, en el puerto. El hotel es caro.
- **The Victory Inn:** pub donde se puede comer. Allí se dan cita los lugareños. También se puede dormir.

Más elegante

- **Old Watchhouse Restaurant:** de cara al puerto. ☎ 270 279. Comida tradicional y de buena calidad. Mucho pescado y esmerado servicio.

¿Qué visitar?

▶ 1,5 km antes de llegar a St Mawes, detenerse en **St Just-in-Rosland** para descubrir una soberbia iglesia fortificada construida en el fondo de un valle, a la orilla del mar. Un pintoresco cementerio con palmeras y cuervos añade al lugar un toque misterioso, casi surrealista.

▶ Desde allí tomar un camino (*public footpath*) que lleva a pie hasta **St Mawes Castle**, fortaleza construida en 1540 por Enrique VIII para defenderse de los ataques del Papa. Al otro lado de la bahía descubriréis otra igual: **Pendennis Castle.** Ambas protegían el estuario de la Fal. Nunca fueron derruidas y merece la pena visitarlas. Abiertas todos los días de abril a fines de octubre, de 10 h a 18 h; el resto del año, de miércoles a sábado, de 10 h a 16 h.

¿Cómo salir de Saint Mawes?

- Si vais en coche, tomad el ferry en Feock (*King Harry Ferry*) para cruzar el río. De lo contrario, id en barco desde St Mawes a Falmouth.

FALMOUTH   PREF. TEL.: 01326

Gran puerto de mar, en la desembocadura del río Fal, como su nombre indica. Algunas preciosas playas cerca de Swanpool.

Direcciones útiles

- **Tourist Information Center:** 28 Killigrew Street. ☎ 312 300.
- **Correos:** The Moor.
- **Estación de tren:** hay tres: al oeste, *Penmere Station*; en el centro, *The Dell*; en el este, *Falmouth Docks* (final de la línea). Se pueden reservar billetes en la agencia *Newel Travel*, 26 Killigrew Street. ☎ 315 066.
- **Autocar y autobús:** The Moor (allí mismo delante del Ayuntamiento). Autobuses locales *Hoppa*, muy prácticos.

¿Dónde dormir?

- **Youth Hostel:** Pendennis Castle, a 3 km del centro. ☎ 311 435. El albergue está junto al castillo. Preciosas vistas de la bahía. Desde el centro, The Moor, tomad el autobús X 89. Desde la estación, en el primer cruce, girar a la izquierda. Está abierto permanentemente.

Bed & Breakfast a precio medio

- **Ivanhoe B & B:** 7 Melvill Road. ☎ 319 083. Edificio muy bonito en una calle tranquila de casas eduardianas. Bonitas habitaciones con baño y excelente acogida.
- **B & B:** muchos otros en Melvill Road.

Campings

– *Tremorvah Tent Park:* a dos pasos de la playa de Swanpool. ☎ 312 103. Simpático y familiar. Camping, caravaning e incluso apartamentos para alquilar.
– *Cosawes Park Homes Touring:* en el cruce entre la carretera entre Falmouth y Truro (a 4 millas del primero y a 6 del segundo). ☎ 863 724. Muy rural y tranquilo. Bastante bien equipado y bien atendido.

¿Dónde comer?

– Para un pic-nic podéis comprar ostras del país en la pescadería de la calle principal. Las orillas del río Fal, junto a Mylor, están cubiertas de bancos de ostras, una especialidad local. La pescadería ofrece también salmón fresco de la región.
– *The Chain Locker:* en el muelle del puerto. ☎ 311 085. Pub, lugar de cita del *Shark Angling Club*. Está en el muelle y tiene mesas fuera. Comida y bebida al mediodía.

Más elegante

– *Hornblower's Restaurant:* 2 Bank Place. ☎ 211 161. Cerca de Grove Place. Ambiente muy agradable, como los dueños, que intentan hablar con todos los visitantes en su lengua. Buena comida.

¿Dónde tomar una copa?

– *The Pirate Inn:* Grove Place. Gran pub-rock con grupos todas las noches hacia las 22 h. Folk, rock, jazz... Abre por las noches, desde las 19 h hasta la 1 de la madrugada.
– *The Cutty Sark:* Grove Place. ☎ 311 859. Algunas mesas en el exterior. Tradicional, con billar y barriles de cerveza.

¿Qué ver?

▶ *Pendennis Castle:* en el puente del estuario, separando el puerto de las playas. Abierto todos los días de 10 h a 18 h del 1 de abril al 31 de octubre y de 10 h a 16 h el resto del año. Entrada un poco cara. Si no habéis visto *St Mawes Castle*, se impone una visita.
▶ *River Fal:* se sube por el río Fal hasta Truro. Billetes y salidas: Prince of Wales Pier. 4 barcos al día. Salidas según la marea. Dos horas de barco (una de ida y otra de vuelta).
El río es muy profundo y sirve de garaje a los petroleros; igualmente, podéis contemplar antiguos pontones de cemento utilizados durante la Segunda Guerra Mundial, abandonados allí. Hermoso bosque de olmos en una orilla.

TRURO

Pequeña y antigua ciudad cuyo museo retrata la vida en Cornualles desde los tiempos más remotos.

¿Dónde comer?

– *The Wing and Pen:* Frances Street, a 50 m del *The Royal Cornwall Museum*. Pub con una amplia carta de platos. Sirven comidas y cenas.
– *The Old Ale House:* Prince's Street. Servicio al mediodía y de 17 h a 19 h. Un pub como imaginabamos en nuestros sueños adolescentes.

Con mucho, lo más auténtico es su colección de corbatas, sus viejas mesas y sus toneles. Música en vivo algunas noches. El lugar es adorado por el público local.

¿Qué ver? ¿Qué hacer?

▶ *The Royal Cornwall Museum:* River Street. Abierto de lunes a sábado. Para revivir el pasado de la región: hermosas colecciones de minerales y cerámica, e incluso una momia. También están representadas las industrias tradicionales que labraron la futura riqueza de Cornualles, *fish, tin and copper,* igual que la vida de los lugareños y la emigración.

▶ *Cornish Seal Sanctuary Gweek:* (cerca de Helston), en la carretera B 3291, en el pueblo de Gweek. ☎ (01326) 221 361. Abierto todos los días de 9 h a 17 h; en invierno, de 10 h a 16 h. Para todos los enamorados de las focas: no os lo perdáis. Hospital para cachorros de foca donde se recuperan los pobres animales heridos... Cuando mejoran se devuelven al mar. ¡A Brigitte Bardot le encantaría!

PENZANCE   PREF. TEL.: 01736

La ciudad más occidental de Inglaterra y una estación balnearia famosa. De ella salen los barcos para las islas Scilly, famosas por la suavidad de su clima.

Direcciones útiles

– *Tourist Information Center:* Station Road. ☎ 62 207.
– *Correos:* Market Jew Street. En la calle central.
– *Estación de tren:* Station Road. ☎ (01872) 762 44 (a Truro).
– *Autobuses:* Station Road. ☎ (01209) 719 988. La Western National hace el servicio a numerosos pueblos.

¿Dónde dormir?

– *Youth Hostel:* Castle Horneck, en la A 30. ☎ 62 666. Cerrado en enero y febrero. Reservad sin falta. Un poco lejos del centro, aunque hay autobuses *Hoppa.* Gran mansión del siglo XVIII con instalaciones confortables. En los alrededores, jardines donde se puede plantar la tienda con autorización del guarda.
– *YMCA:* The Orchard-Alverton Road. ☎ 65 016. Edificio moderno, confortable, pero feo.

Bed & Breakfast a buen precio

– *Trelawney Hotel:* 37 Chapel Street. ☎ 67 658. Bonita casa en pleno centro, en la mejor calle de la ciudad. 7 habitaciones con baños exteriores. Arreglada con gusto. Buena acogida. Uno de los mejores en relación calidad-precio.
– Numerosos *B & B* en Alexandra Road, prácticamente uno al lado del otros. Contad 20 minutos de caminata desde la estación en dirección oeste. Entre los más baratos: *Pendennis, Treventon, Trement Hotel* y *Glendower Guesthouse* (en Mennaye Road).

Muy elegante y muy caro

– *The Abbey Hotel:* Abbey Street, calle pequeña que da a Chapel Street. ☎ 66 906. Muy pocas habitaciones en este pequeño hotel, escondido en una calle estrecha que domina el puerto. En el interior, grandes butacas de chintz ajado, porcelana inglesa. Jane Shrimpton, célebre modelo de los años 60, es la feliz propietaria. Estilo y encanto de otra época.

¿Dónde comer? ¿Dónde tomar una copa?

– **The Admiral Benbow:** 46 Chapel Street, esquina con Abbey Street. ☎ 63 448. Restaurante con muy bonita decoración con objetos marinos, algunos mascarones de proa. Pub en el piso superior.
– **The Turk's Head:** 48 Chapel Street. Uno de los antiguos pubs del lugar, donde también se puede comer.
– **The Dolphin Tavern:** Quay Street. Rivaliza en antigüedad con el *Admiral Benbow*. Muy rico en historias de marineros y contrabandistas.
– **The Union Hotel:** Chapel Street. Otro lugar cargado de historia: aquí se dio a conocer, en 1805, la muerte de Nelson en Trafalgar.

¿Qué visitar?

▶ **The Maritime Museum:** Chapel Street. Abierto todos los días de 10 h a 17 h, excepto domingos. Dispuesto como un barco de guerra del siglo XVIII con sus tres puentes reconstruidos; restos de naufragios, mascarones de proa, aparatos e instrumentos de navegación.

MARAZION Y EL SAINT MICHAEL'S MOUNT

A 3 km de Penzance, pequeño puerto unido al St Michael's Mount por una calzada sumergida durante la marea alta. Este monte se parece mucho a su homónimo francés, aunque es más pequeño. Pero eso no tiene nada de sorprendente, ya que los monjes de la abadía benedictina del Mont Saint Michel de Normandía se instalaron también aquí y construyeron una iglesia y un pequeño monasterio.

¿Dónde dormir?

– **Marazion Hotel y Cutty Sark Pub:** The Square. Frente al St Michael's Mount. ☎ 710 334. Sitio muy agradable. Habitaciones con o sin baño. Precios un poco elevados. Se puede comer en *The Captain's Table*, un excelente *steak* de tiburón y mejillones fritos. Muy buena dirección.
– **The King's Arm:** algunas habitaciones en un viejo pub rústico. Patrón agradable y habitaciones modestas, como el precio.

¿Dónde comer?

– **The Captain's Table:** restaurante del *Cutty Sark Pub*. Muy buena relación calidad-precio

¿Qué visitar?

▶ **St Michael's Mount:** cuando hay marea baja se accede por el monte St Michael. Con marea alta se toma un barco (hay que pagar) que hace el trayecto de ida y vuelta desde el muelle. ☎ (0136) 73 320.

LAS ISLAS SCILLY

Archipiélago de más de 100 islas, de las que sólo 6 están habitadas. Islas muy conocidas por la suavidad de su clima, la belleza de sus flores y las reservas naturales de aves marinas.

Direcciones útiles

- *Information Office:* Portheressa Bank, St Mary's Isles of Scilly, TR21 05Y. ☎ (01720) 22 536. Si queréis acampar, pedid autorización al ayuntamiento.

¿Cómo ir?

Sólo los scilianos están autorizados a frecuentar algunas de las carreteras que jalonan las islas. Hay tres maneras de llegar hasta allí:
- **En barco:** con la compañía *Isles of Scilly.* Reservas: ☎ (01736) 62 009. Un barco cada día de lunes a sábado. Salida a las 9h 15, regreso a las 16 h 30. Duración de la travesía: 2 horas y 40 minutos.
- **En avión:** con la compañía *Skybus.* Reservas en *Land's End.* ☎ (01736) 787 017. En *St Mary,* ☎(01720) 422 905. Salidas del aeródromo de Land's End. No hay vuelos los domingos.
- **En helicóptero:** con la *British International Helicopters.* ☎ (01736) 63 871 en *Penzance.* ☎ (07120) 422 646 en *St Mary's.* De 5 a 7 vuelos según los días, excepto el domingo. Se vuela en enormes aparatos con capacidad para 30 personas.

SAINT MARY'S

La mayor y la más importante de las islas Scilly, y puerto de llegada del barco. *Hug Town* es la principal localidad. Un barco la comunica diariamente con las demás islas.
- *Tourist Information Service:* Portheressa Beach, en St Mary's. ☎ (01720) 422 536. Os ayudarán a encontrar alojamiento.

TRESCO

La perla de las islas Scilly. Árida y salvaje al norte, bella y sofisticada al sur. Desde hace muchos años es propiedad de la familia Smith, que mantiene un jardín que cuenta con más de 5 000 especies de plantas tropicales y subtropicales.

SAINT AGNES

Sin ninguna duda, la isla preferida por los trotamundos, y no sólo por su pub. Saint Agnes tiene una hermana: *Gugh.* Durante la marea baja, se puede ir andando cómodamente desde una isla a la otra, la playa es realmente magnífica; durante la marea baja, Gugh queda desierta e inabordable.

DE PENZANCE A SAINT IVES POR LA COSTA

PENWITH

Este rincón de tierra significa «fin del mundo». Costa muy recortada. Numerosas bahías y calas muy hermosas. El mar es maravillosamente azul y verde: dan ganas de tirarse de cabeza. El antiguo camino (*coastal footpath*) de los aduaneros, que sigue la línea recortada de los acantilados, permite apreciar toda la belleza de la región. Es una de las zonas más bonitas de la costa y ofrece vistas inolvidables de las poblaciones.
Cada bahía está unida a la civilización por la B 3315 y la B 3306. El recorrido del autobús es muy completo.

MOUSEHOLE

A 4 km de Penzance se extiende este pueblecito con un puerto tan minúsculo como sus carreteras. Encantador.

¿Dónde dormir? ¿Dónde comer?

– **The Ship Inn:** en el puerto. ☎ 731 234. Pub muy famoso que ofrece algunas habitaciones de cara al puerto. Autobús *Hoppa*. Aquí se elaboró por primera vez un plato llamado The *starry gazy pie*: tarta de siete pisos elaborada con pescado. A fines del siglo pasado la gente se moría de hambre y el mar estaba demasiado picado para que pudieran salir a faenar los pescadores. No obstante, un arriesgado marinero salió y realizó una pesca milagrosa (o casi) el día de Nochebuena. Desde entonces, todos los 23 de diciembre se celebra el acontecimiento... Mirad las fotografías de las paredes. El dueño del bar es un vividor y os contará personalmente esta historia.
Algunas noches, el coro de hermosas voces masculinas «Mousehole Male Voice Choir» ensaya allí y es muy conmovedor. Se puede comer al mediodía.

TREEN

Pequeña ciudad al final de la B 3315. Está dominada por una enorme roca, **Logan Rock**, que se balancea cuando hay viento. El paseo a través de los campos y luego por las rocas es muy agradable. Desde allí, hermosa vista de la playa de Porthcurno.
De regreso, tomad un trago en el pub local que el National Trust ha reconstruido: el **Logan Rock Pub**. Una manera agradable de respaldar al NT en sus esfuerzos para la conservación del patrimonio.
Si deseáis acampar, dirigíos a la (única) tienda.

PORTHCURNO

Una de las playas más bonitas de la costa, de arena dorada y aguas verdes, donde algunos ingleses se bañan a pelo. Encontraréis el Minack Theatre. El escenario está de espaldas al mar y las gradas se recortan en el acantilado; se trata de un teatro al aire libre en un decorado soberbio. Edificado en 1932 fue construido por una mujer que empleó medio siglo en moldear las gradas ella misma, a golpe de pico y pala, con un poco de ayuda del guarda del lugar. Casi siempre, se representan obras clásicas, de lunes a viernes a las 20 h (hacer cola desde las 18 h) y a veces por la mañana. El programa se expone más o menos por todas partes.
Podéis encontrar camping y B & B muy cerca. Se aconseja hacer la reserva por teléfono: ☎ (01736) 810 181.

LAND'S END

El fin del mundo... ¿de verdad? Un fin del mundo muy explotado; se ha convertido en un parque de atracciones. No se puede utilizar el aparcamiento si no se paga la entrada al parque. Dicho esto, gozad de la sorprendente vista desde lo alto de los acantilados. Las rocas parecen haber sido pulidas y colocadas unas sobre otras. Bastante curioso. Hay que alejarse de la multitud para apreciar la belleza y el encanto salvaje del lugar... pero, cuidado, respetad atentamente los avisos de prudencia, porque los acantilados se pueden desmoronar y ya ha habido accidentes.
Muy agradable B & B en Sennen, justo delante de End's Land viniendo de Penzance: **The Old Manor**, ☎ 871 280. Podéis cenar. Dueños bastante acogedores.

SAINT JUST

Aldea situada en el interior. Sin acantilados ni playa ni el encanto de los lugares que la rodean, lo que la salva es la presencia de un AJ, el único de la zona.

– *Land' End Youth Hostel:* Letcha Vean, 8 St Stephen's Hill, 1 km al sur de la ciudad. ☎ 788 437. Abierto todos los días desde primeros de abril a fines de octubre. Reservad sin falta. El albergue está perdido en el campo, cerca del cabo de Cornualles (Cape Cornwall), donde el acantilado desciende suavemente hasta el mar.

Después de Saint Just: cambio de paisaje; las praderas y las hayas dejan sitio a la landa, recortada por pequeños muros. Algunas chimeneas aparecen diseminadas, son las últimas huellas de las antiguas minas de estaño.

ZENNOR

En la B 3306. Pueblo típico: una granja, una iglesia, un pub (*The Tinners'Arms*). Bonitas cruces celtas en el cementerio de la iglesia.

SAINT IVES   PREF. TEL.: 01736

Antiguo puerto de pesca de *pilchards*, la ciudad es famosa por sus hermosas playas de arena fina, concretamente *Carbis Bay* en los alrededores. Prácticamente todas sus calles poseen una galería de pintura. Los amantes del arte pueden echar un vistazo en *Old Mariners Church*, en Novay Square.

Direcciones útiles

– *Tourist Information Centre:* An Pol Street. ☎ 796 297.

¿Dónde dormir?

– Numerosos **B & B** diseminados por toda la ciudad. Los más encantadores están en las casitas de alrededor del puerto.
– *Victoria:* Glody View, más allá de la Tate Gallery. ☎ 795 239. 3 habitaciones, pero una vista excelente.
– *Monteray Guesthouse:* 7 Glodgy View. ☎ 794 248. Desde aquí también se disfruta de una bonita panorámica del mar. Sobre todo, resulta barato.

Campings

– *Chy-a-Gweal Holiday Park:* hacia Carbis Bay. ☎ 796 257. En la A 3074, yendo hacia Carbis Bay, indicado a la derecha. Camping familiar y barato. Duchas incluidas.
– *Trevalgon Farm Family Campsite:* ☎ 796 433. A 2 millas de St Ives, en la carretera B 3306. Relación calidad-precio inmejorable en este camping-granja.

¿Dónde comer? ¿Dónde tomar una copa?

– *Harbour Take-away:* en el puerto, yendo hacia Smeaton's Pier. Buenos *Cornish pasties* tradicionales. Reconstituyentes.
– *Cafetería de la Tate Gallery:* en la segunda planta, con una admirable vista de los tejados grises y encantadores de la ciudad, y la playa. Terraza para el buen tiempo.

Precios normales

- **The Marmaid Bistro:** Fish Street (al sur del puerto). ☎ 796 816. Abierto por las noches de lunes a sábados. Ofrece una comida completa (3 platos), a un precio interesante, entre las 18 h 30 y las 19 h 30.
- **The Sloop Inn:** en el puerto, bonito pub. No os lo perdáis. Fue el cuartel general de lord Mountbatten durante la preparación del desembarco en Dieppe durante la Segunda Guerra Mundial. Posibilidad de excursiones marítimas. Hermosa colección de retratos a lápiz.
- **Seafarer Restaurant:** 47 Fore Street. En dirección a Salubrious Place. ☎ 797 686. Se puede comer en la terraza con vistas al puerto y a la bahía. Menú barato hasta las 17 h 30. La cena es un poco más cara.

¿Qué visitar?

▶ **Tate Gallery:** Porthmeor Beach. ☎ 796 226. Abierto todos los días de abril a octubre, de 11 a 19 h (17 h el domingo y 21 h los martes y jueves). En invierno cierra a las 17 h y los lunes. Inaugurada por el príncipe Carlos, el de las grandes orejas, en junio de 1993, he aquí la hermanita de la célebre galería londinense. La larga tradición de arte de St Ives desde el siglo XIX ha tenido finalmente su recompensa. En ella se celebran exposiciones temporales de pintura y escultura.

▶ **Barbara Hepworth Museum and Sculpture Garden:** En Back Street, esquina de Ayrlane. Abierto de lunes a sábado de 11 a 19 h y el domingo, de 11 a 17 h. Cierra los lunes en invierno.Aquí vivió la gran escultora; a su muerte, legó su casa, sus jardines y sus esculturas. Interesante ver estas obras en el entorno en que fueron concebidas y apreciar los bocetos y los documentos que han quedado.

▶ **Smeaton's Pier:** aquí desembarcan los pescadores y sus cajas de bacalao, ante la golosa mirada de una foca. Miradla bien porque podríais tener la suerte de verla hacer el payaso.

PORT ISAAC   PREF. TEL.: 01208

Encantador y pequeño puerto encajonado al pie de una colina. Las casas de los siglos XIV y XV parecen de juguete, apretujadas unas contra otras, de cara al puerto. Las paredes están cubiertas de pizarra gris. Parada obligatoria.

¿Dónde dormir?

- **Hathaway Guesthouse:** atravesad el pueblo y subid por el estrecho callejón en la parte oeste, bordeando el acantilado. Seguid hasta el final. ☎ 880 416. Casa victoriana decorada con coquetería. Pero lo mejor de todo es la magnífica vista sobre el puerto. Propietario agradable.

¿Dónde comer? ¿Dónde tomar una copa?

- Antes de remontar la costa, tomad un poco de *mousse* en el pub **Golden Lion**. En el sótano, el **Bloody Bones Bar**, de donde sale un misterioso túnel. Éste era el lugar de cita de los piratas del país.
- **The Cornish Café:** en lo alto de la costa, cerca del aparcamiento. Agradable, pero el sitio no es muy grande y en seguida se llena.

¿Dónde comer bien? ¿Dónde tomar una cerveza?

- **The Cornish Arms:** en tierra firme, en la B 3313 en Pendoggett. Se come, se bebe, se duerme. ☎ 880 263. Los campesinos pobres se contentan con tomar un snack en el bar; los ricos se permiten una auténtica comida inglesa, de buena calidad, en el restaurante elegante y de buen gusto. Buena dirección, pero esta segregación de clases es más bien desagradable.

ALREDEDORES

– A 1 km al este bordeando la costa llegaréis a **Port Gaverne**. Un puerto minúsculo con un puñado de casas. El *Port Gaverne Hotel* dispone de un pub agradable con fotografías de barcos de principios de siglo colgadas de las paredes

TINTAGEL   PREF. TEL.: 01840

Este pequeño pueblecito en lo alto de la costa salvaje es una de las más célebres localidades de Cornualles, ya que está asociado a las antiguas leyendas celtas y al rey Arturo.
¿Porqué no tomar el camino (*coast footpath*) que sigue la costa desde Port Isaac? Maravillosas vistas del mar y los acantilados.

¿Dónde dormir?

– **Youth Hostel:** en nuestra opinión, el AJ más encantador de toda la costa de Cornualles. ☎ 770 334. Cerrado el martes. Id hasta St Mariena Church, luego seguid, unos 500 m a la izquierda, los acantilados. El edificio no se ve desde el camino, ya que está en un cambio de rasante. Tened confianza, continuad, recibiréis vuestra recompensa. Vista espléndida sobre imponentes acantilados. Reservad con antelación.

Bed & Breakfast

– **Ferney Park, Mrs. Penny Mendoza:** Ferny Park, Bossiney Hill. ☎ 770 523. En la carretera que une Tintagel con Boscastle. Acogida encantadora. Todos los cuadros de la casa son de Mrs. Penny Mendoza. Buena relación calidad-precio. *Breakfast* abundante.

Campings

– **Headland Campsite:** Atlantic Road, en el extremo del pueblo. ☎ 770 239. Camping bien equipado y cercano al mar.

¿Dónde comer? ¿Dónde tomar una copa?

– **The Rigs Restaurant:** Bossiney Road. ☎ 770 427. Buena dirección. Sirven durante toda la jornada: lasañas, sopas o sandwiches.
– **The Cottage Tea-Shop:** Bossiney Road. ☎ 770 639. Un poco antes del centro. Sólo cenas a partir de las 18 h 30. Pese a lo que indica su nombre, es un verdadero restaurante donde se sirve buena comida.

¿Qué visitar?

▶ **Tintagel Castle:** castillo situado a unos 800 m del pueblo, al borde de un acantilado, desde donde se goza de una espléndida vista de la costa. Según se cree, el rey Arturo vivió en él en el siglo VI. Una idea: para que no tengáis que pagar la entrada al castillo, subid al acantilado detrás del Hotel Atlanta. La vista es más hermosa.

▶ **Old Post-Office:** en el centro, a la izquierda, en dirección al mar. Antigua casa de piedra que (seguramente) sirvió de oficina de correos. El interior ha sido restaurado.

ALREDEDORES

– **Trebarwith Strand:** cala flanqueada por dos acantilados. Grandes olas. Sitio muy bonito.

BOSCASTLE   PREF. TEL.: 01840

A 7 km al noroeste de Tintagel. Puerto minúsculo. Para los automovilistas, aparcamiento obligatorio; hay que pagar. Preciosas casas de piedra. Ir a pie desde Tintagel por el camino de la costa. Planead el día: ida y vuelta más la visita de Boscastle. Desde allí, ir al puerto escondido al fondo de los acantilados que forman una S y lo protegen bien.

¿Dónde dormir?

– **Youth Hostel:** AJ construido en el estilo del lugar. No hay pérdida, es el edificio más cercano al puerto. ☎ 250 287.

¿Dónde comer?

– **The Napoleon Inn:** podréis brindar a la salud del histórico gran enemigo. ¡Los ingleses no son rencorosos!

¿Qué hacer?

▶ **Paseo por las rocas** durante la puesta de sol. Está a dos pasos del AJ y es muy romántico.
▶ **Museo de la Brujería (The Witch House):** situado cerca del AJ. Abierto todos los días de 10 a 18 h. ¡Para los especialistas del género!

– AL NORTE DE CORNUALLES –

CLOVELLY

Ya hemos terminado con Cornualles y estamos de nuevo en Devon. Parada obligatoria (pagando) en el aparcamiento que está situado en la parte alta del pueblo; imposible pasearse en coche por las calles empedradas. Pero el precio del aparcamiento es prohibitivo (sólo en temporada turística). Se puede pasar a través de *Visitor's Centre,* aparcar el coche, y dar la vuelta por la carretera.

¿Dónde dormir?

– **Mrs. Jill Nichols:** 21 High Street. ☎ 431 601. B & B en el corazón del pueblo. La dueña es sencilla y encantadora.
– **The Four Poster:** 5 Underdown. ☎ 431 748. Al nivel del aparcamiento, a la izquierda de *Visitor's Centre,* bajad por el camino particular. Un buen *breakfast* de Devon.

¿Dónde comer? ¿Dónde tomar una copa?

– **The New Inn:** hotel, restaurante y pub. Comedor de roble, pub en la planta baja. Lugar muy agradable para descansar y recuperar fuerzas.
– Otro **pub** y **restaurante** junto al puerto, casi con los pies en el agua.

LYNTON LYNMOUTH   PREF. TEL.: 015985

Una llegada estupenda por la A39. Una verdadera ruta de montaña. Al fondo, gargantas del Exe. Dos ciudades en una: la primera en lo alto del acantilado y la otra a orillas del mar, en la desembocadura del río Lyn, ievidentemente! Una pendiente del 25 % permite ir de una a otra (ojo con los frenos), existe asimismo un funicular que sube por el acantilado: *Cliff Railway.*

Direcciones útiles

– *Tourist Information Centre:* Lee Road, Lynton. ☎ 22 25. Está en el Ayuntamiento.

¿Dónde dormir?

– *Youth Hostel:* Lynway, Lynbridge. ☎ 53 327. Cerrado los lunes. Albergue instalado en un antiguo hotel que domina el río. Preciosa vista. Edificio confortable y con buenas instalaciones, bastante cercano al camping. Buenas cenas.
– *Sunny Lyn Camping Site:* Lynbridge. Camping al borde del río, soleado por las tardes. Muy bien equipado. Bastante lleno en verano. Un bar donde se puede tomar la última copa del día.
– *Lyne Crest:* Lee Road. Cerca del Ayuntamiento de Lynton. Recibimiento con una taza de té, despertar con la tradicional taza de té... ¡Desayuno a las 9 h! Nada que objetar... Además, los dueños son hospitalarios y se preocupan por vuestra comodidad.

¿Dónde comer? ¿Dónde tomar una copa?

– *The Rising Sun Bar:* Lynmouth. Pub con el tejado de paja como en ell siglo XIV. El restaurante adyacente es elegante y caro.
– *The Crown Hotel:* Lynton. Pub con una amplia gama de cervezas.

Más elegante

– *The Imperial:* Lynton. Junto a la iglesia, en un antiguo hotel. El restaurante está situado en parte en la terraza, desde donde se contempla una hermosa vista del valle y del mar.

¿Qué visitar?

▶ *Valley of Rocks:* el camino sale de detrás de la iglesia. Precioso paseo con abundantes cuestas hasta Woody Bay. Estupendas vistas de la costa y también de la costa galesa que está enfrente, aunque sólo si el tiempo es bueno y el cielo está despejado.

▶ *The Lyn Gorge:* corto paseo por la orilla del río, camino escarpado bien señalizado... no hay riesgo de perderse.

▶ *Exmoor Brass Rubbing Centre:* Queen Street, en Lynton. Para los enamorados de esta técnica, centro abierto todos los días de 10 h a17 h, excepto domingos. Tiene mucha fama; equipo simpático y eficaz.

EXMOOR NATIONAL PARK

Nuestra landa preferida, muy verde en ciertos valles y asolada en otros. Los cérvidos (corzos y gamos) se pasean en libertad. A caballo de dos condados: Devon y Somerset.

Direcciones útiles

– *Exmoor National Park Information Centre:* en Lynmouth y en Dunster. Conseguid *The Exmoor Visitor* —gratuito—, publicación que da todas las informaciones que necesitáis. Numerosos campings. Si estáis en apuros pedid permiso a un granjero para que os deje acampar en su prado. Por lo general, funciona.

DE LYNTON A PORLOCK

En lugar de tomar la ruta más directa, la carretera A 39, id por las carreteras secundarias: Watersmeet, Malsmead, Oare. Estáis en el país de Lorna Doone, infeliz heroína de novela, valerosa hija de campesinos, que se defendió con arrojo de los malvados; casi tan célebre como Agustina de Aragón. La acción de la novela se sitúa en la región. Hermosos valles, colinas boscosas. Para los aficionados, numerosos centros ecuestres que ofrecen paseos a caballo.

PORLOCK WEIR

Precioso puertecito, playa de guijarros al que se llega por dos carreteras, una de peaje, otra gratuita. La segunda os ofrece vistas tan hermosas como la primera y pendientes igual de impresionantes.

¿Dónde comer?

– *The Ship Inn:* se puede comer y beber contemplando el mar. Algunas habitaciones (bastante caras).

ALREDEDORES

Después tomad la carretera A 39. Desviándoos un poco, encontraréis Selworthy, pequeño pueblo de casitas con techo de paja construidas en el siglo XIX por el rico propietario terrateniente del país para sus empleados, y restauradas por el National Trust. Precioso conjunto. Sobre todo, evitad *Minehead* gran centro popular de vacaciones invadido por un enorme complejo turístico.

DUNSTER   PREF. TEL.: 01643

Precioso pueblo que fue próspero en tiempos de los tejedores de los siglos XVI y XVII. El mercado, en el centro del pueblo, es el testimonio de su antigua riqueza.

¿Dónde dormir?

– *Youth Hostel:* Alcombe Minehead. ☎ (0643) 25 95. Cerrado domingos. En pleno campo, en un entorno muy agradable.

¿Dónde comer? ¿Dónde tomar una copa?

– *The Luttrell Arms:* es el antiguo albergue local que ha tomado el nombre de los aristócratas, antiguos dueños del castillo. La parte gótica del siglo XV es de gran belleza, con una enorme chimenea. Se come en *The Old Kitchen*, no es barato, pero el marco es espléndido.

– *The Yarn Market Café:* lugar mucho más modesto donde se come con sencillez a precios razonables

¿Qué visitar?

▶ *Dunster Castle:* las diferentes partes del castillo fueron construidas entre los siglos XIII y XIX, y la más importante data del siglo XVII. Hermosos establos del siglo XVII que hay que visitar. Imponente escalera de roble tallado, una sala sorprendente de paredes forradas de cuero pintado, hermosos muebles de época en roble y grabados de Hogarth. Abierto todos los días, excepto jueves y viernes, de 11 h a 17 h. En verano está a rebosar. Más allá del castillo, un molino de agua del siglo XVII todavía en funcionamiento.

EXFORD   PREF. TEL.: 0164

Seguid por la A 396, luego hasta Wheddon Cross, tomad la B 3224. En el centro de la landa, lugar muy agradable como punto de partida para excursiones, por ejemplo a *Dunkery Beacon*, el punto más alto de esta landa.

¿Dónde dormir?

– *Youth Hostel:* Whitypoole Road. ☎ 383 288. Casa de piedra rosa y ladrillo, al borde del agua. Está enfrente del *The White Horse Hotel*.
– *Camping Westermill Farm:* Exford. Junto al río Exe, en dirección a Porlock. Marco soberbio.

¿Dónde comer? ¿Dónde tomar una copa?

– *The White Horse Hotel:* dispone de un restaurante agradable. No os perdáis el bar, lleno de trofeos y de fotos de caza.

¿Qué visitar?

▶ *Tarr Steps:* Winsford. Especie de puente sobre el río Exe construido con grandes bloques de piedra. La fecha en que se erigió es un misterio. ¿Cómo transportaron nuestros antepasados esos bloques sin ayuda de una grúa?

GLASTONBURY   PREF. TEL.: 01458

Ciudad famosa porque fue la cuna del cristianismo en Inglaterra. Las ruinas de la abadía se encuentran en un inmenso parque verde como sólo los ingleses saben diseñar. Se dice que el rey Arturo y su esposa están enterrados en él.

¿Dónde dormir?

– **Youth Hostel:** en Ivthorn Hill, al sur de Street (a 5 km de Glastonbury). ☎ 42 961. Cerrado los martes. Bastante difícil de encontrar. Se aconseja ir en autobús. El AJ es un chalet en lo alto de una colina. Preciosa vista del campo circundante.

Campings

– **Ashwell Farm:** Edgarley. ☎ 32 313. A la salida de Glastonbury en la carretera de Shepton Mallet (A 361), al pie de una torre (*Tor*), en un prado. Camping rural y sencillo, duchas con agua caliente. Un camino lleva desde el prado a la «tor», desde donde hay una preciosa vista sobre toda la región. Por la mañana os despertará el suave rumor de las vacas rumiando. También es B & B (sólo algunas habitaciones).
– **The Old Oaks Touring Park:** ☎ 31 437. Desde Glastonbury, tomad al norte la A 39 en dirección a Wells, luego volved a la derecha, antes del puente del ferrocarril. Camping aislado y tranquilo en una pequeña granja. Estaréis rodeados de ovejas y vacas. Podéis cocinar y usar la lavadora. Ping-pong, TV, dardos y zona de juegos para los niños. Se puede comprar leche y sidra en la granja.

¿Qué visitar?

▶ **La cocina Abbot's Kitchen** es el único edificio de la abadía que se conserva bien, y su techo octogonal en piedra es impresionante.

▶ **The Assembly Rooms:** desde hace unos diez años la ciudad se ha convertido en el centro de la «experiencia mística» y el lugar de encuentro de numerosos hippies reciclados. Si sabéis de qué va la cosa y queréis uniros a ellos éste es el sitio. No obstante. Los hippies no son apreciados por todos los comerciantes de la ciudad y algunos de ellos se reservan el derecho, y lo anuncian, de no atenderlos (si vuestra pinta no les gusta, ya sabéis...). Otras tiendas, por el contrario, proclaman: *We serve everyone.*

▶ **George and Pilgrims' Hotel**, en High Street, elige su clientela... pero de todos modos vale la pena visitarlo. El establecimiento funciona desde 1470 y su interior merece, sin ninguna duda, una cerveza o una comida ligera.

MONTACUTE

En la carretera de Glastonbury a Exeter (A 3088). Se puede ir en autobús desde Yeovil. Montacute es un antiguo relevo de postas en la carretera de Londres a Exeter. Un pueblo construido todo él en piedra dorada que se desarrolló en los siglos XVII y XVIII entorno a la Montacute House, propiedad que pertenece en la actualidad al National Trust (cuidado, las visitas son caras). Abierto de 12 h 30 a 18h.

– *The King's Arms Inn:* el antiguo relevo de postas mezcla el calor de antaño con la comodidad moderna. Es muy agradable descansar aquí. Buena comida en el pub. Alojamiento caro.

WELLS   PREF. TEL.: 01749

Esta pequeña y apacible ciudad comercial se expande alrededor de una de las catedrales góticas más hermosas de Inglaterra. La fachada oeste presenta la particularidad de ser dos veces más ancha que alta. De este modo, forma una especie de friso decorado con un conjunto de unas 300 estatuas medievales. El edificio, empezado a construir en el siglo XII, se concluyó en el siglo XIII. En él se celebran conciertos en julio.

¿Dónde dormir?

– *B & B:* 30 Mary Road. ☎ 674 031. Habitaciones modernas y luminosas. A 10 minutos a pie desde la catedral.
– *Bucklegrove Caravan and Camping Park:* a la salida de Wells, en la carretera de Cheddar (A 371), en Rodney Stoke. Superequipado. Incluso se puede gozar de una soberbia bañera último grito por unos peniques. Hay también una tienda, un bar y una piscina cubierta. Su tamaño no permite más que hacer algunas brazadas, pero es estupenda.

¿Dónde comer?

– *The King's Head:* High Street. Todo tipo de ensaladas mixtas apetitosas y platos a precios razonables. Un lugar muy agradable
– *Da Luciano-Expresso Bar:* 14 Broad Street. Una pequeña taberna del lugar cuya patrona italiana cocina maravillosamente bien. Delectaos con sus pizzas y sobre todo con su tarta de manzana.

¿Dónde tomar una copa?

– *The Full Moon:* South Over. Pub joven y muy animado.

¿Qué visitar?

▶ *Vicar's Close:* a la izquierda de la catedral. Calle empedrada bordeada de numerosas casas de piedra que datan del siglo XIV. Las chimeneas son del siglo XV. Las casas fueron construidas para alojar a los cantores del coro de la catedral.

▶ *The Bishop's Palace:* al otro lado del claustro de la catedral. Está rodeado por un foso en medio de un parque que conserva los pozos (de ahí el nombre de la ciudad). Es una auténtica fortaleza. Al obispo le debía encantar la soledad.

CHEDDAR   PREF. TEL.: 01931

Es la patria de un queso cuya reputación se extiende hoy más allá de las fronteras del Reino Unido. Los ingleses se complacen en decir que este queso, parecido a un manchego muy seco, «sólo es verdaderamente bueno en el propio Cheddar». Muy turística incluso en mayo.

¿Dónde comer? ¿Dónde dormir?

– **Youth Hostel:** Hillfied (a 20 minutos a pie de Cheddar), frente al cuartel de bomberos. ☎ 742 494. Cerrado los domingos.
– **The Old Alsmhouse:** en Axbridge, a unos 3 km. ☎ 732 493. Cierra los martes. Antiguo hospicio del siglo xv que ha sido convertido en restaurante y B & B. Esta dirección merece dar un rodeo por la calidad de la comida y el recibimiento de los dueños. Probad el *cream tea*: té con *scones*, nata y mermelada. Cena para los que se alojan en el B & B. Precios medios.
– **Camping:** detrás de la iglesia de St Andrews, en la carretera de Wells. A dos pasos del centro de la ciudad. Amplio, correcto, con lavadoras.

¿Qué visitar?

▶ **Cheddar Gorge:** estrecho y sinuoso desfiladero que sigue una carretera trazada entre dos paredes verticales, hendidas en numerosos lugares por cuevas que conservan espléndidas estalactitas.

▶ **Adventure Caving:** para los que siempre han soñado con la espeleología. Jugad a los exploradores a través de las grutas de Cheddar. Escaladas, rampas... Atavío adecuado (linternas, botas, etc.) previsto. De todas maneras, un poco caro.

AXBRIDGE

A 3 km al oeste de Cheddar. Pequeña ciudad medieval con bonitas casas con palomares y pisos en voladizo que datan de los siglos xiv y xv.

BATH   PREF. TEL.: 01225

Es una de esas ciudades de Inglaterra que ha gozado de un plan de urbanismo muy logrado, lo que da un encanto excepcional. Se eleva sobre una verde colina. Data del siglo xviii, cuando Ralph Allen se encargó de reestructurarla, edificando elegantes conjuntos monumentales de estilo palatino. Bath ya sedujo a los romanos desde el comienzo de nuestra era. Allí descubrieron un manantial de aguas termales, el único del país. Vestigios históricos, monumentos grandiosos, calles elegantes, plazoletas, callejones estrechos: en pocas palabras, se impone hacer un alto en el camino. Festival de música y danza a fines de mayo y principios de junio. Espléndido, visto el entorno. Por otra parte, cada mes se celebra por lo menos un nuevo festival. Tranquilo. La industria se ha instalado muy cerca, en Bristol, a menos de una media hora, y la cultura y el comercio más lujoso tienen cabida aquí. Los residentes, y no el Estado, son quienes mantienen la ciudad, a costa de grandes gastos, en asociación o individualmente, cosa que les enorgullece.

Bath en la historia

Todo empezó en tiempos de los celtas, cuando se adoraba en este lugar a Sul, el dios de las fuentes. A los romanos les pareció una pena no utilizar el millón de litros de agua a casi 50 °C que manan a diario, por lo que construyeron termas y un gran templo a Minerva en Aquae Sulis. El fango y el olvido cubrieron todo durante un tiempo. Sin duda, más tarde los sajones desecaron un poco el pantano, ya que edificaron una catedral gigante: ¡se construyó la abadía actual sobre el emplazamiento de su nave solamente!

La fuente termal (*spa*) no gozó de mucho auge hasta el día en que la reina Ana fue a tomar las aguas el primer año de su reinado (1702). Su corte de favoritos y damiselas se instaló en el lugar con entusiasmo. Los terratenientes, deseosos de ganar el favor de la reina para su partido —Whig o Tory— no había mucha elección, fueron allí a pasar la mitad del año y se hicieron construir grandes mansiones. Beau Nash se impuso como el dandy perfecto, árbitro de los placeres, y Ralph Allen, enriquecido por la invención del correo moderno, confió las casas a un arquitecto y los monumentos a otro. Durante el reinado de los tres primeros Jorges, que la reina hizo venir de Hannover (donde habrían preferido quedarse), pues eran partidarios de la tendencia que ella había acabado por elegir —Whig y protestante—, la fama de Bath no dejó de crecer y, con ella, la propagación de la sífilis, dadas las licenciosas costumbres de moda.

Allí pasaban el verano todos los artistas. Esto daba a los manufactureros —los primeros industriales— y a los ministros, el tiempo de tomar inteligentes decisiones, y a Inglaterra de ganar supremacía. Después se inventaron los baños de mar. Bath volvió a sumirse en el olvido. Se dividieron las grandes casas en pequeños apartamentos, donde se instalaron pequeños burgueses y jubilados atraídos por el buen clima (en efecto, en Bath hace un poco más de calor).

Direcciones útiles

– *Tourist Information Centre:* Abbey Chambers, muy cerca de los baños. ☎ 462 831. Servicio gratuito de reservas de alojamientos en B & B. Haceos con la revista *This Month in Bath*, bien hecha.
– *Estación de tren:* Bath Spa Station, Dorchester Street. ☎ 244 255. Tren a Londres-Paddington cada hora, los rápidos tardan 1 hora 10 minutos. Una línea transversal interesante: Salisbury-Cardiff.
– *Terminal de autobuses:* Manvers Street (cerca de la estación). ☎ 464 446.
– *Correos:* New Bond Street. Abierto de 9 h 30 a 17 h 30.
– *Bancos:* la mayor parte de los bancos están en Milsom Street.
– *Estacionamiento:* Atención, el sistema de aparcamiento para los coches es muy estricto. Cuidado con sobrepasar el tiempo autorizado. Pedid la guía *Bath shopping and parking* en la oficina de turismo.

¿Dónde dormir?

– *Youth Hostel:* Bathwick Hill, al este de la ciudad. ☎ 465 674. Preciosa mansión burguesa rodeada por un parque que domina la ciudad. Alquiler de bicicletas. Autobús 18 de Grand Parade Street (en el centro). A menudo está completo en verano. Yendo a las 17 h quizá tengáis suerte y encontréis una cama.
– *YMCA:* Broad Street Place. ☎ 460 471. Una ventaja: está situado en el centro. Bastante caro. Edificio moderno, pero con frecuencia lleno. Por tanto, es conveniente llamar por teléfono antes de ir.
– *Varios B & B* en Pulteney Garden's.
– *El Newbridge Caravan Park* no acepta tiendas y el Newton Mill Touring Centre es muy caro, aunque posee un hermoso entorno.

Campings

– *Church Farm:* Winsley, Bradford-on-Avon. ☎ 722 246. Limpley Stoke. Abierto de abril a septiembre. A 6 millas al sudoeste (junto a la B 3108). Camping en la granja. Sanitarios no muy limpios y un poco caro.
– *Church Farm:* en Monkton Farleigh. ☎ 858 583. A 5 millas al este de Bath por la A 4 hacia Bathford, luego por la A 363 hasta Bradford-on-Avon. Acepta tiendas y caravanas. Relativamente correcto y precio moderado.

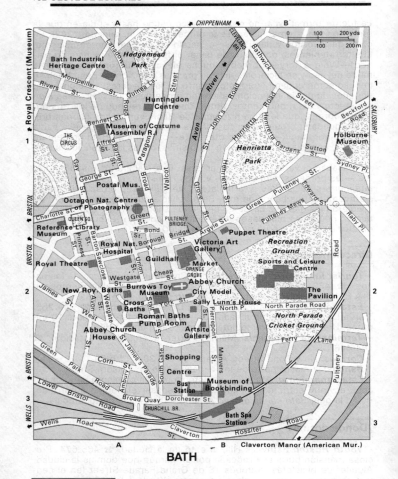

BATH

¿Dónde comer?

Muchas direcciones para todos los bolsillos

Barato

– *Sea-Food Fish Restaurante:* Kingsmead Square. Abierto todos los días de 11 h 30 a 23 h 30. Buen *Fish and Chips*, auténtico, con luces de neón, olor a frituras. Perfecto para llenarse la panza.

Precios normales y medios

– *Huntsman Pub:* North Parade. ☎ 428 812. Sirven comidas al mediodía y por la noche. Para comer bien; excelente relación calidad-cantidad-precio.
– *Maxson's:* 7 Argyle Street. ☎ 444 440. Abierto todos los días de 12 h a las 23 h. Delirante decoración americana, pero simpática. Se ofrecen especialidades de todo el mundo: *chicken terriyaki, curry, burrito...*

Resulta agradable y, sobre todo, muy práctico, gracias a su gran abanico de horas de servicio.

– *Bath Puppet Theatre:* al pie de Pulteney Bridge. ☎ 312 173. Se accede por escaleras, justo después de haber pasado el puente (viniendo del centro). Casi al borde del agua, con una estupenda vista. Sopa, quiche, ensaladas y buenos pasteles. Detenerse un rato antes de dar un paseo en barca por el río. En el teatro de marionetas hay representaciones todos los días a las 15 h 30.

– *The Walrus and the Carpenter:* 28 Barton Street (plano A2). ☎ 314 864. Mesitas con manteles a cuadros. Buen ambiente, sobre todo por la noche. Música. Hamburguesas de lujo.

Muy elegante

– En el interior de la *Pump Room* (plano A2). Vista espléndida de las termas romanas. No muy caro, a condición de no ser muy goloso. Té y pasteles. También podéis comprar un vaso de agua sulfurosa templada, excelente si tomáis una pinta al día ocho días seguidos. Escribidnos si conseguís superar el primer día. Por la tarde es como Marienbad con orquesta de cuerda. Hay otra sala también inmensa, *The Four Seasons Restaurant*, demasiado caro, pero con un salón admirable.

¿Dónde tomar una copa? ¿Dónde ir?

Mientras que el recibimiento en los salones de té no suele tener nada de extraordinario, en los pubs tanto los *landlords* como los clientes suelen ser particularmente abiertos y hospitalarios. Hay poca diferencia entre *saloon* y *lounge*, ya que la clase obrera está poco representada.

► *The Bell Pub:* 103 Walcot Street (el regreso en solitario por la noche es un tanto siniestro, plano A1). Se entremezclan todas las clases sociales y las edades; se escucha música y todo el mundo corea el estribillo. En teoría, *live music* los lunes, pero también grupos de jazz, flok, étnicos, blues o funk otros días. Entrada gratuita. Programa en el *This Month in Bath*. Sea cual sea el espectáculo, tendréis una velada animada.

► Otros muchos espectáculos musicales, teatrales, deportivos, ventas de beneficencia (*jumble sales*) se anuncian en el *This Month in Bath*, publicación gratuita.

► *The Hub:* en Paragon. Conciertos todas las tardes en la discoteca de la ciudad. Rock industrial, funk. Hay que pagar para entrar.

► *Hat and Feather:* en lo alto de Walcot Street, a la derecha. Antiguo pub ruidoso, desenfadado y simpático.

► *Mulligans Pub:* en la esquina entre Westgate Street y Monmouth Street. En la tradición clásica. Excelente cerveza.

► En los alrededores, el domingo en Batheaston, *country music* a las 8 h 30, en Waggon and Horses, y *Sing-a-Long or dance* por la noche en el White Hart de Widcombe.

► El *Teatro Real*, salvado de milagro, ofrece buenas obras, incluso en exclusiva prelondinense. Los cines están justo al lado.

¿Qué visitar?

Saliendo de Abbey Churchyard, donde se encuentra el Tourist Information Centre.

► *Abbey Church* (plano A2): en el centro de la ciudad. Su interior sirve de sala de conciertos durante el festival de Bath (fines de mayo-principios de junio).

► Volved a la plaza y entrad en los *baños romanos* (plano A2), de 9 h a 18 h y de 20 h a 22 h, o al menos en el amplio edificio de estilo neoclásico que los rodean. Este estilo denominado palatino, el de toda la ciudad, se realizaba «a imitación de los romanos». Evidentemente, los arquitectos del siglo XVIII no tenían ni remota idea del auténtico estilo romano que se hallaba bajo sus pies. Preciosas vistas gratuitas del agua desde los acantilados y maqueta del *building* en los salones (*Pump Room*) suntuosos, testimonio de la prosperidad británica (ver «¿Dónde comer?»). El establecimiento termal ya no está aquí, se halla un poco más abajo (*Royal Hospital*). Pagando se descubren otras cosas, los vestigios de los baños romanos, desenterrados a fines de siglo, y del templo de Minerva, donde todavía se excava. Se comprende perfectamente el antiguo sistema de calefacción con ladrillos. En el sótano, pequeño museo bien provisto en donde se exponen los objetos descubiertos *in situ*: esqueletos, máscaras de bronce... Interesante descuento si visitáis el *Museo del traje* comprando un billete combinado, teóricamente válido sólo para el mismo día.

▶ Subid por las antiguas calles torciendo a la izquierda de manera que diviséis el **Royal Crescent** (plano A1) desde lejos, desde Royal Avenue, en medio del parque. El conjunto monumental más impresionante de Bath, con su inmensa fachada de estilo clásico. En el extremo oriental de esta construcción se puede visitar el nº 1, un interior cuya decoración y el mobiliario han sido reconstruidos perfectamente, a tenor del modelo de la época georgiana, de nuevo salvado por la iniciativa privada. Entre el *Royal Crescent* y los aparcamientos admirad el extraordinario césped del campo de bolos donde los viejos *British* juegan con gran seriedad.

▶ Desde la esquina de Crescent bajad por Brock Street hasta **The Circus**, segundo conjunto bastante impresionante. Las casas parecen idénticas, pero cada una está «personalizada», con los emblemas del oficio de su dueño (siglo XVIII). Tomad la primera a la izquierda.

▶ **Assembly Rooms y Museum of Costume**, abierto de 10 h a 17 h. Serie de salas llenas de elegancia, edificadas por John Wood en el siglo XVII para que la buena sociedad bailara, jugara a las cartas, tomara el té o se fumara un cigarro. El Museo del Traje se encuentra debajo, repleto de encajes y accesorios extraños de la gran época de Bath, pero también de la actualidad: Mary Quant, Giorgio Armani...

▶ Subid por Julian Road: **Mr. Bowler's Business**. Abierto de 10 h a 17 h, de abril a octubre. El resto del año, los fines de semana solamente. Fábrica reconstruida de un señor que hizo fortuna con la fundición y el agua mineral: ya habéis visto a los ricos, así que ahora podéis observar cómo vivían los obreros. Muy bonitos utensilios domésticos. Si tenéis fuerzas todavía hay preciosas fachadas subiendo Landsdown Road y Camden Crescent.

▶ Volved a bajar hasta Broad Street: en el nº 8, el **Museo de Correos,** abierto de 11 h a 17 h (los domingos de 14 h a 17 h). Ralph Allen hizo su fortuna y la de la ciudad con la primera diligencia de postas (un récord: Bristol-Londres en 17 horas). En 1840, una idea genial: mostrar que el precio del porte, un penique, había sido pagado; para ello pegó el primer sello de la historia, el célebre Penny Black, que salió de aquí. También se inventaron en este lugar las tarjetas navideñas de felicitación. El museo interesará igualmente a los que no sean coleccionistas, con sus cartas de arcilla asirias, su correo escrito vertical y horizontalmente para ahorrarse el sello y sus cartas deterioradas por todas las catástrofes imaginables.

▶ Torced a la derecha en Bridge Street y admirad **Pulteney Bridge** (plano A-B2): el «Ponte Vecchio» de Bath, con sus tiendas, su animación de antaño y su desagüe en forma de herradura. Al otro lado del puente, en Argyle Street, el teatro de marionetas: espectáculo a las 15 h 30 los fines de semana y durante las vacaciones escolares.

▶ Podéis pasearos en barca por el río, cuando hace bueno, como especifica el cartel: cada hora en punto de 11 h a 18 h; frente al desaguadero se llega a la parada «Scenic 1», por las escaleras en el extremo del puente Pulteney. Paseo hasta Bathampton y regreso, 1 hora.

► Si queréis tener una visión diferente de la ciudad desde el agua, montad en barca, con la *Bath Boating Company*, al final de Forester Road, al norte del centro. ☎ 466 407.

► *Otras calles interesantes en Bath:* los espectáculos que presentan los cafés con terraza en verano, con fanfarrias en Parade Gardens a veces, Great Pulteney Street (plano B1), Upper Borough Walls (plano A2) y Queen Square (plano A2)

► *Henrietta Park* (plano B1): jardines con aromas para ciegos. Carteles en braille y plantas muy perfumadas.

► *Victoria Park:* debajo de Crescent, dos campos de golf. No hace falta ser socio: por una nadería se os prestan dos palos, un tee, una bola y una marca, se os enseña cómo utilizarlo y ya está, ya podéis rastrear el césped. Los principiantes hacen los 12 hoyos aproximadamente en 2 horas y es más barato que el cine. No está lejos; se puede alquilar una pista de tenis por muy poco dinero, aunque no facilitan el material.

► *Paseo rústico:* desde la estación cruzad las vías y el puente, paseo a pie a lo largo del canal durante varios kilómetros; se puede volver a la ciudad en barco.

¿Qué ver en los alrededores?

► *Claverton Manor:* a 3 km al sureste de la ciudad. ☎ 460 503. Autobús 218 desde la terminal. Abierto de abril a octubre de 14 h a 17 h. Cerrado los lunes. Esta mansión campestre de estilo clásico da cabida al más importante museo norteamericano de Europa. Sus colecciones ilustran la vida del Nuevo Mundo desde los primeros tiempos de la colonización hasta la guerra de Secesión. Todo el mobiliario ha sido importado de Estados Unidos.

► *Beckford's Tower:* a pocos kilómetros por la Lansdown Road. Abierto sábados y domingos de 14 h a 17 h. Sorprendente construcción que encargó un millonario en 1827. Hay que subir a la torre para gozar de la vista.

► *Dyrham Park:* a 8 millas al norte de Bath, castillo georgiano en un soberbio parque. Se toma el té en el invernadero de naranjos.

Visitas con guía

► *Walking Tours:* 2 horas de paseo a través de la ciudad con visitas organizadas a cargo de voluntarios. Gratuito. Llamad a la oficina de turismo para conocer los horarios, que cambian según los días. En general, por las mañanas a las 10 h 30. Salida delante de *Pump Room*.

► *Bizzarre Baht:* paseo humorístico (en inglés) a través de la ciudad. Hay que pagarlo. ☎ 335 124.

► *Ghost Walks:* paseo en busca de fantasmas por el centro de la ciudad. En inglés. Se paga. ☎ 463 618.

► *Vuelta en autobús:* salida de Terrace Walk. Todo el día, en dos etapas.

¿Dónde ir de compras?

– *Southgate:* Centro comercial moderno cerca de la estación (plano A2).
– *Milsom Street:* para los elegantes (plano A1): Jane Austen ya iba a comprar allí.
– Pequeñas tiendas en Northumberland Passage, *The Corridor* (plano B2).
– *Grandes almacenes* en Stall Street.

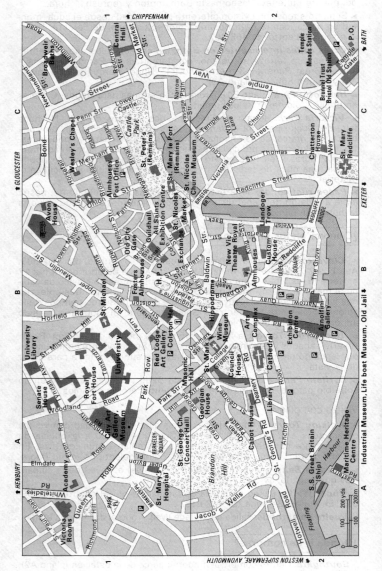

BRISTOL

– Librería **Waterton's**, muy bien equipada.
– Ved también los alrededores de *Church Abbey Green* y de *Abbey Churchyard* (National Trust) y los de *Pulteney Bridge* para regalos originales.
– Bartlett Street está completamente dedicada a la venta de **antigüedades:** Bath es muy importante en esta actividad. Sobre todo el *Bartlett Great Western Antiques Center* y *Western Antique Centre,* abierto todos los días excepto domingos de 9 h 30 a 17 h; numerosos *Stands* interesantes: nuestro preferido, ya que es muy asequible, es *Jessie's Button Bar* (a la izquierda), donde se encuentran todos los modelos de botones inservibles. Los miércoles, de 6 h 30 a 14 h 30, el *Bath Antiques Market*, en Guinea Lanes, en una antigua fábrica, una mezcolanza de objetos de todas partes. Ambiente piojoso. Pequeño bar para picar algo al mediodía. Platos caseros.

BRISTOL   PREF. TEL.: 0117

A 118 millas de Londres. Gran centro industrial. Bristol fue el segundo puerto inglés hasta 1850 en que Liverpool ocupó su puesto. Posee una universidad y la población estudiantil añade un poco de encanto a la ciudad.

¿Cómo ir?

– **En tren:** 1 h 40 de trayecto. Salida de Paddington Station.
– **En autobús:** Marlborough Street Bus Station. El National Express asegura la conexión desde Londres con salidas todas las horas desde Victoria Coach Station, vía Heathrow Airport.

Direcciones útiles

– **Tourist Information Center:** St Nicholas Church, St Nicholas Street. ☎ 926 0767.

¿Dónde dormir?

– Atención, es difícil encontrar B & B a buen precio en Bristol.
– **Youth Hostel:** Hayman House, 64 Prince Street. ☎ 922 1659. Cerrado la última quincena de diciembre. Pedid un pase si pensáis llegar tarde. Albergue muy confortable (125 camas), en el centro del barrio más animado, a orillas del agua. Restaurante incluido.

¿Dónde comer?

– **Bristol Clipper:** 57 Prince Street. Pub animado, frente al AJ.
– **The Arnolfini:** en el centro cultural que lleva su nombre. Comida sencilla y de calidad (ensaladas, pasteles). Es una guarida de artistas con un ambiente marchoso. Para todas las clases y estilos. Se puede tomar una copa a la orilla del agua, a la salud de John Cabot, el capitán del barco que fundó Boston en el siglo XVI.
– **The Scotchman:** más abajo de St Michael's Hill. Ambiente simpático y platos sencillos.
– **Rocinante/Tapas Bar:** 85 Whiteladies Road. ☎ 973 4482. En Clifton. Como su propio nombre indica, bar de tapas de muy buena calidad. Un poco caro, con una decoración de una gran simplicidad. Azulejos originales, creados por la hermana del propietario.
– **El café de Dafne:** 12 York Road, Montpellier. ☎ 942 6799. Cocina italiana y vegetariana: ensaladas y pasteles. No es caro. Sirven rápido.

– **Bell's Diner:** 1 y 3 York Road. ☎ 924 0357. Comidas y cenas. Restaurante elegante pero no demasiado caro. Menú que incluye entrante, plato principal y postre. Toda clase de carnes acompañadas de deliciosas verduras.

¿Dónde tomar una copa?

– **The Old Duke:** King's Street. Pub muy pequeño que ocupa a la calle las noches de verano. Ambiente cálido y simpático. Música de jazz.
– **The Avon Gorge Hotel:** Sion Hill. ☎ 973 8955. Música todas las noches. Desde la terraza, vista apasionante del célebre *Clifton Suspension Bridge*, iluminado por la noche.

OXFORD | PREF. TEL.: 01865

Cada uno de nosotros tiene su visión particular de Oxford, la universidad elitista rival de Cambridge —surgen los remeros animados por un altavoz—, los antiguos y sombríos colegios, los mejores profesores del mundo y los estudiantes más distinguidos.
Como siempre, estas imágenes están simplificadas en el extremo, una generalidad más al servicio del folclore. El hecho es que, poco a poco, Oxford y Cambridge están dejando de representar a una clase social concreta; ésta no es más que un arma blandida por un Imperio desde hace ya tiempo muerto y enterrado. Es sólo una concentración de los mejores estudiantes de las islas Británicas y del resto del mundo. Para simplificar: estos estudiantes tienen que haber obtenido matrícula en las asignaturas estudiadas en sus estudios precedentes. Dicho esto, no seamos ingenuos, la selección social se realiza a otros niveles, familia escuela básica y BUP, y produce una nueva especie de elite. Pero hoy día, un estudiante que sea una nulidad, aunque sea hijo de un lord, no tiene posibilidad alguna de estudiar en Oxford.
Sólo queda un espíritu de grupo, y el marco excepcional en el que estos estudiantes evolucionan subsiste y contribuye a alimentar el folclore que rodea a Oxford.
Pero no hay que olvidar que Oxford tiene asimismo sus industrias. Una de ellas es bastante conocida: British Leyland. Con la crisis de la industria automovilística, las tensiones han crecido a causa del contraste cada vez más provocativo entre el modo de vida privilegiado de los estudiantes y el de los obreros en pleno declive.

¿Cómo ir desde Londres?

– **Oxford Tube:** no se trata del metro, pero es una línea de autobús que asegura los enlaces durante 24 h. ☎ 772 250 o 724 000. Salidas de Victoria Station cada 10 o 20 minutos, según las horas, menos frecuentes por la noche. Contar 1 h 30 cuando está descongestionado y de 2 a 2 h 30 en horas puntas. Descuentos a estudiantes. Se puede tomar también desde Marble Arch, Notting Hill Gate, Shepherd's Bush y Kensington Hilton. Para bajaros, haced una señal al conductor. Se llega y se sale desde la esquina de la George Street y de la Gloucester Street (Gloucester Green Station).
– **Oxford City Link:** ☎ 711 312. Horarios grabados en contestador automático las 24 horas del día: ☎ 248 190. Salidas desde Victoria Coach Station, de Grosvenor Gardens o de Marble Arch, cada 20 minutos todas las mañanas. Para la vuelta, salidas desde Gloucester Green con la misma frecuencia.
– También hay un autocar desde Heathrow y Gatwick, el City Link X 70. Interesante para quienes no quieran pasar por Londres. ☎ 722 270.
– **En coche:** tomar la M 40, tremendamente abarrotada de 16 h a 18 h.

Después se puede escoger entre diversos itinerarios más o menos campestres. Imposible transitar por el centro histórico de Oxford: dejad el coche en uno de los aparcamientos a la entrada de la ciudad. Seguid la señalización *Park and Ride*. Desde allí, autobús barato.

Direcciones útiles

– **Tourist Information Centre:** The Old School, Gloucester Green. ☎ 726 871. Abierto del lunes al sabado de 9 h 30 a 17 h y, sólo durante el verano, los domingos de 10 h 30 a 15 h 30. Documentación interesante, pero hay que pagar. Consultad las vitrinas cuando la oficina permanece cerrada. Una pantalla interactiva ofrece numerosos datos sobre alojamientos en Oxford. Al lado, una lista de B & B con los precios y teléfonos.
– **Correos:** 102-104 St Aldate's, Abingdon Road, Woodstock Road.
– **Lavandería automática:** 127 Cowley Road, al este de la ciudad, y 66 Abingdon Road, en el sur.
– **Alquiler de bicis:** Pennyfarthing 5, George Street. ☎ 249 368; Denton's, 294 Banbury Road. ☎ 53 859.
– **Alquiler de barcos:** (*punts*) o remos. Los *punts* son esas barcas de fondo plano que se gobiernan con ayuda de una pértiga. Típicos de Oxford. C. Howard & Son: The Old Hors Ford, Magdalen Bridge ☎ 61 586. **Riverside Boating Company:** a 5 minutos a pie desde Carfax Tower, bajando por St Aldate's Street. A la izquierda, a la altura de Folly Bridge. ☎ 721 600.
– **Problemas mecánicos:** ☎ 725 040.
– **Mercado cubierto:** Covered Market: entrada por High Street, Market Street y Cornmarket Street, entre los dos almacenes Golden Cross.
– **Abiertos los domingos:** varios *newsagents*, entre ellos: *Honey's*: 49 High Street, y algunos supermercados: *Parmenters*, en High Street también.

¿Dónde dormir?

– **Albergue de Juventud:** al este de la ciudad, el YHA (Youth Hostel Association) está un tanto alejada: Jack Straw's Lane en Headington. ☎ 62 997. Bastante interesante porque es mucho menos caro que los B & B y los hoteles. Desde la oficina de correos de St Aldate, un poco más abajo que la Oficina de Turismo, tomad cualquier autobús de los que paran en Job Centre. Preguntadle al conductor dónde debéis bajaros. El YHA está abierto a partir de la 13 h.
– **B & B:** con algunas excepciones, los B & B están lejos del centro, ya sea hacia el sur, Abingdon Road, que es la prolongación de St Aldate, o hacia el este, Cowley Road o Iffley Road. Son caros sin excepción.

EN EL CENTRO

– **Tara College Lodging House:** 10 Holywell Street. ☎ 244 786. La dirección ideal, un viejo edificio del siglo XVIII, que posee todas las características del B & B para estudiantes. Recibimiento cálido, independencia y amplitud de miras. La única pega es que a menudo está lleno.
– **The Welsh Pony:** 48 George Street. ☎ 725 87. No tan bueno como el anterior, pero precios razonables. Las habitaciones varían en tamaño y en calidad.

HACIA EL SUR

– **Newton House:** 82-84 Abingdon Road. ☎ 240 561. Mr. Jelfs y su equipo han hecho de esta casa típicamente inglesa una pequeña mara-

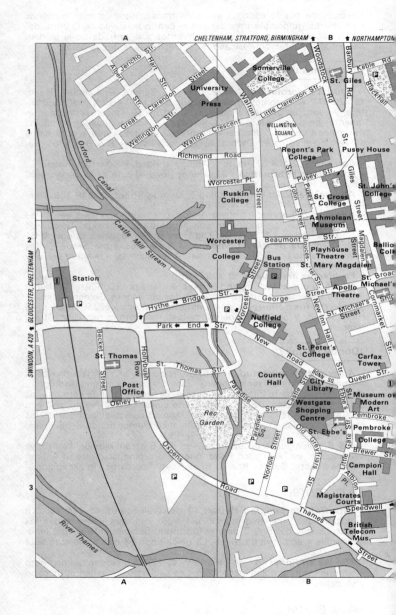

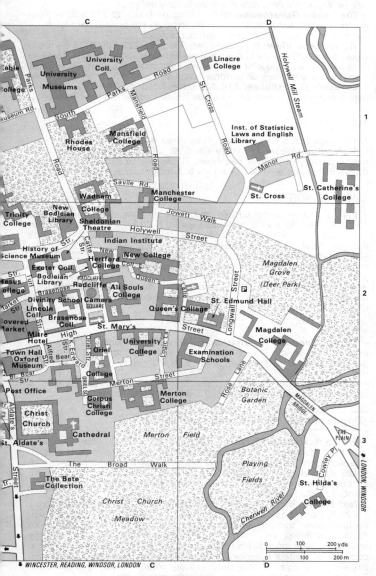

OXFORD

villa clara y espaciosa; 14 habitaciones con personalidad. TV y chimenea en algunas y un desayuno abundante y delicioso.
– *The Falcon Guesthouse:* 88-90 Abingdon Road. ☎ 722 995. A algunos metros del anterior. El recibimiento no es tan bueno, pero las habitaciones son adecuadas. Los mismos precios.
– *Whitehouse View:* 9 Whitehouse Road. ☎ 721 626. Una pequeña casa obrera, delante de la puerta el pedido de la lechería, en el jardín la ropa tendida. Sólo algunas habitaciones confortables a punto. Una dirección para quienes quieran sentirse como en casa, incluso lejos de casa.
– *Lakeside Guesthouse:* 118 Abingdon Road. ☎ 244 725. Un poco más elegante. El precio de la habitación de tres camas es interesante.

HACIA EL ESTE

Numerosos B & B en Cowley e Iffley Road. Nuestra selección:
– *Melcombe House:* 277 Iffley Road. ☎ 249 520. Algunas preciosas habitaciones y otras muy pequeñas. Recibimiento agradable por parte de los Butier, los dueños. TV en las habitaciones y aparcamiento.

HACIA EL NORTE

– *YWCA:* 133 Woodstock Road. ☎ 52 021. Oficina abierta de 9 h 30 a 13 h y de 14 h 30 a 17 h; el sábado, de 10 h a 12 h. Residencia moderna de ladrillo que no acepta más que chicas, en verano, y para una estancia de al menos 1 o 2 semanas.
– *Woodstock Guesthouse:* 103-105 Woodstock Road. ☎ 52 579. No lejos del centro. Casa típica de ladrillo, que propone habitaciones de precio moderado. No está mal.
– *Adams Guesthouse:* 302 Banbury Road. ☎ 56 118. Bastante lejos del centro. Calle bastante ruidosa. Cabina de ducha en cada habitación. Clásica, limpia y de precio aceptable.

Campings

– *Oxford Camping International:* 426 Abingdon Road, al lado de la estación de servicio Texaco y del garaje VAG-Audi. ☎ 246 551. A partir del centro, tomar la dirección South. Está a 3 km. Es, pues, el camping más cercano a Oxford.
– *Cassington Mill Park:* Eynsham Road, Cassington. ☎ 881 081. A unos 6 km. Tomad el autobús 440 o 441 de Cornmarket.

¿Dónde comer? ¿Dónde tomar una copa?

– *Brown Restaurant:* 7 Woodstock Road. ☎ 511 995. Abierto de 11 h a 23 h 30 (domingos 12 h). Uno de los más frecuentados de la ciudad. Buena música y lleno de gente joven (un poco *trendy* no obstante). A veces jazz por la tarde, para la cita del *Five o'clock* y por la noche. No se puede reservar, llegad pronto. Platos americanos, carnes asadas, hamburguesas... Abundante.
– *Turf Tavern:* Bath Place, Hollywell. Abierto de lunes a sábado, de 11 h a 23 h. Domingos de 12 h a 15 h y de 19 h a 22 h 30. Excelente cuando hace buen tiempo. Se puede comer en los jardines donde ya se hacían comilonas en el siglo XII. Podéis escoger entre una enorme ensalada cuyos ingredientes elige uno mismo y los platos de la casa: conejo a la cazuela o delicioso ragú. Platos diferentes todos los días. Excelentes postres (*heme mude sherry trifle*). Ya nos comprendéis. Bastante turístico, pero es una dirección muy buena.
– *The Crypt:* Frewin Court, un pequeño callejón que da a Cornmarket. ☎ 251 000. Abierto de 11 h 30 a 15 h y de 17 h 30 a 23 h de lunes a sábados. En el subsuelo, con cálida iluminación y mesas de madera. Íntimo. Platos sencillos y carta de vinos de una sorprendente calidad.

– **Georgina's:** en el primer piso del mercado cubierto. Música rock de fondo. Pizzas, quiches y ensaladas. Refugio de los jóvenes del lugar.
– **Café Moma:** Pembroke Street. ☎ 722 733. Abierto de martes a sábado, de 9 h a 17 h y el domingo de 14 h a 17 h. Un sitio distinto. Aquí los intelectuales hacen cola para tomarse deliciosos *cakes* y un malísimo café mientras se pasean por las galerías de pintura o de fotos de este muy agradable museo.

Más elegante

– **Cherwell Boat House:** Bardwell Road. Abierto de martes a sábado, de 12 h a 14 h y de 18 h 30 a 22 h. El domingo, de 12 h a 14 h. Cerrado la tarde del domingo y el lunes. Es preferible reservar. Al norte de la ciudad, a orillas del río, una dirección para no perdérsela. Encanto, tranquilidad perfecta y cocina sin defectos. Menú fijo para cenar a bajo precio, dada la calidad de la comida. Al mediodía, servicio a la carta.

Mucho más elegante

– **Los Kebab Vans:** los vendedores de chucherías turcas abren toda la noche y permiten al estudiante disipado o al turista que sale de Manhattan (la discoteca local) tomar un bocado. Un *must* de Oxford.
– **Las sandwicherías:** 8 Ship Street, 24 Hollywell Street. Para hacer un alto entre dos visitas a museos o colegios. Diferentes clases de pan y deliciosas salsas. Precios poco elevados.

¿Té o café?

– **Rosie Lee's:** en High Street, a la altura de St Edmund Hall. El encanto de la Inglaterra peripuesta. Una amplia carta de tés y de deliciosos y abundantes sandwiches. Distracción asegurada. También sirve lunchs ligeros y suculentas fresas a la crema durante la estación.

Pubs

– **King's Arms:** Hollywell Street (plano C-D2), esquina con Parks Road. ☎ 242 369. El K. A., como se dice aquí. Todo el mundo os lo confirmará, un sitio donde se bebe la mejor cerveza de Oxford. Frecuentado también por los gays de la ciudad.
– **Head of the River:** instalado a orillas del río, al final de St Aldate's Street, cerca del Folly Bridge, a la izquierda. Espléndida casa antigua de dos pisos con una gran terraza. Siempre lleno.
– **The Brewhouse:** 14 Gloucester Street (plano B2). Pub repleto de jóvenes de todas las nacionalidades que vienen a Oxford a estudiar. También se come bien.
– **The Chequers:** en un callejón que da a High Street (plano C2). Antiguo pub de tiempos de Shakespeare donde el escritor se preguntaba si acabaría escribiendo para el teatro o para el cine. Música algunas noches. Caluroso y bajo de techo. Tal vez, entre las personas que conozcáis allí, encontréis algún estudiante que os invite a visitar su colegio...
– **The Bear Inn:** Alfred Street. ☎ 244 680. Albergue del siglo XIII agradablemente emplazado al frescor de árboles y flores. Un verdadero museo de corbatas procedentes de todo el mundo.

¿Dónde ir de compras?

La vida está más barata en Oxford que en Londres en todos los sentidos. El comercio se concentra en: Little Clarendon Street, Cornmarket y High Street. Ropa, discos, utensilios de cocina y excedentes.
– **Savory:** High Street (plano C2). Gran especialista en tabacos. Magnífica colección de pipas y artículos para el fumador.
– **Crabtree & Evelyn:** a la izquierda de Carfax Tower. ☎ 244 399. Está

especializada en jaboncillos, pero vende también bizcochos y confituras flameadas. Ved los precios y consumid con moderación.

– **Shepherd and Woodward:** 109-114 High Street. ☎ 249 491. Para vestiros como estudiantes...

– **The Ballroom:** 5-6 The Plain. ☎ 241 054. Abierto de lunes a sábado de 9 h a 18 h. Para escoger entre sombreros o para lucirse durante una cena con ropa de Cenicienta.

Libros

Libros, naturalmente. Los ratones de biblioteca, los papívoros, los neuróticos de la lectura, los anglicistas furibundos darán en el clavo. Oxford, capital del intelecto, se jacta de poseer las librerías mejor surtidas:

– **Robin Waterfield:** 36 Park End Street (plano A2). ☎ 721 809. Abierto de lunes a sábado, de 9 h 30 a 17 h 30. ¡Extraordinaria! Decenas de miles de libros en tres pisos. Saltan las lágrimas ante tanta belleza. Cientos de libros rebajados a 10 peniques todos los días. Sin duda, los más baratos.

– **Blackwell's:** 48 Broad Street, frente al Sheldonian (plano C2) y sus anexos como el de música (clásica, pop) del 38 Holywell Street. ☎ 792 792. Abre de 9 h a 18 h, excepto domingos, de 12 h a 17 h. Presume de ser una de las mayores librerías del mundo: no la hemos medido, pero por lo que se ve, lo parece. También servicio por correspondencia. Buscan libros raros. ¡Figura incluso en el libro de los récords! Precios normales, pero escogerlos es de lo más enloquecedor.

Tradición

La tradición es ante todo una función de la propia institución de los *colleges*. Institución totalmente separada de la universidad, pues el estudiante, de hecho, depende de tres instancias: la universidad para las clases, el *college* para el alojamiento, comida, vida comunitaria, etc., y el club o los clubs para las actividades extraacadémicas.

El primer principio que prevalece en la educación inglesa es la preparación para enfrentarse con los peligros de la vida futura mediante el aprendizaje de la competitividad y de la solidaridad en los estudios y en los deportes individuales; solidaridad a distintos niveles: el club, el *college*, la universidad.

Aquí se llevan muy altos los colores del propio colegio y los domingos y durante las fiestas, la *gown*, especie de traje de abogado más bien sucio, es el símbolo tradicional de un sentimiento de grupo que no se traicionará a sí mismo nunca, aunque pasen los años.

La tradición desempeña, evidentemente, un papel muy importante. Tomemos por ejemplo la competición de remo, que no es más que uno de los encuentros deportivos entre las universidades de Oxford y Cambridge. Pocas personas saben que no se trata de la competición entre las dos mejores embarcaciones del país, sino sólo de la más antigua. Sistemáticamente London University, en parte gracias al apoyo de los norteamericanos que estudian allí, vence tanto a Oxford como a Cambridge.

Otro acontecimiento tradicional, uno de los más divertidos, es el *May Week*, la semana del *May Ball*, el baile de mayo. Son fiestas para respirar tras los exámenes de cada colegio. Es muy revelador comprobar que, pese a las exigencias de un calendario escolar moderno, nadie sueña con cambiarle el nombre al *May Ball* que, sin embargo, se celebra sistemáticamente en junio. *Rule Britania*.

Vocabulario oxfordiano

Cowley: suburbio industrial con las fábricas Morris. Los de Cambridge dicen con malevolencia que «Oxford es el barrio latino de Cowley».

Fellow: profesor adjunto.
Don: profesor de universidad.
B.A.: Bachelor of Arts (que posee el título) .
Hack (to): aprobar por cualquier medio.
High (the): la calle principal.
M.A.: Master of Arts (que posee el título).
Sloane Ranger: el tío más encumbrado en la escala social; hijo de la antigua aristocracia o de nuevos ricos, las principales actividades del *sloane* son salir de juerga, no hacer nada y emborracharse.
Toad: se dice de alguien limitado y carente de humor; de un imbécil, vaya.
Town and Gown: «ciudad y toga», la ciudad y la Universidad.
Townie: habitante de Oxford no estudiante.
Tutor: el encargado de tutelar los estudios del alumno durante toda su carrera.

¿Qué visitar?

Colegios, hermosos paseos, jardines secretos. Los colegios abren al público a ciertas horas del día (a menudo entre las 13 h y las 17h-17h 30). No se pueden visitar todos los edificios, pero el gran patio interior y la capilla suelen ser accesibles. La entrada es casi siempre gratuita. Procuraos un buen plano de la ciudad y partid a la búsqueda de los más hermosos colegios.
Para los que hablan inglés, la mejor solución consiste en participar en la visita con guía que parte de la oficina de turismo. De allí salen, también, las visitas organizadas para los estudiantes. El guía os permitirá visitar lugares teóricamente prohibidos al público. La duración es de unas 2 horas. Todo empieza en *Carfax* (plano B2), torre sajona. Mirando hacia el punto donde baja más, a vuestra izquierda quedará Queen Street y los grandes almacenes; detrás de vosotros Cornmarket, salida de todos los autobuses y, en la esquina, el mercado cubierto; a la derecha High Street, donde más fachadas célebres hay. Seguid hacia delante por St Aldate's: a la izquierda el *Tourist Information Centre*, a la derecha, *The Museum of Oxford*, historia de la ciudad, de martes a sábado, de 10 h a 17 h. Precio módico.
Más abajo, a la derecha, si no sólo visitáis un colegio, que sea éste:

▶ **Christ Church** (plano C3)*:* St Aldate's. Construido en 1525, este *college* posee una campana medieval que da 101 toques cada noche (pobres estudiantes) y un hermoso patio interior, el *Quad* o cuadrángulo. Hay que subir la escalera hasta el gran *hall* de los banquetes; levantad la cabeza antes de entrar. También podéis echar un vistazo sin tener que entrar. Luego seguid a la derecha, hacia el claustro; entrada de la catedral, pequeña y muy hermosa, en estilo inglés luminoso, lleno de flores; a menudo hay músicos laicos; vidrieras espléndidas. Son célebres al sur la de Becket, al norte la de santa Frideswide, que curaba a los ciegos, realizada por el prerrafaelita Burne-Jones. Aquí también levantad la vista hacia el coro. Este colegio es el único que posee una galería de arte, sobre todo con incomparables dibujos de los maestros antiguos: Holbein, Van Dyck, Tintoretto, Carrache, Leonardo. Abierto de lunes a sábado de 10 h 30 a 13 h y de 14 h a 17 h 30 durante la temporada estival; cierra una hora más tarde en invierno.
Locke, pensador que previó todas las revoluciones del siglo XVIII, fue profesor aquí, igual que el reverendo Dodgson (Lewis Carroll). La auténtica Alicia, a quien le contaba cuentos, era la hija del director, y *Alicia en el país de las maravillas* está inspirada en Oxford, igual que en la actualidad es esta obra la que inspira a Oxford. Frente a la entrada de St Aldate's, una pequeña tienda, *Alice's Shop*, evidentemente, donde Alicia iba a comprar caramelos a una comadre de aire ovino que en el libro aparece en forma de oveja. Hoy día el aliciamaniaco puede encontrar todo lo que necesite.

St Aldate's baja hacia el río, donde se puede pasear en barco desde Folly's Bridge, pasando delante de una galera. Torced a la derecha un poco antes, a lo largo del colegio, en Broad Walk. Ya estáis en el campo. Pasaréis cerca de:

▶ *Merton College:* Merton Street. Primer colegio de la ciudad y también la más antigua biblioteca de Inglaterra (siglo XIV). El resto de los edificios es más reciente.

▶ *University College* (plano C2): High Street. Hermosas vidrieras en la capilla. Sala dedicada al poeta Shelley, quien realizó allí sus estudios.

▶ Y además, *Queen's College, All Souls College* y su *quadrangle*, intacto desde el siglo XV. Si queréis verlo todo, tendréis para dos días.

▶ Broad Walk lleva al *jardín botánico* (plano D3), muy tranquilo, el más antiguo de Inglaterra. Abierto de 9 h a 17 h, aunque los invernaderos no se pueden visitar más que por la tarde. Su césped se extiende hasta el Támesis, frente a:

▶ *Magdalen College*, y su bonita torre gótica donde, cada primero de mayo a las 6 de la mañana, una coral entona cánticos (felizmente no es día de fiesta para los ingleses).

▶ Subiendo por High Street, a la derecha, el excelente *salón de té Rosie Lee* para tomar el *cream tea* entre pastores anglicanos y ancianas jubiladas, en el campanario de *St Mary Church*, desde donde se goza de una vista ideal. Precio de entrada simbólico, al que os aconsejamos que añadáis el pequeño plano de orientación cuadriculado y con dibujos. Hacia el norte se aprecian las grandes construcciones neoclásicas entre los *dreaming spires*, los célebres campanarios de Oxford.

▶ *Radcliffe Camera:* biblioteca circular de 1749. Hoy es la sala de estudios de la *Bodleian Library*: más de un millón y medio de libros almacenados. Nadie puede entrar allí con un bolígrafo. Sólo están autorizados los lápices con objeto de evitar los garabatos indelebles sobre los libros antiguos. Se conserva un ejemplar de todo lo que se imprime. ¡140 km de estanterías!

▶ Detrás de la biblioteca, otro edificio circular, **The Sheldonian Theatre**, con techo de cobre: se trata de una sala de conciertos, primera obra de sir Christopher Wren, en 1664, tras el que le llovieron encargos, incluido *St Paul* en Londres.

▶ Seguid perpendicularmente a la derecha de la iglesia por Calte Street, a la derecha el *puente de los suspiros* de Oxford (Sigh Bridge).

▶ En Carfax, admirad la *casa del 26-28* Cornmarket, en la esquina de Ship Street. Doble voladizo y aquilón en madera labrada.

▶ Si podéis, id a ver algún *Morris dancing*, procedente de Headington. Allí todo es simbólico: los palos, por ejemplo, son plantadores y efectúan un culto a la fertilidad que todavía utilizan los agricultores (en Oxfordshire se siguen fabricando las *corn dollies*, ramos de cereales, otro culto a la abundancia). Después, los bailarines, que no carecen de arrestos, arrastran a los espectadores al pub y allí se canta. Fuera de ceremonias, se divierten en *Shotover Arms*, pub a la entrada de Londres, en el extrarradio de Oxford.

Museos

▶ Torced a la izquierda en Broad Street, justo después del Sheldonian Theatre (¡no es un teatro!), el **Museo de Historia de la Ciencia**, detrás de la verja. ☎ 277 280. Abierto de 10 h 30 a 13 h y de 14 h 30 a 16 h entre semana. Muchos instrumentos científicos del siglo XVI, colecciones de relojes y de instrumental médico. Testimonio de la pasión que inspiraron Newton y Locke en el siglo XVIII. Maravillosos modelos a escala del firmamento (esferas armilares), astrolabios, objetos no identificados... y además es totalmente gratis.

▶ Seguid por Broad Street, torced a la derecha en Magdalen Street. En la esquina de la primera calle, a la izquierda, Beaumont Street, *The Ashmolean Museum*, abierto de martes a sábado, de 10 h a 16 h, los domingos de 14 h a 16 h. Gratuito. Uno de los museos más antiguos del mundo (1683) instalado en un edificio clásico. Célebres antigüedades exóticas y cuadros: tanto como un museo de la capital. No os perdáis los bronces chinos, la escena de caza de Paolo Uccello, los Pissarro, entre los que destaca *Vista de las Tullerías con tiempo lluvioso* que es una maravilla, *El restaurante de la Sirene en Asnieres* de Van Gogh, el Picasso titulado *Techos azules* y el conmovedor cuadro de Leonid Pasternak que representa a sus dos hijos, uno de los cuales, a la izquierda, es Boris, el futuro premio Nobel y autor del *Doctor Zivago*. Se paga lo que se quiera.

▶ Muy cerca, en el 30 de Pembroke Street, *Museum of Modern Art.* ☎ 722 733. Abierto de martes a sábado de 10 h a 16 h y el sábado de 14 h a 18 h. Entrada de pago escepto el jueves por la tarde de 18 h a 20 h. Museo a la última de las novedades artísticas, ofrece exposiciones y performances siempre originales.

ALREDEDORES

Antes de marcharos, si os gustan las caminatas, podéis dar preciosos paseos alrededor de la ciudad. Hasta *Trout Inn*, por ejemplo, por la orilla del Támesis o también por uno de los numerosos *trails* por el campo. Informaos en la oficina de Turismo.

– *Woodstock y el castillo de Blenheim:* Autobuses regulares desde Cornmarket. Paran delante del parque. Por carretera: 15 km al norte de Oxford por la A 34, dirección Stratford. Abre de mediados de marzo a fines de octubre, de 10 h 30 a 17 h 30 (última admisión a las 16 h 45). Los bonitos jardines están abiertos todo el año.
Enseguida se encuentra un pueblecito encantador con tiendas un tanto lujosas. Buenos salones de té y pubs (*The Star, The Queen's Own*). Este pueblo debe su nombre a la picota de madera, *wood stock*, que todavía se admira delante del museo. Justo delante, en el hotel *The Bear* pasaron unos días Richard Burton y Elizabeth Taylor; los estudiantes piden a sus familias que los lleven cuando éstas vienen en vacaciones. Tienen razón, es bueno y caro. Visitad absolutamente el pequeño Museo de las tradiciones y comprad en él las *corn dollies*; abierto todos los días, excepto lunes, de octubre a abril.
La reina Ana le había dado un terreno al duque de Malhorough, apellidado Churchill, antepasado de Winston, para agradecerle la gran victoria de 1704. Las malas lenguas dicen que para agradecerle también a su mujer, Sarah, su «favorita», en aquella época. Sin embargo era una arpía que impedía a los empresarios salirse con la suya. En todo caso, el *Castillo de Blenheim* (nombre de la batalla) algo es magnífico. Jardines de Vanbrugh y Capability Brown, palacio barroco «italiano», fachada de Wren, sorprendente colección de cuadros, biblioteca antigua de 10 000 volúmenes, *Churchill Memorial Exhibition*. Los dos restaurantes y salones de té son buenos y no muy caros; bellas vistas.

COSTWOLD

Esta región está inscrita en un trapecio que sale de Oxford y comprende Stratford, Cheltenham y Cirencester; presenta colinas más o menos suaves o con pendientes. Fue un lugar de paso muy importante para los romanos: numerosas carreteras y villas conservan su recuerdo; se enriqueció en los siglos XVII y XIII gracias a los tejedores llegados de Flandes que crearon en el lugar una próspera industria lanera; en esa época se tejían también preciosos *tweeds*. De todo ello quedan los pueblos de piedra color miel, bien conservados, que hacen la felicidad de los londinenses que poseen en la región su segunda residencia.

BURFORD

Pueblo completamente medieval con espléndidas casas antiguas muy bien restauradas. Situado a unos veinte kilómetros al oeste de Oxford, en la A 40 (T).

¿Dónde comer? ¿Dónde dormir?

– *The Boltons (Mrs. Barret):* 9 Windoush Close. Bed & Breakfast situado en el centro de la ciudad. Buen recibimiento. Precios razonables.
– *The Mermaid Inn*: High Street. Comida de buena calidad y no os apresuran para que comáis.

¿Qué ver?

Encontraréis una notable *iglesia* del siglo XII. Fue el escenario, en 1649, de un importante acontecimiento de la historia inglesa. Parte del ejército de Cromwell se rebeló y se negó a ir a luchar injustamente contra los irlandeses. Éste fue el movimiento de los «levellers», soldados que, además, rechazaban el autoritarismo de sus jefes y que se adelantaron a su época mediante sus reivindicaciones radicales. Para el partido Laborista y los historiadores, fueron los primeros socialistas de Gran Bretaña; 340 de ellos fueron arrestados, encerrados en la iglesia de Burford, y sus cabecillas ejecutados. Uno de ellos grabó su nombre en el brocal de la pila bautismal: «Anthony Sediey, 1649., Prisoner».
Esta iglesia ofrece admirables monumentos funerarios, un reloj de gran antigüedad, etc. Precioso el pórtico meridional. En el cementerio, pintorescos sarcófagos de los maestros laneros de los siglos XVI y XVII.

BIBURY-ARLINGTON

En la B 4425, pueblo que se extiende a orillas del río Coln, repleto de truchas, cisnes y patos que chapotean tranquilamente ante la mirada de los numerosos turistas.

¿Dónde comer?

– *Swan Hotel:* como restaurante es un poco caro, pero como pub está muy bien.

¿Qué visitar?

▶ *Arlington Row:* serie de *cottages* del siglo XVII, construidos para alojar a los tejedores locales.

▶ *Arlington Mill:* antiguo molino de agua que alberga hoy un bonito mercadillo de objetos rurales, pero también algunos preciosos muebles realizados por un ebanista del país de principios de siglo, y finalmente tres habitaciones dedicadas a la obra del gran socialista inglés William Morris (pensador, dibujante, creador, decorador).

DUNTISBOURNE ABBOTS   PREF. TEL.: 28582

Pueblo a un lado de la A 417 (antigua calzada romana: *Ermin Way*). En la colina.

¿Dónde dormir?

– *Youth Hostel:* ☎ 682. Cerrado los domingos. Hermosa casa de piedra en medio de grandes jardines.

¿Qué hacer? ¿Qué visitar?

Podéis dar preciosos paseos por los alrededores; hacia *Duntisbourne Leer* (a orillas del agua, en un vado) y *Duntisbourne Rouse* (interesante iglesia).

CHELTENHAM   PREF. TEL.: 01242

Ciudad termal (*spa*) que floreció durante la Regencia (principios del siglo XIX), tras la visita del rey Jorge V que fue a tomar las aguas en 1785. Atención, del 15 al 17 de marzo se celebran carreras hípicas, consideradas entre las más importantes del Reino Unido. Pensad en reservar los hoteles con mucho tiempo de antelación.

Direcciones útiles

– *Tourist Information Center:* Municipal Office, Promenade. ☎ 522 878.
– *Estación de tren:* Queen's Road.
– *Autobuses:* St Margaret's Road.
– *Correos:* Promenade.

¿Dónde dormir?

– *YMCA:* 6 Victoria Walk. ☎ 524 024. Muy cerca del centro, edificio severo que no sigue el estilo del país. Recibimiento agradable. Es necesario reservar.
– *Youth Hostel:* Rock House, Cleeve Hill Cheltenham. ☎ 672 065. Cerrado lunes y martes. Los otros días sólo a partir de las 17 h. Se puede ir en autobús desde el centro de la ciudad. A algunos kilómetros de la ciudad, por la A 46, al pie de una colina delicadamente deformada, expuesta a todos los vientos; hierba rala y sotobosque espinoso. Preciosos paseos desde el AJ, bajo la dirección del responsable del establecimiento. Confiad en él porque conoce la región y le gusta. El sendero pasa por el AJ.

– *Longwillows Camping Site:* Station Road, Woodmanote fuera de la ciudad, cerca de Bishops Cleeve, lejos de la A 435. Lugar bien equipado y confortable.

Bed & Breakfast

– *Lonsdale House:* Montpellier Drive. En una casa agradable. Acogida simpática.

¿Dónde comer?

– *Peters Bar:* Montpellier Street. Pub agradable para recobrar fuerzas.
– *The Shambles:* Montpellier Street. Comida más refinada (*delicatesen*) y se puede comer en la terraza.
– *Thatchers:* 101 Montpellier Street. No tiene nada que ver con la señora T. Comida sencilla, ligera y exótica (quiche, chiles).
– *Choirs:* Wellwalk. Comida de calidad.
– *Promenade (pastelería):* 112 Promenade. Sólo hay pasteles, ligeros y muy agradables.

¿Qué visitar?

Pasead por la ciudad y admirad la arquitectura estilo Regencia. Empezad por The Promenade flanqueada por tiendas más bien elegantes.

▶ *Montpellier Walk:* larga acera flanqueada por tiendas elegantes, enmarcadas por un centenar de cariátides copiadas de templos griegos. Es impresionante.

▶ *Imperial Gardens:* preciosos jardines con el fondo del imponente Ayuntamiento.

▶ *Montpellier Gardens:* otros hermosos jardines casi al lado de los anteriores.

▶ *Pittville Park:* a orillas de la ciudad en la carretera de Evesham (A 435), un desatino del banquero Pitt que quería construirse un balneario para él solo. Precioso parque verde y lleno de flores. *Pittville Pump Room:* ¡aquí podéis tomar las aguas! El edificio, que data de 1830, fue construido tomando como modelo un templo griego. En el primer piso alberga actualmente un *Museo de la Moda.*

Paseo por Cotswolds

Numerosos pueblos típicos de Cotswolds: dos servicios de autobús os ayudarán a ir: *Castleways Bus Services* y *Pulham's.* El único inconveniente son los horarios, no siempre prácticos. Para los que van en coche: las carreteras de segundo orden os permitirán descubrir aldeas maravillosas llenas de calma y belleza ¡y no invadidas por el turismo!

WINCHCOMBE

Pueblo típico de disposición alargada, con casas de piedra dorada.

¿Dónde dormir? ¿Dónde comer? ¿Dónde tomar una copa?

– *Great House:* Castle Street. ☎ 602 490. Excelente B & B en una casa con cuatro siglos de antigüedad, rodeada por un jardín inglés típico. Buen recibimiento. Precios intermedios.
– *Rosebay:* Cowl Lane. En el centro. Un Bed & Breakfast de los menos caros. Recibimiento agradable.

– *The Old Corner Cupboard Inn:* viejo pub, lleno de rincones y esquinas, en la entrada del pueblo. Allí encontraréis a la población local.
– *The Old Bakery Tea Shoppe:* High Street. Se puede comer y beber a cualquier hora del día. Cerrado domingos. Dentro si llueve y fuera, bajo las sombrillas, si hace sol. Está muy bien atendido.
– Un supermercado: *Circlek,* North Road. Abierto hasta las 22 h todos los días.

¿Qué visitar?

▶ *Sudeley Castle:* en medio de unos preciosos jardines. Abierto todos los días de 12 h a 17 h 30. Bastante caro. Este castillo del siglo XV, plaza fuerte de los realistas, fue desmantelado por los parlamentarios que apoyaron a Cromwell durante la guerra civil (1640-1650). Restaurado en el siglo XIX. Hermoso mobiliario. Espléndidos cuadros de los maestros ingleses más importantes (Constable, etc.). En la capilla, tumba de la séptima y última mujer de Enrique VIII, Catalina Parr, la única que sobrevivió a un matrimonio con él... Incluso pudo volverse a casar, con lord Seymour of Sudeley.

▶ *The Castle Cottages:* hermosa serie de antiguos *cottages* dependientes del castillo y restaurados.

▶ *Vineyard Cottages:* otra serie de *cottages* en la calle del mismo nombre: Vineyard Street, a 300 m de la puerta oeste de Sudeley Castle.

BROADWAY

Una de las ciudades más visitadas de Cotswolds, construida en sentido longitudinal. La riqueza de Broadway se remonta a los siglos XVII y XVIII y a la industria de la lana. Las casas a lo largo de High Street nos cuentan esta historia.

¿Dónde dormir?

– *Bourne House:* Leamington Road. No lejos del centro. Buena acogida. Desayuno variado. Precios correctos.

¿Dónde comer?

– *The Lygon Arms:* alberque cargado de historia cuya reconstrucción empezó en el siglo XVI. Los realistas y después Cromwell lo utilizaron como cuartel general durante la guerra civil (1640-1650). El general Lygon reconstruyó la batalla de Waterloo en sus plantaciones forestales. Hermoso comedor, pero comer en él sale muy caro.
– *Broadway Beacon:* saliendo de la A 44. Broadway Tower: en una de las colinas más elevadas de Costwolds. Hermosa vista de la región.
– *Steakhouse:* High Street. Buena relación calidad-precio.

Un paseo interesante

– Id a *Chipping Camden* por los *footpaths*. Paseo muy agradable.

CHIPPING CAMDEN   PREF. TEL.: 01386

Otro pueblo lleno de encanto con sus casas de piedra dorada, muy bien conservadas: aquí se rodaron algunas escenas de la película de Pasolini, *Los cuentos de Canterbury.*

¿Dónde dormir?

- **Dragon House:** High Street. ☎ 840 734. Mrs. James no es un dragón ni mucho menos... Acogida agradable.

¿Dónde comer? ¿Dónde tomar una copa?

- **The Cotswold House:** The Square. Lugar confortable, pero bastante caro. Jardín muy agradable cuando hace buen tiempo.
- **The Kings Arms Hotel:** High Street. Antiguo hotel, restaurante, pub. La zona del restaurante es bastante cara.

¿Qué visitar?

▶ **Market Hall:** antiguo mercado de lana, edificado en 1627. Admirad el armazón de madera.

▶ **Grevel House:** al principio de la calle mayor (High Street), casa que data del siglo xv: extraordinarias gárgolas, relojes de sol...

▶ **The Wool Staplers Hall:** construido en 1340, frente a la casa anterior. Cámara de comercio de la lana; los comerciantes de Londres y los ganaderos locales realizaban aquí sus transacciones. En la actualidad alberga un museo local y rural lleno de un sinfín de objetos increíbles.

BRETFORTON   PREF. TEL.: 01386

En la B 4035, ciudad en el confín de Cotswolds, a unos diez kilómetros de Stratford. Merece la pena el desplazamiento para los que buscan un poco de calma lejos de las funciones shakespearianas.

¿Dónde comer? ¿Dónde tomar una copa?

- **The Fleece:** este pub pertenece actualmente al National Trust. Antigua granja medieval, agrandada en el siglo xv y transformada en pub en el siglo xix. Precioso lugar. Conserva numerosos recuerdos, entre los que destacan unos espléndidos platos de estaño que Cromwell dejó a cambio de una suma de dinero cuando pasó por el lugar. Chimeneas de gran valor. Numerosos amuletos de protección contra las brujas. En la zona del horno, medidas de cobre y latón. La gente del lugar os dará todas las informaciones suplementarias que deseéis; basta con pedírselas.

STRATFORD-UPON-AVON

Pequeña ciudad verdaderamente encantadora que ha tenido la desgracia de hacerse famosa gracias a un escritor local. Por eso, 250 000 turistas visitan el lugar cada año. En pocas palabras, se ha convertido en una especie de Lourdes, aunque sin agua bendita. Muchos escolares extranjeros. En la ciudad todo está dedicado a Shakespeare, desde el teatro hasta las tiendas de souvenirs.

¿Dónde dormir?

- **Youth Hostel:** en Alveston, a 3 km al nordeste de Stratford, en la B 4086. Desde Stratford, el autobús 518. El edificio es muy bonito, con una espléndida entrada porticada y un parque.

– Numerosos B & B en Stratford, en Shipston Road y Evesham Place.
– *Campings:* en un *Racecourse Site,* a 3 km del centro en la carretera de Evesham (A 439), junto a un antiguo hipódromo. A menos de 15 minutos de la estación. Barato. Inmenso. Está muy bien.

¿Qué visitar?

▶ *Shakespeare's Birthplace:* compuesta por dos casas de estilo Tudor. El interior representa perfectamente el ambiente de una casa de la época isabelina. Se conservan diversos manuscritos y varios ejemplares de las obras del escritor.

▶ *Holy Trinity Church:* iglesia parroquial de Stratford, a orillas del Avon. En este edificio gótico fue inhumado Shakespeare en 1616.

ALREDEDORES

– *Anne Hathaway's Cottage:* a 4 km de Stratford, tomando la carretera de Alcester (A 422). En esta encantadora casa de techo de paja nació y vivió la mujer de Shakespeare. Bonitos muebles rústicos del siglo XVI.
– *Warwick Castle:* a 12 km de Stratford-upon-Avon. ☎ 495 421. Abierto todos los días de 10 h a 18 h (19 h los fines de semana en agosto). Es el castillo más visitado de Gran Bretaña, y uno de los más antiguos. Bonitos jardines. También se puede subir a las torres y al torreón. Colección de armas. En las salas del castillo se describe la vida cotidiana en los siglos XVII y XIX.

PAÍS DE GALES

El País de Gales es a la vez mar y montaña. Preciosas playas de arena al sur y al oeste; montañas al norte y en el centro. El norte está literalmente dominado por el Snowdon, 1 085 m. El Snowdon es el punto culminante de los montes Cambrianos, antiguas montañas de más de 3 000 millones de años, repletas de lagos, saltos de agua, bosques y llanuras yermas que otorgan un aspecto salvaje y especial a la región. Los montes Cambrianos son el paraíso de las ovejas que dan fama al País de Gales. Allí pastan en libertad, así que cuidado si viajáis en coche, ya que van y vienen a voluntad de un lado al otro de la carretera.

Un poco de historia

El País de Gales está unido a Inglaterra desde 1282. El rey Eduardo I sometió definitivamente al pueblo galés tras vencer al último príncipe de Gales: Llewellyn ap Gruffuydd. Para reforzar su autoridad, construyó diversas fortalezas en puntos estratégicos de Gales, castillos que se pueden visitar en la actualidad. Instaló también a comerciantes y abogados que le eran fieles en diversas ciudades galesas, a despecho de los habitantes del país, lo que consolidó definitivamente su autoridad. Hasta esta época, los galeses habían sabido resistir tanto a los invasores romanos como a los invasores sajones. El rey Offa, monarca sajón del siglo IX, desesperado por no poder conquistar el País de Gales y acosado por los reiterados ataques de los galeses en su territorio, hizo construir una muralla (*a dyke*), para mantenerlos en su territorio.
Todavía se pueden contemplar sus vestigios a lo largo de la frontera galo-inglesa, y un camino peatonal recuerda el hecho: *Offa's Dyke Path*.
Finalmente, Enrique VIII consolidó en 1536 la unidad de Inglaterra y el País de Gales por un acta de unión, el *Statute of Union*. La historia se explica convenientemente en una de las salas del *castillo de Caernarvon*.

La lengua galesa

Los galeses poseen una lengua de origen celta (como el gaélico que se habla en Irlanda). Esta lengua está todavía viva y es hablada por numerosos galeses de todas las edades. El galés forma parte de las asignaturas que estudian los alumnos en los colegios. Además, todos los habitantes del País de Gales hablan inglés, lo que os permitirá entenderos. Al principio, quedaréis un tanto sorprendidos por su acento, pero enseguida os acostumbraréis. Los galeses son amables y tranquilos (por lo general); no os importe hacerles repetir lo que no hayáis entendido.
Los nombres de las ciudades aparecen escritos en las dos lenguas en los paneles de señalización. Son muy distintos en una y otra lengua, pero acabaréis familiarizándos.

Los *eisteddfods*

Los galeses son poetas, cantores, actores, narradores. Conservan la tradición oral, que parece remontarse a la época de los druidas. La reina Isabel I, ante la proliferación de estos vagabundos cantores, quiso poner orden e instituyó unas grandes reuniones denominadas *eisteddfods*, en las que los bardos, narradores, cantores y menestrales realizaban su actividad «oficialmente». Estos festivales existen todavía y atraen a numeroso público. No os los perdáis si pasáis por allí. El más importante es el *International Musical Eisteddfod* en Llangollen, Clwid. Tiene lugar a principios de julio todos los años. En él se dan cita cantautores de todos los países del mundo. Otros de menor importancia tienen lugar en otras ciudades. Todos estos festejos aparecen señalados en *What's on Wales*, ☎ (01222) 464 120.

Coros de voces masculinas

Por otra parte, cada ciudad (o casi) posee un orfeón masculino, *Male Voice Choir*, cuyos ensayos están abiertos al público. Conseguid las diferentes listas en el *Wales Tourist Board*, Davis Street, o en un centro de información turística. El orfeón más conocido es el *Treorchy Male Choir*. Se reúne los domingos a las 15 h 30, y los martes y jueves a las 19 h 30, en la Treorchy Primary School, Glyncolird, Treorchy. Atención: no hay representaciones del 15 de julio al 30 de agosto. Mr. Islwyn Morgan, ☎ (01433) 435 852. Treorchy se encuentra en ell valle del Rhondda, en autobús o en coche por la A 4601 (a 72 km de Cardiff o Swansea), o en tren (a 30 minutos).

Monumentos históricos

La organización *Welsh Historic Monuments* propone, para cada región, unos folletos que señalan los monumentos de interés acompañados de un breve resumen y una foto de cada uno de ellos. Conseguidlos en las oficinas de turismo *Castles and historic places*. El National Trust edita sus propios folletos de los lugares de los que es responsable. También los encontraréis en las oficinas de turismo.

Mapas

Para circular por el País de Gales os hará falta un buen mapa, bien detallado. Nosotros hemos estado utilizando simultáneamente:

A.Z. - *South Wales* - Road Map;
A.Z. - *North Wales* - Road Map.

Estos dos mapas dan los nombres en galés y en inglés, señalan los paisajes de interés y los lugares que conviene visitar.

También se puede acudir al **Ordnance Survey:** Routemaster 7, *Wales* y *West Midlands* (escala 1: 250 000). Ventaja de este mapa: presenta el conjunto del País de Gales en un solo mapa, con el mismo tipo de detalles que los anteriores. Ofrece como detalle suplementario un pequeño triángulo que indica los Albergues Juveniles y una tienda y una caravana para señalar los campings. Podéis elegir el que más os guste. Si deseáis hacer una excursión, tendréis que conseguir los *Ordnance Survey Maps*. En cada ciudad o Albergue Juvenil encontraréis el que convenga al trayecto que hayáis elegido.

¿Cómo ir al País de Gales?

– En coche, sin problemas. Hay carreteras nacionales (A...) y autopistas (M5, M6,...) que unen el País de Gales a Inglaterra. **ATENCIÓN:** todos los aparcamientos son de pago, incluso en los pueblos más perdidos.
– **En tren desde Londres:**
• hacia el norte: Euston Station.
• hacia el suroeste: Paddington Station.

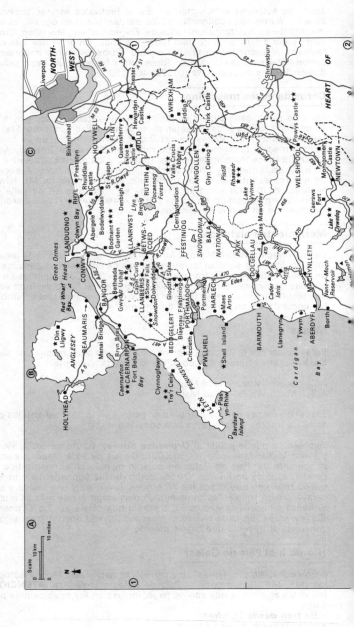

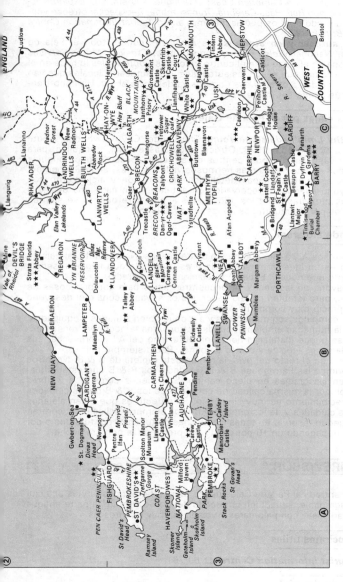

PAÍS DE GALES

En el País de Gales: *The Conwy Valley Line* permite descubrir el interior del país. *The Cambrian Coast Line* sigue la costa. Los *Explorer tickets, Golden Rail, Pass Cambria, Transcambria, Backpacker* ofrecen ventajas de todo tipo: os podéis informar en un *Tourist Information Centre* o en *British Rail*.
– **En autocar y en autobús:** los autocares cubren todo el País de Gales. *National Welsh* recorre todo el país. *Crosville Motor Services* funciona en el norte y en el centro, mientras *South Wales* lo hace en el sur; a ello hay que añadir los autobuses y los autocares locales que van de una ciudad a otra. *Traws Cambria* va del norte al sur. Un bono tren-autobús puede ser interesante.

Otros viajes por el País de Gales

– **Cathy Long'Pedalsome Tours:** The Lodge, City, Cowbridge, South Wales. ☎ (014463) 3378. Ofrece cinco días en bici, tranquilos, para visitar castillos, museos, centros de artesanía local, antiguos pueblos situados en uno de los más hermosos valles galeses, el de Glamorgan. Bicicletas nuevas, mapas detallados de la región y alojamiento con desayuno abundante reservado con antelación en cada una de las 5 etapas previstas. Para los aficionados al aire libre que no se sienten atraídos por las multitudes de las orillas del mar.

¿Dónde alojarse?

Numerosos AJ, a menudo muy bien equipados. No obstante, el País de Gales es un lugar muy solicitado y es preferible que hagáis reservas siempre que podáis. Excelente relación calidad-precio.
La mayoría de las veces se encuentran sitios para comprar cosas de comer, pero también podéis hacer que os sirvan la cena o el desayuno a un precio muy competitivo.
– Los campings son numerosos y a menudo bien situados y equipados; pero la humedad ambiental puede estropearos la noche. A veces también se puede instalar la tienda en el terreno del AJ y aprovechar sus instalaciones (cocina y cuarto de baño). Pedid siempre permiso.
– Como en el resto del país, la región está repleta de B & B. Nosotros preferimos las Farmhouse B & B, es decir, los B & B que están situados en las granjas en pleno campo. Son menos caros (1 a 2 libras menos por la misma calidad de confort) que los B & B de las ciudades y el recibimiento es muy simpático. Su defecto es que están alejados de las ciudades y de los pueblos y no son siempre fáciles de encontrar. Se pueden reservar en todas las oficinas de turismo, por teléfono o por escrito, pagando un 10 por ciento del precio de la primera noche.

SHREWSBURY   PREF. TEL.: 01743

Es la entrada al País de Gales desde Inglaterra. Shrewsbury es una ciudad agradable, situada en un recodo del río Severn. En la parte antigua quedan casas con palomares y voladizos, muy pintorescas.

Direcciones útiles

– **Tourist Information Centre:** ☎ 50 761.

¿Dónde dormir?

– **Youth Hostel:** The Woodlands Abbey Foregate. ☎ 360 179. Edificio victoriano, confortable, a 10 minutos a pie del puente *English Bridge*.

¿Qué visitar?

▶ *Abbey Church:* en arenisca roja. Construida durante el reinado de Eduardo II.

▶ *La ciudad medieval:* la calle mayor está flanqueada por casas medievales con voladizos.

▶ *St Mary's Church:* la iglesia más bonita del pueblo, edificada a partir de 1200 y restaurada en el siglo xv. Hermosas vidrieras.

EL VALLE DEL WYE

Desde Londres o Bristol, autopista M 4; cruzad el puente de peaje del Severn, después tomad la carretera A 466, en dirección a Chepstow, Monmouth. Esta carretera sigue el río Wye, repleto de numerosos cisnes que chapotean grácilmente. Por cierto, ¿sabíais que todos los cisnes de Gran Bretaña son propiedad de la Corona?

TINTERN

Ciudad dominada por la Tintern Abbey.

Direcciones útiles

– *Tourist Information Centre:* a 1 km de la abadía, en la estación vieja. ☎ 689 566.

¿Dónde dormir?

– *Youth Hostel:* St Briavels Castle, Lydney. ☎ 530 272. Atención: este albergue se encuentra en la orilla inglesa inglesa del río Wye, a unos 10 km de Tintern; cruzad el río para llegar hasta él y trepad a la colina. Precioso albergue en un castillo normando del siglo xv, restaurado con gusto y mucha comodidad. Reservad.

¿Dónde comer? ¿Dónde tomar una copa?

– Hay donde elegir. Los mejores lugares son *The Fountain, Moon and Sixpence* y *Roseand Crown* (buena cocina familiar).

¿Qué visitar?

▶ *Tintern Abbey* es una abadía cisterciense en ruinas. Hermosos e imponentes restos góticos, a orillas del río. La abadía fue construida entre los siglos xii y xiii para albergar una reliquia de san David; más tarde los monjes la abandonaron a causa de una ley promulgada durante el reinado de Enrique VIII (que deseaba recuperar los bienes de la Iglesia), según la cual, las abadías con ingresos anuales inferiores a las 200 libras debían disolverse. Posteriormente, el lugar fue redescubierto en el siglo xix por un gran viajero inglés, R. C. Hoare, popularizado por el poeta Wordsworth, que viajó al lugar en julio de 1798, y, finalmente, inmortalizado por Turner.

A los poetas románticos les encantaba este lugar y la región en general, que comparaban con Suiza. En una época en que las guerras asolaban Europa y les impedían pasearse por el continente lo que ellos hubieran querido, iban a este lugar a buscar reposo e inspiración. Entonces se llegaba en barco, ya que el río Wye era todavía navegable.

– **Offa's Dyke Path**: camino peatonal que sigue el antiguo dique que construyera Offa, rey sajón (757-796), para proteger su reino de Mercie de las invasiones galesas. El camino empieza en Chepstow, pasa por Tintern, Monmouth, Welshpool, Llangollen y termina en Prestatyn. Allí sigue el río Wye. Está lleno de árboles y no presenta dificultad.
– **Pesca:** trucha y salmón. Informarse: *VA Cullimore*, The Tump Farm, Whitebrook. ☎ Trelleck (01600) 860 284.
– **Poney trekking:** *Tintern Riding Centre*, Brockweir. ☎ (012981) 371.

MONMOUTH

Ciudad antigua, comercial, con un mercado de animales los lunes que atrae a mucha gente de los alrededores.

Direcciones útiles

– **Tourist Information Centre:** Shire Hall. ☎ 413 899.

¿Dónde dormir?

– Numerosos **B & B** en la ciudad.
– **Camping** en Michell Troy (a 5 km al sudoeste). ☎ 712 295.

¿Dónde comer?

– **The Queens Head:** St James Street. Antiguo albergue relacionado con recuerdos de Cromwell.
– **The Punch House:** atrae a mucha gente por su situación céntrica. Ofrece *bar meals* a un precio razonable.

¿Qué visitar? ¿Qué hacer?

▶ **The Nelson Museum:** exposición de objetos que pertenecieron al almirante, entre los que destaca su espada.

▶ **Monmouth Gate:** a la salida de la ciudad, más allá del mercado, viejo puente fortificado del siglo XII, el único de su estilo en Gran Bretaña.

▶ **Offa's Dyke Path:** por aquí pasa el camino peatonal.

▶ **Pesca:** es necesario un permiso de pesca y un ticket válido para una jornada. Informan en la oficina de Correos.

¿Qué visitar en los alrededores?

– **Symond's Yat Rock** (160 m): a 11 millas al norte. Montículo desde donde se puede admirar un panorama espléndido. Id pronto por la mañana y observad con los gemelos los nidos de halcón peregrino.

LLANTHONY PRIORY

Priorato en ruinas, en el corazón de las Black Mountains.

¿Cómo ir?

Dirección Abergavenny; en la carretera podéis deteneros y visitar las ruinas de *Raglan Castle* (el hombre de las mangas): antiguo castillo fortificado en ruinas, imponente por su tamaño. En Abergavenny, *Museo de Historia Local*, típico, que presenta vestidos, cocina, utensilios domésticos, etc.

Después de Abergavenny, tomad la carretera A 465, luego a la izquierda a algunos kilómetros, torced hacia Llanvihangel Crucorney y Stanton. Pequeña y maravillosa carretera de una sola dirección; pasaréis ante uno de los más antiguos pubs del País de Gales; luego continuad hacia Llanthony Priory, en el corazón de las Black Mountains. Paisaje de colinas y praderas donde las ovejas pastan tranquilamente, granjas desperdigadas por el valle. Podéis dar paseos a caballo o en póney.

¿Dónde dormir?

– *Youth Hostel:* Capel-y-ffin, Abergavenny. ☎ 890 650. Cerrado los miércoles, excepto en julio y agosto. Antigua granja entre Llanthony y Hay, perdida en las montañas, a orillas de la pequeña carretera. ¡Reservad! Bastante confortable, pero no muy grande. Podéis instalar la tienda.
– *Abbey Hotel:* instalado en una zona del priorato restaurado en el siglo XVIII, con una escalera normanda de caracol que lleva a las cuatro habitaciones amuebladas con camas de baldaquino. Un solo cuarto de baño. Precio un poco más caro durante el fin de semana. Reservad sin falta. ☎ Crucorney 890 487. El lugar tiene mucho encanto y la calma está asegurada. Podéis conformaros con ir a cenar: trucha y salmón del lugar garantizados. El comedor está amueblado con antiguos muebles y las paredes decoradas con preciosas porcelanas.

¿Qué hacer?

▶ *Poney Trekking: Grange Pony Trekking* Centre. ☎ Crucorney 890 215.
▶ A partir del priorato, numerosas excursiones a las Black Mountains. Paisaje cada vez más yermo hasta llegar a la llanura. Esta aparece completamente árida y ofrece una preciosa vista sobre el río Wye, al fondo, y los Brecon Beacons.

HAY-ON-WYE

Ciudad conocida mundialmente por su especialidad: el libro de ocasión.

Direcciones útiles

– *Tourist Information Centre:* Car Park. ☎ 820 144.

¿Dónde dormir?

– *Hawkwood Farm*: Mrs. Lloyd. ☎ 820 308.
– *Brookfield House:* Brook Street. ☎ 820 518.
– *Jasmine Cottage:* Brook Street. ☎ 821 108.
– *Oaklands Women's Centre-Glasbury:* a algunos kilómetros de Hay. Un sitio particular, sólo para mujeres, donde gozan de preferencia las que tienen mayor necesidad de refugio. Se puede cocinar. El centro posee canoas y los paseos por los alrededores son muy agradables.

¿Qué visitar?

▶ *Hay Cinema Bookshop:* Castle Street. ☎ 820 071. El antiguo cine ha sido transformado en librería, especializada en libros de ocasión, distribuidos en cuatro pisos.
Las librerías florecen a lo largo de Castle Street y de Lion Street. ¡Es demasiado! El hombre que ha transformado esta ciudad apacible del País de Gales en centro mundial del libro de ocasión se llama Richard

Booth. Está instalado en Hay Castle, ciudad que él mismo está haciendo reconstruir lentamente, y donde conserva sus libros más preciosos y raros. No abre la puerta más que en contadas ocasiones y sólo recibe visitas importantes. No obstante, se le puede encontrar en una de sus librerías, **Richard Booth's Bookshop**, 44 Lion Street. ☎ 820 322. El personaje es fascinante, el lugar obsesivo.

BRECON

Pueblo grande de montaña, centro del parque nacional de las Brecon Beacon Mountains, y punto de partida de excursiones de montaña.

Direcciones útiles

– **Tourist Information Centre:** Watton Mount. ☎ 44 37.
– **Mountain Center:** Libanus, en la carretera A 470. ☎ 36 66. Allí conseguiréis todas las informaciones y los mapas sobre los paseos en esta región montañosa.

¿Dónde dormir?

– **Youth Hostel:** Llwyn-Y Celin-Libanus. ☎ 42 61. Antigua granja a 8 km de Brecon, en el corazón del parque. Cómodo, pero bastante sencillo. Punto de salida o de llegada de excursiones.
– **Tai'r Heol:** Ystradfellte, Aberdare. ☎ Glyn Neath (01639) 720 301. En una carretera pequeña, fuera de la A 4059, una casa principal y dos anejas. Confort bastante sencillo. ¡Lejos de las tiendas! Preved algunas provisiones. Cerca de los saltos de agua y las cascadas que atraen a numerosos visitantes. Región verde y boscosa.
– **Walker's Rest B & B:** 18 Bridge Street. ☎ 625 993.

¿Qué visitar?

▶ **Museo Municipal:** muy inglés por su variedad, pero interesante. En contrapartida, evitad el Museo Militar.

▶ **Subid hasta la catedral:** magnífico coro de piedra esculpida, cementerio, jardín, claustro, etc.

Pasead por el parque nacional y disfrutad del paisaje. Altitud entre 500 y 800 m. La caminata no presenta dificultad. Información: *Cambrian Caving Council*, en Swansea. ☎ (01639) 849 519.

CARDIFF (CAERDYDD)   PREF. TEL.: 01222

Capital oficial del País de Gales, ¡sólo desde 1955! En el siglo XIX se enriqueció gracias a la exportación de carbón. La actividad del puerto y de los *docks* se debió a la iniciativa de la familia Bute. Esta misma familia reconstruyó, a fines del siglo XIX, el castillo de Cardiff y lo acondicionó mezclando todo tipo de estilos.

Direcciones útiles

– **Tourist Information Centre:** cerca de Hayes (plano A3) y de las estaciones de autobuses y ferroviarias. ☎ 227 281.
– **Estación:** Central Station. ☎ 228 000.
– **Autocares:** 3 compañías: *Cardiff Bus*, Wood Street. ☎ 239 922; *National Welsh and Bustler*, ☎ 371 331; *National Express*, ☎ 344 751.
– **Correos:** The Hayes.

¿Dónde dormir?

– **Youth Hostel Ty Croeso:** 2 Wedal Road, Roath Park. ☎ 462 303. Un poco a las afueras, pero de fácil acceso desde el centro de Cardiff, gracias a los autobuses 80 y 82. Gran edificio de ladrillo en el barrio de Roath, cerca de un lago y de un gran parque.

B & B y guesthouses:

– **Lynx Hotel:** 385 Newport Road. ☎ 497 817. Habitaciones confortables atendidas por una pareja de origen italiano, Tony y Francesca, ingleses desde hace 20 años. Muy buen recibimiento. Si queréis darles una alegría, llevadles café auténtico. Buenas cenas.
– **Amberley Guesthouse:** 22 Plasturton Gardens. ☎ 374 936.
– **Bon Maison:** 39 Plasturton Gardens. ☎ 383 660.
Si están llenos, probad suerte junto a Cathedral Road o a Newport Road.

¿Dónde comer?

El centro de Cardiff está repleto de arcadas, que dan cabida a restaurantes donde podéis comer a un precio razonable.
– **Pepper Mill Diner:** 173 King's Road, Canton. ☎ 382 476. Buena comida mexicana fuera del centro de Cardiff. Calle paralela a Cathedral Road.
– **The Kitchen:** Chapter Arts Centre, Market Road. Centro cultural muy animado, donde se dan cita los estudiantes de Cardiff. Tomad allí un bocado antes de ir a ver una exposición o una película. Cocina sencilla y barata.
– **77 Dinner:** 77 Pontcanna Street. Buenos restaurantes de hamburguesas y platos vegetarianos.
– **Little Gourmet:** 19 Wyndham Arcade, St Mary Street. Platos sencillos y baratos.

¿Dónde tomar una copa?

Cardiff posee una cervecería «que produce la cerveza Brains», de un olor bastante fuerte según la dirección del viento... Numerosos pubs distribuyen esta cerveza, verdaderamente excelente.
– **Four Bars Inn:** Castle Street, frente al castillo. Jazz en vivo de lunes a sábado. El domingo se puede degustar, como sorpresa, la *Braims S. A.,* *Special Ale,* localmente denominada *Skull Attack.*
– **The Old Arcade:** cerca de St John's Church; decorado con numerosas camisetas de rugby.
– **The Conway:** Conway Road, calle que sale de Cathedral Road. En este pub se reúnen los galeses que hablan galés; ¡es el sitio ideal para aprender esta lengua!
– **The Global Beer Company:** junto al del Park Hotel. Se pueden degustar hasta 1 000 cervezas diferentes.
– **Old Orleans:** Church Street. Bar-restaurante con jazz los lunes por la noche.
– **The Blue Anchor:** en el pueblo de Rhoose, cerca del aeropuerto de Cardiff. El último autobús sale después de que cierre el pub. El mejor pub del sur del País de Gales, con su techo de paja y las *Real Ales* exclusivamente.

¿Qué visitar? ¿Qué hacer?

▶ **Cardiff Castle:** ☎ 822 083. Abierto todos los días. Fue construido en el antiguo emplazamiento de un campamento romano. Durante 1900 años, los diferentes ocupantes dejaron en él la impronta de su fantasía

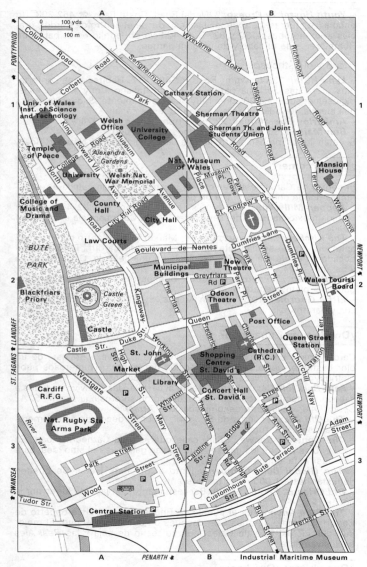

CARDIFF

y creatividad, por lo que allí se pueden contemplar los más variados estilos de las diferentes épocas. En el siglo XIX, a petición del marqués de Bute, el arquitecto W. Burges puso el toque final, sin escatimar detalles decorativos. Mezcla de estilos y épocas como nadie se atrevía a hacer en aquellos tiempos: ¡el conjunto es bastante llamativo!

▶ *The National Museum of Wales:* cerca del City Hall, junto a Cathay's Park. ☎ 397 951. Descuento a estudiantes. Cerrado los lunes. En la planta baja, numerosas piedras esculpidas con inscripciones en latín o caracteres ogham, así como cruces celtas. En el primer piso: galerías de pintura inglesa, con paisajes de Constable y Turner, y francesa, en la que la escuela de Barbizon y los impresionistas tienen amplia representación, además de obras más contemporáneas. En las nuevas galerías se exponen obras de Monet, Rodin, Renoir, Cézane y Bacon. El Museo merece la visita. Su parque público es agradable.

▶ *Chapter Arts Centre:* Market Road. ☎ 396 061. Junto a Cambridge Road. Centro cultural animado que presenta exposiciones, espectáculos en vídeo, películas de arte y ensayo, danza, teatro, jazz... En pocas palabras: siempre hay algo en esta escuela convertida en centro cultural.

▶ *Sherman:* otro centro cultural, en Senghennydd Road (plano B1); cerca de la universidad; 2 salas de teatro, cine...

▶ *Cardiff Arms Park: National Rugby Stadium.* Se halla en el centro de la ciudad, frente al castillo. No os lo perdáis. ¡Sobre todo los días en que hay partido! La muchedumbre llega tranquilamente, pero con decisión.

▶ *Cardiff Male Voice Choir:* ensayos abiertos al público los miércoles y los viernes por la noche a las 19 h 30. Radnor Road School (fuera de Cambridge Road). ☎ 563 488.

▶ *Festival de jazz* durante la segunda quincena del mes de agosto.

ALREDEDORES

▶ *St Fagans Welsh Folk Museum:* museo de artes y tradiciones populares del País de Gales. En la carretera A 4232. Abierto todos los días de 10 h a 17 h; los domingos de 14 h 30 a 17 h. Expone objetos de la vida cotidiana. En el parque se han transportado, reconstruido y amueblado todos los tipos de casas que existen en el País de Gales. Los artesanos de los *cottages* recuperan los oficios tradicionales (tonelero, herrero, molinero, etc.). Lugar muy agradable para un día de retorno al pasado. Excelente introducción a la vida y a las tradiciones galesas. Se puede comer allí mismo o hacer picnic.

▶ *Castle Coch:* a 8 km al noroeste de Cardiff, a la salida de la carretera A 470. Autobús 26. Castillo en arenisca roja erigido sobre una colina, reconstruido en el siglo XIX por la pareja «infernal» del castillo de Cardiff, es decir, el marqués de Bute y el arquitecto W. Burges, en el estilo medieval que se imaginaban en esa época. Se diría que el opio hubiera favorecido su inspiración delirante. Merece una visita, sobre todo si gusta lo mágico, lo llamativo o lo exagerado.

▶ *Pontardawe:* en el valle del Swansea, por la carretera A 4067, o en autobús. Esta pequeña ciudad industrial organiza todos los años, el tercer fin de semana del mes de agosto, un gran festival popular de música folk de todos los rincones del mundo: italianos, bretones, irlandeses, vascos, catalanes, galeses, evidentemente, y escoceses dan muestra de su música y danzas. Se puede también aprender a tocar las cucharas, a cantar, a tocar la flauta o el violín... Todo tipo de actividades en un ambiente muy distendido. Que no se lo pierdan los aficionados a la música folk. Se puede comer y beber allí mismo, y también acampar en un camping especialmente preparado cerca del lugar del festival. Reservad las plazas en el mes de junio y obtendréis un descuento del 25 por ciento aproximadamente. Escribid a: Pontardawe, Festival Ltd, Box Office, 14 Church Street. Pontardawe, Swansea.

▶ *Caerphilly:* en la carretera A 469 (autobús 26). Fortaleza de los siglos XII y XIII construida según el modelo de Aigues-Mortes en Francia, donde los cruzados se embarcaban para Palestina. Una de las mayores fortalezas de Europa, rodeada de un gran foso. Maciza e invicta, ¡sin duda! Entrada cara. La torre que Cromwell casi derruyó, hoy está bastante inclinada y es muy célebre.

¿Dónde comer y tomar una copa?

Se puede comer en *The Courthouse:* 4 Dadleudy, pub-restaurante instalado en una antigua casa del siglo XIV. Hermosas chimeneas. Se puede probar el queso de la casa, admirando la fortaleza desde el otro lado del foso que la rodea.

LA PENÍNSULA GOWER

Está región es uno de los más bellos parajes de Gran Bretaña. Un largo sendero costea la península, asomado a veces a unos acantilados impresionantes. Por el camino se encuentran aves multicolores, pueblos adorables, grandes playas de arena o pequeña caletas íntimas y, además, algunos castillos normandos en ruinas. Para los menos deportistas, las pequeñas carreteras son también muy agradables, pero es preciso proveerse de un mapa de carreteras detallado.

SWANSEA (ABERTAWE)

Segunda ciudad del País de Gales, gran centro industrial desde el siglo XVI (carbón, estaño, cobre, refinerías de petróleo en la actualidad). Swansea es también la puerta de acceso a la península Gower, nombre del obispo del siglo XIV que ocupó durante muchos años la sede de St David's. Actualmente, el interés principal de Swansea reside en el hecho de que ha sido la ciudad natal de Dylan Thomas, gran poeta galés (1914-1953). Si su nombre no evoca nada, el de Bob Dylan os dirá algo. Bob Dylan admiraba la obra poética de Dylan Thomas. Cuando tuvo que elegir un nombre artístico, tomó el de su poeta favorito.

Direcciones útiles

– *Tourist Information Centre:* Singleton Street. ☎ 468 321.
– *Correos (Head Post–Office):* Wind Street
– *Estación:* High Street Station. ☎ 467 777.
– *Autocares:* Quadrant Bus Station. ☎ 475 511.

¿Dónde dormir?

– *Belmont Guesthouse:* 2 Mirador Crescent, Uplands. ☎ 466 812. A 5 minutos del centro en coche.
– *Mirador Guesthouse:* 14 Mirador Crescent. ☎ 466 976. Desayuno especial para vegetariano.
– *Phillips Hotel:* 390 Oystermouth Road. ☎ 655 105. Frente al mar.

¿Dónde comer? ¿Dónde tomar una copa?

– *The Pumphouse:* en el nuevo barrio *The Marina* a orillas del mar. Este antiguo edificio ha sido transformado con gusto en restaurante (*steak*) y pub.
– *Treasure:* Beau Nash House, 1-4 Caer House. El cliente se confecciona su propia ensalada mixta. Agradable.

– **The Market:** para los que tienen la intención de hacer excursiones, allí pueden conseguir buenos productos locales (quesos y pescados).
– **The Singleton:** Western Street. Cerca de la oficina de turismo. Viejo pub de comienzos de siglo con estupendas chimeneas y un pequeño escenario, donde actúan grupos de música todas las noches a las 21 h.

¿Qué visitar?

▶ **The Maritime and Industrial Museum:** presenta numerosos ejemplos del pasado industrial de la ciudad y de la región. Antiguos telares, máquinas de vapor de todo tipo, hermosas colecciones de motos antiguas, etc. Instalado en un antiguo almacén, lugar muy agradable.
▶ **Dylan Thomas:** Uplands Trail. Para los aficionados a las peregrinaciones: pueden seguir las huellas de D. T. gracias a la excursión inventada por sus admiradores, que se explica en un folleto gratuito distribuido por el Sindicato de Iniciativas. De hecho, Dylan Thomas calificaba Swansea de *ugly lovely town*: ciudad fea y encantadora.
También podéis ir directamente hasta la próxima ciudad de la península, donde el poeta pasó mucho tiempo errando de pub en pub.

THE MUMBLES

Balneario en el que destaca *Oystermouth Castle*, espléndidas ruinas de un castillo del siglo XIII. Pasead a lo largo de Mumbles Road.

¿Dónde dormir?

– **Rock Villa Guesthouse:** 1 George Bank. ☎ 366 794. Frente al mar. Precios razonables.
– **The Coast House:** 708 Mumbles Road. ☎ 368 702.
– **Mrs. Doreen Clifton:** 47 Oakland Road. ☎ 362 310.

¿Dónde comer? ¿Dónde tomar una copa?

Mumbles Road ofrece una serie casi inagotable de pubs. Dylan Thomas seguramente pasó por todos ellos.
– **Root:** en el pueblo, en la intersección de Woodville Road y Queen's Road. Excelente restaurante vegetariano. Ojo a los horarios: abierto hasta las 21 h, excepto el martes (17 h); cerrado los domingos y lunes.
– **The Pilot:** 726 Mumbles Road. Cerca del *Yacht Club*, ofrece un ambiente marinero distendido.
– **The Treasure:** 316 Newton Road. Ensalada mixta a elegir. Agradable.
– **The White Rose:** en la esquina entre Mumbles Rose y Newton Road. Un pub tradicional, con tres salas diferentes. Probad la *Worthington's White Shield*, una cerveza vivificante que se bebe siguiendo un verdadero ritual.

PORT EYNON

Al final de una carretera campestre, que cruza la península de Gower, de la que salen diversos senderos hacia el mar; gran playa protegida por una duna.

¿Dónde dormir?

– **Youth Hostel The Old Lifeboat House:** ☎ 390 706. El albergue se halla junto a la playa. Antiguo edificio que se ha renovado y ampliado. Estancia muy agradable.
– **Camping Carreglwyd:** situado en diversos prados separados por

hayas y protegidos del viento, inmediatamente detrás del albergue. Ofrece muchos servicios: duchas, lavadoras, tienda, etc. La acogida que dispensan es simpática.

¿Dónde tomar una copa?

– **The Ship Inn:** antiguo pub local en donde se mezclan los turistas y los pocos habitantes del pueblo.

RHOSSILI

Un camino que siguiendo la cresta de los acantilados lleva de Port Eynon a Rhossili «Worms head». Preciosas vistas. Los acantilados de la punta de Rhossili son reparados y preservados por el National Trust. Lugar de observación de aves marinas. No olvidéis los gemelos y una prenda de lana (¡hace mucho viento!).

PEMBROKESHIRE COAST NATIONAL PARK

Ahora os encontráis en un parque nacional que empieza en Amroth y termina en Cardigan (Aberteifi). Un camino peatonal sigue la costa en todo el parque nacional, a partir de Tenby o de Cardigan. Conseguid en las Oficinas de Turismo los folletos, prospectos y mapas de este parque nacional; entre otros: *Coast to coast*, publicación gratuita.

LAUGHARNE (pref. tel.: 01994)

Pronunciad «Laarn». Entre Camarthen (Caerfyrddin) y Tenby, al final de la carretera A 4066. Pequeña ciudad llena de encanto que hizo célebre Dylan Thomas. Allí escribió la mayor parte de su obra, en un antiguo garaje convertido en «oficina» que dominaba el estuario de los ríos Taf y Towy. Vivía en una casa más abajo de su oficina: *The Boathouse*.

¿Dónde dormir?

Durante nuestra última estancia, los B & B que conocíamos habían cerrado y otros parecían a punto de abrir...

¿Dónde comer? ¿Dónde tomar una copa?

– **The Stable Door Wine Bar:** antiguo establo, convertido en restaurante de buena calidad a un precio razonable. Se beben vasos de vino, pero se puede pedir también una botella (bastante caro); los platos están indicados en un gran cartel detrás del bar; allí se pide la consumición. El servicio es relajado y sonriente.
– **Brown's Hotel:** pub donde Dylan Thomas pasaba largos ratos. Las fotografías evocan su recuerdo en el bar. Probad la *Buckley Beer*, de la cervecería más antigua del País de Gales.

¿Qué visitar?

▶ **The Boathouse:** la casa y la oficina del escritor Dylan Thomas. Su oficina, cubierta de polvo, permanece en el estado en que él la dejó en 1953. Emocionante. Admirad la vista que veía desde su ventana.

▶ **El casco antiguo:** contemplad las casas edificadas en los siglos XVII y XVIII, las ruinas del antiguo castillo (siglo XII) junto al mar y el *Guidhall* del siglo XV.

TENBY *(pref. tel.: 01834)*

Antigua ciudad fortificada, el puerto está escondido al pie de la colina. Balneario que atrae a numerosos turistas.

Direcciones útiles

– **Tourist Information Centre:** The Croft. ☎ 842 402.

¿Dónde dormir?

– **Youth Hostel:** The Old School-Pentlepoir, Saundersfoot. ☎ 812 333. A pocos kilómetros de Tenby, en la carretera A 478, en tierra firme. Antigua escuela convertida en AJ. No muy grande, bastante confortable.
– **Youth Hostel:** en Manorbier, entre Tenby y Pembroke. ☎ 871 803. Estación a 3 km. Muy confortable.
– **B & B:** aquí, todo el mundo, o casi, hace B & B. No tendréis mayor problema para elegir.

¿Dónde comer?

– **The Coach and Horses:** Upper Frog Street. El más antiguo y simpático de la ciudad.
– **The Plantegenet House:** antigua casa en el interior de las murallas, cerca de *The Tudor Merchant's House.* ☎ 23 50. Magníficos muebles y decoración, ambiente agradable y cocina deliciosa. Precios razonables.
– **La Cave:** Upper Frog Street. Un rincón donde comer con un poco de vino, para los nostálgicos o los que están cansados de cerveza.

¿Qué visitar?

▶ Pasead por el interior de las murallas del siglo XII que rodean la ciudad.
▶ **Tudor Merchant's House:** propiedad del National Trust. Casa del siglo XV abierta al público.
▶ **Saint Catherine's Island:** el fuerte construido en esta isla para defender al país de Napoleón fue terminado en 1869.
▶ **Saint Julian's Chapel:** capilla de pescadores escondida en un rincón del puerto.

PEMBROKE

Antigua ciudad fortificada dominada por un castillo del siglo XII.

Direcciones útiles

– **Tourist Information Centre:** The Drill Hall-8A, Main Street. ☎ 682 148.

¿Dónde dormir?

– **B & B:** *Beech House*, 78 Main Street. A la sombra del castillo o casi.
– **Merton Place House:** 3 East Back. ☎ 684 796. La propietaria habla francés y no alberga a más de 6 personas a la vez. Pequeño jardín agradable con vistas al río.

¿Dónde comer? ¿Dónde tomar una copa?

– **Woodhouse:** 40 Main Street. Leed el menú y se os hará la boca agua; esfuerzos imaginativos en las combinaciones que proponen. Por ejem-

plo, cerdo con ostras y nata, gallina guineana, ave que muy pocas veces ofrecen en Gran Bretaña. Todo esto por un precio nada exagerado y en un decorado agradable.
– **The Old King's Arms:** 2 Main Street, cerca del castillo. Pub tranquilo y sin historia. En la parte trasera, una sala soberbia donde se sirve una verdadera cocina elaborada, en un ambiente burgués de provincias. Precios moderados.
– **Watermans Arms:** cerca del castillo, detrás del puente. Pub sin una atmósfera especial, pero muy agradable por su situación al borde del río y por su vista del castillo. También se puede comer.

¿Qué visitar?

▶ **Pembroke Castle:** fortaleza a orillas del agua, cuya construcción se inició en 1207. En 1648 Cromwell la mandó desmantelar, siendo restaurada a partir de 1928; en la actualidad es un placer perderse por los salones restaurados. En el castillo nació Enrique Tudor, proclamado rey en 1485 con el nombre de Enrique VII tras vencer a Ricardo III.

DE PEMBROKE A SAINT DAVID'S

Los valientes podrán seguir la costa por el camino peatonal que la flanquea. Preciosa excursión.

¿Dónde dormir?

– **Youth Hostel:** Broad Haven, Haverfordwest. ☎ (01437) 783 688. Gran albergue moderno junto a la playa. Confortable.

Más elegante

– **Druidstone Hostel:** ☎ (01437) 781 221. Se encuentra en Druidston Haven, al final de una carretera y el camino de una granja. Seguid las flechas. Gran edificio en piedra situado en un hueco del acantilado y que domina el mar. El emplazamiento es extraordinario. El camino costero pasa por detrás. Otro camino lleva del hotel a la playa, donde podréis dedicaros a toda clase de actividades deportivas. Podéis simplemente parar a tomar algo de beber o comer en el bar, para tomar un auténtico almuerzo o para pasar la noche. En cualquier caso (comida, habitación) hay que reservar, ya que el lugar posee una sólida reputación, bien merecida. Una de nuestras mejores direcciones.

SOLVA

Pequeño puerto pesquero escondido; el acantilado dibuja una «S» en este sitio y protege el puerto. Fue un gran puerto en los siglos XVIII y XIX, pero ahora sólo quedan pequeños *cottages* de pescadores.

¿Dónde dormir?

– **B & B:** *The Old Printing House*. En la calle principal. ☎ (01437) 720 944. Sencillo pero confortable. Una de las tres habitaciones tiene incluso su ducha.
– **River View Cottage**: 6 River Street. ☎ 721 679. Especialmente encantador y confortable, al fondo de un callejón y cerca del río.

¿Dónde tomar una copa?

– **The Harbour House y The Ship Inn:** se reparten los clientes de la ciudad y los turistas. El primero también sirve comidas.

¿Qué visitar? ¿Qué hacer?

▶ *Ramsey Island (Ynys Dewi):* información en el puerto: ☎ (01437) 721 337. Pequeña isla en la que podéis realizar una excursión admirando su población avícola y las focas. Están protegidas.

▶ Podéis ir a pescar al mar. Información en el puerto. Ved *Harbour Notice Board.*

SAINT DAVID'S (TY DDEWI)

Esta ciudad debe su nombre al santo patrón del País de Gales, san David. En su honor fue construida, en los siglos XII y XIII, una magnífica catedral que se puede admirar todavía hoy, escondida entre la fronda al fondo de un gran valle. La nave es de estilo románico, mientras que el transepto y el coro datan del siglo XIII y son de estilo gótico. El artesonado de roble es muy impresionante. Las reliquias de san David se hallan en una pequeña urna en el trascoro. Admirad también las estatuas yacentes.

Direcciones útiles

– *Tourist Information Centre:* City Hall. ☎ 720 392.

¿Dónde dormir?

– *Youth Hostel:* Llaethdly. ☎ 720 345. A 3 km de Saint David's, junto a Whitesand Bay. El camino costero pasa por detrás. Antigua granja perdida al pie de Carn Llidi. Las mujeres se alojan en el antiguo establo y los hombres en la antigua cuadra. Podéis instalar la tienda en el lugar. Casi resulta más fácil encontrar el lugar por el camino costero que por la carretera, siguiendo los indicadores de color verde. Playa de arena a lo lejos.
– *Porthclais Farm Camping Site:* en los campos que parecen caer en picado sobre el mar, protegido por las hayas. A la salida de Saint David's, en la carretera de Saint Justinian, torced junto a *St Nun's Hotel.*
– *Felin Isaf:* tomad la carretera de St David's a St Justinian y torced la primera a la izquierda hacia Treginnis. ☎ 720 853. Magnífica casa del siglo XVI. Reservad.

¿Dónde comer? ¿Dónde tomar una copa?

– *The Farmers Arms:* Goat Street. El único pub auténtico de todo el pueblo. La frialdad de los muros de piedra no enturbia la cálida atmósfera galesa.
– *Pastelería:* 29 Nun Street. Se puede comprar comida para llevar de excursión: salada (quiches) o dulce. Hacen los pasteles delante de vosotros. ¡Huele muy bien! Comprad también queso del país: *llangloffan.*

¿Qué visitar? ¿Qué hacer?

▶ *The Bishop's Palace:* palacio de los obispos construido por el prelado Gower en los siglos XIII y XIV. Ahora está en ruinas; pero si os dais una vuelta por sus muros, apreciaréis la grandeza de este obispado.
▶ *Ramsey Island:* podéis hacer una excursión en barco alrededor de esta isla. Reserva avícola. Inscribíos en Island Gallery, Cross Square, St David's. ☎ 720 433. La salida es desde White Sand Bay.
▶ *Saint Nun's Chapel:* 20 minutos a pie desde la catedral. Ruinas dedicadas a la madre de san David. Junto a lo que queda de la capilla una

fuente que fue lugar de peregrinación, pues se supone que curaba a los enfermos. Desde allí se llega al camino costero. Paseo muy agradable sobre el acantilado que domina el mar.

DE SAINT DAVID'S A FISHGUARD (ABERGWAUN)

Los valientes pueden seguir el camino costero y detenerse en los AJ situados en sus orillas. Reservad en cualquier caso, ya que numerosos excursionistas tienen la misma idea.

¿Dónde dormir?

– **Youth Hostel:** Ffordd-Yr-Afon Trevine, Croesgoch. ☎ (01348) 831 414. En medio del pueblo de Trevine, instalado en la antigua escuela, no posee el encanto de los AJ de la orilla del mar. Cómodo, pero bastante sencillo.
– **Castell Mawr:** Tref Asser, Goodwick, St Nicolas. ☎ (03485 233). El castillo sobre Pwll Deri Bay, bien escondido en el acantilado, se halla en el camino costero. En coche seguid las indicaciones hacia St Nicholas y luego Pwll Deri. No dudéis en tomar un camino señalizado *No through road* y después seguid los triángulitos verdes. En una antigua casa particular transformada en AJ, vista magnífica de la bahía. Comodidad rudimentaria.

FISHGUARD (ABERGWAUN)

Se llega por Goodwick, sobre el puerto abierto en la bahía; allí hay un barco de la *Sealink* que se encarga de la conexión con Irlanda. El pequeño puerto de pescadores *Lower Fishguard* y la ciudad permanecen ocultos al otro lado de la colina.

Direcciones útiles

– **Tourist Information Centre:** 4 Hamilton Street. ☎ 873 484.

¿Dónde dormir? ¿Dónde comer?

– **Cefn y Dre:** en las afueras del pueblo. ☎ 874 499. Subid hasta el final de Hamilton Street y caminad por la colina siguiendo las indicaciones. Magnífica casa en pleno campo.
– **The Royal Oak Inn:** Market Square. Antiguo relevo de postas del siglo xv. Se puede comer a un precio razonable.

¿Qué hacer?

▶ **Tomad el barco hacia Irlanda:** Rosslare. ☎ 872 881. Sealink ofrece incluso viajes de ida y vuelta en el mismo día.

▶ También podéis pasead entre los *cottages* de los pescadores de **Lower Fishguard,** de los siglos xvii y xviii. Algunos de ellos han sido transformados en tiendas de artesanía local.

▶ Los apasionados del camino costero pueden continuar hasta Cardigan (Aberteifi). **Los montes Preseli** ofrecen paisajes de colinas y otro tipo de paseos bastante agradables. Los montes Preseli forman también parte del Parque Nacional.

CWM-YR-EGLWYS

En la carretera Fishguard-Cardigan (A 487), a la salida de Minas, a la izquierda, seguid una pequeña carretera encajonada que baja hacia el mar hasta una aldea de casas blancas. Para llegar a la playa, cruzad un cementerio que rodea las ruinas de la antigua iglesia celta del siglo XII, de la que no queda más que el campanario. El conjunto es extraño y conmovedor, un refugio de paz y tranquilidad.

NEVERN

Pueblo rodeado de vegetación, cargado de historia.

▶ *St Brynach's Church:* la iglesia data del siglo XV y posee sobre el borde de las dos ventanas del transepto meridional una piedra con una inscripción *ogham*, rama irlandesa del celta, que se remonta verosimilmente al siglo V; no muy lejos de esta inscripción, hay una cruz muy antigua (sin datar), de originales brazos. En el exterior de la iglesia, cruz celta esculpida, con formas diferentes en sus cuatro lados, que data de los siglos X o XI. Espléndida.

Delante de la iglesia, un apeadero de los que no abundan en el País de Gales. Recuerda los tiempos en los que la gente iba a la iglesia a caballo.

▶ *The Pilgrim's Cross:* en las colinas, a 500 m de la iglesia, una cruz muy especial que surge de la roca. Antiguo lugar de peregrinación entre St Dogmael's y St David's. Al pie de la cruz, la roca era utilizada por los peregrinos que se arrodillaban ante ella. En cuanto a la cruz, parece ser obra de un milagro, ya que no se sabe cómo apareció ni que fuera esculpida por mano humana, según se nos ha confiado.

▶ *Pentre Ifan:* Siambr Gladdy. Al otro lado de la A 487, frente a Nevern, un dolmen. Monumento funerario en medio del campo: una gran piedra en equilibrio sobre tres piedras por un lado y otra piedra detrás; data del período neolítico, entre 4 000 y 2 000 a.C. De hecho, las piedras que configuran Stonehenge proceden de esta región, pero no se sabe cómo fueron transportadas.

▶ *Saint Dogmael's:* abadía benedictina del siglo XI, en ruinas. El pueblo que la rodea fue construido en parte con las piedras de la antigua abadía. En la iglesia se encuentra una piedra (siglo VI) que ha permitido interpretar la escritura ogham, ya que presenta inscripciones en ogham y en latín. Dicha piedra fue encontrada entre las ruinas de un antiguo puente. Poco podréis ver, pues no está muy a la vista. Si la iglesia está cerrada, el vicario os prestará la llave y os contará toda la historia.

CARDIGAN (ABERTEIFI)

Direcciones útiles

– *Tourist Information Centre:* Mwldan Theatre, Bath House Road. ☎ 613 230.

¿Dónde dormir?

– *Youth Hostel:* Sea View, Poppit Sands. ☎ 612 936. Más allá de St Dogmael's, al borde del camino costero, en la colina situada por encima de Poppit Sands; preciosa vista del conjunto de la bahía. Podéis instalar allí la tienda. Al guarda de este AJ no le gustan los grupos, así que inscribíos individualmente o por grupos pequeños. Sabe mucho de historia celta y puede resultar apasionante. Edificio muy confortable.

¿Dónde comer? ¿Dónde tomar una copa?

– *The Commercial Hotel:* sirven *Felin Foel Ales* y *snacks*.
– *Teifi Kitchen:* detrás de *The Black Lion Hotel*, ofrece comidas sencillas: quiches, ensaladas.

– *The Granary:* al otro lado del puerto. Platos sencillos y de calidad correcta. Posee también una máquina de café exprés, con la que consiguen hacer un café tan insípido como en los demás establecimientos. Decepcionante. Bebed té.

– *The Market:* en medio de la calle principal, por la mañana podéis comprar un poco de comida para ir de excursión.

DE CARDIGAN A ABERYSTWYTH

Salid del sur del País de Gales y de la costa para entrar en los montes Cambrianos, que os conducirán al norte, hacia Snowdon. A partir de allí, la gente habla galés entre sí sistemáticamente, pero se dirigirán a vosotros en inglés sin dificultad y con una sonrisa.

TREGARON *(pref. tel.: 019744)*

Pequeña ciudad de mercado. Comparte el mercado alternativamente con Lampeter, un martes de cada dos. Mercado de ganado, sobre todo ovejas, donde se dan cita todos los campesinos de la zona. Ese día la ciudad está especialmente animada y los pubs permanecen abiertos de la mañana a la noche.

Informaciones sobre el mercado:

– *Lampeter Information Office:* ☎ (01570) 422 426.
– *Tregaron Tourist Information Centre:* ☎ 298 248.

¿Dónde dormir?

– *Youth Hostel:* Blaencaron. ☎ 298 441. Justo antes de la salida de Tregaron, en la B 4343, buscad la indicación Blaencaron. La carretera está indicada como si fuera un callejón sin salida; de hecho, termina poco más allá del albergue. Edificio muy sencillo y sin comodidades, perdido en medio del campo, a 4 km de la ciudad. No muy fácil de encontrar.

– *Youth Hostel:* Dolgoch. ☎ 298 680. En la carretera entre Tregaron y Abergwesyn (Mountain Road), en la esquina del hotel *Talbot,* a 10 km de Tregaron, en un camino fuera de la carretera; antigua granja convertida en albergue. Se ve desde la carretera. Comodidad rudimentaria.

– *B & B:* Aberdwr. ☎ 298 255. A 1 km a las afueras de la ciudad, en dirección a Abergwsyn, en una granja que se dedica a la cría caballar. Lugar confortable y tranquilo.

¿Dónde comer? ¿Dónde tomar una copa?

– *Talbot Hotel:* ☎ 298 208. Hotel-restaurante-pub donde se dan cita los lugareños en sus salidas nocturnas. Solamente se oye hablar galés, pero el ambiente es muy agradable y la comida correcta y a un precio razonable.

¿Qué hacer?

▶ *Strata Florida Abbey:* dejando la carretera B 4343. Cerca de Pontrhyd Fendigard a 3 km, abadía en ruinas. Esta antigua abadía cisterciense, fundada en el siglo XII fue un gran centro intelectual y cultural galés. El pórtico es la única psrte de la abadía que todavía se mantiene en pie. Sencillamente espléndido. La exposición en el interior permite relacionar el lugar con las otras abadías cistercienses erigidas por el resto de Europa.

ELAN VALLEY O LA RUTA DE LOS EMBALSES

Tomad la carretera panorámica, en dirección a Abergwesyn, Beulah, Newbridge on Wye y Elan Village. Paisajes desolados, cuestas bastante pronunciadas, ovejas por todas partes. En la zona de los embalses, el paisaje es boscoso. Los diques y las presas que forman los embalses datan de 1904 y fueron realizados para abastecer de agua a la ciudad de Birmingham: algunas granjas inundadas del valle fueron transportadas al *St Fagan's Welsh Folk Museum*. Esta región está poco poblada en conjunto y posee pocos B & B o restaurantes, pero sí muchos lugares donde tomar algo al aire libre. Llevad provisiones.

– *Llyn Teifi:* en la carretera B 4343, en la esquina del pub *Cross Inn*, tomad la carretera sin salida y admirad el paisaje lunar que se presenta ante vuestros ojos. Esta excursión nos la aconsejó el dueño del pub Cross Inn y nos gustó mucho. Salvaje y desolado. Cuando hace bueno y está despejado, se ven Snowdon y Aberystwyth.

ABERYSTWYTH   PREF. TEL.: 01970

Es difícil de pronunciar (algo así como «abeswiz»). Capital intelectual del País de Gales en la costa oeste. Antiguo castillo, escuelas, colegios, universidades, biblioteca galesa. La capital del condado se ha convertido en un balneario más bien especializado en la tercera edad. Es mejor visitarla cuando todavía hay estudiantes.

Direcciones útiles

– *Tourist Information Centre:* Entre Terrace Road y Bath Street. ☎ 611 955.
– *Correos:* 8 Great Darkgate Street.
– *Trenes:* Alexandra Road. ☎ (01654) 702 311.
– *Autobús:* Park Avenue. ☎ 617 951.
– *Librería celta:* North Parade.

¿Dónde dormir?

– *The Mariner:* 9 South Marine Terrace. Más allá del castillo. Vista al mar por un lado y al puerto por el otro. El dueño es francófilo. Si está completo, en la misma calle hay muchos B & B.
– *Senwood:* 30 Portland Street. ☎ 40 19. Confortable y desayuno abundante.
– Os podéis alojar en la universidad, si decís al guarda que sois extranjeros (chino, marciano, judío, con tal de que no seáis ingleses). Se exige carnet de estudiante. La universidad está bastante lejos del centro. Numerosos autobuses cerca de la estación.
– *Camping Aberystwyth Holiday Village:* Penparcau Road. ☎ 624 211.

¿Dónde comer?

– *Gannets Bistro:* 7 St James Square. ☎ 617 164. Pequeño restaurante donde se cobra un precio razonable. Es preferible reservar. Probad el pato a la naranja o el famoso cordero asado galés.
– *Corners:* 21 Chalybeate Street. ☎ 611 024. Cerrado el domingo. Solamente con ver la carta se te hace la boca agua; los pasteles de la casa tienen muy buena pinta y los precios no resultan exorbitantes. Atención: reservad.
– *Delicatessen:* Terrace Road. Aquí se puede comprar comida para las excursiones.

¿Dónde tomar una copa?

– **The Cooper's Arms:** Northgate Road. Carteles amarillentos tapizan las paredes viendo desfilar desde hace mucho tiempo a una fauna abigarrada, animada, locuaz y alegre.

– **Rummer's Wine Bar:** Trefechan Bridge. Pub muy agradable al borde del agua, de piedra y con vigas antiguas. Los jóvenes propietarios se esfuerzan por salirse de la tradicional cerveza y proponen toda clase de cocktails y vinos. También se pueden comer *snacks*, crepes y *bakes potatoes.*

En los alrededores

– **Devil's Bridge:** desde Aberystwyth, tomad el pequeño tren de vapor, *Vale of Rheidol Railway.* Sale de la estación. Este puente del diablo está construido en un lugar donde el río se convierte en cascadas. Tres pequeños puentes superpuestos las salvan: el más alto de hierro; debajo, un puente de piedra. El tercero, el *puente del Diablo,* fue construido por los monjes en el siglo XII. Es gratis para los que poseen el carnet Inter-Rail o Britrail Pass. Casi una hora para admirar los puentes y los saltos de agua; no os alejéis mucho si queréis estar a la hora exacta para tomar el tren. Lo mejor es tomar el primer tren de la mañana y volver con el último de la tarde. Es la única manera de ver este grandioso paraje, invisible desde la carretera.

MACHYNLLETH *(pref. tel.: 01654)*

Pequeña ciudad austera en el cruce de las carreteras A 487 y A 489.

Direcciones útiles

– **Tourist Information Centre:** Canolfan Owain Glyndwr. ☎ 702 401.

¿Dónde dormir?

– **Mathafarm:** Llanwrin. ☎ (01650) 511 226. A la salida del pueblo, tomad la A 470 y dirigíos hasta la indicación Llanwrim. Allí, torced a la izquierda. Coqueta casa del siglo XVI. Grandes habitaciones con baño.

¿Qué hacer en los alrededores?

▶ **Corris:** precioso pueblecito (antiguamente minero). B & B y pub en el centro; realmente encantador.

▶ **Dyfi Furnace:** forja del siglo XIX, alimentada por un molino de agua.

▶ **Hen Efail:** frente a la forja, al otro lado de la carretera; salón de té y restaurante donde conviene detenerse. Camping detrás.

▶ **The Artist's Valley:** camino o pequeña carretera que sale de enfrente del salón de té y que sigue el curso del río. Paseo muy agradable. Al principio, un salón de té entre la vegetación, al borde del agua: *Ty'n-y-Cwm.* La recompensa son unos excelentes pasteles.

▶ **Centro Nacional de Tecnología Alternativa:** en la carretera A 487. Abierto cada día de 10 h a 17 h 30. ☎ (01654) 24 00.
La preservación de la naturaleza, la ecología y la autonomía son las preocupaciones de este centro. En una cantera se realiza en la actualidad una experiencia en profundidad de la existencia alternativa y de la conservación de la energía. Colección interesante de aerogeneradores (los molinos de viento, para los que todavía no están a la última), de células solares y de jardines hortícolas naturales. Le encantarían a Reiser.

Apasionante, muy constructivo. No olvidéis comer allí mismo y probar las diferentes infusiones disponibles (diente de león, cebada...). Pero no pidáis un café.

▶ *El trenecito de Talyllyn:* al noroeste de Machynlleth. Los trenecitos utilizados antaño para transportar el mineral son numerosos en el País de Gales. Este es uno de los más interesantes, ya que cruza una región maravillosa. La rutilante locomotora es atendida por un ejército de chalados por el ferrocarril de vapor. Estos 10,5 km que recorreréis en incómodos asientos serán un excelente recuerdo. A toda velocidad. Salida de Tywyn, por la A 493, junto al mar. Llegada a Abergynolwyn (B 4405).

BARMOUTH *(pref. tel.: 01341)*

Con sus casas de pizarra, este bonito balneario construido sobre la colina domina el estuario del río Mawddach.

Direcciones útiles

– *Tourist Information Centre:* Station Road. ☎ 280 787.

¿Dónde dormir?

– *Wavecrest:* 8 Marine Parade. ☎ 280 330. A orillas del mar, un poco caro, pero cómodo.
– *Brynhyfryd Farm:* en Arthog-Anynedd. ☎ 250 353. Muy cerca de Fairbourne y de su playa de arena. Granja de tres siglos de antigüedad situada en un parque con mucha vegetación. Habitaciones cómodas con calefacción. Desayuno inglés. Posibilidad de media pensión. Precios interesantes. Otros B & B a lo largo de toda la calle principal o en Llanaber, a algunos kilómetros de Barmouth.
Numerosos terrenos de camping, más o menos cerca del mar, entre Barmouth y Harlech.

¿Dónde comer?

– *Rowley's Restaurant:* The Quay Barmouth. Pequeño comedor en el puerto. Ensaladas, quiches y buenos pasteles a la hora del té.
– *Ty'r Graig Castle Hotel:* ☎ 280 470. Villa del siglo XIX, parece una mina desde el exterior. ¡Es una maravilla! Visitadla al menos a la hora de tomar el té para darle un gusto a la vista.

¿Qué hacer?

Buscad el camino que sube hasta la colina y admirad el panorama. Hay una espléndida vista del conjunto de las montañas circundantes y de la bahía.

En los alrededores

– *Dolgellau:* pequeña ciudad sombría de pizarra, a orillas del río Mawddach. Antiguo puente de piedra. La carretera entre Dolgellau y Barmouth es muy variada; de tramo a tramo aparece ya desolada, ya sonriente, ya boscosa.
– *Harlech:* ved el castillo construido entre 1283 y 1289 por el rey inglés Eduardo I, que quería implantar su poder en el País de Gales. Fue concebido por un arquitecto saboyano que había acompañado al monarca. Algunos detalles arquitectónicos recuerdan las construcciones meridionales. Entrando al castillo por el lado del mar, es todavía más impresionante.

– EL NORTE DEL PAÍS DE GALES –

Región dominada por el Snowdon que culmina a 1 085 m. Lagos, bosques, glaciares, minas de oro, de cobre y de plata, canteras de pizarra; paisajes verdaderamente variados y espectaculares. Otro paraíso para los amantes de la naturaleza.

PORTHMADOG   PREF. TEL.: 01766

Pequeña ciudad que se desarrolló en el siglo XIX alrededor de su puerto, desde donde se transportaban las pizarras y el cobre que se extraía del Snowdon. En la actualidad es un centro turístico importante, visitado sobre todo por las inmensas playas de sus alrededores.

Direcciones útiles

– **Tourist Information Centre:** High Street. ☎ 512 981. Toda la información sobre el Snowdonia National Park. Si está cerrado, un ordenador disponible a todas horas os permitirá obtenerla.

¿Dónde dormir?

– **B & B: Brig-y-Coed:** Tan-y-Foel. Borthygest. ☎ 512 523. En una casa nueva que domina la pequeña cala; cómodo, muy limpio y tranquilo. Está a 1 km de Porthmadog.
– **Bron Afon:** Borthygest. ☎ 512 495. En lo alto del pueblo, tomad la calle que sube. Vista espléndida.
– **Algunos campings:** dirección Black Rock y Morfa Buchan. Se aconseja el *Tyddyn Adi Camping*, Morfa Buchan, a 5 km de Porthmadog (torced a la derecha después de correos), atendido por un rudo mozo de notable acento gaélico. Se duerme entre las ovejas. Barato.

¿Dónde comer? ¿Dónde tomar una copa?

– **The Ship:** pub detrás del puerto, al otro lado de la plaza. Lugar de reunión de los lugareños.

¿Qué hacer?

▶ **Ffestiniog Railway:** antiguamente conocido como el *boozer's special* («el rápido del borracho»), este pequeño tren de vapor era la solución de los alcohólicos. En efecto, la prohibición de vender bebidas alcohólicas no se aplicaba a los trenes, barcos u otros vehículos móviles; así que en ellos se refugiaban los domingos «secos» los lugareños de gaznate seco. Hoy las cosas han cambiado un tanto... Paisaje muy bonito. Parte de la estación de Porthmadog.

ALREDEDORES

– **Tremadoc:** a 1,5 km de Porthmadog. Célebre por ser la casa natal, señalada con una simple placa, del coronel T. E. Lawrence (1888-1935), agente político británico conocido con el nombre de Lawrence de Arabia. Murió en un accidente de moto tras regresar a Gran Bretaña.
– **Portmeirion:** a 3 km al sureste. Este precioso pueblo de opereta es el sorprendente obra de un lord local, que compró en 1925 un pequeño pueblo de pescadores situado en el fondo de una bahía maravillosa. Lo convirtió en hotel y construyó un montón de edificios de todas las épo-

cas y de todos los estilos. Recorred la calle mayor donde se hallan la catedral clásica, el campanario barroco y el claustro neogótico con un gigantesco Buda en plena meditación, para llegar a un minúsculo puerto deportivo.

– *Llanystumdwy:* pueblo apartado de la A 497, después de Criccieth (ver el castillo); célebre porque allí se educó y fue enterrado Lloyd George.

– *Lloyd George Museum:* recuerdos de la carrera política de Lloyd George, el iniciador de las primeras reformas sociales que condujeron al *Welfare State* (Estado Providencia). Ministro de la guerra y luego Primer ministro, firmó el tratado de paz entre Francia y Gran Bretaña en 1919, en Versalles. Brillante orador y amigo de Winston Churchill. El mayor político que el País de Gales haya conocido nunca.

SNOWDONIA NATIONAL PARK   PREF. TEL.: 01286

Estancia obligatoria, por decirlo así... O sea, superrecomendado. Si os gustan las alturas, la naturaleza, los animales salvajes... quedaréis satisfechos. El problema del agua no hay ni que plantearlo, hay fuentes por doquier, pero también muchos turistas. Conseguid la publicación gratuita *Snowdonia Star*, que os dará todo tipo de informaciones útiles sobre la región, o también *Explore Snowdonia*, lleno de ideas simpáticas para descubrir la región.

¿Dónde dormir?

– *Youth Hostel Llwyn Celyn:* Llanberis. ☎ 870 280. Gran edificio en la parte alta del pueblo. Confortable. Reservad sin falta. Cerrado los miércoles.

– *Youth Hostel Pen-y-Pars:* Nant Gwynant. En la carretera Pass of Llanberis. ☎ 870 501. Gran edificio moderno y cómodo, al pie del camino de los mineros (*Miners Track*). Muy solicitado. Reservad sin falta.

– *Youth Hostel Snowdon Ranger:* Rhyd Ddu. ☎ 685 391. Antiguo hotel convertido en albergue cerca del lago Llyn Cwellyn; se encuentra al principio del camino Ranger Path, en la carretera A 4085, en dirección a Beddgelert. Confortable. Reservad sin falta (también podéis instalar la tienda a orillas del lago).

– Si todos los albergues alrededor del Snowdon están llenos, podéis recurrir al de *Capel Curig*, Plas Curig Betws-y-Coed. ☎ (01690) 710 225.

LLANBERIS

A orillas de los dos preciosos lagos y al pie del monte Snowdon, punto culminante del País de Gales (1 085 m). A la salida sureste de la ciudad, en la carretera 4086, se halla la estación del célebre tren al monte Snowdon. Este tren es arrastrado por una pequeña locomotora de vapor que data de 1896. El trayecto es de 8 km y dura 2 h 30. No obstante, el número de turistas que quieren tomar este tren obliga a hacer reservas (☎ 870 223) o llegar temprano por la mañana. Es mejor que vayáis caminando, porque es caro. Hay cuatro caminos más o menos fáciles, muy bien señalizados, que suben al Snowdon. No es difícil. Entre 5 y 7 horas ida y vuelta. Llevad comida, una prenda de lana y un chubasquero.

– *Watkin's Path:* a partir de Nant Gwynant.
– *Llanberis Path:* a partir de Llanberis.
– *Ranger Path:* a partir de Llyn Cwellyn.
– *Miners Track:* a partir de Pen-y-Pass, ¡el más fácil! Una auténtica carretera... Si decidís subir por un camino y bajar por otro, una línea de autobuses Sherpa os llevará a vuestro punto de partida.

BEDDGELERT

En el centro del Snowdonia National Park, este pequeño pueblo no tiene nada de particular a parte de la bonita leyenda que de él se cuenta: Gelert era el galgo de un príncipe; éste, al salir de caza, confió su hijo al cuidado de Gelert. Cuando regresó encontró la cuna vacía y vio que el perro tenía el morro manchado de sangre. Creyendo que había devorado al niño, el príncipe traspasó al galgo con su espada; pero enseguida se dio cuenta de su error, pues descubrió al niño sano y salvo, dormido en un rincón de la habitación, y a su lado, el cadáver de un lobo al que Gelert había degollado. No obstante, el montículo de piedras alzado, según se dice, a la memoria del perro, no tiene nada de histórico. Fue realizado en el siglo xix, por iniciativa del hostelero local, deseoso de atraer a los turistas.

Nueva idea para atraer a los turistas: la inauguración de un «Wild West Park» a imagen del Oeste norteamericano. ¡Para salir corriendo!

BLAENAU-FFESTINIOG

Pequeña ciudad colgada de la montaña y conocida por sus minas de pizarra (*slate caverns*), situadas a 1 km al norte de la población. La visita de una de estas explotaciones permite descubrir un aspecto esencial del País de Gales: la dureza y la amargura de las condiciones de vida y de trabajo, en una región en donde la explotación del subsuelo ha sido una de las principales actividades económicas. Podéis elegir entre:

– **Llechwedd Slate Caverns:** dos tipos de transporte, el trenecito o el ascensor que se adentran en las profundidades de la mina. Preferid *Deep Mine Incline*. Abierto todos los días de 10 h a 17 h 15.
– **Gloddfa Ganol Slate Mine**: aquí están presentes todos los aspectos de la vida minera (*cottages*, tratamiento de la pizarra, visita de la mina, museo). Se entra a pie firme en la mina (*long tunnel*) y se aprecian las diferentes canteras de extracción. Pequeña anécdota: en esta mina se escondieron los cuadros de la National Gallery durante la Segunda Guerra Mundial. Abierta todos los días de 10 h a 17 h 15.

¿Dónde dormir?

– **Youth Hostel:** Caerblaidd-Llan Ffestiniog. ☎ (01766) 762 765. A la entrada de Ffestiniog (8 km desde Blaenau-Ffestiniog), apartado de la A 470. Gran edificio confortable. Después de tanta pizarra grisácea, os sentiréis aliviados entre la vegetación.

BETWS-Y-COED

¡Todo para el paseante! Rutas pensadas, señalizadas, explicadas. Un montón de gente en la ciudad, no os aconsejamos que os quedéis a vivir en ella. Pero si hacéis una excursión de 1 hora por lo menos, sobre todo si es cuesta arriba, os quedaréis práticamente solos con las ovejas. Es muy agradable incluso en las Swallow Falls, cascadas cercanas muy concurridas. De regreso, los salones de té rivalizan en ideas para haceros entrar rápidamente en calor, ya que está a cierta altitud.

CAERNARFON
PREF. TEL.: 01286

Desde Bangor, autobuses 5 o 12. Ciudad célebre por su espléndido castillo, donde Carlos de Inglaterra fue coronado príncipe de Gales por su madre. El trono de la coronación se encuentra aquí, no muy cómodo por otra parte (¡triste oficio!). Según la tradición, el primer príncipe de Gales obtuvo el reconocimiento de este título gracias a una audaz estratagema de su padre. Éste había prometido dar a los jefes galeses, a cambio de su juramento de fidelidad, un príncipe que hubiera nacido en el País de Gales y que no hablase inglés. Mantuvo su promesa presentándoles a su hijo que, de pocas semanas de edad, no hablaba ni inglés... ¡ni galés!

Direcciones útiles

– *Tourist Information Centre:* Oriel Pendeitsh, Castle Street. ☎ 672 232.

¿Dónde dormir?

– *Caer Menai:* 15 Church Street. ☎ 672 612. A 2 minutos del castillo, en una antigua escuela. Confortable y limpio, la decoración deja bastante que desear.
– *Pros Kairon:* Victoria Road, sin número. ☎ 676 229. A 10 minutos a pie del castillo. Es el B & B más barato del País de Gales.
– *Cadmant Valley Caravan Park:* Llanberis Road. ☎ 673 196. Cerca del centro. Servicios muy limpios y duchas calientes gratuitas.

¿Dónde comer? ¿Dónde tomar una copa?

– *The Black Buoy Inn* o *Black Boy:* Restaurante flotante, (*buoy:* flotador; *boy:* muchacho). Northgate Street, pub-restaurante instalado en la casa más antigua de la ciudad. Se bebe y se come.
– *The Bakestone Restaurant:* 26 Hole en Wall Street.
– *Albert Inn:* Segarticem Terrace (detrás de Correos). Mucho ambiente.

¿Qué visitar?

▶ El *castillo*, evidentemente. Además, para eso habéis venido. ¡Uno de los castillos más visitados del reino! Fue construido a partir de 1283 por Eduardo I (rey inglés que venció al auténtico príncipe de Gales), quien hizo también edificar las murallas de la ciudad según el trazado de las ciudades gasconas. Los soldados ocuparon el castillo, los comerciantes ingleses se instalaron en la ciudad y a los galeses los dejaron fuera de las murallas. Fue restaurado en el siglo XIX y de nuevo para la investidura del príncipe de Gales en 1911. Hay exposiciones permanentes:
• genealogía de los reyes ingleses y de los príncipes de Gales;
• construcción e historia del castillo;
• museo del regimiento de fusileros galeses y sus hazañas.

Los antimilitaristas y los demás se pueden evitar esta parte del castillo. De hecho, el castillo no es apreciado por los auténticos galeses, quienes lo contemplan con repugnancia.

BANGOR   PREF. TEL.: 01248

Pequeña ciudad universitaria junto al mar, con un castillo que merece la pena visitar.

¿Dónde dormir?

– *Youth Hostel:* Tan-Y-Bryn. ☎ 353 516. Antigua casa de campo a la salida del pueblo. Se accede por un camino de tierra que da a la A 5, justo antes de la bifurcación para Maesgevichen. Billar, juegos electrónicos.
– *Dinag Farm Camping:* a 2 km de la ciudad, en la A 5.

¿Qué visitar?

▶ *Penrhyn Castle:* gigantesco pastiche de castillo medieval con tan sólo 130 años de existencia. Atención, abre al mediodía. La construcción de esta colosal fantasía le costó a lord Pennant la fantástica suma, para la época, de 500 000 libras esterlinas. Este señor se había enriquecido considerablemente gracias a la explotación de las canteras de pizarra de la región. La pizarra ha sido utilizada incluso para la decoración interior. Hay una cama hecha de este material (¡pesa más de una tonelada!) y también un billar. Podéis admirar una colección de muñecas y un jardín victoriano.

▶ *Algunas playas muy hermosas:* Treaddur Bay, Rhoscolyn, etc.

ISLA DE ANGLESEY

Situada en el mar de Irlanda, está rodeada de acantilados, estuarios y largas playas arenosas, las más bellas de las cuales son: *Red Wharf Bay* al este, *Llanddwyn Bay* al sur y *Dulas Bay* al noreste. Dos puentes, verdaderas obras de arte, unen la isla de Anglesey a tierra firme:

– *Menai Suspension Bridge:* puente colgante construido en 1826 por Telford. Los arcos son de arenisca.
– *Britannia Bridge:* realizado por Stephenson en 1850, destruido por un incendio, pero posteriormente reconstruido.
– *Llanfairpwllgwyngyllgogerychwyrndrobwllllantysiliogogogoch:* este pueblecito, situado a 4 km de Bangor por la carretera de Holyhead es célebre por su nombre. Al nombre original de Llanfairpwll, un sastre imaginario le añadió en el siglo XIX la bagatela de 46 letras que significan: Santa María del Estanque del Avellano Blanco cerca del Remolino Rápido de la Gruta Roja de San Tisilio. Impronunciable para cualquiera, excepto para los galeses. Este nombre se abrevia afortunadamente, en Llanfair PG. Para los que quieran hacer una foto de la placa de entrada al pueblo, hay que aclarar que está abreviado en las señalizaciones de carretera, aunque está escrito entero en la fachada de la estación.
– Alrededor del 16 de agosto, en la isla de Anglesey, gran feria regional *The Agricultural Country Show*. Salid temprano porque hay atascos. Carneros, vacas de todas las razas, desfile de moda, stands de todo tipo, etc. No os lo perdáis.

BEAUMARIS

Precioso balneario y vista de las montañas por el otro lado. Autobús 56 desde Bangor.

¿Dónde dormir?

– *Morianfa:* Seafront. ☎ 811 083. Única solución aceptable si tenéis que dormir obligatoriamente en Beaumaris.
– *Rhos Newydd:* Glanrafon, Llangoed. ☎ 878 354. A 7 km, tomad la ruta de Llangoed, después en dirección a Glanfaron y subid a la colina.

¿Dónde comer? ¿Dónde tomar una copa?

– *The Liverpool Arms Hotel:* The Admiral's Tavern está dedicada a Nelson y los salones construidos conforme al esquema de un navío. Hay colgados algunos menús del *Queen Elizabeth II*. Ampliaréis vuestro vocabulario marino mientras almorzáis.
– *The Bulkeley Arms Hotel:* tomad la última copa en este lujoso lugar.

¿Qué visitar?

▶ **Beaumaris Castle:** otro castillo también construido por Eduardo I, hacia 1295. Está compuesto por dos murallas reforzadas por torres; la segunda, en el exterior, está provista de un foso. Los barcos que llegaban del mar podían acceder al foso a través de un canal.

▶ **Beaumaris Gaol:** abierto de 11 h a 18 h. Prisión construida en el siglo XIX. Nos adentramos en el mundo descrito por Dickens. Existía una contradicción: los prisioneros que se hallaban en prisión ganaban peso, ya que eran mejor alimentados dentro que fuera. Visita muy impresionante; los instrumentos de tortura y las picotas expuestos dan escalofríos.

▶ En agosto, los domingos a las 14 horas: reconstrucción de un proceso de la época victoriana y paseo para acompañar al prisionero.

▶ **Penmon Priory:** ruinas de un priorato agustino del siglo XIII, con un apeadero delante del priorato. A un lado, palomar del siglo XVII. Precioso edificio cuadrangular.

▶ **Puffin Island:** al final de una carretera particular (gratis si se va a pie, 15 minutos). Se ven aves y pescadores. Si queréis pescar allí, informaos en Beaumaris Pier.

HOLYHEAD

Ciudad principal de la isla. Su interés reside en que Sealink ofrece travesías a Irlanda. Holyhead-Dun Laoghaire.

– **Sealink:** ☎ (01407) 23 04.

CONWY   PREF. TEL.: 01492

Para defender esta posición estratégica en la desembocadura del río, Eduardo I edificó un imponente castillo. Los comerciantes ingleses pudieron establecer sus tiendas. Como los galeses no podían vender sus productos en otras partes y tenían la obligación de hacer allí sus compras, Conwy se convirtió en el centro comercial de la región.

¿Dónde dormir?

– **Youth Hostel:** Fox Hill, Nant-y-Glyn, Colwyn Bay. ☎ 530 627. Edificio alejado de la estación, pero situado entre la vegetación. Cómodo.
– **Gwynedd Guesthouse:** 10 Upper Gate. ☎ 596 537. Cerca del castillo. Habitaciones luminosas y coquetas con televisión y, sobre todo, un desayuno con auténtico café.

¿Dónde tomar una copa? ¿Dónde comer?

– **The Castle Hotel:** High Street. Enfrente, o casi, de Plas Mawr. Este hermoso hotel ofrece *bar meals*, en el estilo «The Best of British», a un precio razonable
– **The Groes Inn:** Tyn-y-Groes. ☎ 650 545. A 2,5 km de Conwy. Abierto desde 1573. Quizás el primer pub del País de Gales. Ambiente típico a golpe de *stout pinte*. Restaurante un poco caro. Abierto todos los días.

¿Qué visitar?

▶ **El castillo:** construido en 1289, es uno de los más hermosos del País de Gales. La muralla está reforzada por ocho torres circulares.

▶ *The smallest house in Great Britain:* situada en el Cob, un muelle restaurado en el siglo xix. Esta casa del siglo xiv es famosa por ser la más pequeña del país. Mobiliario de la época victoriana.

▶ *Telford Bridge:* precioso puente colgante, construido en el siglo xix por el ingeniero Telford. Hermosa perspectiva del castillo.

▶ *Plas Mawr:* High Street. Pequeño palacio isabelino construido entre 1557 y 1580 por Robert Wynne. Preciosos muebles de época. Se cree que una de las habitaciones está embrujada.

▶ En la calle principal, un anticuario ofrece café, té y pasteles en medio de su chamarileo...

▶ Podéis dar estupendos paseos cerca de Conwy en el *Aber Valley*.

LLANDUDNO

Balneario típico de fines del siglo xix. Contemplad el hierro forjado de la calle mayor y del malecón en estilo mogol. Más vale no ir en verano, porque está abarrotado (igual que su vecina Colwyn Bay), pero es la única ciudad de los alrededores donde hay grandes almacenes.

LLANGOLLEN   PREF. TEL.: 01978

Pequeña ciudad de 3 000 habitantes (y 24 pubs) que debe su celebridad a su festival (bailes, música y disfraces), que se celebra en julio, a su puente del siglo xii (una de las 7 maravillas de la región) y, sobre todo, a su valle, que se extiende a lo largo de la A 5.

Direcciones útiles

– *Tourist Information Centre:* Town Hall. ☎ 860 828.

¿Dónde dormir?

– *Youth Hostel Tyndwr Hall:* ☎ 860 330. Fuera de la ciudad, en dirección a Shrewsbury. Confortable. Un marco suntuoso. Reservad en la época del festival (principios de julio). Dueños muy simpáticos.

¿Dónde comer? ¿Dónde tomar una copa?

– *Gales:* 18 Bridge Street. ☎ 860 089
– *Jenny Jones:* cerca del hospital. En ese pub, dos noches de jazz los martes y los jueves. Muy simpático.

¿Qué hacer?

▶ *Horseshoe Pass:* en la carretera de Ruthin (A 542), a 7 km. Vista espléndida de las colinas y de los valles circundantes.

▶ *Valle Crucis Abbey:* al oeste de Llangollen por la B 5103. Ruinas de una abadía cisterciense del siglo xiii, en un marco de gran belleza.

BALA   PREF. TEL.: 01678

Pequeña ciudad en una punta del lago de Bala. Una calle principal y numerosos pubs.

¿Dónde dormir?

– **Youth Hostel:** Plas Rhiwaedog, Rhos-y-Gwalian. ☎ 520 215. A 3 km de Bala, en la carretera B 4393, preciosa casa del siglo XVII, a la que se ha añadido un ala más moderna. Bonita y confortable.
– **Pen-Y-Garth Camping:** a la salida de Bala, en dirección al albergue.

¿Dónde comer? ¿Dónde tomar una copa?

Gran variedad de pubs donde se citan por las noches los amantes de la vela. Nos han gustado: **The White Lion Royal Hotel** y **The Bull's Head**.

¿Qué visitar?

▶ El **lago de Bala**, evidentemente, pero sobre todo tomad la carretera B 4393 que lleva al lago Vyrnwy, un poco más al sur. Rodeado de un gran bosque, merece ciertamente un vistazo. Podéis alquilar en el hotel, una barca para toda la tarde y el material necesario para pescar. Los que no quieran pescar podrán dar un paseo. Para alquilar la barca y el material de pesca, llamad a Llanwddyn al ☎ (0169173) 692.

▶ Haced un alto para tomar algo o comer en el **Lake Vyrnwy Hotel**. Maravilloso y lujoso sitio que domina el lago. Propone tarifas especiales de pensión bastante interesantes: *Awaybreaks*. Sale caro..., pero tendréis la tentación de dejaros seducir. ☎ (0169173) 692.

WELSHPOOL   PREF. TEL.: 01686

Pequeña ciudad, que fue antaño un centro importante para el comercio de la lana. En el camino de Powis Castle. Espléndida calle medieval; pasad por la tienda *The Prentice Traders* en High Street. Buenos pubs y restaurantes en esta misma calle.

¿Qué visitar?

▶ **Powis Castle:** a 1 km al sur de Welshpool, magnífico castillo en arenisca roja que se alza en una colina. Abierto todos los días, excepto los lunes, de 11 h a 18 h. Su construcción se inició en el siglo XIII, pero lo que se conserva data del XVIII. En su interior, preciosa decoración, chimeneas, muebles (una mesa de oporto), tapicerías, etc. Además, hay un museo que expone los objetos traídos de la India por uno de los antepasados, *Clive of India* (1754-1839): muebles de marfil, cama de viaje, armas, etc. Maravillosos jardines en terrazas, a los pies del castillo.

NEWTOWN

Ciudad todavía más pequeña que la anterior, antiguo centro de hilados de lana. En ella nació y murió R. Owen (1771-1858). Fue un patrón bastante filántropo y desarrolló un gran centro industrial socialmente avanzado en Lanark (Escocia), cerca de Glasgow. Luchó para que se retrasara la edad laboral de los niños (de 10 a 12 años) e impuso la educación obligatoria para sus obreros; creó las primeras escuelas de párvulos. Después fundó una comunidad de convivencia y trabajó en Estados Unidos, donde se arruinó. Regresó a Gran Bretaña, donde creó y desarrolló el sistema de cooperativas, pero de nuevo fracasó. Su recuerdo está patente en el *Robert Owen Museum*, instalado en el edificio *Midwales Motorways*, en Broad Street, frente al *Barclays Bank*.

Tracemos una línea hacia el nordeste a partir de Bristol: al sur, el dinero, los empresarios, los hermosos *cottages*, la salud, la cultura, los alquileres más caros; al norte, las industrias contaminantes, los robos, las tierras yermas, las casas incómodas apiñadas unas sobre otras, los votos laboristas. Es muy esquemático, pero es una división auténtica si el Gobierno no interviene. En todo caso, se registra un movimiento de la población hacia el sudeste, con lo que se corre el riesgo de que la isla se hunda por ese lado.

Las tradiciones son más fuertes en el norte (por supuesto, el País de Gales forma parte de la zona septentrional de la línea). La historia es muy rica: dueños de manufacturas que inventaban la economía liberal entre Birmingham, Leads y Manchester en el siglo XVIII, mientras pequeños artesanos aprendían la lectura, el liberalismo, la política y la libertad. Los escritores del norte no renegaban de todo ello: D. H. Lawrence, a principios del siglo XIX, evolucionó en un mundo semiagrario-semiindustrial en el que el héroe sale en bicicleta de las viviendas de los mineros para cortejar a su amada en una idílica granja.

Este mundo existe todavía: desde el centro de Sheffield, ciudad del acero, se ven los campos. ¿Es que nunca se llegó a urbanizar el proletariado inglés? En el norte se encuentran muchos de esos corrales alquilados a la salida de las ciudades: patos, conejos y palomas criados en casa como se hacía en las granjas. Las escombreras y los campos de trigo se mezclan armónicamente. El norte es un estado anímico: valor y buen humor. Sus habitantes no lo cambiarían por el sur, que les parece descafeinado.

CHESTER   PREF. TEL.: 01244

Casi fuera del País de Gales, Chester es una de las más pintorescas ciudades de Gran Bretaña, con un interesante ambiente medieval. Ha conservado sus murallas y numerosas casas antiguas con desván.

Direcciones útiles

– *Tourist Information Centre:* Town Hall.
– *Bus Information:* Delamore Street.

¿Dónde dormir?

– *Youth Hostel:* 40 Hough Green. Gran edificio blanco con un magnífico mirador en el barrio residencial de la ciudad. Autobús 7 desde el Tourist Information.
– *YWCA:* 49 City Road. Sólo chicas.
– *Bridge Guesthouse:* 18-20 Crewe Street. ☎ 340 438. Situado entre la ciudad antigua y la estación de tren, no lejos de la estación de autobuses. Tarifas reducidas y dueño agradable.

¿Dónde comer? ¿Dónde tomar una copa?

Muchos pubs agradables. Id al *Pied Bull* en Northgate, abundante comida a mediodía y muy barato.

¿Qué visitar?

► *The Rows:* galerías comerciales situadas en pleno centro, en el primer piso de una casa alta con desván. En la planta baja se abre otra fila de tiendas. En Watergate Street, la tienda *Laura Ashley*, célebre por ser la primera que se abrió. Es preciso explicar que esta buena señora, que vivía por otra parte en Francia (falleció en 1985) era de origen galés.

► *La catedral:* hermoso edificio construido en arenisca roja, lo que le da un encanto especial. Gran variedad de estilos. Junto a la catedral, un gran claustro gótico. Un pasadizo conduce a una cripta románica que servía antiguamente de bodega. Por la galería este se llega a la sala capitular, una espléndida muestra de la arquitectura gótica, donde en la actualidad está instalada la librería en la que se venden las publicaciones sobre la catedral.

► *Paseo por las murallas:* en East Gate, puerta de la ciudad que da al camino de ronda de las murallas (*city walls*) que rodean la ciudad vieja; hay escaleras que suben a la muralla fortificada.

► *Paseo en barco:* en la esquina sudeste de las murallas se ha creado un hermoso paseo (*The Groves*), donde está el embarcadero de las excursiones por el río.

LIVERPOOL   PREF. TEL.: 0151

Ciudad de mala reputación, pero con mucha vida. Sus habitantes reciben el bonito nombre de «liverpudlian» y son bastante animados; su alegría, su vivacidad y su sentido del humor os encantarán una vez que superéis las dificultades para entenderlos. Se les llama también *scouse*, igual que al inglés que hablan, y se cuentan un montón de historias divertidas a su costa. Tratad de que os expliquen alguna cuando vayáis a algún pub. Liverpool está situado al borde de un río, el Mersey, que divide la ciudad en dos. Se va de un lado al otro de la ciudad en el ferry que se toma en un lugar denominado Pier Head, dominado por dos edificios imponentes construidos en 1910, las primeras edificaciones de importancia en hormigón armado conocidas con el nombre de *Liver Buildings*. Estos edificios albergan las oficinas de una compañía de seguros y están coronados por dos aves, los *Liverbirds*. Cuando paséis por allí, no olvidéis admirar los espléndidos relojes que adornan lo alto del edificio; son mayores que el Big Ben y fueron puestos en marcha el día de la coronación del rey Jorge V, el 22 de junio de 1911.
Los *Liverbirds* son el emblema de Liverpool, cuya fundación se remonta a 1207, cuando el rey Juan autorizó la creación de la ciudad; el rey se había percatado de que el lugar constituía una base formidable para embarcar y desembarcar sus tropas con el fin de invadir Irlanda. En pocas palabras... el consejo municipal de la época encargó a un artista que creara el emblema de la ciudad. El consejo propuso un águila como símbolo, en agradecimiento al rey Juan, pero el artista se empeñó en crear un águila con patas palmeadas, orejas y un trozo de alga en el pico.
Así que las águilas se parecen más a los cormoranes y han sobrevivido siglos con ese aspecto. Se muestran altivas, dominando las puertas de los *Liver Buildings*. Liverpool está en la desembocadura del Mersey, que va a parar al océano a sólo unos kilómetros de allí, lo que explica que la ciudad haya sido un puerto internacional desde el siglo XVI, y siga siendo un puerto comercial muy importante, aunque el transporte de viajeros ha disminuido mucho. No obstante, se puede ir a Dublín desde Liverpool, y asimismo a Belfast.
La ciudad de Liverpool fue muy rica en tiempos de la emigración europea hacia otros continentes, Estados Unidos y Australia principalmente

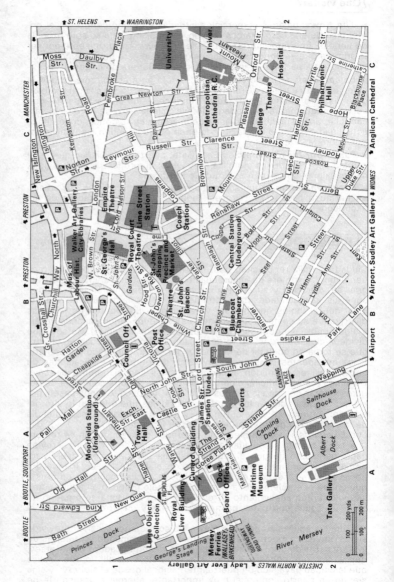

LIVERPOOL

(1880-1910). Pero Liverpool es, sobre todo, la ciudad de los Beatles. Hay que pasearse por las calles de St Matthew para tratar de tropezarse con su recuerdo.

Direcciones útiles

- *Tourist Information Centre:* 29 Lime Street. ☎ 709 3631. Se acaba de abrir un anexo en «Albert Dock», en el Atlantic Pavilion. ☎ 708 8854.
- *Estación:* Lime Street. ☎ 709 9696.
- *Terminal de autobuses:* Ribble Bus, Skelhorne Street. ☎ 709 6481.
- *Correos:* Whitechapel.

¿Dónde dormir?

- *YMCA:* 56-60 Mount Pleasant. ☎ 709 9516. Lugar céntrico y confortable. Entre la Central Station y la Metropolitan Cathedral. Barato.
- *YMCA:* 1 Rodnet Street. ☎ 707 77 91. Para casados y mujeres solas. No muy cómodo.
- *Christian Alliance:* Mildmay House, 6 Black Burne Place. ☎ 709 1417. ¡Si no encontráis sitio, no lo encontraréis en ninguna parte!

Más caro

- *The Grange Hotel:* Holme Field Road. Aigburth Ll93 PG. ☎ 427 2950. Fuera del centro de Liverpool, en este lugar se puede cenar. Excelente. Podéis ir a Birkenhead, o sea, al otro lado del Mersey, una vez atravesado el túnel:
- *YMCA:* 56 Whetstone Lane. ☎ 647 8123.

Más elegante

- *The Famous Old Bridge Inn:* Bolton Road en Port Sunlight. ☎ 645 8441. Un albergue casi como en los viejos tiempos, en medio de un lugar de ensueño. Junto a las fábricas *Lever*.

¿Dónde comer?

Si no queréis comer en uno de los numerosos pubs que ofrecen menús, aquí van algunas direcciones; están agrupadas en el mismo barrio, en el centro de Liverpool junto a Bold Street, calle comercial muy animada, en parte peatonal.

EN BOLD STREET

- *Tabac:* un café simpático y de moda. Platos ingleses (ensaladas), chiles... ambiente relajado. Precios razonables.
- *Kismet:* en lo alto de Bold Street, en el cruce con St Luke's Place. El mejor restaurante indio. Si os gusta la cocina india, ésta es la dirección que buscáis. Abre hasta tarde todos los días. Restaurante muy conocido, por lo que quizá tengáis que hacer cola.

OTROS LUGARES

- *The Everyman Bistro:* 9 Hope Street, entre las dos catedrales. Todos los días de 10 h a la medianoche, el domingo de 20 h a 23 h 30. Se puede degustar cualquier tipo de comida a precios razonables, o contentaros simplemente con beber, pero sería una pena. Famoso por su carta de vinos y cócteles. Muy popular..., incluso puede que tengáis que hacer cola para entrar.
- *The Pilgrim Restaurant and Bistro:* Pilgrim Street, calle con un aspecto un poco triste por la noche, pero protegida por la sombra gigan-

tesca y el reflejo de la catedral anglicana. En el salón inferior se come al mediodía, a precios muy razonables. Por la noche se puede cenar en el restaurante de la planta superior y tomar copas en la inferior. Ambiente rústico. Cocina española. Abierto todos los días hasta las 11 h 30.

Los pubs

Una visita a Liverpool comprende obligatoriamente sus pubs, extraordinarios por el ambiente y el decorado. Muchos datan de fines de la época victoriana. Sus decoraciones son especialmente interesantes por los trabajos de madera y cristal en que están realizados, sin contar el lujo presente en los mármoles, las porcelanas y el cobre. Parece ser que los trabajadores de los astilleros (carpinteros, ebanistas, toneleros, cristaleros, etc.) se ocuparon de decorar los pubs cuando la crisis afectó al sector de la construcción naval. En cualquier caso, merecen una atenta visita.

ALREDEDOR DE LIME STREET

– **Crown Hotel:** Lime Street. Detrás de la estación de autobuses y cerca de la estación de tren. Desde fuera, se pueden ver las ventanas en voladizo y sus cristales en vidrio tallado, en un estilo victoriano muy recargado, pero que ha devenido cálido con los años. ¡No olvidéis echar un vistazo al techo!

– **The Vines:** Lime Street. El interior fue concebido por William Thomas, el mismo que realizó el del Phillarmonic Pub (ver más adelante) y data de 1907. Chimeneas de mármol, cuadros sobre las chimeneas, madera tallada, zodiaco en el techo. Los salones alrededor del bar, están plagados de cobre para que os sintáis como en casa... antes de entrar en lo que aún pomposamente se llama «The Heritage Suite». Cuidado, sólo permiten la entrada a los bien vestidos... Un guarda se lo prohibe a los que van vestidos de cualquier manera, y especialmente si llevan tejanos, aunque el terciopelo entra sin problemas y la corbata no es obligatoria... Si lo conseguís, entraréis en un salón grande coronado por una cúpula de vidrio; las lámparas son modernistas. Detrás del bar, al fondo, hay un enorme espejo; otro encima de la chimenea... ¡que tiene fuego de verdad! Podéis sentaros y charlar tranquilamente, alrededor de pequeñas mesitas redondas, y contemplar los cuadros de escenas de caza alineados en todas las paredes de la sala. ¡Confort y lujo impresionantes! No se han quedado cortos con la calidad de la decoración, actualmente en muy buen estado. Es grandioso, ¡y todo por el precio de una cerveza...!

– **The Central:** Ranelagh Street. También llamado The Central Commercial Hotel. Menos lujoso que el anterior, pero muy agradable: madera tallada, cristales trabajados, el cobre que brilla, sus pequeñas cortinas íntimas... A mediodía se puede comer bien y en un decorado agradable.

– **Yate's Wine Lodge:** Great Charlotte Street (da a Ranelagh Street). Empezad o terminad vuestra velada en este local, pero debéis ir. Gran sala rectangular sin un especial encanto; el bar ocupa todo un lado de la habitación, parquet no encerado, banquetas de skai, algunas mesas, y sobre todo ¡qué atmósfera...! Se dice maliciosamente que la gente cambia directamente los cheques del paro por vasos de cerveza o copas de vino. Lo habéis comprendido, es un lugar muy popular y cálido. Todo el mundo se habla; seguro que os dirigirán la palabra, ahora bien, es posible que no les entendáis. Sobre todo, no les repliquéis si os dicen algo sobre lo que no estáis de acuerdo, nunca se sabe cómo van a reaccionar. Excelente introducción a la vida local.

– **The Phillarmonic Pub:** Hope Street, a medio camino entre las catedrales anglicana y católica, delante del Phillarmonic Hall, amenazado de cierre. Se dice que es el pub con la decoración más impresionante y fabulosa de Gran Bretaña. Fue concebida a principios del siglo xix por

William Thomas y realizada por los antiguos ebanistas, carpinteros y cristaleros de los astilleros en paro. Todos los rincones están trabajados y decorados hasta el último detalle; los lavabos de caballeros tienen la taza... ¡en mármol de Carrara! Al entrar tenemos la tentación de restregarnos los ojos. Es tan increíble que hace pensar que Luis II de Baviera pasó por aquí: vidrieras, madera tallada, cobres relucientes, azulejos de porcelana y de cerámica en la sala del bar, que sobresale en círculo en el centro. Hay también dos pequeños salones para fumadores con chimeneas y espejos, muy cómodos, uno dedicado a Brahms y el otro a Liszt. Finalmente, siguiendo el pasillo encontramos *The Grande Lounge*, antigua sala de billar que actualmente se consagra a la música. Varias tardes por semana, pueden escucharse grupos de rock o de jazz.

El único inconveniente del *Phil* es que siempre está lleno, especialmente por la noche. Para visitarlo cómodamente os aconsejamos llegar pronto, por ejemplo, a la hora de abrir. Situado en el barrio estudiantil, tiene una gran afluencia de público joven, a la última, aunque también encontraréis gente menos joven.

– **Ye Cracks:** Rice Street, cerca de *Everyman Bistro* (Hope Street). Allí fue arrestado John Lennon por saltar como una rana sobre las mesas.

¿Qué visitar?

De lejos veréis las dos catedrales, que aparecen dominantes en una colina un poco alejada del centro comercial de Liverpool.

▶ ***The Anglican Cathedral:*** edificio neogótico de color rojo, impresionante por sus dimensiones, en la esquina de Upper Duke Street y Hope Street. La primera piedra fue colocada por el rey Eduardo VII en 1904 y hace poco que ha sido terminada. Interior muy frío. La vidriera oeste raya en el gigantismo. Preciosa vista de Liverpool si conseguís subir al campanario (horarios variables). Podéis contentaros con ver la silueta de la catedral reflejada por la noche en el agua, donde todavía parece más impresionante.

▶ ***The Roman Catholic Metropolitan Cathedral:*** catedral moderna en el otro extremo de Hope Street, cerca de la Universidad de Liverpool, en Mount Pleasant. Lugar de culto para todos los irlandeses y sus descendientes instalados aquí. Catedral de estructura circular a la que muchos llaman *Paddy's Wigwam*. Pero tened cuidado de que el techo no se os caiga sobre la cabeza, pues amenaza con venirse abajo. Vidrieras modernas, interior cálido. Visitad la cripta (*The Lutyens Cript*) que contrasta con la propia catedral, concretamente por el sistema de apertura-cierre.

▶ ***The Walker Art Gallery:*** William Brown Street. Lleva el nombre del propietario, quien financió la creación del museo. Además de los pintores flamencos y holandeses, entre los que destacan Rubens y Rembrandt, importante colección de pinturas inglesas del siglo XIX, muchos prerrafaelitas, evidentemente los más conocidos. Abierta de lunes a sábado de 10 h a 17 h, domingos de 12 h a 17 h. Entrada gratuita.

▶ ***Museum of Labour History:*** William Brown Street. El museo evoca con documentos, fotos y objetos originales la vida y la historia de los trabajadores. En Liverpool hay muchas cosas que hacer. Evidentemente, el museo se centra en todos los oficios que tienen que ver con el mar: marinos, veleros, toneleros, carpinteros, estibadores, transportistas, etc. No se han olvidado de la vida de las mujeres, por lo que se ha reconstruido una cocina del siglo XIX. Hermosa serie de *Union banners,* estandartes creados por los sindicatos, auténticas obras de arte populares. ¡Emocionante! Abierto todos los días, de lunes a sábados de 10 h a 17 h, domingos de 14 h a 17 h. Entrada gratuita.

▶ ***The Merseyside Maritime Museum:*** en Albert Dock. Construido hacia 1840 por Jesse Hartley, aunque renovado posteriormente. Si llegáis en coche, seguid las indicaciones hacia *Pierhead,* pasad delante de los Liver Buildings, no aparquéis en la estación del museo porque hay que pagar, sino en el aparcamiento gratuito del conjunto del Albert Dock. El museo presenta las condiciones de la emigración desde 1830 hasta 1920. *Emigrants to a New World* hasta 1870, los emigrantes llegaban de toda Europa, acuciados por la miseria y la pobreza para embarcar en Liverpool y viajar a América del Norte (33 días de viaje) y Australia (77 días de viaje) principalmente, pero también a América del Sur. En las primeras salas se exponen las condiciones de vida en el siglo XIX y la miseria que reinaba entonces (carestía a causa de la enfermedad de la patata), ya que durante cuatro años seguidos se perdieron las cosechas de este tubérculo, alimento principal de los irlandeses. Sólo les quedaba la emigración y el paso obligado por Liverpool. Esto explica que muchos irlandeses se quedaran en la ciudad, que se enriqueció a costa de aquellos pobres emigrantes, de los que se abusaba de mil maneras.,. Llegaban a Liverpool y esperaban. Finalmente realizaban la travesía en barco: era el momento más duro. Al otro lado del océano les esperaba Ellis Island, antes de entrar en Nueva York. Después continuaban el viaje por tierra hasta llegar al lugar de destino. Todo un periplo. ¡Y en qué condiciones! Se puede intentar localizar el rastro de algún antepasado emigrante gracias a un sistema informático creado a tal efecto.

► Después de visitar el museo, se impone un paseo por los muelles, con una visita de la casa del capitán del puerto o el taller del tonelero. El taller se ha vuelto a poner en funcionamiento. El museo posee en la actualidad muy pocos barcos visibles en el muelle, lo que es una pena. Parece que la cosa va a cambiar. En ocasiones se organizan competiciones entre viejos veleros. ¡Resignación!
Los muelles están actualmente en plena rehabilitación; apartamentos de lujo para artistas famosos, boutiques, restaurantes...

► **Paddy's Market:** Great Homer Street. No os lo perdáis si os quedáis el sábado por la mañana. Oficialmente se llama St Martin's Market, pero en realidad se conoce sólo por Paddy's Market, otra evocación de la fuerte presencia irlandesa en Liverpool (*paddy* significa «irlandés», en argot). Entre empujones podréis encontrar de todo: comida, flores, libros de ocasión, ropa, etc. Está situado fuera del centro de la ciudad; tomad Scotland Road y después de la entrada de los túneles de Liverpool divisaréis un sitio lleno de gente. De hecho Scotland Road fue la calle donde se creó la leyenda de Liverpool, todo auténtico liverpudlian ha nacido en Scotland Road... aunque ya no queda mucho. Había un montón de casas, un pub, etc., en varios kilómetros a la redonda. Muchas casas y pubs de 1900 han sido derruidos para construir lo mismo en el mismo sitio, lo que a su vez está en vías de destrucción: ventanas cubiertas de maderas, montones de basura por todas partes... ¡siniestro! Dejad que vuele vuestra imaginación si queréis ver la animación de esta calle.

► **Liverpool Football Club:** Anfield, Walton Breck Road. El club de fútbol más famoso de Europa, no sólo por la calidad de su juego, sino también por la violencia y el fanatismo de sus hinchas, los *hooligans.* Si queréis verlos en acción, id allí. Tomad Scotland Road y luego la dirección de Walton; después está señalizado.

► **Mathew Street:** merece el desplazamiento; allí estaba la cueva de los Beatles. Ahora ha sido reconstruida y cada vez van surgiendo nuevos grupos. En la actualidad, el barrio es un sitio donde actúan los jóvenes creadores de moda de Liverpool.

PORT SUNLIGHT

Tomad el tren-metro en Lime Street y bajad en la estación de Port Sunlight. Port Sunlight da cabida a las fábricas *Lever,* donde se produce el jabón del mismo nombre. Hacia 1860, Mr. Lever, un empresario listo y liberal, decidió que sus empleados tenían derecho a un poco de bienestar y a unas condiciones de vida dignas. Así que adquirió un terreno donde construir su fábrica y las casas de sus empleados, y llamó al arquitecto William Owen, quien realizó un pueblo en donde no se escatimó ni la calidad de la construcción ni el espacio. Todo se hizo con gusto; las casas están construidas según diferentes estilos, con desvanes, de ladrillo...

Fue uno de las primeras colonias fabriles utópicas de la época. Poco más tarde, Mr. Cadbury lo imitó y construyó Bournville, cerca de Birmingham, y J. Rowntree fundó New Earswick cerca de York. Cosa rara, Rowntree se instaló en Francia, en Noisiel, en la chocolatería de Menier, otro empresario liberal: todo el pueblo está construido por él y todo llevaba su nombre, hasta las placas de las alcantarillas; incluso se pagaba en «meniers». Aunque se inspiraban en las teorías de Robert Owen y Fourier, después los empresarios no iban tan lejos en la práctica. El pueblo está bien conservado; en él reina una gran calma y una quietud extrañas en comparación con el ruido y el furor de Liverpool.

¿Qué visitar?

▶ *Port Sunlight Heritage Centre:* abierto de 12 h a 17 h, que evoca esta historia (frente a la estación).

▶ *The Lady Lever Art Gallery:* Lady Lever fue una gran benefactora, igual que su marido. Su hijo, lord Leverhulme fundó este museo en su memoria.

El museo fue construido para celebrar la grandeza del arte inglés. Hay de todo; magníficos muebles, porcelanas chinas de diferentes épocas, tapicerías de Gobelinos, objetos de Napoleón entre los que se halla su máscara mortuoria, y, sobre todo, cuadros de artistas ingleses de los siglos XVIII, XIX y XX: Reynolds, Gainsborough, Turner, los mejores; muchas obras prerrafaelitas de Millais, Burne-Jones y algunas obras de Rossetti. Es un museo más bien pequeño, mal arreglado, pero lleno de encanto (hay demasiadas cosas apiladas).

▶ Si os queda tiempo, no dejéis de echar un vistazo al pub local, *Ye Old Bridge Inn*. Se puede beber, comer e incluso dormir.

THE LAKE DISTRICT

Es la región predilecta de los británicos, aficionados como son a la naturaleza y a las caminatas. El resultado es que el lugar es muy frecuentado en verano, sobre todo durante los fines de semana. Pero todo tiene su porqué: las montañas son imponentes, los lagos un remanso de paz y hay numerosos senderos bien señalizados. Tomad el barco en el lago Windermere para llegar a Ambleside.

Para visitar bien la región de los lagos, estableced un punto a partir del cual empezaréis vuestras caminatas. Si estáis de humor, podéis ir a los picos (800 a 900 m) de aire puro y grandes panorámicas, o bien a los valles boscosos y a los lagos a tomar un baño. Comprad un mapa de la región con los senderos de excursiones.

Esta región debe también en parte su celebridad a ese grupo de poetas al que se dio el nombre de escuela «lakista», por proceder todos de aquí: Wordsworth, Coleridge, De Quincey, Ruskin, Shelley...

Pero aunque, en efecto, los poetas ya atraen a bastantes turistas a estos lugares, no tendréis problemas para encontrar alojamiento, ya que la zona acapara la máxima densidad de AJ del mundo (27 en la región).

KENDAL   PREF. TEL.: 01539

Puerta de entrada al Lake District, pequeña ciudad agradable, pero no demasiado turística. En el centro, callejuelas y antiguas casas por descubrir.

– **Youth Hostel:** Highgate. ☎ 724 066. En el centro de la ciudad, bello edificio georgiano, en una antigua fábrica de cerveza. 50 camas.

– **Dos museos interesantes:** *Museum of Lakeland Life and Industry*, de tradiciones populares, y el *Kendel Museum*, de Historia Natural. La fauna y la flora de Lake District están presentadas de una forma muy real. Salen numerosos trenes para Windermere.

WINDERMERE   PREF. TEL.: 015394

Centro vacacional, se extiende por una meseta boscosa que domina el lago Windermere. Alquiler de barcas.

– **Youth Hostel:** High Close, Bridge Lane, Troutbeck. ☎ 43 543. Bonita casa, grande (80 camas) con vista al lago. Coged la carretera A 591, dirección a Ambleside saliendo de Windermere.

– Lo más sencillo en verano es ir a la **Youth Hostel Association**, cerca de la estación de Windermere, os buscarán una cama en uno de los AJ de la región.

AMBLESIDE   PREF. TEL.: 015394

Pueblo encantador situado cerca del lago Windermere y del pintoresco valle del Langdale.

– **Youth Hostel:** Waterhead. ☎ 32 304. Antiguo hotel cerca del lago. 240 camas.

– Bellos *edificios* de los siglos XVII y XVIII, por encima del río y las otras en lo alto de la ciudad, alrededor de la iglesia.

GRASMERE   PREF. TEL.: 019665

Uno de los pueblos más hermosos de la región. Cerca de un precioso lago.
– *Youth Hostel:* Butharlyp How. ☎ 316. En Easedale Road, al final del pueblo. Bien equipado.
– *Youth Hostel:* Thorney How. ☎ 591. Pequeño albergue, bastante alejado del pueblo.

– *Gran fiesta* en Grasmere, el tercer jueves después del primer lunes de agosto. Paseo muy corto (3 millas) y espléndido por el Great Langdale.

KESWICK   PREF. TEL.: 017687

La ciudad más importante del Lake District y la situada más en el centro. Un gran encanto. Como las otras, se extiende cerca de un lago en donde se pueden alquilar barcas. Hay que visitar el *Pencil Museum:* los mejores lápices del mundo (Cumberland es un paraíso para los artistas).

Direcciones útiles

– *Tourist Information Centre:* Moothall, Market Square. ☎ 72 645. Información sobre autobuses.

¿Dónde dormir?

– *Youth Hostel:* a orillas del río. Se accede a él por un puente de madera. ☎ 72 484. Algunas habitaciones disponen de un balcón que da al río y a un precioso parque.
– *B & B:* en Eskin Street.
– *Derwentwater Campsite:* cerca del lago.
– *Campings:* dos en Castlerigg.

¿Dónde comer?

– *Bryson's Tea Room:* 40 Main Street. Al pie de la oficina de turismo. Salón de té que vuelve a permitir el contacto con la civilización más tradicional. Abre de 9 h a 17 h 30.
– *The Dog and Gun:* al principio de Lake Road. Pub que sirve platos bastante baratos.
– *The George Hotel:* id, fundamentalmente para admirar su interior. Es el pub más antiguo de la ciudad, y se nota en sus paredes. Viejas y agradables chimeneas.

¿Qué hacer?

▶ *Friar's Crag:* fácil de alcanzar, más allá del malecón, en el borde del lago. Lugar de peregrinaje por diversas razones: en el siglo XVII era el punto de partida de los religiosos que iban a recibir la bendición de san Herbert, santo local que vivía en una isla en mitad del lago, Saint Herbert's Island. Por otro lado, John Ruskin decía que la vista que se tiene desde el centro del lago de las orillas del otro lado es sublime.

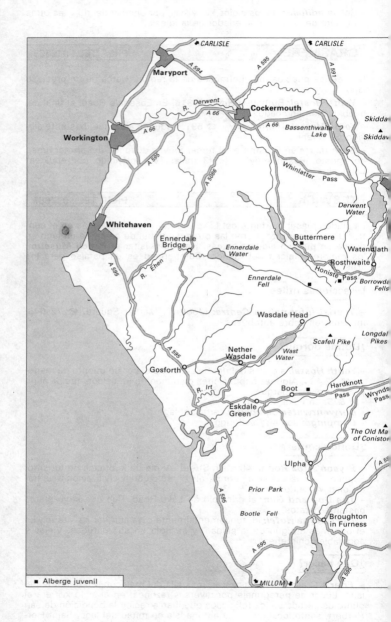

■ Alberge juvenil

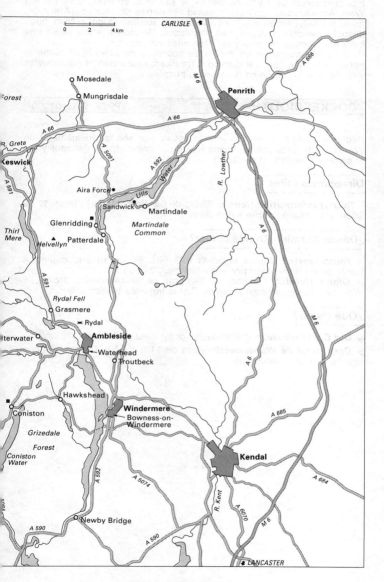

THE LAKE DISTRICT

▶ *Skiddaw Man:* los más valientes se lanzarán a la ascensión de esa montaña (cerca de 1 000 m) detrás de Keswick, en dirección a Latrigg Walk. Atravesad el río Greta, y pasad por detrás del museo. ¡Atención, no os equivoquéis en la bifurcación Latrigg Summit-Skiddaw Man, pues después vendrán paisajes más desolados. Desde allí arriba se ve una bella panorámica del lago y las montañas Helvellyn.

Para perezosos existe un medio de acortar y de aparcar el coche al norte de Latrigg, junto al camino Gate Road, cruzando por Aplethwaite y Underscar. ¡Aunque es pasarse un poco!

COCKERMOUTH   PREF. TEL.: 01900

Pequeña ciudad de escaso interés, salvo por ser la ciudad natal de Wordsworth. Está más animada los lunes (mercado de ganado) y los miércoles (mercado tradicional).

Direcciones útiles

– *Tourist Information Centre:* Riverside Car Park, Market Street. ☎ 82 2634. Información sobre autobuses.

¿Dónde dormir? ¿Dónde comer?

– *Youth Hostel:* Double Mills. ☎ 822 561. En un antiguo molino al borde de un río famoso por sus salmones. 28 camas.
– *Globe Hotel:* J. Dalton, el inventor de la teoría del átomo, y Wordsworth venían aquí a comer. Platos ingleses tradicionales.

¿Qué visitar?

▶ *Old Court House:* recomendado por las gentes del lugar.

▶ *Casa natal de Wordsworth:* visita de 11 h a 17 h. Restaurada con mucho esmero y dedicación.

YORKSHIRE

YORK

De todas las grandes ciudades de Inglaterra, York es una de las más atractivas. Es la que mejor ha sabido conservar el ambiente de las ciudades medievales. Aún en nuestros días, esta antigua gran metrópoli de la Inglaterra del norte muestra con gran fidelidad, el aspecto que ya poseía durante el reinado de los Tudor, con sus callejuelas estrechas y tortuosas y sus numerosas casas con desvanes, agrupadas alrededor de su espléndida catedral (o «Minster»), cuya alta silueta domina la ciudad. Alzad la vista en las callejuelas para admirar los diablos y los monstruos que decoran las vigas (por ejemplo, en el 33 Stonegate).

Direcciones útiles

– **Tourist Information Center:** De Grey Rooms, Exhibition Square y la estación.
– **Post-office:** 22 Lendal.
– **Terminal de autobuses:** Rougier Street.

¿Dónde dormir?

– **Bishop Hill Youth Hostel:** 11 Bishophill Senior. ☎ 625 904. En una callecita tranquila, en el centro. Cerca de la estación. Limpio; ha sido renovado. Sirven comidas, pero no se tiene derecho a cocina.
– **Youth Hostel:** Haverford, Water End, Clifton. ☎ 653 147. Desde Exhibition Square, tomad Bootham Street y seguid por ella hasta Clifton. Lejos del centro y a menudo lleno por la noche. Además, es un sitio alegre, cálido y limpio, dotado de un gran jardín. Es necesario reservar.
– **Rawcliffe Manor Caravan Park:** Manor Lane, Shipton Road. Un nuevo camping a 3 km del centro. ☎ 624 422. Autobús desde la estación, Station Rougier Street, números 5, 6 y 17. Bajad en Mirtra Public House; 1 km a pie. Muy bien acondicionado. Caro. Hay que pagar las duchas. Atendido correctamente y limpio. De todos modos, más vale hacer la compra en un supermercado de la ciudad y no en el del camping.
– Numerosos **B & B** en Clifton-Bootham y Gosvenor Terrace. El **Clifton View,** 118 Clifton, es muy correcto. ☎ 625 047.

¿Dónde comer?

– Desayuno en el antiguo pub de **The Shambles**.
– Buen restaurante (quiches, raciones, *Yorkshire pudding*) en el bonito edificio antiguo de **Newgate Market**.
– **Café Andros:** 31 Castlegate y 63 Goodramgate. Especialidad en tartas.

¿Dónde tomar una copa?

– **The Spotted Cow:** en Paragon Street. El sábado por la noche este pub es asaltado por una fiebre «funky», que desplaza al ambiente «jazz».
– **The Black Swan:** en Peasholme Green. Un antiguo albergue con chimenea de teja de Delft en el primer piso y vigas a la vista. Jazz en el primer piso los domingos al mediodía y los martes a las 20 h 30.

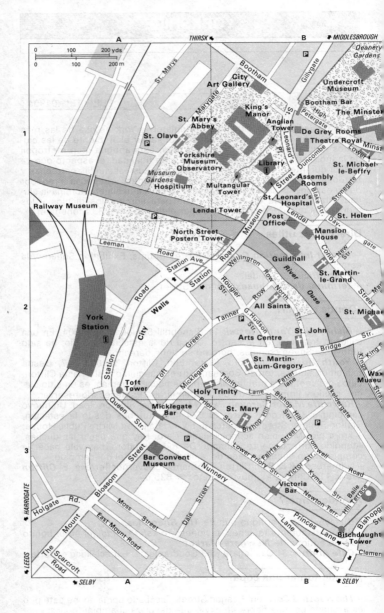

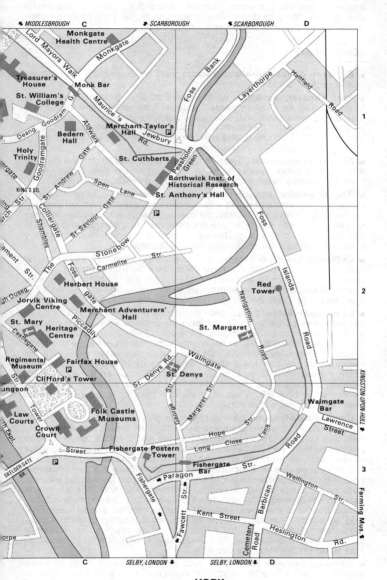

YORK

– **Thomas Gent's Coffe-House:** en Coffee Yard. ☎ 647 845. Cuadro de ensueño, jóvenes camareras vestidas al uso del siglo XVIII, que sirven deliciosos cafés y pasteles. Alumbrado con bujías para pasar un atardecer íntimo escribiendo cartas.

¿Qué visitar?

▶ **El paseo de las murallas:** preciosa vista de la ciudad y los parques que la rodean; 5 km de paseo.

▶ **York Minster:** la mayor catedral gótica de Gran Bretaña. Tras el violento incendio de 1984 amenaza hundirse. Alberga la mayor concentración de vidrieras medievales del país. ¡La del este es tan grande como un campo de tenis! La catedral ya había sido incendiada por un iluminado en 1829. Dad una vuelta para admirar los antiguos edificios del St William's College. Bien restaurada.

▶ **Friar Gate Museum:** Lower Friar Gate Road. Museo de cera de gran interés, más barato que el de Mme. Tussaud en Londres. En el primer piso, personajes célebres; en la planta baja, sala de los horrores.

▶ **The Shambles:** antiguo barrio de los carniceros en el centro de la ciudad. Callejuelas estrechas y casas con desvanes. Abajo, un simpático mercado, Newgate Market, de martes a sábados. La calle es muy bonita y adecuada para efectuar las compras: muy buena librería, artesanado, ramos de mies, grabados. El centro comercial es moderno y triste; el mall está entre la estación y la catedral.

▶ **Clifford's Tower:** erigida hacia mediados del siglo XIII en el emplazamiento donde se elevaba la torre de madera de Guillermo el Conquistador, destruida por un incendio en 1190. Más allá del castillo, cerca de Tower Street, se halla un edificio de estilo georgiano erigido en 1777 que alberga la Corte de Justicia: Assize Courts.

▶ **La ciudad vikinga:** Coppergate (centro de la ciudad). ☎ 643 211. Las excavaciones pusieron al descubierto un poblado vikingo, Jorvik, que data de hace más de diez siglos. Este poblado ha sido recreado sobre las propias excavaciones, en su marco subterráneo, en el centro de la ciudad medieval de York. Se pueden admirar las casas y la plaza del mercado, oír los sonidos y sentir los olores de la época. En una sala están expuestos más de 500 objetos descubiertos en el lugar: joyas, zapatos, candados, etc. Abierto de 9 h a 19 h, todos los días; en invierno hasta las 17 h 30. A veces hasta una hora de espera en verano. Divertido, original e instructivo.

▶ **Castle Folk Museum:** (abierto todos los días de 9 h 30 a 18 h, o 16 h 30 de octubre a marzo). El museo está instalado en las antiguas prisiones. Sus colecciones presentan el folclore de Yorkshire. En la antigua prisión de mujeres (1780) se puede apreciar la reconstrucción de una cabaña rural, de un comedor georgiano, de un mercado renacentista y, sobre todo, de una calle victoriana, con sus tiendas y sus parroquianos. Podéis circular libremente por el siglo XIX, entrad en las tiendas y en los personajes. En la prisión contigua, Debtort's prison (1705), en donde estaban encarcelados los deudores no solventes, se exponen uniformes y banderas militares, juguetes y otros objetos artesanales; además se pueden admirar diversos talleres de artesanos cuidadosamente reconstruidos. Los adultos y los niños no se aburrirán ni un minuto en este museo, uno de los más bonitos de Gran Bretaña. ¡Si pudiéramos tener en nuestro país uno igual!

▶ **National Railway Museum:** cerca de la estación. Abierto de lunes a sábados de 9 h 30 a 18 h y los domingos de 14 h a 18 h. Para los fanáticos de los trenes hay 24 locomotoras de tamaño natural situadas en dos plataformas giratorias. Presenta la evolución de los vehículos de tracción desde el caballo hasta el siglo XX. Ved el tren real, con acolchado y engalanado. Cerca de la estación.

► **Treasurer's House:** detrás de la catedral. Abierto todos los días de 10 h 30 a 17 h. Amplia casa restaurada en el siglo XVII. En otra época vivió en ella el *treasurer* de la catedral de York. Contiene muebles magníficos de diferentes épocas. Sala de vídeo.

► El jardín alrededor de **St Mary's Abbey** ala puesta de sol. Museo interesante. Tarifa reducida para estudiantes.

► Paseo en busca de fantasmas por los diversos lugares siniestros y medievales de la ciudad: todos los miércoles entre las 20 h y la hora a la que recuperéis el conocimiento... si lo recuperáis. Todas las informaciones en el *Private Youth Hostel.*

ALREDEDORES

– **Tadcaster:** a 16 km, al sudoeste por la A 64. Es famosa por sus cervecerías. Una antigua casa con desván, *The Ark*, da cabida actualmente a un pequeño museo dedicado a la historia de la fabricación de la cerveza desde su origen (abierto de 14 h a 16 h los martes, miércoles y jueves). Más allá de Bramham (6 km al oeste) se alza **Bramham Park,** hermosa residencia de la época clásica rodeada de magníficos jardines al estilo francés.

– **Castel Howard:** a 25 km al nordeste, abierto de abril a octubre. En tren: estación de Malton; en la consigna os pedirán el único taxi para hacer los 5 km que faltan (línea York-Scarborough); dadle una hora de regreso, es puntual; también podéis intentar hacer autostop, bastante fácil en el aparcamiento del castillo. Empezado a fines del siglo XVII, es la primera obra de Vanbrugh, otro de cuyos aciertos es *Blenheim* (ver «Alrededores de Oxford»).

Como en todas partes, yuxtaposición de estilos y de mezclas arquitectónicas, ya que los *landlords* debían parar las obras cada vez que se les acababa el dinero. Es especialmente impresionante, ya que domina el territorio. Tras admirar las increíbles riquezas del interior y merendar en el salón de té, pasead por el parque para calibrar la extensión: apenas hay murallas, sólo el *ha-ha*, foso que impedía a las ovejas cruzar el recinto. Alejaos de los torreones del castillo y cambiad radicalmente de paisaje dirigiéndoos hacia el lago para ver las casas y las fábricas, pequeños edificios de estilo antiguo, y las falsas ruinas que pueblan el jardín. No olvidéis *The temple of the four winds*, del que sólo se ve el exterior, cerca de South Lake.

HAWORTH

Situada al oeste de Leeds, a 50 km al noroeste de Manchester, esta pequeña ciudad fue la cuna de las hermanas Brontë. Autobús hasta Keighley y luego un auténtico tren de vapor. Si tenéis la suerte de visitar Haworth cuando haga mal tiempo encontraréis el ambiente triste y sombrío descrito en las célebres novelas de las hermanas Brontë. Numerosos mercadillos para los chamarileros inveterados.

¿Qué visitar?

► **Brontë Parsonage Museum:** alberga objetos personales de la familia. Librería bien surtidas (ediciones antiguas...).

► Para los aficionados a los paseos, numerosos senderos señalizados os llevarán a través de los *moors* (landas): magnífico paisaje de landas desoladas y de brezales hasta **Wuthering Heights**, pasando por el puente de Haworth y **The Brontë Falls and Brontë Seat**, lugar probable de su inspiración.

KNARESBOROUGH

A 3 millas de Harrogate, un pequeño y encantador pueblo con su acueducto, su gruta y sus bonitas casas del siglo XVIII.

¿Dónde dormir? ¿Dónde comer?

– **Ebor Mount York Place:** ☎ 863 315. Un poco caro, pero es posible conseguir alguna rebaja para estudiantes, si llegan por la tarde.
– **Mother Shipton Inn:** Low Bridge. ☎ 862 157. Comida campesina. Decoración de época. Buen recibimiento.

¿Qué visitar?

▶ **El museo:** con los diferentes animales del cercano bosque.
▶ **Petryfying Well:** pozo mágico en el que se piden deseos. Más abajo se halla una gruta en la que están colgados todo tipo de objetos petrificados (medias, camisetas, zapatos). El agua que fluye lleva gran cantidad de minerales y en 4-6 meses convierte en piedra todo lo que toca. Si queréis colgar un objeto debéis apuntaros en una lista (a veces hay que esperar 9 meses). Dad un paseo a lo largo del río. Salid de enfrente de *Mother Shipton Inn* y tomad Abbey Road. Sacad la nariz para observar la célebre *House in the Rock*. Preciosos paisajes.

WHITBY

A 75 km al nordeste de York. Agradable puertecito dominado por una abadía en ruinas, rodeada por su cementerio, situado en la cima de un acantilado recortado. En ese lugar bastante siniestro encontraréis el AJ después de subir una interminable escalera de piedra azotada por los vientos y las brumas.
La leyenda dice que aquí desembarcó Drácula, por lo que abundan las tiendas de máscaras y caretas siniestras de todas clases. En la otra dirección, fue el punto del que zarpó el capitán Cook.

STAITHES

Pequeño puerto recoleto al norte de Whitby; estupenda estancia.

ROBIN HOOD'S BAY

Al sur de Whitby, otro puerto minúsculo con la misma tradición de contrabandistas, a 82 km de York. Las casas cuelgan de las rocas y los pasadizos con escaleras son diminutos, auténticos laberintos. Además, hay un centro de vela.

SCARBOROUGH

Gran balneario de aguas termales que tuvo gran auge tiempo atrás. Dos inmensas playas de arena en las que os podéis bañar. Además, largo tobogán acuático, de 150 m; se cae al agua caliente. Si pasáis por aquí y habláis inglés, no os perdáis una representación en el *Theatre in the Round,* donde se ensayan las nuevas obras de Alan Ayckbourn, célebre dramaturgo que vive en el lugar, y otras comedias. Por lo general están bien y bastante salpicadas de expresiones familiares coloristas; las obras son con frecuencia cortas. Las compañías están formadas por aficionados, pero bastante profesionales. El pub del teatro es muy agradable y en él se dan cita artistas, periodistas y estudiantes. Bonito paseo a lo largo de los acantilados siguiendo la playa hacia el norte: el camino (el *Cleveland Way,* 60 km por la costa señalizados) sube y cruza el río; alternan las granjas y los paisajes desolados: girando a la izquierda encontraréis carreteras donde circulan autobuses que, por Scalby, llevan al centro de la ciudad.

NORTH YORKSHIRE MOORS

Parque protegido de *Tornton Le Dale* en Thirsk hasta las Cleveland Hills, que lo separan de la costa septentrional. Se pasa bruscamente de la agricultura próspera a la landa. Paisajes, curiosidades naturales, colores cambiantes. Muchos senderos señalizados; informaos en el *Tourist Information Centre* de la región.

CAMBRIDGE   PREF. TEL.: 01223

La otra universidad mítica. Es más hermosa que Oxford porque sólo está dedicada a la diosa Razón. Nada de conciudadanos más o menos proletarios, nada de industrias (¡qué horror!), nada de contaminación. Sólo árboles y colegios, césped y estudiantes, el río y las bicis. Os advertimos que en verano los estudiantes de inglés invaden la ciudad y el ambiente es más italiano o español que británico. Bastante fastidioso. Sin embargo, no os perdáis el festival de la última quincena de julio. En mayo y junio el encanto es total, o sea, antes (estrés), durante (tranquilidad) y después de los exámenes (fiestas).

¿Cómo ir?

– **En avión:** id a Londres y luego tomad el autobús 79 de Gatwick, (3 h), Heathrow (2 h 15) o Stansted (35 minutos), respectivamente, de la compañía Cambridge Coach Services. Desde Gatwick y Heathrow la línea 78 es también una buena solución. National Express, línea 98, tiene salidas desde Victoria Bus Station cada dos horas. Este autobús pasa también por el metro de Embankment y la estación de autobuses de Aldgate.
– **En tren desde Londres:** salidas desde King's Cross Station ☎ (278 2477) y de Liverpool Street Station (☎ 928 5100). El trayecto dura entre 1 h 20 y 1 h 45, según sea el tren directo o no.

Direcciones útiles

– **Tourist Information Centre:** Wheeler Street, no lejos de Market Place. ☎ 322 640. Abierto de 9 h a 17 h, 17 h 30 o 18 según lo avanzado de la temporada. De Semana Santa a fines de septiembre (el domingo de 10 h 30 a 15 h 30). Servicio de reservas de B & B. Visita de la ciudad a pie. Bien hecha para los que disfrutan con este tipo de cosas.
– **Alquiler de bicicletas:** Geoff's Bike Hire, 65 Devonshire Road. ☎ 65 629. Abierto los siete días de la semana, de 9 h a 18 h. Junto al AJ. Ideal para visitar Cambridge y el campo circundante. Igualmente, University Cycle (9 Victoria Avenue. ☎ 355 517). Hay otros muchos lugares como aparcamientos, estaciones de autobuses o trenes donde encontrar bicicletas, pues el municipio ha hecho un esfuerzo para ponerlas a disposición de los turistas gratuitamente.
– **Correos:** 9-11 St Andrew's Street.
– **Lavandería:** Laundromat, 44 Hill Street, Coin-up Laundry, 28 King Street, y también en 12 Victoria Avenue.
– **Estación:** en el hall (☎ 311 999), un estudiante mantiene un servicio permanente para ofreceros gratuitamente la Visitor's Guide, auténtica mina de informaciones. Consigna de equipajes automática.
– **Cambio:** numerosos bancos en el centro. American Express, 25 Sidney Street; Thomas Cook, Market Street; Barkay's, 15 Benet Street.

¿Dónde dormir?

Bastante caro, excepto en los AJ y en los campings. Por supuesto, si os quedáis mucho tiempo (más de tres días), os harán fácilmente un descuento. Algunos B & B reciben estudiantes durante todo el año y no están abiertos al público de paso más que durante las vacaciones. A menudo son más baratos y os hemos seleccionado los mejores. Estáis de suerte.

Barato

– **Youth Hostel:** 97 Tenison Road. ☎ 354 601. Al salir de la estación, tomad la primera calle a la derecha. Edificio reciente, muy limpio. En verano, pese a sus 134 camas, suele estar abarrotado; así que llamad por teléfono con algunos días de antelación y llegad pronto. Se puede hacer la colada. Algunas habitaciones para parejas con aspecto de estar casados, o bien dormitorios comunes unisex.

Bastante barato

– **Mrs. French:** 42 Lyndewode. ☎ 316 615. Abierto toda la temporada. A 5 minutos del AJ. Es el B & B más barato de la ciudad. No hay muchas comodidades, ya que es muy simple... pero está muy bien para el bolsillo. Incluido desayuno continental. Los que lo deseen pueden ir a comer al AJ.

– **Westcote Guesthouse:** 33 Tenison Road. ☎ 621 38. Muy cerca de la estación y a 15 minutos del centro. Un cierto olor a comida impera permanentemente en esta casa, pero las habitaciones son aceptables (así como las sábanas), espaciosas y claras (para algunos). Muy buen precio.

Precios medios

– **Mrs. Patching:** 10 Portugal Street. ☎ 355 163. Las habitaciones más céntricas de Cambridge. En una callecita preciosa peatonal a dos pasos del centro. Una excelente elección. Tomad los autobuses 1 o 5 desde la estación. Abierto de junio a septiembre.

– **Mr. Antony:** 4 Huntingdon Road. ☎ 357 444. Numerosas habitaciones en una gran casa. Una buena acogida y precios asequibles. Televisor en las habitaciones, duchas en los pasillos.

– **Mr. Bennet:** 70 Jesus Lane. ☎ 65 497. Abierto a los turistas únicamente en verano. 4 habitaciones ocupadas por estudiantes durante el año universitario. Desayuno inglés.

– **Mrs. Holmes:** 6 Portugal Street. ☎ 678 45. Del mismo tipo que los anteriores y precios equivalentes.

– **YMCA:** Gonville Place. ☎ 356 998. El mismo servicio que el AJ, más alejado de la estación (10 minutos a pie) y dos veces más caro. No siempre hay sitio. Por lo menos sale más barato que un B & B.

– **Mr. Brown:** 40 Lensfield Road. ☎ 628 39. Sólo 5 habitaciones limpias y sencillas. Ducha en el pasillo. Una acogida calurosa y un desayuno abundante y delicioso. Abierto sólo de junio a septiembre. Bastante cerca de la estación.

Más elegante

– **The Benson House:** 24 Huntingdon Road. ☎ 311 594. Es una casa de ladrillo amarillo, situada un poco al norte del centro de la ciudad, a un escaso cuarto de hora a pie. Habitaciones con o sin ducha. Confortables. Algo más caro que los otros.

– **Six Steps Guesthouse:** 93 Tenison Road. ☎ 353 968. Todas las habitaciones con ducha y lavabo. Incluido el desayuno. Agradable servicio y precio algo elevado.

– **B & B Guesthouse:** 124 Tenison Road. ☎ 315 702. No lejos del AJ, o sea, cerca de la estación. Habitaciones con ducha y televisión por unas treinta libras: desayuno incluido. Excelente.

Campings

– **Great Shelford Camping Club Site:** desde Cambridge, tomad la A 10 hacia el sur; en Trumpington, en el semáforo, volved a la izquierda

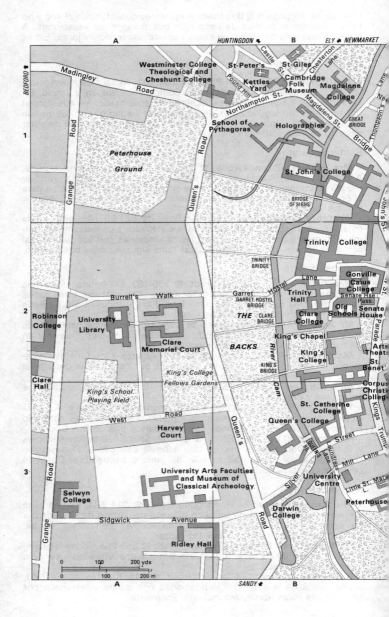

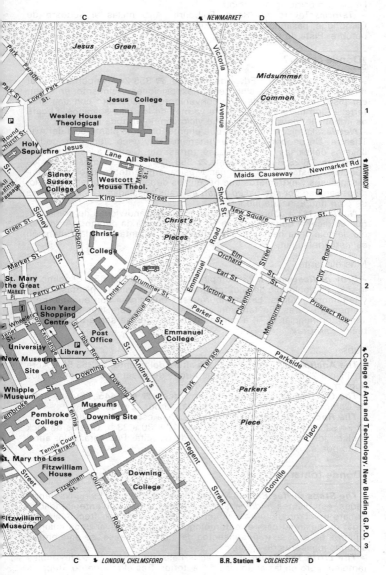

y tomad la A 1301. A 1,6 km a la izquierda. Muy confortable tranquilo y limpio. Un camping soberbio.
– **Tamric:** Teversham Road, Fulbourn. A 5 millas al sudeste de Cambridge, pasando por Cherry Hinton. ☎ 881 112. Abierto de junio a octubre. Pista de tenis.

¿Dónde comer?

– **The Arts Theatre:** 6 Edwards Passage. ☎ 355 246. Importante lugar de la cultura viva. Cine-club, teatro, exposiciones. Asimismo, en el tercer piso, un *self-service* muy conveniente y nada caro con una gran terraza, que hace del lugar el no va más de los días soleados. El café es imbebible, pero se trata de un vicio común en toda Inglaterra.
– **Nettles:** la misma dirección que el anterior. En la planta baja del Arts Theatre. Un pequeño *snack* vegetariano. Hay poco sitio, pero podéis llevaros deliciosas quiches, pizzas, tortas, etc. Cierran a las 20 h.
– **Tatties:** 26-28 Regent Street. ☎ 358 478. El más simpático de los pequeños restaurantes del lugar. Música, ambiente, muchos estudiantes ingleses y extranjeros que hacen sus deberes o disfrutan del periódico. Famoso por sus *baked potatoes* y sus ensaladas. La cocina no es de gran finura, desde luego.
– **Nadia's:** 11 St John's Street. Los mejores sandwiches del reino, según se dice, si quitáis antes la tradicional rodaja de pepino... Al mediodía, la cola llega hasta la calle; prueba suplementaria de la dimensión culinaria del lugar.

Más elegante

– **Browns Restaurant:** 23 Trumpington Street. ☎ 461 655. El colmo de lo chic, tipo bohemio de lujo, totalmente intelectualoide, plantas verdes y legumbres crudas. Las hamburguesas que sirven son buenas, pero un poquito caras. Es también el lugar soñado para leer el *Financial Times* (pronunciar EFTI) a media tarde mientras se sorbe una taza del mejor *Earl Grey*.

Pubs

– **The Anchor:** en Silver Street, a la altura del puente. ☎ 353 554. Abre de 11 h a 23 h. *Live band* algunas tardes de la semana. Es uno de los pubs más simpáticos de la ciudad.
– **The Old Dot Jazz House:** Hobson Street. ☎ 464 445. El único lugar de Cambridge que ofrece jazz todas las tardes. Entrada cara.
– **The Rock:** 200 Cherry Hinton Road, en la esquina con Blinco Grove. ☎ 24 92 92. Abierto todos los días de 17 h 30 a 23 h. Grupos de rock o blues los viernes y sábados. Entrada gratuita. Pub agradable, apreciado por la juventud local.

¿Dónde tomar té o café?

– **The Steps Coffee Bar:** 36 Market Place. ☎ 352 607. Ex punks depravados, estudiantes *middle-class* se dan cita en un ambiente agradable. El café es como siempre y la cerveza no se sirve con frecuencia. Un lugar de ensueño para el entomólogo que desee clavar unos cuantos alfileres en esos extraños insectos del norte. A veces, se encuentran algunos jugadores de ajedrez.
– **The Little Tea Room:** 1 All Saints Passage. ☎ 63 207. Muy inglés también, pero en las antípodas del anterior. Tras el mugriento Steps, la comodidad. Una casa de muñecas victoriana. Los cotilleos más distinguidos de la ciudad. *Scones* con nata fresca que llevarían al infierno a todos los santos del pasaje. Unas veinte variedades de mermelada y muchas más de té. Un lugar encantador, pero que puede fácilmente parecer demasiado tranquilo.

Pastelería

– **Fitzbillies:** 52 Trumpington Street. La mejor de la ciudad. Es también un salón de té.

¿Qué visitar? ¿Qué hacer?

▶ **Punting por el río:** Se impone absolutamente un paseo en esas barcas planas (*punts*). Los barcos se alquilan a la altura de Silver Street o de Magdalena Bridge. Cosa rara, en Cambridge se rema desde detrás de la barca y en Oxford desde delante...
Dos itinerarios:

1) **The Backs:** el más corto. Se pasa por delante de los célebres *colleges*. A lo largo del canal se hallan los monumentos más famosos: el puente de los suspiros (que se parece extrañamente al de Venecia), puente de madera, puente de hierro. Paseo obligatorio. Para este itinerario, muy poca cola (si hay cola, informaos; por lo general es para el otro itinerario). **Skudpmore's Magdalene Bridge**: barca a la hora, pero hay que dejar 30 libras en depósito. ☎ 359 750. Seis personas como máximo. De lo contrario, podéis pasear durante 40 minutos con timonel.
2) **Grandschester:** apacible pueblecito a 4 km de Cambridge. El río discurre por una campiña muy agradable. Lo ideal para pic-nic. No alquiléis una barca durante el fin de semana. Hay que esperar más de una hora. Granta Place, cerca de Miel Lane.

▶ **Los colleges:** muchos de ellos merecen realmente una visita. Las partes accesibles al público sólo se pueden visitar a ciertas horas, que se indican en un cartel a la entrada de cada uno de ellos. Ante todo destaca el *King's College* cuya capilla es una obra maestra. Es especialmente célebre por la belleza de sus vidrieras y su bóveda nerviada. A continuación, el *Queen's College*, cuyos edificios están prácticamente intactos y son uno de los más hermosos ejemplos de la arquitectura del siglo xv.

▶ **Holy Sepulchre Church:** preciosa y pequeña iglesia normanda construida en 1120 por los templarios, según el modelo de la iglesia del Santo Sepulcro de Jerusalén, es decir, de planta circular.

Museos y galerías

▶ **Kettle's Yard Gallery:** Castle Street. ☎ 352 124. Abierto de 12 h 30 a 17 h 30 de martes a sábados y los domingos de 14 h a 17 h 30. Una espléndida casa y una colección permanente muy interesante: Gaudier-Brzeska, Moore, Brancusi, Gabo, Miró... y exposiciones siempre inteligentes, conferencias, cursos de pintura y conciertos de música de cámara. Un lugar con una historia extraordinaria. Fue la residencia de Jim Ede, un amante de las bellas artes, que compró en el curso de su vida obras de artistas poco conocidos. Consideraba que el arte debe ser accesible a todo el mundo, y tenía la costumbre de abrir su casa a los estudiantes de Cambridge para, incluso, prestarles las obras. Este sistema de préstamo existe aún hoy día...

▶ **Fitzwilliam Museum:** Trupington Street. Importante museo creado gracias a las donaciones de un vizconde que dejó hermosas antigüedades egipcias, romanas y chinas. Cuadros de los pintores ingleses más importantes (Turner, Constable) y telas de los maestros más célebres del impresionismo francés. Obras mayores de Cézanne, Pissarro, Bonnard, Gauguin, Van Gogh, Picasso...

▶ **The Gallery on the Cam:** en una gabarra, cerca de Jesus Lock. ☎ 216 901. Un lugar de encuentros y exposiciones dedicado a los artistas locales, a menudo presentes para comentar sus obras.

▶ **Los May Balls:** literalmente los «bailes de mayo» (como esperamos que hayáis comprendido, porque de lo contrario vuestra mamá habría hecho bien en no enviaros a Inglaterra). Son las fiestas que se celebran después de los exámenes organizados en cada colegio (ver «Oxford» para la explicación de la institución *college*). Como los ingleses no suelen hacer nada, los bailes se organizan... en junio. Según sus posibilidades, cada colegio organiza un May Ball al año o cada dos o tres años. Como hay unos treinta colegios en Cambridge, esto nos da un total de unos quince bailes al año. Los más famosos son los del Clare, del St John's, del Jesus y del Trinity. Tenéis que conocer a un estudiante para tener derecho a pagar lo que cuesta (unas 50 libras), además de haberos llevado el esmoquin o el traje de noche. Pero los que consigan entrar en una de esas fiestas, guardarán para siempre un recuerdo conmovedor. Es grandioso. El Trinity College, que no escatima los medios, instala en el parque que lo rodea más de seis gigantescas tiendas en las que se suceden hasta el amanecer una treintena de grupos, espectáculos, juegos, etc... Y dado el elevado precio de la entrada, hay barra libre para el champán y para los alimentos más variados, desde la hamburguesa al desayuno por la mañana. Muchos fuegos artificiales, 3 000 personas que se van poniendo cada vez más alegres, una auténtica fiesta.

Dos particularidades divertidas: un juego memorable consiste en intentar lo imposible para no pagar. Toda la noche hay voluntarios que recorren los setos para atrapar a los que se cuelan. El río Cam, que cruza varios colegios, está plagado de barcas que conducen grupos de indeseables que tratan de desembarcar en las fiestas. Es casi tan divertido como la fiesta en sí. Otra cosa más es la foto de *survivors* (supervivientes) que han superado todas las pruebas de la noche y se reúnen para inmortalizar ese momento. Más de un millar de personas se tenían más o menos de pie a las 7 h cuando nos fuimos. ¡Qué recuerdo!

En el Jesus, donde todo es más elegante y selecto, los supervivientes alquilan un charter para ir a desayunar a París.

HOUGHTON

Pequeña ciudad cerca de Huntingdon, al oeste de Cambridge. Bastante difícil el acceso en autostop, pero la belleza del lugar merece realmente el esfuerzo. Varias casas conservan todavía su antiguo techo de paja. Se pueden alquilar pequeñas embarcaciones para pasear. Numerosas caminatas por el campo. Este rincón merece el desplazamiento, mucho más que un montón de sitios injustificadamente más famosos.

PETERBOROUGH

Ciudad situada a unos 32 km de Huntingdon. Célebre por su catedral románica y también por su festival de música country, en el mes de agosto, con motivo del Bank Holiday. Si estáis por allí en esa época, id a verlo porque vale la pena.

La Escocia salvaje se halla al norte de Inverness. Muchas landas y antiguos castillos. Menos turistas que en el sur. Y además, no olvidéis que es el país de las ovejas que cruzan las carreteras sin respetar los pasos de peatones.

Las *Highlands* son el lugar más célebre de Escocia y también el más encantador. Pero los que lleven algo de prisa harán mejor en olvidarse de todo el nordeste de las Highlands; no es realmente interesante en comparación con la costa oeste excepto para quienes deseen visitar las islas Orcadas. Este atajo hará ganar cerca de una semana a los autostopistas. A veces es preciso ir por delante de las informaciones turísticas, ya que los escoceses hacen muy poca publicidad de los centros de interés, fuera de los lugares clásicos. Así que es mejor conseguir un mapa de la región allí mismo, por ejemplo el del RAC.

En las Oficinas de Turismo escocesas encontraréis, gratis, un folleto con los horarios de trenes barcos y autocares. En Escocia es preferible ir por la costa, habida cuenta de los paisajes y de los numerosos castillos. Además, hay muy poca competencia en autostop si tomáis la A 19, pero la A 1 es la carretera más rápida. En el norte y en la costa oeste, el peor enemigo de los trotamundos son las *midges* (mosquitos). Pequeños, penetrantes, taladrantes... Para escapar a sus picaduras, evitad del todo los lugares con agua, de cerca o de lejos. Buscad los sitios aireados: playas, cimas de las colinas; utilizad una loción repelente y un mosquitero para la tienda.

Ir a Escocia

Si tenéis prisa por encontraros a orillas del lago Ness desde el continente, con vuestro coche, podéis tomar un ferry de la compañía North Sea Ferries en Zeebrugge que os llevará a Hull, en la costa nordeste de Inglaterra, no lejos de las landas escocesas. A Zeebrugge se puede llegar por autopista y, después de una travesía de una noche, se llega a Hull a las 8 h 30 de la mañana; desde allí es fácil llegar a Edimburgo (350 km) al mediodía.

Información en las agencias de viajes.

Autostop

Ni mucho menos tan díficil como se podría pensar, a condición de no llevar demasiado equipaje y encontrarse en un período en el que haya veraneantes de excursión; en ese caso, se corre el riesgo de tener que esperar. La población autóctona, desgraciadamente, ya no para con facilidad. Si les hacéis ver que os encanta Escocia, como están muy orgullosos de su país (con toda la razón, por otra parte), no dudarán en dar algún rodeo para enseñaros rincones que escapan a los turistas. Un truco imprtante: uno de nuestros lectores hizo autostop con un letrero que ponía «Not far». Los conductores se paraban y le preguntaban dónde estaba «Not Far»... con lo que realizó su viaje a salto de mata.

Bicis

– **Billy Bisland Cycles:** 176 Saltmarket, Glasgow G1 5LA. ☎ (0141) 552 0841 (llamad antes).

Trenes

Se puede comprar en el mismo momento un *saver-tickets* y un *super-tickets*. Son billetes para utilizar fuera de las horas punta y tienen un descuento de entre el 30 y el 60 %. Informarse en las taquillas de las estaciones ya que las ofertas de precios varían de un trayecto a otro. Billete de ida y vuelta 2a. clase *Tourist return*: 30 % de descuento sobre el de ida y vuelta. Compradlo desde España. Válido 2 meses sin ninguna restricción de uso. A partir de 6 personas, 25 % de descuento. Información sobre los horarios y reservas: ☎ 44 51 0600. Para más información ver el apartado «El tren» en el capítulo «Generalidades».

Autobuses

Hay realmente muchos y no son nada caros. Es un buen medio de transporte. Sin embargo, tened cuidado, porque muchos trenes y autobuses no funcionan los domingos. Por otra parte, los horarios de los autobuses son con frecuencia inexactos. Confirmadlos antes de hacer planes.

Alojamiento

Hay numerosos albergues de juventud; están situados por lo general en lugares apartados. A menudo muy rústicos: iluminación con lámparas de petróleo. El torrente de la montaña es con frecuencia el único punto de agua corriente. Ambiente también extraordinario, pero en algunos AJ disciplina bastante espartana.
Los AJ aportan el material de cocina, pero es indispensable llevar un saco de dormir (*sheet sleeping bag*) y cubiertos. Las duchas y las sábanas son siempre de pago. Es aconsejable llevarse también la comida.
ATENCIÓN: es muy difícil encontrar un Bed & Breakfast o incluso un AJ con plazas disponibles en verano en las islas de Skye o en Ullapool. En verano, es aconsejable apuntarse en los AJ lo antes posible o mejor reservar por escrito o por teléfono. Es incluso preferible llegar con un *booking reply* o cupón de reserva. De lo contrario, os arriesgáis a daros de cabeza contra el cartel «No beds available». **Información:** *Scottish Youth Hostels Association*, 7 Globe Crescent, Stirling FK82JA. ☎ (01786) 472 821.
Una última precisión: muchos AJ cierran en invierno. Tampoco es conveniente dormir al raso, ya que las noches son húmedas. Además de los AJ, hay numerosos B & B en casas o incluso en caravanas.
Siempre podréis desayunar frente a una anciana muy digna que cree en los fantasmas. Se han visto bastantes (ancianas). Es preciso señalar que están muy modernizadas en el tema. Por ejemplo, en el *Country Hotel*, en Dumfries, hay una habitación reservada permanentemente al fantasma de un joven príncipe. El mapa de la región con todos los campings está a la venta en las Oficinas de Turismo escocesas. No es caro. No dudéis en ir a los hoteles, casi siempre abiertos a los no residentes, donde comida y bebida no son mucho más caros que en otros sitios. En el norte, los almacenes de las ciudades pequeñas cierran a las 13 h. Una decena de universidades escocesas se han reunido recientemente para ofrecer alojamiento a los turistas extranjeros durante el verano, mientras los estudiantes ingleses están de vacaciones y sus habitaciones libres. Estas universidades, de concepción anglosajona, poseen en general un amplio campus con árboles, y están situadas cerca de las ciudades o en pleno campo.

Clanes y tartanes

El tipo de relaciones que existen entre los escoceses es uno de los rasgos fundamentales de la sociedad celta. El clan, por supuesto, proce-

de de ella. La palabra gaélica *clann* significa «niños». El clan fue en un principio una familia en la que el padre era el jefe. Sus hijos le sucedían; de ahí proceden los apellidos que empiezan por Mac, que significa «hijo». Después los vínculos paternos se deshicieron y el término adquirió un significado mucho más amplio: pertenecen al clan todos los que reconocen la autoridad de su jefe. Las divisiones naturales de la Escocia celta favorecieron sin duda esta organización social de los clanes sometidos a una autoridad patriarcal y crearon un sistema tribal. Entre ellos las guerras eran frecuentes y su poder a veces molestaba a los reyes que, en muchas ocasiones, intentaron reducir su influencia.
El particularismo de los clanes se ha puesto de manifiesto en la costumbre de lucir el *tartán*, un tejido escocés cuyos motivos y colores varían de un clan al otro. La obligación de llevar el tartán del clan es una invención de fines del siglo XVIII. En un principio, los tejidos tenían un dibujo muy sencillo en dos o tres colores. Los tintes se obtenían a partir de plantas, raíces y productos naturales; está claro que cada valle tenía sus productos y por tanto sus colores; así que las personas de una misma región llevaban a menudo telas parecidas. Con la aparición de los colores químicos, los dibujos se han hecho más variados.

El *kilt* y la tradición del traje

Hay que señalar que el *kilt*, que en un principio era el traje tradicional de las Highlands, se asocia a toda Escocia en la actualidad. De hecho, los gaélicos llevaban antes un *plaid* ceñido en la cintura, una gran pieza de *tartán* que les servía de manta por la noche y de manto por el día. Este atuendo se fue elaborando: el *plaid* se ceñía a la cintura en una primera forma de *kilt* y se recogía en el hombro izquierdo. El *kilt* debe su fama a los regimientos de las Highlands que lo llevaron desde su inclusión en el ejército británico. Un *kilt* puede costar unas 12 000 ptas. Está confeccionado con una pieza de tartán plisado de 7 a 8 m de largo y llega hasta las rodillas. Sólo lo llevan los hombres y hacerlo requiere todo un arte: de hecho se da una importancia especial a los accesorios. La bolsa o *sporran*, que se lleva en la delantera del *kilt*, es de cuero. Se luce asimismo un gorro, por lo general azul, con una borla roja. Los escudos, los *crest badges*, con las armas del clan, se llevan con orgullo; utilizarlos mal sería desvalorizarlos. Para finalizar, un cuchillo enfundado en uno de los calcetines completa la vestimenta.
Estos dos últimos párrafos están entresacados de la *Guide Visa* de Escocia, escrita por Ande Bracquemond, una buena amiga nuestra.
Lo que ella no explica es que, debajo del *kilt*, los escoceses no llevan *slip*. ¡En serio! Incluso tenemos una foto que lo prueba... Por otra parte, en el siglo pasado, los cadetes escoceses del Ejército de las Indias debían caminar sobre un espejo, para demostrar que no llevaban nada puesto debajo del *kilt*.

El whisky

Antes de explicar lo que es el whisky, es por lo menos juicioso decir cómo se bebe, ya que esto, después de todo, es lo más importante. Para empezar, ni se os ocurra, delante de un escocés, echar coca cola o agua con gas en vuestro vaso de whisky. No hay que olvidar que existe, un proverbio según el cual hay dos cosas que los escoceses prefieren desnudas. Una de ellas es el whisky.
Por lo general, el extranjero se traiciona a menudo cuando pide *a whisky* en un pub; el término habitual es *a dram*, una medida de whisky corriente. Si Castelot hubiera escrito este párrafo, diría que el whisky se remonta a los griegos y que el nombre de la bebida procede de *uisgebeatha*, que significa «aguardiente» en celta. Bueno, preferimos explicar las diferentes variedades de whisky; después de todo, es más útil.

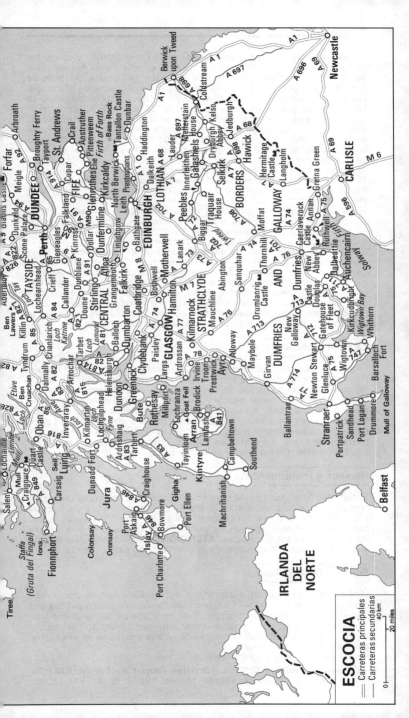

1) **Malt whisky:** en su mayoría fabricado en las Highlands y con cebada fermentada. Pero atención, la malta no es una planta natural, sino
simplemente el nombre que se da a la cebada germinada. Después se
destila dos veces. Las cubas se calientan obligatoriamente al carbón.
No es una coincidencia que el whisky que lleva este nombre no se
fabrique más que en Irlanda y en Escocia. El colmo de la ironía en el
caso de este célebre alcohol es el agua, en la que radica su secreto. El
whisky etiquetado «pure malt», envejece a veces en cubas de roble
durante 15 años. Pero puede ser vendido legalmente después de 3
años. El color ambarino del brebaje procede a la vez del color del agua
de los ríos que bajan de las montañas, ligeramente amarilleada por la
filtración a través del compuesto de brezos (cuando entran en putre-
facción), y por el envejecimiento del whisky en toneles de roble que
hayan contenido jerez. Algunos destiladores no dudan en añadir simplemente caramelo... ¿Y por qué no colorantes químicos?
2) **Grain whisky:** los auténticos aficionados no le conceden a esta
bebida el derecho a llevar el nombre de «whisky». Fabricado con maíz,
es más ligero y tiene menos sabor. Es también menos caro. No nos
extenderemos sobre este líquido de poco interés.
3) **Blended whisky:** mezcla de *malt whisky* y de *grain whisky*. Es el
que se bebe habitualmente. Los whiskies más conocidos son por lo
general *blended*. Hay más de 2 500 marcas registradas en Inglaterra.
No nos sorprenderemos, pues, que desde hace ya años se ponga cada
vez más *grain whisky* en el *blended*, y cada vez menos *malted*. Las
diferencias de gusto de los *blended* se ha afinando para satisfacer al
mayor número de personas. Se dice que algunas marcas modifican la
mezcla en función del país que la compra. ¡La guerra es la guerra!

La cocina escocesa

Escocia posee algunas deliciosas especialidades: ante todo el *haggis*.
Panceta de cordero rellena con asadura del animal, sal, pimienta, cebo-
lla, nuez moscada, harina de avena y grasa de riñones, en general
acompañada de puré de nabos y patatas. El *haggis* es solamente un
plato y no otra cosa. A los escoceses les encanta hacer creer a los
turistas que es un animal, así que os invitarán a ir a cazarlo, un poco
como los gamusinos en España. No olvidéis las sopas de pescado, los
pasteles de carne, los platos de *haddock*, trucha y salmón. Como postre, suculentas mermeladas y bollos de pasas.

Museos y monumentos

El National Trust for Scotland edita por unas 6 250 pesetas un carnet
que permite el acceso a 400 de los lugares más bonitos de Escocia
(Orcadas, Shetland, etc., incluidas). Válido durante 15 días. El precio
comprende una miniguía que, en pocas líneas sitúa el castillo y explica
los hechos más sobresalientes. **ATENCIÓN:** el carnet, sólo vale la pena
si se visitan muchos castillos; de lo contrario, no sale a cuenta.

Por la ruta de la lana

¿Sabéis que se pueden comprar los espléndidos tejidos escoceses
directamente al fabricante? La Oficina de Turismo Británico publica una
pequeña guía en diversos idiomas: *Ruta de la lana en los condados limí-
trofes de Escocia,* que permite visitar esta región del sur del país y
conocer todos los centros de interés de la lana escocesa: museos, hilados, fábricas textiles y tiendas.
Para conseguir este interesante folleto:
– *Oficina de Turismo Británico/Bristish Tourist Authority (BTA):* Torre de Madrid 6-7, Plaza de España, Madrid, 28008. ☎ (91) 541 1396.

SUR DE ESCOCIA

FARNE ISLANDS

Para los ecologistas de vacaciones en Escocia por la costa este, magníficas islas llenas de aves y de focas. Situadas a 3 km de Bamburgh. En esta ciudad, un bonito castillo medieval que domina el mar, escenario de los amores de Lancelot y Ginebra. Los barcos para las islas salen de Seahouses, todos los días en verano. No os podéis quedar más que media hora en la isla y sólo unos instantes ante la colonia de focas (¡perfecto!).

COLDINGHAM

¿Cómo ir?

Tres autobuses al día desde Edimburgo (a las 9 h, 12 h y 18 h). Pero lo mejor es tomar el tren Edimburgo-Berwick y luego el autobús desde Berwick. Más rápido.

¿Dónde dormir?

– **Youth Hostel:** situado al norte de Berwick-upon-Tweed, en la carretera de Edimburgo. ☎ (01890) 771 298. Es una casa de campo sobre una colina frente al mar. Muy solitario. Para ir, hay un autobús cada dos horas desde Eyemouth o autobús diario desde Edimburgo. Cuidado los domingos...
– **Camping Scoot:** no muy caro, pero no esperéis una limpieza exagerada.

¿Qué visitar?

▶ A 2 km al norte del albergue, **St Abbs** es un puerto minúsculo, sin duda el más bonito de esta costa. Al final del pueblo, un B & B de paredes rosas y atendido por una anciana, domina el acantilado.

▶ **National Nature Reserve:** desde St Abbs' Head, cerca del puerto, magnífico paseo a pie por la reserva. Numerosos aves.

EDIMBURGO   PREF. TEL.: 0131

Edinburgh (pronunciad «Edinbora»), capital de Escocia, es una de las mayores ciudades de Gran Bretaña. A algunos escoceses les gusta llamarla «la Atenas del Norte» porque un remedo de la Acrópolis sobre una colina domina la ciudad y porque hay numerosos edificios del siglo XIX adornados con columnas corintias. Pero, entre nosotros, exageran un poco. Es cierto que es una ciudad bastante interesante, muy animada, con una juventud quizá no muy escocesa, pero que va y viene alegremente; notables museos y una rica vida cultural.

Un poco de historia

La importancia de Edimburgo data del siglo xv, cuando consiguió el título de capital de Escocia y se desarrollaron las artes y las letras. Edimburgo fue saqueada en diversas ocasiones por los ingleses. Durante el reinado de María Estuardo, la ciudad se convirtió en el teatro de numerosas peripecias políticas y algunos dramas. En 1707 perdió su Parlamento y la sumisión a Inglaterra entró en vigor, exceptuando un corto intermedio en 1745, cuando Carlos Eduardo, llamado *Bonnie Prince Charlie* hizo de la ciudad su capital. Después, Edimburgo quedó relegada a la pasividad y al letargo. Durante los siglos xviii y xix acogió a numerosos literatos y artistas: Robert Burns, Stevenson, Dickens, Walter Scott, etc. En el terreno arquitectónico, *New Town* simboliza la construcción perfecta, y la ciudad medieval.

Direcciones útiles

– *Tourist Information Centre:* Waverley Market, 3 Princes Street. ☎ 557 1700 o 557 2727. Abierto en verano todos los días de 9 h (11 h el domingo) a 19 h (20 h en julio-agosto); el resto del año abierto de 9 h a 18 h (el domingo a partir de las 11 h). Oficina de cambio, librería, reservas de habitaciones, etc.
– *Cambio: Clydesdale Bank*, 29 George Street. ☎ 225 4081. Abierto de lunes a viernes, de 9 h 15 a 16 h (17 h 30 el jueves).
– *Correos:* North Bridge, en la esquina de Waterloo Place. ☎ 550 8253. Abierto de 9 h a 17 h 30 (hasta 19 h el sábado). Expendedores de sellos y cabinas telefónicas en el exterior del edificio.
– *American Express:* 139 Princes Street. ☎ 225 7881. Abierto de 9 h a 17 h 30 durante la semana y 9 h a 16 h el sábado.
–*Alquiler de coches: Total car and van rental Ltd*, 45 Lochrin Place, Tollcross. ☎ 229 4548. Precios muy interesantes.

Transportes

Los taxis no son caros y, como en Londres, llevan de cinco a seis personas. ¡Aprovechad!
– *Capital Castle Taxis*: ☎ 228 2555

Estaciones

– *Waverley Station* (plano C1) para las grandes líneas. British Rail. ☎ 556 2451. Contrariamente a lo que hay escrito en la puerta de entrada, os guardarán gratis las bicis junto al equipaje.
– *Haymarket Station* (fuera del plano en A2) para las líneas locales.

Autocares

– *Estación de autocares:* St Andrew Square. De allí, salen autocares hacia todas las ciudades del país. Los que deban regresar rápidamente a Londres pueden tomar los autocares de la Citylink-National Express. ☎ 557 5717. Es el medio menos caro.
– *Scottish Omnibus:* ☎ 558 1616
– *Bus:* habrá que entender la lógica de los autobuses. Sin embargo hay muchos y llegan a casi todas partes.
– *Cotter Coach Line:* 59 Lothian Road. Tarifas interesantes (Londres-Edimburgo-Glasgow).

¿Dónde dormir?

Es muy difícil encontrar alojamiento durante el festival. Se puede, en último recurso, ir a las ventanillas de los teatros del Festival Fringe.

Albergues Juveniles

- **Brunstfield Youth Hostel:** 7 Brunstfield Crescent. ☎ 447 2994. Cerrado en diciembre o en enero, en alternancia con el albergue de Eglington. Con frecuencia repleto en verano (conviene reservar). Tomad los autobuses 11, 15, 16 o 17 en Princes Street hasta Forbes Road. Al sur de la ciudad; 170 camas. Inmueble que sigue siendo agradable, frente a un hermoso parque. Posibilidad de hacerse la comida y la colada. Llevar el saco de dormir, también se puede alquilar uno en el AJ.

- **Eglington Youth Hostel:** 18 Eglington Crescent. A 5 minutos a pie de Princes Street. ☎ 337 1120. Autobuses 3, 4, 12, 13, 26, 31, 44, 69 y 85. A 500 m de Haymarket Station. Antigua casa burguesa del siglo XIX. Bonita entrada, con revestimiento de madera y hierro forjado. Buen ambiente y muy limpio. Cafetería y bar. Conviene reservar por correo con antelación: Edinburg EH 1 25 DD.

- **High Street Youth Hostel** (AJ privado): 8 Blackfriars Street. Pequeña calle de la ciudad vieja que da a High Street. Muy bien situado; abierto 24 h sobre 24. ☎ 557 3984. Instalado en un antiguo almacén. No está muy bien atendido, pero no hay que dar ninguna paga y señal (*duty*). Personal simpático que explica todo lo que se puede hacer en la ciudad por la noche. Posibilidad de cocinar y de que os laven y sequen la ropa por un precio módico. Vídeo, billar, grámola. Desayuno abundante.

- **North Merchiston Boy´s Club:** 48 Watson Crescent (sin salida). ☎ 337 1757. Abierto de junio a fines de septiembre. Tomad los autobuses 20, 25, 35, 34, 7 o 10 hasta Polwarth. Al suroeste de la ciudad, cerca de Harrison Park. Acondicionado en un gimnasio, no muy limpio, pero con un portero cachondo para las horas de apertura. 100 camas. Cocina.

- **Pollock Halls of Residence:** 18 Holyrood Park Road. Al sureste de la ciudad. ☎ 667 0662. Habitaciones particulares y algunas dobles, sobrias, pero impecables, en la ciudad universitaria. Sólo en Semana Santa y verano. Autobús 14 para South Bridge o 21, 33, 49. Interesante si sois estudiantes (insistid que os hagan el descuento). De lo contrario, bastante caro. Pedid el Salisbury Green, edificio de fines del siglo XVIII. *Breakfast* en *self-service* (bastante abundante). Piscina a 100 m.

- **Fiona and Neil Brown Accommodation:** 29 Oxford Street, Newington. ☎ 668 3327 o 445 3917. Sólo de junio a septiembre. Para salir del paso durante el festival, unas cuantas colchonetas suministradas por los propietarios. Se puede transformar las habitaciones en verdaderos dormitorios. Marcha asegurada. Baño, cocina. No hay toque de queda.

- **Belford Youth Hostel:** 6-8 Douglas Gardens. ☎ 225 6209. Cerca del AJ de Eglington. Acondicionado en una antigua iglesia. Dormitorio en la nave. Más bien ruidoso. Hay una habitación doble que contrasta con el aspecto monástico de los dormitorios, pero mucho más cara. Ciertamente, un precio del séptimo cielo. *Snooker*, ping-pong y sala de T.V.

- **Cowgate Tourist Hostel:** 112 Cowgate. ☎ 226 2153. Detrás de High Street, a 5 minutos del castillo. Muy bien situado. Habitaciones en apartamentos de estudiantes, de julio a fines de septiembre. Bastante más caro durante el festival. Cocina y lavandería. Duchas calientes gratuitas.

- **Backpakers Royal Mile:** 105 High Street. ☎ 557 6120. Pequeño AJ privado (30 camas), a dos pasos del castillo. Cocina, lavandería. Recomendamos que hagáis vuestras reservas con paga y señal.

- **Annandale:** Elm Row, pequeña calle paralela a Leith Walk, al noreste del centro-ciudad. ☎ 556 7658. Abierto de julio a septiembre. Habitaciones dobles (algo más caro que un AJ) o triples. Reserva obligatoria.

B & B y Guesthouses

La mayoría de los B & B están en Minto Street, Mayfield Street, Mayfield Road, Dalkeith Road al sureste de la ciudad. Autobuses frecuentes. Se puede reservar en la oficina de turismo, pero mucho más caro.

- **Mara Guesthouse:** 25 Abercorn Terrace. ☎ 669 6666. En el barrio de Portobello, al este de la ciudad. Los autobuses 15, 26, 85, 86 tienen

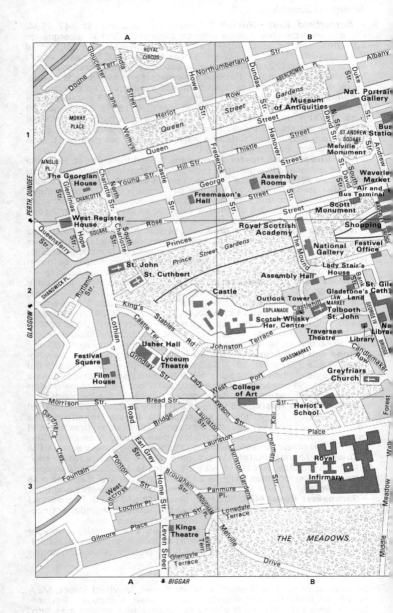

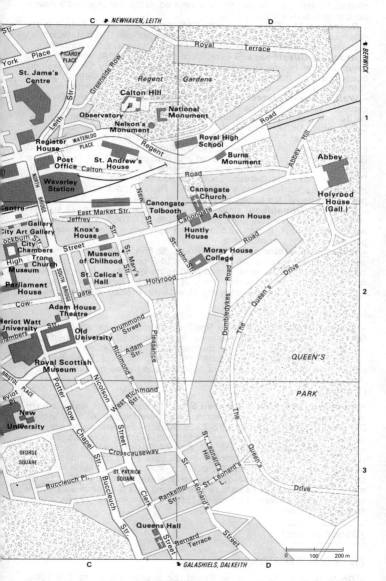

EDIMBURGO

parada delante de la casa. Una de las *guesthouses* menos caras de la ciudad. Regido por Margareth, una vieja adorable. Desayuno abundante, con una bonita vista al mar.

– *Rosedene:* Mrs Gallo, 4 Queen's Crescent. ☎667 5806. Enfrente del *Allan Lodge*. Mismo precio, pero algo más antiguo. 10 habitaciones, algunas con ducha. Muy tranquilo. Cierra en octubre y noviembre.

– *Ardenlee Guesthouse:* 9 Eyre Place ☎ 556 2838. Al norte en New Town. Bonitas habitaciones con televisión, amuebladas y decoradas con buen gusto. 2 habitaciones con duchas particulares. Vista al jardín. Tranquila. Más caro que los anteriores. Confortable. Ambiente familiar.

– *Walton Private Hotel:* 79 Dundas Street. ☎ 556 1137. También en el centro. Calle que prolonga Hanover Street. Autobuses 23 y 27. A menos de 10 minutos a pie de Princes Street. Preciosa decoración antigua. Confortable. Ambiente familiar. Inmensa ventaja: aparcamiento privado.

– *Allan Lodge:* 37 Queen's Crescent.☎ 668 2947. A unos 2 km de Princes Street, en línea recta: North Bridge, Minto Street, Mayfield Gardens. Viniendo del centro, girad a la izquierda en Peel Terrace que da a Queen's Crescent. Autobuses números 3, 7, 8, 31, 69, 80, 87 o 89. Parada en Mayfield Garden. En un barrio residencial muy agradable. Habitaciones confortables y espaciosas. Realmente simpático, por un precio razonable. No fumadores. Amenudo completo.

– *Mrs. J. A. Donaldson:* «Invermark» 60 Polwarth Terrace. Al suroeste de la ciudad. No muy lejos del centro. ☎ 337 1066. Autobús 9 o 10 de Princes Street. Reservar con mucha antelación. Bonita casa georgiana. Acogedor y confortable.

– *Ardmor Guesthouse:* 74 Pilrig Street. ☎ 554 4944. A 20 minutos a pie de St James Centre. Autobuses 11 y 14 B por la mañana. Cerrado la segunda quincena de abril. Casas hechas de piedras; *cosy* y acogedoras. June Rusell, la propietaria, es muy divertida y hospitalaria. Algunas habitaciones con ducha. Desayuno abundante. Precios interesantes.

Más elegante

– *Dorstan Hotel:* 7 Priestfield Road, al sureste del centro-ciudad. ☎ 667 6721 o 667 5138. Bonita casa de piedra color naranja, perfectamente cuidada. Acogimiento distinguido y habitaciones cromadas, todas las comodidades (T.V., teléfono, baño, ducha...). Posibilidad de comer. Una buena dirección para aquellos que tienen medios.

Campings

– *Camping Little France Caravan Site:* 219 Old Dalkeith Road, a 5 km al sureste por la A7. No está bien indicado viniendo del centro. Autobús 33 desde North Bridge. ☎ 666 2326. Abierto de abril a octubre. Reservar en verano. Caro, pero muy arreglado. Duchas calientes gratis.

– *Mortonhall Caravan Park:* 38 Mortonhall Gate Fragstone Road East. ¡Ojo nada que ver con Mortonhall Road! Está al sur de la ciudad, a 20 minutos del centro. Autobús 11, cuidado último autobús hacia las 11 h. La parada Mortonhall está delante de la entrada. ☎ 664 1533. En un marco muy agradable. Es caro también, pero está bien equipado. Pub y snack. Supermercado, lavandería, etc. Imprescindible reservar con antelación en verano.

¿Dónde comer?

EN OLD (AULD) TOWN

– *Doric Tavern:* 15-16 Market Street. En el primer piso. ☎ 225 1084. Cerrado los domingos, excepto en verano. Servicio de 12 h a 22 h 30. Luego, se convierte más bien en un pub y *wine bar* hasta la 1 o 2 h de la madrugada. Un lugar para tomar la última copa o picar ensaladas, pastas saladas, pasteles, sobre manteles de hule. Quizás un poco caro.

– **Deacon Brodie´s Tavern:** 425 Lawnmarket, en la esquina de Bank Street. ☎ 225 6531. Abierto todos los días de 12 h a 24 h. Una bonita decoración antigua en un apreciado pub de la ciudad. En la primera planta, buenos platos calientes y abundantes (pollo con patatas fritas, *steak*, macarrones, etc.).

– **Clarinda's Tea Room:** 69 Canongate Street. ☎ 557 1888. Al final de la calle. Abierto de 8 h 30 a 16 h 45 (a partir de las 10 h los domingos) Para un *full breakfast*: huevos, tostadas, bacon, salchichas... y muy buenos pasteles en un marco acogedor.

Más elegante

– **Dubh Prais:** 123b High Street. ☎ 557 5732. Abierto de martes a viernes y el sábado por la noche. Servicio hasta las 22 h 30. Decoración sencilla, pero cocina extremadamente refinada. Recomendamos sobre todo el pescado. Servicio impecable. Clientela un poco afectada. Sala bastante pequeña, en una bodega, reserva casi obligada.

EN NEW TOWN Y WEST END

Son dos barrios al norte y al oeste de Princes Street.

– **Peter's Cellars:** 11-13 William Street. En West End. Desde Shandwick Place, remontar Stafford Street. ☎ 226 3161. El restaurante está en el sótano. Platos y vinos de todos los países. Cocina copiosa, más caro por la noche. Acogida simpática y especial. *Wine bar* justo al lado.

– **Keepers:** 13b Dundas Street. ☎ 556 5707. Servicio hasta 22 h. Cerrado el sábado al mediodía y el domingo. Un agradable restaurante, instalado en una bodega. Especialidades esocesas. Aprobado por el serio *Taste of Scotland: haggis parcels* (delicioso), pollo con costra, caza, pescado, etc... Un poco caro. A la quinta cena, regalan el vino. Menú barato al mediodía desde el martes hasta el viernes.

– **Cumberland:** 1 Cumberland Street. ☎ 558 3134. Cerrado el domingo. Calle perpendicular a Dundas Street. Este barrio residencial es el *hang-out* de los abogados, jueces, etc. De 12 h a 14 h 30 sólo bocadillos, ensaladas y algunos buenos platos calientes a precios bastante razonables. Pub hasta las 23 h 30.

– **The Witchery by the Castle:** 352 Castlehill, Royal Mile. ☎ 225 5613. Abierto a diario hasta las 23 h. Es la calle que lleva derecho al castillo. Decoración fascinante en ambas salas: la de arriba, iluminada por una linterna y una vela, poblada de objetos extraños; la de abajo, llamada «The Secret Garden», es un verdadero jardín de invierno, aireada y verdosa. Servicio impecable, cocina refinada y vista única. Precios elevados. Se aconseja reservar. Es el más elegante de todos.

– **Beehive Inn:** 18-20 Grassmarket ☎ 225 7171. Se recomienda reservar. En el centro del viejo Edimburgo, en una plaza histórica. El restaurante, antiguo relevo de postas del siglo XVI, fue testigo de numerosas ejecuciones. Una de las mejores cocinas de la ciudad. Marco agradable: *lounge bar*. Abierto todos los días de 18 h a 21 h 45. Probad el *salmon bagger* (buey de Aberdeen relleno de salmón ahumado).

¿Dónde tomar una copa?

EN OLD (AULD) TOWN

– **Bannermans:** 212 Cowgate Street (en la esquina de Niddry). No lejos del Private Youth Hostel. Abierto todos los días hasta medianoche (23 h el domingo). Clientela de alternativos y estudiantes. A veces lleno a rebosar. Se bebe en todas partes: en salones abovedados con grandes barriles, en los pasillos... Animado y lleno de humo. Jazz algunas noches (comprobadlo). Una de nuestras direcciones preferidas.

– **The Malt Shovel Inn:** 11-15 Cockburn Street (pronunciad «Coburn»). La calle sube de Waverley Bridge al Royal Mile. ☎ 225 6843. Bar abier-

to de lunes a viernes de 11 h a 24 h. El domingo a partir de 12 h 30 (comidas hasta las 18 h). Buenos platos calientes o fríos, combinados, etc., a precios reducidos. Buenos *ales* y auténticos *malt whiskies*. Buen ambiente, relajado. Jazz el martes por la noche de 21 h a 23 h.
– **Finnegan's Wake**: 9 Victoria Street. ☎ 226 3816. Antigua iglesia convertida actualmente en la voz de Irlanda. Excelentes cervezas irlandeses y escocesas. Abierto hasta la 1 de la madrugada. Música en vivo de domingo a jueves, a las 9 h 30.
– En **Grassmarket** haced vuestra propia selección de pubs. El *Fiddlers Arms* posee un precioso techo, una colección de violines y una buena clientela.
– **Greyfriars Bobby's Bar:** 34 Candlemaker Row. Abierto de 12 h a 1 h. Uno de los más antiguos pubs de la ciudad, en una casa de 1722. Ventanas redondeadas, artesonados y fotos del viejo Edimburgo. Mucha gente. Clientela muy mezclada. Más arriba, en Forrest Road, el **Sandy Bell's**. También simpático. *Music Live* algunas noches.
– ¿Todavía sedientos? Quedan los pub-restaurantes citados en el capítulo «¿Dónde comer?» y todos los que hay en High Street. Aquí también hay fantasmas para todos los gustos.

EN NEW TOWN

– **Rose Street:** esta calle cuenta con unos quince pubs. Aprovechad para hacer un *pub-crawl*. Esta evocadora palabra indica que se trata de probar todos los pubs de South David Street a South Charlotte Street. Mucho mejor. Si dudáis de vuestra capacidad empezad con los *half pints*. En el número 3 de la misma calle el **Abbotsford** posee una hermosa barra y un ambiente muy animado. El **Rose Street Brewery** fabrica su propia cerveza. Una antigua casa da cabida al **Auld Hundred**, en el número 100. Algo más arriba, en el 152-154, el **Kenilworth**, precioso con sus hermosas cerámicas (¡ojo! el ambiente es carroza).
– **Whigham's Wine Cellar:** 13 Hope Street. Un *wine bar* muy popular, frecuentado, por los hombres de negocios durante el día, y por los aficionados al rugby por la noche. Lleno de rincones y de serrín en el suelo. El mejor lugar para comunicarse es la barra, como de costumbre.
– **Pear Tree House:** 38 West Nicolson Street. ☎ 667 7533. Al sudeste del centro de la ciudad, en una calle perpendicular a Nicolson Street. Este edificio del siglo XVIII alberga los raros *Beer Garden* de la ciudad. Muy simpático en general, pero sobre todo durante el *Fringe Festival*, cuando las grupos de teatro acuden allí con sus representaciones.

MÁS LEJOS

– **Canny Man´s The Volunteer´s Arm:** 237 Morningside Road (barrio elegante al sur de Edimburgo). Abierto todos los días hasta medianoche (23 h los domingos). En las paredes están colgadas las cosas más extravagantes, desde partituras musicales hasta máquinas de escribir. Se dice que todo lo que uno se deje en el bar será expuesto en el pub a la vista de todo el mundo.

¿Qué visitar?

Edimburgo es una ciudad para recorrer a pie. Está claramente dividida en dos: Old (*Auld*) *Town* y *New Town*, en el medio Princes Street y los West Princes Gardens que ocupan el lecho de un lago desecado en el siglo XVIII.

OLD (AULD) TOWN

Desde hace unos años SE ha emprendido una política enérgica de restauración. Podemos decir que hay preciosos vestigios. Las mansiones más antiguas están situadas en el eje Canongate-High Street, denominado Royal Mile. Os aconsejamos encarecidamente que compréis el interesante folleto *A Guide to the Royal Mile* de Gordon Wright, ya que la lista de todo lo que hay que ver es verdaderamente larga. Al principio del Royal Mile, el castillo, por supuesto. Sobre todo, echad un vistazo a los *closes* y los *courts*. A veces hay detalles arquitectónicos insólitos, siempre llenos de poesía.

▶ *El castillo de Edimburgo:* el guardián de la ciudad a 135 m de altura, situado en la cima de un volcán apagado. Se llega a él por Lawnmarket y Castlehill o, mejor, por uno de los numerosos *closes* o *courts* que suben hacia la colina. Abierto de las 9 h 30 a las 17 h 15 (16 h 15 en invierno; hora de cierre de caja). Hay que pagar entrada. Aparcamiento en la explanada. En un principio, el castillo dio nombre a la ciudad. Procede de la palabra gaélica *Din Eidyn*, que significa «fortaleza», y la voz anglosajona *burg*, de igual significado. Prácticamente no queda nada de las primeras fortificaciones del siglo XI; la mayoría de las obras visibles hoy día datan del siglo XVI, con añadidos posteriores. El castillo fue tomado y retomado decenas de veces. El último episodio memorable fue la negativa por parte de la guarnición inglesa de abrir las puertas a *Bonnie Prince Charlie*, en 1745 durante la última guerra angloescocesa. Los soldados de Napoléon dejaron un recuerdo en las prisiones en forma de *graffitis*. Las edificaciones más significativas son:

• *La capilla de Santa Margarita:* el único vestigio del castillo del siglo XI. Construida en estilo normando, es hoy una de las iglesias más antiguas de Escocia; en ella se celebra todavía alguna que otra boda. Cuando estéis arriba, el guía os dejará a vuestro aire en el Palace Yard y acabaréis solos la visita.

• *El Memorial:* dedicado a los soldados escoceses muertos durante la Primera Guerra Mundial.

• *El Scottish United Service Museum:* una sobredosis de uniformes y enseñas coloniales.

• *The Great Hall:* construido a principios del siglo XVI. Bastante impresionante. La estructura original no lleva ni un solo clavo, sólo clavijas. Fue la sede de numerosos parlamentos escoceses. Es aquí dónde se reunieron también los jefes de Estados europeos para la cumbre de Edimburgo en 1993.

• *Los aposentos de la reina María Estuardo:* lleno de recuerdos históricos insólitos. Una pequeña habitación al fondo, con el techo pintado, donde nació el hijo de María Estuardo.

• *The Honors of the Kingdom:* historia de las joyas de la corona con la sala donde están guardadas las famosas joyas reales.

• Antes de dejar el castillo, intentad encontrar el pequeño cementerio donde están enterrados... ¡los perros de los soldados! Muy británico.

▶ Saliendo del castillo, se puede iniciar la visita del **Royal Mile** por la *Camera Oscura* y *Outlook Tower* (abierta todos los días de 9 h 30 a 18 h desde abril hasta octubre, de 10 h a 17 h en invierno). Entrada de pago. Visita con guía cada 15 minutos en verano (20 minutos en invierno). Vistas panorámicas de la ciudad y sala de holografía. Hay también exposiciones fotográficas de la ciudad, un pequeño museo de óptica y una sorprendente habitación oscura donde se tiene una visión deformada y móvil de Edimburgo. Bajando de nuevo hacia el palacio de Holyrood, los edificios más interesantes del Royal Mile son:

• *Milne's Court:* pintoresco pasaje que lleva a Princes Street. Principio de Lawnmarket, el antiguo palacio medieval donde se instalaba el mercado de legumbres y productos lácteos.

• *En Lawnmarket:* 479 Glastone's Land. Edificio del siglo XVII. En la planta baja, reconstrucción de un puesto del mercado y en la primera, la vivienda de un comerciante de la época (abierto de abril a fines de octubre de 10 h a 17 h; los domingos de 14 h a 17 h).

• *The Writers' Museum:* en Lady Stair's House que da sobre Lawnmarket. Casa del siglo XVII que conserva recuerdos y manuscritos de Robert Burns, Walter Scott y Robert Louis Stevenson. Abierto de 10 h a 18 h de lunes a sábado desde junio a septiembre (17 h de octubre a mayo). Abierto el domingo sólo durante el Festival, de 14 h a 17 h. Entrada gratuita.

▶ *La catedral Saint Giles:* High Street. Abierto todos los días de 9 h a 17 h; misa el domingo a las 8 h, 10 h, 11 h 30, 18 h y 20 h. La iglesia es muy antigua (1120). Sufrió un incendio en el siglo XIII. Lo fundamental de la construcción data del siglo xv, como la elegante torre que corona la iglesia. En el interior, espléndidas bóvedas en piedra esculpida. Más al fondo, una sorprendente capilla de la Orden de San Andrés del Cardo, donde se reúnen cada año los caballeros de la Orden, designados por la reina. Intentad localizar los adorables angelitos tocando cornamusas y el divertido techo en forma de coliflor. *Tea-room* en la cripta de 10 h a 16 h 30. Detrás de la catedral, la plaza número 45 del aparcamiento se encuentra sobre la tumba de Jhon Knox.

▶ *Parliament House:* detrás de Saint Giles. Edificio del siglo XVII que dio cabida al Parlamento escocés hasta 1707. La fachada fue remodelada a principios del siglo XIX. Ved en el interior la sala de los pasos perdidos y su notable artesonado gótico (en principio abierto a los visitantes de lunes a viernes de 10 h a 16 h).

▶ *John Knox House:* 45 High Street. Abierta de 9 h 30 a 16 h. Cerrada los domingos. Hay que pagar entrada. Una pintoresca mansión del siglo xv que alberga una colección de recuerdos de la vida de John Knox, el célebre reformador.

▶ *Museum of Childhood:* 42 High Street. Abierto de lunes a sábado de 10 h a 17 h (18 h de junio a septiembre); durante el Festival, el domingo también, de 14 h a 17 h. Gratuito, bien hecho y apasionante. Seis salas para pequeños y mayores: muñecas de numerosos países, trenes y coches, reconstrucción de sainetes infantiles, etc.

▶ *Moray House:* Canongate. Poco después de St John's Street, hacia Holyrood. Impresionante mansión de 1628, antiguo cuartel general de Cromwell. Justo enfrente, en el 185 de Canongate, admirad el hermoso blasón de la corporación de los zapateros.

▶ *Huntly Museum*: 142 Canongate. Abierto de lunes a sábado, 10 h a 18 h de junio a septiembre, de 10 h a 17 h de octubre a mayo; el domingo sólo durante el Festival, de 14 h a 17 h. Entrada gratuita. Un edificio del siglo XVI admirablemente restaurado que alberga el museo de historia de la ciudad. Visita muy interesante. Colecciones de una gran riqueza: porcelanas populares, objetos relacionados con la vida cotidiana, árboles tallados que servían como conducciones de agua durante el siglo XVIII, cofres, plata, cerámica. Una extraña colección de porras de policía amorosamente decoradas por sus propietarios, etc.

▶ *The People's Story:* Canongate, Tolbooth, 163 Canongate frente al Huntly Museum. Abierto de 10 h a 17 h (18 h de junio a septiembre), el domingo sólo durante el Festival de 14 h a 17 h. Museo que cuenta la historia del pueblo de Edimburgo, desde fines del siglo XVIII hasta hoy, ubicado en la antigua alcaldía-prisión, edificada en 1591. Coronada por un curioso reloj. Colección de tartanas; exposiciones regulares, etc. Bien hecho y con mucha vida.

▶ *Canongate Church:* construida en 1688. Visita de lunes a sábado de 10 h 30 a 16 h 30; misa los domingos a las 10 h y 11 h 15. Elegante fachada en forma de campana. En su cementerio reposan el famoso economista Adam Smith y Clarinda, la amiguita de Robert Burns, aquella por la que no dudó en sacrificar un excelente cigarro.

▶ *White Horse Close:* Canongate. En la acera izquierda, hacia Holyrood Palace, un poco antes de Abbeyhill. Antiguo albergue y relevo de postas del siglo XVII. Allí se tomaba la diligencia para Londres. Se llegaba entonces a Scotland Yard. Maravillosamente restaurado.

▶ *Palace of Holyroodhouse:* abierto de 9 h 30 a 17 h 15 (el domingo de 9 h 30 a 16 h 30). Hay que pagar entrada. Información para los visitantes: ☎ 556 7371. Visita guiada en invierno; el resto del año, dirigirse a los guías que hay en cada sala. Son simpáticos y competentes. Es la residencia oficial de la reina cuando va a Edimburgo, generalmente hacia fines de junio, principios julio (entonces el palacio está cerrado al público). Su construcción se realizó en varias etapas. La abadía fue fundada en el siglo XII por David I. Y como todo aquí empieza con una leyenda, se cuenta que durante una partida de caza, el rey vio entre dos árboles un ciervo cuyas astas tenían forma de cruz. ¿Una señal del cielo? Hizo erigir una abadía en el sitio dónde había tenido lugar la visión. De ahí, el nombre de Holyrood, la Santa Cruz. Las primeras obras del palacio empezaron en 1500, pero fue en gran parte destruido por Cromwell. A fines del siglo XVI fue reconstruido en estilo renacentista, como la fachada del patio interior con sus tres órdenes griegos.

▶ Junto al palacio se puede realizar un vivificante paseo: Arthur's Seat, antiguo volcán apagado de 250 m de altura. Excursión típica familiar. Senderos muy agradables permiten una fácil ascensión.

▶ *El barrio de Grassmarket:* Victoria Street, con sus tiendas en curva armoniosa, lleva a Grassmarket, mercado semanal de la ciudad desde 1477 a 1911. En esta plaza se realizaron numerosas ejecuciones, como la de los cien *Covenanters*, que murieron por defender su fe. A principios del siglo XIX fue también el escenario de un hecho bastante sórdido. Burke y Hare, dos tunantes, habían encontrado una manera ideal de conseguir dinero: asesinar a personas para vender sus cuerpos a los científicos. Tras el decimoctavo cadáver fueron atrapados.

▶ *La iglesia de Greyfriars:* en Candlemaker Row. Fue la primera iglesia construida en 1620 después de la Reforma. Allí se firmó el célebre *National Covenant*, por el que murieron tantos fieles. Cementerio pintoresco con tumbas esculpidas muy antiguas. Abierto desde Semana Santa hasta fines de octubre de 10 h 30 a 16 h 30, en invierno de 13 h 30 a 15 h 30. Misa al domingo a las 11 h en inglés y gaélico.

▶ *Royal Museum of Scotland:* Chambers Street. ☎ 225 7534. Abierto de 10 h a 17 h; los domingos de 12 h a 17 h. Entrada gratuita. Visita guiada los sábados y los domingos a las 14 h. Museo de ciencias naturales y de tecnología en un impresionante edificio victoriano. Gran *hall* con estructuras de hierro y cristal. Secciones de geología, fósiles, animales, etc. Hay también, colecciones de porcelana, plata, cerámicas orientales, vestimentas de todo el mundo. Hitos interactivos, concretamente en la planta baja sobre la preservación del planeta. Para terminar, numerosas máquinas antiguas de la revolución industrial.

▶ *National Library:* George IV Bridge (plano B2). ☎ 226 45 31. Hay que ver la Biblioteca Nacional: un lugar tranquilo con pequeñas exposiciones en la entrada, y gratis. Salas de lectura abiertas hasta las 20 h 30.¡ Aseos de 4 estrellas!

▶ *Scotch Whisky Heritage Centre:* 354 Castlehill, cerca de Royal Mile, junto al castillo. ☎ 220 04 41. Abierto de 10 h a 17 h 30. Hay que pagar entrada. Paseo en un tranvía en forma de tonel. 45 minutos de visita durante la que aprenderéis todo sobre el whisky. Sin olvidar la degustación al final (excepto el domingo por la mañana).

NEW TOWN

Es un barrio único en Europa. Símbolo de la arquitectura georgiana. Un joven arquitecto de 23 años, James Craig, ganó en 1767 el concurso para edificar New Town y se encargó de la primera parte: el cuadrilátero constituido por Prince Street y Queen Street, con George Street en la cima de la colina. Las plazas Charlotte Square y Saint Andrew Square fueron obra de otros arquitectos, pero respetaron los planos y el espíritu de James Craig, sobre todo, la unidad arquitectural y voluntad geométrica. El resultado fue un conjunto armónico de una distinción sin

par. Grandes plazas a las que siguen calles en media luna, armoniosa-
mente proporcionadas, o calles de una elegante simetría.

▶ *Charlotte Square* es una obra maestra. En el número 7 se halla una
casa amueblada al estilo de la época: *Georgian House.* Abierta de abril
a octubre de 10 h a 17 h (domingos de 14 h a 17 h). Ved también Moray
Place, Ainslie Place y Drummond Place. Además, paralelamente a las
calles, una red densa de lanes aporta un toque más poético al paseo
(sobre todo por la noche con el resplandor anaranjado de las farolas).

▶ *Scottish National Portrait Gallery:* Queen Street (en la esquina de
North Saint Andrew Street). ☎ 556 8921. Abierto de 10 h a 17 h
(domingos de 14 h a 17 h). Entrada gratuita. En un espléndido edificio
gótico-victoriano. Una exposición muy interesante de todos los grandes personajes de la historia escocesa, retratados de pie o en escenas.
Os gustará descubrir los retratos realizados por Gainsborough, Allan
Ramsay, Reynolds, Turner, etc. Notable retrato del príncipe Carlos
Eduardo Estuardo por Antonio David, al igual que la ceremonia de su
bautizo por Pier Leone Ghezzi.

▶ *National Museum of Antiquities of Scotland:* en el mismo edificio
que el del museo anterior, los mismos horarios. Fascinante museo de
la historia de Escocia. Una buena parte de objetos, restaurados, están
esperando el momento de encontrar un lugar en el nuevo museo en
construcción cerca del Royal Museum. La apertura está prevista para
1998. Aún se encuentran piedras Oghams, vestigios de la presencia de
los romanos en Escocia (tesoro de Taprain), una colección de armas,
«The Maiden» (el antepasado de la guillotina de 1564), objetos artísticos de la Edad Media, etc.

▶ *National Gallery of Scotland:* Princes Street y The Mound. ☎ 556
8921. Abierta de 10 h a 17 h (domingos de 14 h a 17 h). Entrada gratuita. Uno de los grandes museos de pintura de Europa. Posee numerosas obras maestras entre las que destaca un *Descendimiento de
Cristo* de Tintoretto, *El festín de Herodes* de Rubens, *Venus y Cupido*
de Lucas Cranach y otras obras de El Greco, Zurbarán, Velázquez
(*Mujer friendo huevos*), Rafael (*Virgen del pasaje*), un Turner como de
costumbre atormentado: *Folkestone*, y un Gainsborough brillante: *Mrs
Graham.* Y además un pintor poco conocido pero con una obra magis-
tral, *Vista del puente Delle Navi:* una composición notable por la precisión y la luz, por la extraordinaria captación de la piedra y el ladrillo, fascinante juego de sombras. También un *Autorretrato* de Rembrandt y
Muchacha con flores. Para terminar, Watteau, Greuze (*preciosa Muchacha con canario muerto*) y todos los impresionistas.

▶ *El Memorial a Walter Scott:* no hay escapatoria, en Princes Street
ante este monumento de un neogótico recargado y pomposo construido en 1844. Seguro que a Walter Scott no le habría gustado. Se puede
subir a él: unos 300 peldaños para los valientes.

Paseos pintorescos o bucólicos

▶ *Dean Village:* a pie, tomad Queensferry Street hasta el Leith River.
Poco después del puente, bajad por Bell's Brae. Este puente, construido en 1838 fue uno de los más altos del mundo en su época. Dean
Village es una antigua comunidad de molineros. Llegó a haber once
molinos que molían el trigo para la ciudad. Nada ha cambiado después
de tres siglos, o muy poco. Numerosas casas antiguas, como las de
Bell's Brae (inscripciones en la fachada). El río pasa rumoroso y en sus
orillas crecen los arbustos, de los *cottages.* Por el otro lado, la original
arquitectura de una ciudad obrera de fines del siglo XIX. Arenisca roja y
fachadas flamencas. Aguilones recortados o con forma de campana. En
vez de cruzar el puente al final de Bell's Brae, continuad por la orilla
hasta una antigua y romántica pasarela. También conduce a Well Court,
el soberbio bloque de viviendas de protección oficial se ve enseguida.

► Subid a **Calton Hill Observatory**, la colina parecida a la Acrópolis. Panorama espléndido de la zona. No vayáis por la noche, no es seguro.

► **Royal Botanic Gardens:** Inverleith Row. Abiertos todo el año excepto si hace mucho viento, de lunes a sábado de 10 h hasta el amanecer. (Domingos a partir de las 11 h). Autobús 8 desde North Bridge y 9 desde Princes Street. Desde George Street, el 19. La mayor exposición de rododendros del mundo. Seguramente es cierto, además de bonito. Está lleno de adorables ardillas grises.

Festivales y diversiones

– **Festival internacional de Edimburgo:** uno de los acontecimientos culturales más importantes del mundo que se celebra cada año en el mes de agosto, desde 1947. En un principio fue creado para festejar el final de la guerra. El Festival acoge cada verano todo tipo de manifestaciones musicales, de teatro, coreográficas o líricas. Espectáculos de calidad (y son los críticos quienes lo dicen) y una tremenda animación en toda la ciudad durante tres semanas.
Podéis reservar las plazas con antelación (a partir de Semana Santa) escribiendo a: *Festival Ticket Office*: 21 Market Street, Edimburgo, EH11 BW. ☎ 226 4001. Reservas por teléfono o alquiler en el Ticket Office de lunes a viernes de 9 h a 17 h. Además, paralelamente al Festival, se celebra un festival internacional de cine, un *fringe festival* (compañías de teatro de vanguardia o de aficionados), un *Festival de jazz*, una feria de libros, etc. Fringe Festival: Box YQ, Fringe Ticket Office 180 High Street, Edimburgo, EH11 QS. ☎ 226 5257 o 5259. El programa de este festival *off* es indispensable para orientarse.
– **Edimburg Military Tattoo:** se celebra anualmente en agosto, en la explanada del castillo, y termina con el tradicionalmente triste sonido de un gaitero iluminado, de pie, sobre la torre, mientras que los proyectores sumergen lentamente la fortaleza en la noche. Ambiente asegurado. Además, visitas gratuitas de la ciudad de las que se encargan los *Volunters* (ver en High Street, a la derecha saliendo del castillo). *Kilts*, cornamusas y tambores para gran regocijo de los turistas. Para la pequeña historia, y para entendernos, el término Tattoo significa «cerrar las espitas» de los toneles. Para reservar plazas: *Tattoo Office*, 22 Market Street, Edinburg EH1 1QB. ☎ 225 1188.
– **Murder and Mystery Tour:** algunas agencias proponen «circuitos del horror»: una reconstrucción de diversos hechos sórdidos a cargo de actores y efectos sonoros en plena noche a través de la ciudad antigua. Reserva: ☎ 225 6745. Más barata pero más clásica: visita guiada del Royal Mile con Mercat Tours, dos veces al día en verano. ☎ 661 4541.
– **Traverse Theatre:** Cambridge Street. ☎ 228 3223 Todo el año, una de las mejores compañías teatrales de Escocia que monta excelentes obras. Además, entradas muy baratas. Restaurante correcto.
– **Hillend Ski Centre:** Biggar Road, Edinburg EH10 7DU. ☎ 445 4433. Abierto en verano todos los días de 9 h 30 a 21 h. Esquí en verano a 400 m de altitud (pista artificial), la mayor de sus características de Gran Bretaña al lado de la A 702, muy cerca de la salida de la Ring Road en dirección de Biggar. Alquiler de esquís, botas, bastones y dos horas de remontes mecánicos. Nada caro. Tomad el autobús 4 en Princes Street hasta la terminal en Hill End.

¿Dónde hacer autostop a la salida de Edimburgo?

– **Hacia el norte:** tomad un autobús de la Eastern Scottish (el 43) en Queensferry Street. Bajad en la parada del puente de Forth Bridge.
– **Hacia el oeste:** tomad un autobús verde en dirección a Glasgow en West Mailland Street (West End).

STIRLING   PREF. TEL.: 01786

Amable ciudad situada a 46 km al noroeste de Edimburgo. Merece la pena un pequeño desplazamiento. Cuenta con un hermoso castillo que domina el campo. Stirling es una de las ciudades de Escocia más cargadas de historia. Pintoresco barrio antiguo alrededor del castillo que no queda alterado por las nuevas construcciones cuya arquitectura ha sabido ser discreta.

Un poco de historia

Entre Glasgow y Edimburgo, cerca del mar, Stirling ocupó siempre una posición estratégica de importancia. En Bannockburn, al sur de la ciudad, Robert Bruce derrotó a los ingleses en 1314. María Estuardo fue coronada con nueve meses en la iglesia parroquial y su hijo pasó su infancia en el castillo. En 1746, durante la última guerra por la independencia de Escocia, *Bonnie Prince Charlie* fracasó en su intento de apoderarse de la ciudadela.

Direcciones útiles

– *Tourist Information Centre:* 41 Dumbarton Road. ☎ 475 019. Abierto de 9 h a 17 h (16 h los domingos); de 19 h 30 en julio-agosto y 18 h en junio y septiembre (cerrado los domingos de octubre a fin de mayo). Muy bien documentado (libros, casetes, mapas de carreteras y de caminos, etc.). Hay otro centro de información en el castillo.
– *Scottish Youth Hostels Association:* 7 Globe Crescent. ☎ 451 181. Es la sede nacional de los AJ; para toda correspondencia o petición de información allí mismo. Excelente acogida.

¿Dónde dormir? ¿Dónde comer?

– *Youth Hostel*: Spittal Street. En la subida hacia el castillo. ☎ 473 442. Abierto todo el año. 128 camas. Acondicionado en una antigua iglesia. Impecables habitaciones, de 2 a 6 personas, inmensa sala de *breakfast* (toda de madera), cafetería, sala de conferencias, de T.V... Posibilidad de cenar. Todo por un precio irrisorio. Es un AJ. Interesante sobre todo para los que tienen un coche, ya que está situado a 30 minutos de Edimburgo.
– *King's Park Farm:* a 1 km al sur de la ciudad. Está bien indicado en la carretera. ☎ 472 142. Abierto de abril a octubre. B & B en medio de los prados, con una vista sobre el castillo, pero con tendencia a aprovechar su notoriedad. Acogida decepcionante.
– *Camping Auchenbowie:* ☎ (01324) 822 141. Abierto de abril a octubre. Coger la A 872 hacia el sur (dirección Denny), pocos metros después girar a la derecha hacia Auchenbowie. En la calma del campo. Bien equipado.
– *Qismat Tandoori Restaurant:* 37 Friars Street (debajo de la calle peatonal que da sobre Barton Street). Excelente restaurante indio. *Chicken tikka* abundante. Menú barato de 12 h a 14 h 30. Caro a la carta. Se acepta VISA.

¿Qué visitar?

▶ *El castillo:* abierto de 9 h 30 a 17 h 15; de octubre a abril, de 9 h 30 a 16 h 20 (domingos de 12 h 30 a 15 h 35). Hay que pagar entrada. Construido en el siglo XVI sobre una abrupta roca. La panorámica es impresionante. El principal punto de interés es el palacio renacentista de Jacobo V, edificado en 1538. Sorprendente decoración de la fachada, riqueza en los motivos decorativos y en las esculturas que hace pensar en el estilo manuelino portugués. El palacio y el castillo han servido durante mucho tiempo de cuartel, por lo que la restauración ha sido importante. Hermosas chimeneas con columnas esculpidas. Una de las grandes salas presenta los admirables medallones en madera labrada que adornaban los techos renacentistas. Dispersos a los cuatro vientos, fueron hallados milagrosamente (sólo faltan dos). Notad la delicadeza de los detalles y de las expresiones. Otros edificios significativos: la capilla real y el *King's Own Building*. Pequeño Museo de *Argyll and Sutherland Highlanders*. Muy pintoresco en la segunda planta. Numerosos recuerdos de las expediciones y las guerras coloniales. De la última de ellas, subsiste la fiambrera del capitán McCulloch, que le salvó la vida durante una emboscada del IRA en Belfast en 1972. Una curiosidad que señalar: *el King 's Knott*, que se ve desde una de las murallas. Es un tipo de terraza en talud con figuras geométricas cubiertas de césped, vestigio de los jardines que rodeaban el castillo.

▶ La visita de la antigua ciudad denota numerosas y nobles mansiones. En ausencia de la arquitectura victoriana, Stirling es una de las raras ciudades de Escocia que conserva su apariencia medieval. Empezando el paseo desde el AJ, se descubre sucesivamente Mar's Wark, ruinas de una casa campestre del siglo XVI que presenta una suntuosa fachada que conserva todavía escudos de armas, hornacinas, carátulas, gárgolas, etc. A un lado, iglesia del *Holy Rude* del siglo XV y su campanario. En el cementerio, tumbas muy antiguas; algunas de ellas revelan mediante símbolos la profesión de los fallecidos. A dos pasos, el hospital *Cowane* de 1634. En Broad, *St John* y *Bow Streets*, antiguas mansiones del siglo XVII. Broad Street es la antigua plaza del mercado con su *Mercat Cross* y el *Tolbooth* (la antigua alcaldía-prisión) de principios del siglo XVII. La última ejecución pública tuvo lugar aquí en 1843: un hombre de 84 años que había matado a su mujer de 85.

▶ Para aquellos de nuestros lectores que comprenden bien el inglés, será muy divertido hacer el «Heritage Tour» que sale cada hora desde la oficina de información del castillo, todos los días de mayo hasta principios de septiembre de 10 h a 16 h. Alrededor de una hora de paseo.

▶ *El viejo puente:* en la carretera de Perth. Durante más de cuatro siglos todo el tráfico entre el norte y el sur de Escocia pasó por aquí. Es uno de los más hermosos del país debido a sus líneas armoniosas.

▶ A 5 km al sur de la ciudad, *parque* y *monumento* dedicados a la victoria de Bannockburn. No tiene nada más que un interés histórico. Autobuses 14 y 38 (dirección Glasgow) desde la estación de Stirling.

PERTH   PREF. TEL.: 01738

La ciudad no es muy interesante por sí misma, sólo como parada en la ruta. Pese a haber sido capital de Escocia durante tres siglos, casi no queda nada de su prestigioso pasado. Baza permanente de las guerras jacobinas, la ciudad sufrió considerablemente. Una anécdota: John Knox, el célebre reformador, pronunció en Perth el primero de sus incendiarios discursos antipapistas. Sus seguidores se extendieron rápidamente por la ciudad y destruyeron todas las iglesias y monasterios católicos, a excepción de la iglesia en la que habían oído el sermón...

Direcciones útiles

– *Tourist Information Centre:* 45 High Street (calle peatonal). ☎ 638 353. Abierto todos los días de 9 h a 20 h en julio-agosto, hasta 18 h (los domingos a partir de las 12 h), de abril a fines de junio, hasta las 17 h (excepto domingo en invierno). Personal muy competente.
– *Correos:* 109 South Street. Abierto de 9 h a 18 h de abril a octubre (a partir de 12 h el domingo excepto en temporada baja).

¿Dónde dormir? ¿Dónde comer?

– *Youth Hostel:* 107 Glasgow Road. ☎ 623 658. A menos de dos kiló-metro de la estación. Abierto de febrero a fines de octubre. En invier-no, sólo los viernes y sábados. Fantástica casa antigua en un barrio tranquilo. Confortable. Supermercado.
– *Pitcullen Guesthouse:* 17 Pitcullen Crescent. ☎ 626 506. Situada en la orilla este del río Tay. Desde el centro, cruzad el Perth Bridge y tor-ced a la izquierda hacia Scone Palace, luego a la derecha (en la A 94). B & B muy correcto. Buena acogida. Muchos otros B & B en Pitcullen Crescent (*Iona Guesthouse.* ☎ 627 261).

Más elegante

– *Salutation Hotel:* 34 South Street. ☎ 630 066. En la calle principal. Uno de los hoteles más antiguos de Escocia (1699); en 1745 acogió al *Bonnie Prince Charlie*. Un encanto un tanto anticuado con su curiosa fachada. Hermosas habitaciones con baño. Caro. *Ceilidhs* (velada de folk escocés, pronunciad «kelly») los jueves en verano. Se puede comer en el bar de 12 h a 14 h y cenar en la primera planta, en una bonita sala restaurante, de 19 h a 21 h 30, por un precio razonable. Sin comparación con el de las habitaciones.

Camping

– *Camping Cleeve Caravane Park:* Glasgow Road. ☎ 639 521 o 639 911. Desde Perth, tomad la A 9. A 3 km en la carretera de Stirling. Abierto de abril a octubre. Se aceptan tiendas de campañas. No se pue-den alquilar caravanas. Llegad antes de las 21 h. Conserje amable.
– *Scone Camping & Caravaning Park:* junto al Scone Race Course, a 3,5 km en la carretera de Braemar. ☎ 552 323. Abierto de abril a fines de octubre. Autobús 58 (6 por día durante la semana y 5 los fines de semana) desde *Bus Station*, y caminar aproximadamente 2 km. Se puede alquilar caravanas, mínimo dos noches.

¿Qué visitar?

▶ *Iglesia de St John:* St John's Place. Abierto de martes a sábado de 10 h a 12 h y de 14 h a 16 h. Cerrado el jueves por la tarde. Si tenéis ocasión, id a visitar el último monumento histórico de la ciudad y lugar del famoso sermón de John Knox. La mayor parte de la iglesia data del siglo XVI.
▶ *Scone Palace:* situado en las afueras de Perth, en la carretera de Braemer (la A 93). Abierto de Semana Santa a mediados de octubre, todos los días de 9 h 30 a 17 h. Hay que pagar entrada. ☎ 552 300. Encantará a los aficionados a los castillos. Cerca de 40 reyes fueron coronados aquí. Propiedad de los condes de Mansfield. Si hace bueno, agradable paseo por el gran parque muy florido (gran variedad de árbo-les bastante impresionante entre los que se contornean una cincuen-tena de pavos reales). Pinar de coníferas exóticas plantadas a partir de la segunda mitad del siglo XIX. Entre las fabulosas obras de arte, 70 pie-zas pertenecieron a los reyes de Francia; la otra mitad de la colección,

perteneciente a los zares de Rusia, desapareció por completo en 1917. Scone posee además una no menos importante colección de obras de los siglos XVII, XVIII, y XIX, un escritorio que perteneciera a la reina María Antonieta y un gran número de muebles firmados Boulle, Levasseur, Bara, Topino, Nicolas Petit; algunos de ellos pertenecieron a la familia real de Francia. Estas numerosas obras de arte francesas fueron reunidas por el segundo conde de Mansfield, que fue embajador en París y gran amigo de Luis XVI.

▶ *Caithness Glass:* Inveralmond. Situado en la A 9, al norte de la ciudad. ☎ 637 373. Abierto de 9 h a 17 h (domingos desde las 13 h a las 17 h; de Semana Santa a fines de septiembre a partir de las 11 h). Autobuses 5, 6, 9 o 10 hasta Dunkeld Road (avisar al conductor para que se pare en el cruce). Visita de una fábrica de objetos de cristal soplado y decorado. Muy interesante cuando funcionan los talleres (lunes a viernes de 9 h a 16 h 30). Posibilidad de comprar (uno de los sitios menos caros de Escocia).

ALREDEDORES

– *Glenturret Distillery:* en Crief. En la A 85. Para los que van a Oban. También hay autobús todos los días desde South Street o a Kinnoull Street o autobús 34 a Mill Street, parada a 5 minutos de marcha de la destilería. La más antigua destilería del país (1775). ☎ (01764) 656 565. La entrada da derecho a una degustación de un whisky de 12 años. Abierta de marzo a diciembre, de 9 h 30 (domingos a partir de las12 h) a 16 h 30; enero y febrero, de lunes a viernes de 11 h 30 a 16 h. Visita guiada cada 10 minutos. Muy interesante. Venta de artesanía local.
– *Brankyln Garden:* en la carretera de Dundee (A 85). Desde Tay Street hay un sendero a lo largo de la vía ferrea, hasta el centro, que pasa por encima del río. Abierto todos los días de 9 h 30 hasta la puesta de sol, del 1 de marzo al 31 de octubre. Para los aficionados a las meconopsis y rododendros enanos, una visita muy agradable.

DUNKELD   PREF. TEL.: 01350

Uno de nuestros pueblos preferidos. Situado a 20 km al norte de Perth. El tren de la *Highland Line* también para (*Birnam station*). Totalmente restaurado por el National Trust, el pueblo se asienta lánguidamente a lo largo del río Tay que ofrece sus románticas riberas a los paseantes.
– *Tourist Information Centre:* The Cross (plaza mayor). ☎ 727 688. Abierto de Semana Santa a principios de diciembre, de 9 h a 18 h (de 11 h a 17 h los domingos); de 9 h a 19 h 30 en julio-agosto; de 9 h a 17 h 30 en septiembre y octubre (de 14 h a 17 h los domingos); en noviembre cierra una hora más pronto. Muy bien documentado.

¿Dónde dormir?

Gran cantidad de B & B y *guesthouses* en el lugar, principalmente en Birnam, elegante barrio al sur de Dunkeld, a 1 km. Si llegáis durante el día, posibilidad de elegir uno bien situado en la oficina de Turismo.
– *B & B Byways:* Joanne and Gordon Gerrie, Perth Road, en Birnam. ☎ 727 542. Cerrado de mediados de noviembre a Semana Santa. Casa moderna, interior confortable. Nada caro teniendo en cuenta la calidad: bonito cuarto de baño en cada habitación y buen breakfast.
– *Elwood Villa (Mrs. Scott):* Perth Road, en Birnam. ☎ 727 330. Partiendo de Perth, girad a la derecha hacia Dunkeld, y luego a la derecha justo antes del gran puente. Preciosa casa con habitaciones dobles y para familias.

– **Stables Cottage:** Brae Street. ☎ 727 400. Frank y Alison Irvine han acondicionado con mucho gusto una antigua granja a 10 minutos a pie del centro. Un remanso de paz, muy ecológico, prohibido a los fumadores. El desayuno es una delicia. Excelente relación calidad-precio.

– **Camping:** en Invermill Caravan Park. ☎ 727 477. En la A 9 llegando de Perth, tomad a la izquierda la A 822, luego enseguida a la derecha. El camping está casi al final del camino, a la derecha, a orillas del Tay. Bastante caro. Buena acogida, duchas antiguas, pero correctas. Un camino peatonal une el camping a Dunkeld. Hay también una caravana y un viejo chalé para alquilar.

Más elegante

– **The Birnam House Hotel:** en Birnam, el pueblo que está al otro lado de Dunkeld. ☎727 462. Gran mansión de estilo aristócrata escocés. Rica decoración . Ved el lujoso *hall* de recepción y el inmenso comedor. Preciosas habitaciones. Muy caro. Cena correcta. Para hacer la digestión, nada mejor que ir a pasear por las orillas del río en busca de los *Birnam Oaks*, los dos últimos robles supervivientes del bosque real que Shakespeare hizo famoso en *Macbeth*, de 7 m de diámetro.

– **Hunters Lodge**: en Bankfoot, a medio camino entre Dunkeld y Perth. ☎ (01738) 787 325. Tranquilidad, al margen de la A 9. Antiguo pabellón de caza que ofrece uno de los mejores *pub grub* de la región y *snacks* nada caros. Por la noche, a la carta, buenos platos del chef en un marco agradable. Posibilidad de alquilar *bungalows* totalmente equipados. No obstante, los del vecino son más agradables, parecidos a un chalé. Sólo se aquila por semanas. **Hunters Cabins:** ☎ (01307) 463 101. Se recogen las llaves en el Hunters Lodge.

– Todos los hoteles ofrecen platos calientes y baratos al mediodía.

¿Qué visitar?

▸ **La catedral:** al final de la callejuela que sale de la plaza mayor. Abierta todos los días de 9 h 30 a 19 h (domingos 14 h) y de octubre a marzo de 9 h 30 a 16 h. Preciosa reja a la entrada de hierro forjado. Situada en un espléndido jardín a orillas del río. Fue edificada entre los siglos XIII y XV, y destruida en dos ocasiones: siguiendo los buenos consejos de John Knox y durante la guerra jacobina de 1689. Sólo se ha restaurado el coro y se ha transformado en iglesia. Se supone que conserva los restos de san Columbano. Mirad, a la izquierda del púlpito, el ventanuco de los leprosos que les permitía seguir la misa sin entrar en contacto con los fieles. Una habitación que contiene algunos recuerdos de la ciudad: piedra picta tallada del siglo IX, cartas, grabados, poemas, fotos y libros antiguos. El resto de las ruinas no carece tampoco de grandiosidad. Conciertos clásicos dos domingos al mes.

Excursiones a pie

Espléndido paseo a *Birman Hill*. Un sendero sale desde la estación de Birman. Cuesta subir, pero una vez arriba vuestros esfuerzos se verán recompensados. Paseo de tres cuartos de hora. Sendero muy bien señalizado. También os podéis pasear a orillas del Tay. Gran tranquilidad.

¿Cómo salir de Dunkeld?

– **Autobús:** hacia Perth, Pitlochry y Aberfeldy.
– **Estación:** a 1 km de Dunkeld (Highland Line). A la salida de Birnam, en la A 9. No hay teléfono.
– Hacia el este, sin llegar a Aberdeen. Os gustará descubrir una preciosa región poco turística. La naturaleza se vuelve muy mansa y ofrece profundos valles muy seductores, como el de Glen Clova.

¿Dónde dormir en un sitio elegante hacia Blairgowrie?

– *Kirloch House Hotel:* en la A 923 viniendo de Dunkeld, 4 km antes de llegar a Blairgowrie. A la izquierda. ☎ (01250) 884 237. Soberbia casa de campo cubierta de hiedra y rodeada de un parque, en lo alto de una colina. Panorama único sin duda. Los dueños son de una exquisita distinción y la clientela son hombres de negocio. Suntuosa decoración interior. Ved el hueco de la escalera con una vidriera de estilo victoriano. Excelente cocina. Carnes suculentas, pescado fresco, verduras de huerta. Buena selección de vinos. Una dirección excelente para nuestros lectores en viaje de novios que cuentan con posibilidades económicas.

GLAMIS

Pronunciad «Glams». Buen tramo de carretera de Dunkeld a Blairgowrie (capital de la frambuesa). En *Meigle*, en la A 94, los aficionados a las piedras antiguas harán un alto en el pequeño museo local: cruces y lápidas finamente esculpidas de la época picta. Abierto de 9 h 30 a 12 h 30 y de 13 h 30 a 18 h (a las 14 h los domingos). Cerrado de octubre a marzo. Hay que pagar entrada.

▶ *El castillo de Glamis:* uno de los castillos más visitados de Escocia, propiedad de los condes de Strathmore y Kinghorne. Abierto de Semana Santa al 15 de octubre, de 10 h 30 a 17 h 30. Última visita a las 16 h 45. Entrada de pago. Guía obligatorio. Una hora de visita. Shakespeare lo describió en *Macbeth*; la madre de la reina Isabel II pasó aquí su infancia y aquí nació la princesa Margarita. Desde 1372 es una residencia real. De la construcción del siglo XI, subsiste la torre del homenaje, en la que, según se cuenta, Macbeth asesinó a Duncan. El resto fue restaurado en el siglo XVII. Con sus gruesos muros, misterioso y a veces severo, el castillo contrasta singularmente con el jardín que parece más bien diseñado para una villa palaciega. Los muros de la cripta, que datan de la Edad Media, tienen varios metros de espesor. Según se cree, en el interior de la muralla se halla una habitación secreta donde uno de los señores de Glamis tenía la costumbre de jugar a las cartas con el diablo. La entrada fue tapiada para que los habitantes del castillo pudieran dormir al resguardo del estruendo satánico y nocturno. El castillo guarda en concreto un hermoso *Mercado de frutas* de Frans Snyders, discípulo de Rubens. Durante mucho tiempo, esta tela fue atribuida al maestro. La capilla está totalmente decorada con cuadros del pintor holandés Jacob de Wet, del siglo XVII.

▶ *Angus Folk Museum*: Detrás del castillo. Abierto de mediados de abril al 30 septiembre todos los días de 11 h a 17 h y en octubre, sólo los fines de semana de 11 h a 17 h. Uno de los más interesantes de Escocia. Situado en una casa típica de principios de siglo XIX. Quedan pocas de este tipo en el país. En su interior todas las artes y tradiciones populares de la región. El cementerio de la iglesia posee tumbas muy bonitas esculpidas; algunas datan del siglo XVIII.

EL VALLE DEL GLEN CLOVA

Tras cruzar Kirriemuir, ciudad donde curiosamente todas las casas y edificios civiles están hechos de arenisca roja, se llega al valle del Glen Clova, uno de los más deliciosos de la región. Allí está el AJ de Glendoll. La carretera no está bien indicada desde Kirriemuir. Tomad la carretera de Brechin (la B 957) y justo a la salida de la ciudad torced a la izquierda para coger la B 955 en dirección a Clova. En el primer cruce girad a la derecha. Recorreréis veinte kilómetros por una estrecha carretera, lúdica a más no poder, en un paisaje suave y aterciopelado. En Clova, fin de la B 955 que tiene un itinerario diferente para el regreso, al otro lado del valle, formando una especie de bucle. Ahora una carretera todavía más estrecha lleva a Glendoll, a 6 km, que termina al fondo del valle. El lugar es ya muy conocido por los excursionistas escoceses que acuden allí en gran número los fines de semana. En el aparcamiento un plano detallado indica todas las posibilidades de dar pequeños paseos para todos los gustos y todas las edades.

Los que se alojen en AJ pueden ir desde Glendoll al albergue de Braemar, a 22 km, por un sendero llamado *Jock´ s Road* o por el de *Ballater,* a 24 km, por la *Capel Mounth.* Los itinerarios no presentan más dificultad que el clima, en un paisaje de montaña fantástico, suave y salvaje al mismo tiempo. En invierno resulta mucho más peligroso.

¿Cómo ir?

– *A Kirriemuir:* numerosos autobúses desde Dundee y Forfar.
– *A Glendoll:* se puede llegar con el autobús-correo de Kirriemuir. El de las 15 h 05 para en Clova (excepto los sábados).

¿Dónde dormir? ¿Dónde comer?

– *Youth Hostel:* en Glendoll. ☎ 550 236. Abierto de mediados de marzo a finales de octubre, y durante las vacaciones de Navidad. Casa grande y hermosa, bien regentada. Cocina impecable. Pequeño supermercado. Algunas habitaciones para familias (reservad con antelación). Punto de información para las excursiones a pie o a caballo. Barato.
– *The Clova Hotel:* en Clova. ☎ 550 222. Lo único que existe en Clova es este precioso hotel de turismo. Precios honestos teniendo en cuenta su emplazamiento. Se puede cenar, buena cocina local. Bar con un buen fuego en la chimenea. El hotel ofrece una zona particular en el río para pescar, alquiler de bicicleta todo terreno, esquís y un refugio de montaña para los excursionistas.
– *Rottal Lodge:* llegando de Clova por la carretera de la izquierda para regresar a Kirriemuir. Cerrado de mediados de noviembre a finales de mayo. ☎ 550 224. Un antiguo lugar con excelente caza que data de 1830, aislado en la montaña, rodeado de bosques y prados. Decoración calida muy británica. A escoger: B & B o pensión completa, de todas maneras caro. La dirección más elegante.

EL VALLE DE GLENISLA

Un valle delicioso y encantador como el de Clova. De él se ha dicho «O ya os han hablado de él u os habéis perdido en él...». Sin duda hay rutas más espectaculares. Pero es otra cosa. Se saborea lentamente, en cada curva, como una golosina.

¿Cómo ir?

– *Autobús:* muy irregular
– *En coche:* desde la A 93 (que va de Blairgowrie a Braemar). Tomad a la altura de Lair la B 951. Desde Kirriemuir también la B 951. Desde Alyth la B 54.

¿Dónde dormir? ¿Dónde comer?

– *Knockshannoch Lodge:* viniendo de Kirriemuir, situado a 2 km antes de Kirkton of Glenisla. ☎ 582 238. Letrero en la carretera que anuncia

igualmente *Highland Adventure*. Es un antiguo pabellón de caza del siglo xix con una curiosa estructura circular. Alojamiento en minidormitorios comunes con literas. Algunas habitaciones para familias. Se pueden pasar varios días y participar en actividades organizadas: paseos en póney, vela y piragua, tiro con arco, esquí sobre césped, pesca, etc. Forfaits de alojamiento, comida y actividades a precios muy interesantes. Es conveniente reservar para julio y agosto. Más caro que un AJ. Una buena dirección.
– **Kirkside House Hotel:** en Kirkton of Glenisla. ☎ 582 278. Bonito hotel campestre. Ambiente familiar. Buena cocina a precios razonables. Si hace bueno se come fuera, al borde del agua, en un entorno evidentemente de primera categoría. Bar con un buen fuego de turba. Posibilidad de dar paseos en póney. Para información dirigirse a Mr Ferrier. ☎ 582 333.
– **The Glenisla Hotel:** frente al anterior. ☎ 582 223. Bonita casa del siglo xviii. Con mucho más originalidad que el precedente, pero más caro. Habitaciones con mucha luz, todas con baños, muy bonitas. Buen restaurante, recomendado por el famoso *Taste of Scotland*, abierto de 12 h 30 a 14 h 30 y de 18 h 30 a 20 h 45.

DE KIRKTON OF GLENISLA A BRAEMAR

Entre Kirkton of Glenisla y Forter, es sin duda la mejor parte del valle. Numerosas granjas con sus edificios redondos y tejados cónicos. Por la carretera B 951 se llega a la gran A 93. Allí, el paisaje cambia completamente. De Spittal of Glenshee a Braemar, las montañas se elevan y el valle se despoja de sus cultivos, de sus árboles, de sus casas. Un poco angustioso si el depósito de gasolina se acerca a cero (primera gasolinera en Braemer).

BRAEMAR   PREF. TEL.: 013397

Pueblo sin ningún encanto, pero muy turístico en verano. Célebre por sus fiestas folclóricas. Stevenson escribió aquí *La isla del tesoro*. Punto de partida de numerosas excursiones y paseos por la región.
Información en el AJ y en la oficina de Turismo local.
– En julio-agosto autobús desde Pitlochry los miércoles y los viernes. Servicio regular desde Aberdeen.

¿Dónde dormir?¿Dónde comer?

– **Youth Hostel**: Glenshee Road. Llegando de Perth, está a la entrada de la ciudad, a la derecha. Gran ciudad de piedra situada sobre una pequeña colina. ☎ 41 659. Cerrado del día 1 de noviembre al 23 de diciembre. AJ simpático y cómodo. El director os podrá dar todo tipo de información sobre la región. Confortable. Buen ambiente. Es un lugar idóneo para excursionistas y escaladores. Posibilidad de llegar al AJ desde Loch Morlich a través de las expléndidas Cairngorm Mountains. Calcular un día entero. Información en el AJ o en el de Inverey.
– **Invercauld Caravan Club Site:** a la entrada de la ciudad viniendo del sur. ☎ 41 373. Bonito camping tranquilo. Pequeño supermercado.
– **Mrs. Bernard:** en Cromlon, detrás del hotel Invercauld Arms, a lo largo de los campos. ☎ 41 337. Uno de los B & B más baratos de la ciudad. Acogida familiar. No os fiéis del exterior, engaña. Habitaciones limpias y cómodas.
– **Cranford:** 15 Glenshee Road (A 93). ☎ 41 675. Un B & B bien decorado, con habitaciones luminosas y cómodas. Buen desayuno. Su restaurante *Wishing Well* es reputado en la región. Abierto a los no residentes de 8 h a 20 h 30. Una buena dirección.

– **Schiehallion B & B:** frente al anterior. ☎ 41 679. Cerrado en noviembre y diciembre. Mismo estilo, igual comodidad. También pueden cenar los que no viven en el B & B. Sala de fumadores o de no fumadores.

– **Clunie Lodge:** Clunie Bank Road. ☎ 41 330. Magnífica casa en medio de un gran jardín. No muy caro y con buen gusto. Algunas habitaciones familiares. Se puede cenar.

– **Myrtle Cottage:** en la salida oeste de Braemar (dirección Invery) a la derecha, antes del puesto de policía, en casa de Mrs Grant (letrero no muy visible). ☎ 41 696. Bonita casa de campo con sólo dos habitaciones de alquiler.

Más elegante

– **Invercauld Arms Hotel:** en la calle principal. ☎ 41 605. Antiguo pabellón de caza de siglo XVIII, al que añadieron torrecillas para seguir la moda de Balmoral. Un poco a lo Walt Disney. Interior lujoso. Preciosas habitaciones (desayuno incluido, a veces también la cena). Se puede negociar el 25 % de reducción a partir de 2 noches (aún así es muy caro). Menú muy correcto para cenar. Carta variada.

¿Qué visitar?

▶ **Castillo de Braemar:** a 1,5 km hacia el norte (A 93). Visita todos los días excepto los viernes desde mayo hasta mediados de octubre, de 10 h a 18 h. Especie de blocao con torreones y un interior muy agradable y de aire extraño, a orillas del río Dee. Fue incendiado durante las guerras jacobinas y reconstruido en estilo «baronal» durante el siglo XVIII. Un poco más lejos, **The Old Bridge,** pintoresco puente viejo.

▶ **Castillo de Balmoral:** a 12 km de Braemar. Es la residencia escocesa de la familia real. Construido en 1853. En ausencia de la corte, los jardines y los salones de baile se abren al público desde mayo hasta julio, de 10 h a 17 h (excepto los domingos). A decir verdad, los jardines no son nada del otro mundo y sólo se visita una sala del castillo repleta de todos los adefesios que la familia real no sabe donde poner. ¿Cómo se debe decir «Iesa majestad» en inglés?.

▶ **Royal Higland Gathering:** es la reunión más célebre para los tradicionales juegos escoceses, a los que asisten a veces los miembros de la familia real.
Tienen lugar el primer sábado de septiembre y atrae a más de 20.000 personas. Reservad alojamiento con mucha antelación.

ALREDEDORES

– **Inverey:** a 8 km de Braemar. Punto de partida de una espléndida excursión a las salvajes montañas de Cairngorm siguiendo el Lairig Ghru, sendero de largo recorrido que conduce al lago de Morlich, cerca de Aviemore. Al pasar se rodea el Ben Macdhui, segundo pico de Escocia.

– **Youth Hostel:** para llegar, autobús-correo desde Braemar. No hay teléfono. Abierto de principios de junio a principios de septiembre. No es muy confortable (es ante todo un refugio), pero tiene un ambiente cálido. Aquí encontraréis toda la información necesaria para atacar el Lairig Ghru. Encargado muy simpático.

¿Dónde dormir? ¿Dónde comer en los alrededores?

Algunas direcciones sobre todo para los que bajan a Perth o Pitlochry por la A 93 y la A 924.

– **Dalruzion House Hotel:** Blackwater. ☎ Blacklunans (01250) 882 222. En la A 93, después de Lair, pequeño hotel con habitaciones al precio de un B & B. Posibilidad de comer durante el día hasta las 20 h 30.

Más elegante

– *Dalmenzie House Hotel:* Spittal of Glenshee. A 25 km al sur de Braemar. ☎ (01250) 885 224. Cerrado en diciembre. De Spittal, pasado un antiguo puente medieval de doble vertiente, seguid una carretera estrecha durante 2 km. El hotel es una espléndida mansión en plena naturaleza. Habitaciones lujosas. Buena cena que se sirve hasta las 21 h. Numerosas actividades: billar, tenis, golf, pesca de truchas, etc.

Bed & Breakfast en un auténtico castillo

– *Blackraig Castle:* Bridge of Cally Perthhire, PH 10 7PX. ☎ (0125) 886 251. Atención, alquiler únicamente de principios de julio a principios de septiembre (hasta el final de los Higland Games de Braemar). Situado a 4 km de Bridge of Cally, en la A 924 (hacia Pitlochry). Entrada a la izquierda de la carretera por un pórtico de arenisca roja, seguido de una gran avenida. Después de la segunda puerta fortificada, tomad el cami-nito de la izquierda. Auténtico y enorme castillo del siglo XIX. Pesca libre en el río de la finca, preciosas excursiones por los alrededores, paseos en póney, etc. Las habitaciones son muy corrientes y los aseos dejan mucho que desear. Unas diez habitaciones (algunas con baño). Acogida familiar. Joséphine os ofrece té con pastas por la tarde. Pre-cios medios. Para información y reservas, escribid a Mrs. J. MacLaren: 1 Inverleith Place, Edimburgo EH 35 QE o ☎ (0131) 551 18 63.

LA RUTA DEL WHISKY

Es la región del célebre Malt Whisky Trail. Para los más alcohólicos de nuestros lectores. A partir de Tomintoul, podéis visitar ocho de las des-tilerías más importantes de *whisky pure malt* de los Grampianos. Algunas precisiones técnicas para los que deseen visitarlas todas: el circuito es de aproximadamente 110 km y en cada visita se tarda una hora. **ATENCIÓN:** todas las destilerías están cerradas los domingos excepto las de *Glenfiddich*, en Dufftown, la más conocida. Regentada por la misma familia desde hace 5 generaciones. La primera gota del precioso néctar se destiló el día de Navidad de 1887. Es la única desti-lería de las Highlands que embotella su producción, por lo que se puede asistir al proceso completo. Abierta de 9 h 30 (12 h los domin-gos) a 16 h 30. Entrada gratuita. En temporada baja, abierta sólo los días laborables. Información: ☎ (01340) 820 373. Un detalle: las ope-raciones más interesantes tienen lugar de 10 h 30 a 12 h. De todos modos, evitad comprar el whisky, es más caro que en la ciudad (y que en España en los supermercados).
Desde Tomintoul por la carretera B 9136, pasaréis por la destilería *Glenlivet,* una de las más famosas. Se visita de Semana Santa a fines de octubre, de lunes a sábado, de 10 h a 16 h, hasta 19 h en julio y agos-to (los niños menores de 8 años no pueden entrar).
Desde allí se puede ir a la de Glenfiddich por la B 9009 o a la de Tamnavulin, Cardhu, Glenfarclas, Glen Grant o Strathisla (en las cuatro últimas hay que pagar entrada). Ved el mapa «la ruta del whisky». Después de semejante gira será mejor que toméis un poco de bicarbo-nato, si no la carretera se os hará muy agradable, pero os será muy difí-cil parar (pocos coches).

¿Dónde dormir en carretera?

– *Youth Hostel Jenny Smith Dellachuper:* AJ privado, situado en Corgaff en la A 939 (carretera de Tomintoul). A 4,8 km de una carrete-ra llamada *The Old Military Road*. Es una antigua granja acondicionada; confort rudimentario. Cocina de leña y agua corriente; no hay ducha.

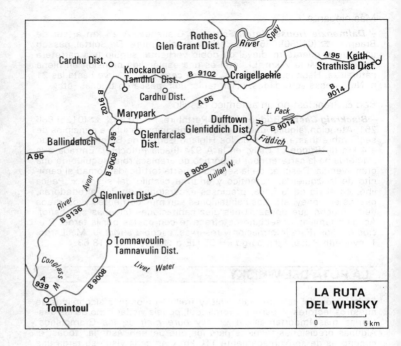

Autobús y tienda a 9 millas. Id con provisiones. Posibilidad de plantar la tienda. Ideal para los caminantes, los aficionados a la ornitología, etc. Muy bien como punto de partida para visitar el *Corgaff Rural Museum, Castle and Kildrummy Gardens*. Para reservar, escribid, a Jenny Smith, Dellachuper, Corgaff, Aberdeenshire, AB3 8YP, o llamad por teléfono a Michèle Scrimgeour al ☎ (019754) 246, para que os den las llaves.
– **Youth Hostel:** en Tomintoul. En la calle principal. Abierto del 15 de mayo al 1 de octubre. Cocina. Lleno de información sobre excursiones.

PITLOCHRY   PREF. TEL.: 01796

Importante centro vacacional en la A 9, muy famoso en Escocia y, por supuesto, turístico en el peor sentido del término. No os quedéis mucho tiempo en la ciudad, excepto para ver determinados sitios que valen el desplazamiento.

– **Tourist Information Centre:** 22 Atholl Road. ☎ 472 215. Abierto todo el año, de 9 h a 20 h en verano. Muy competente. Oficina de cambio.

¿Cómo ir?

– **Tren:** diario desde Edimburgo cada 2 horas.
– **Autobús:** numerosos autobuses desde Glasgow y Edimburgo. Conexión con Rannoch (con el autobús de correos: salida de Pitlochry a las 8 h, vuelta a las 10 h 55 o 11 h 20 según días de la semana), Braemar, Blairgowrie, Perth, Aberfeldy, etc.
– **Express:** cada día desde Londres.

¿Dónde dormir? ¿Dónde comer?

– *Golden Jubilee Youth Hostel:* Knockard Road. A 15 minutos de la estación. ☎ 472 308. Abierto todo el año. Reservad en julio y agosto. Gran confort (es un antiguo hotel). Algunas habitaciones para familias. Se puede llevar la comida y comer allí, o cocinar. Bien equipado.

B & B

– *Craigroyston House:* 2 Lower Oakfield. ☎ 472 053. Abierto todo el año. Villa de estilo victoriano, a 5 minutos de la estación. Caro, pero muy cómodo. Se puede cenar. Hay posibilidad de alquilar apartamentos por semana.
– *Derry Beg Guesthouse:* 18 Lower Oakfield. ☎ 472 070. Del mismo estilo que el anterior, pero con menos encanto. Precios más baratos pero aún así bastante caro.
– *Duntrune Guesthouse:* 22 E. Moulin Road. ☎ 472 172. Abierto solamente de marzo a octubre. Espléndida villa que domina la ciudad. Tranquilidad garantizada. Buena acogida. Mismos precios que el *Derry Beg Guesthouse*. Reducción de precios a partir de la tercera noche.

Elegante

– *B & B Auchanahyle Farmhouse:* Mrs. Howan. Al este de la ciudad. Coged East Moulin Road, y luego girad a la izquierda en Tomcroy Terrace. Al final, tomad el camino a la derecha, es la última casa. ☎ 472 318. Una encantadora granja del siglo XVIII, muy cómoda. Llena de animales. Es caro, pero es el mejor B & B de Pitlochry. Imprescindible reservar, ya que la dirección es muy conocida. Reducción a partir de la segunda noche.
– *Green Park Hotel:* a 5 minutos del centro. Situado al borde del lago Faskally con grandes extensiones de césped. ☎ 473 248. Muy confortable. Hermosa decoración interior. Por lo que se refiere a las habitaciones, los precios son prohibitivos. Buena cena, abundante pero un poco caro. El domingo por la noche, super *buffet* frío. Servicio hasta las 21 h (no es necesario ser cliente del hotel).
– *Queen´s View Hotel:* a 10 km de Pitlochry, en la B 8019. ☎ 473 291. Magníficamente situado a orillas del lago Tummel. Antiguo pabellón de caza del siglo XIX, regentado por una simpática pareja. Preciosas habitaciones y muy caras, evidentemente. Excelente restaurante (abierto a los no residentes). Al mediodía, *lunch* a precios moderados. Por la noche, menú abundante y buenas especialidades del chef. Espléndido panorama desde el comedor. En nuestra opinión todavía mejor que el anterior. Se aconseja reservar.

Campings

– *Faskally Home Farm:* 3 km al norte de Pitlochry, en la B 8019, dirección Killiecrankie y Kinloch. ☎ 472 007. Abierto de mediados de marzo a octubre. Inmenso. Es una fábrica de vacaciones (bar, restaurante, tiendas, piscina cubierta, caravanas de alquiler). Llegar antes de las 23 h.
– *Milton of Fonab Caravan Site:* al sur de Pitlochry, fuera de la A 9 frente a la destilería. Está bien indicado. ☎ 472 882. Abierto del mes de marzo a octubre. Llegar antes de las 21 h. Tiendas de campaña autorizadas. Alquiler de caravanas por semanas o fuera de temporada por dos días.

¿Qué visitar?

▶ *Salmon Ladder,* al sur de la ciudad, sobre River Tummel. El embalse y su «escalera para salmones»: para que miles de salmones puedan franquear el embalse, se ha puesto en funcionamiento un ingenioso sistema. Una ventanilla en un puesto de observación os permitirá quizás observarlos cuando pasan, pero es cuestión de suerte. Pequeña exposición (hay que pagar entrada) sobre el funcionamiento de los embalses (montaje audiovisual), abierta todos los días de abril a octubre, 9 h 40 a 17 h 30.

► La cultura está asegurada de mayo a septiembre por el **festival de teatro** permanente y los espectáculos de música y folclore escocés. Los **Mondaysnigths** se realizan en la Recreation Ground, a la orilla de River Tummel. Información en la Oficina de Turismo.

► Para los que no temen a las multitudes, algunos paseos cortos muy agradables:

• Para empezar una pequeña subida por **Graigower Hill.** No es muy alta (450 m) y ofrece un precioso panorama de toda la región. Salida desde el camino que va al campo de golf.

• Para el **Linn of Tummel,** un pintoresco *nature trail* de 3 km aproximadamente. Aparcad el coche en el Garry Bridge, hacia el norte. Se puede combinar el sendero con el de Killiecrankie (8 km en total).

• El **paso de Killiecrankie** está a 5 km al norte de Pitlochry en la A 9. *Visitor's Centre* muy interesante y documentado. Abierto de Semana Santa a octubre todos los días de 9 h 30 a 18 h. Killiecrankie fue el escenario, en 1689, de una famosa batalla entre ingleses y escoceses. En este estrecho desfiladero (la única vía en la época para acceder al norte), los escoceses infligieron una severa derrota a sus invasores.

• Desde el **Visitor's** *Centre* un caminito conduce al *Soldier's Leap.* Uno de los soldados ingleses derrotados, queriendo escapar de los *highlanders,* saltó por encima del río Garry entre dos rocas que distaban entre sí 18 pies y 6 pulgadas (5,60 m). La hazaña pasó a la historia. De esta derrota los ingleses sacaron la lección de que era preciso construir vías de comunicación más rápidas y menos peligrosas para sus tropas, de aquí arranca la creación de los *Military Roads.* El sendero sigue también el río hasta Garry Bridge. Notad que una nueva y monstruosa *Military Road* está en construcción por encima de lo que muy pronto será la «vieja A 9».

► **Queen's View:** observatorio acondicionado a orillas del lago Tummel, en un lugar donde la reina Victoria no pudo contener un grito de admiración ante la belleza del paisaje. Seguramente había mucha menos gente sobre la roca en aquella época. Rodead el lago Tummel, ya que la pequeña carretera comarcal, junto a los saltos del Tummel, ofrece un paisaje todavía más salvaje.

Desde el lago Tummel, para no tener que regresar a Pitlochry, los que vayan en coche podrán llegar hasta la A 9 por una preciosa carretera. Tomad la B 8019 en dirección a Kinloch Rannoch.

► **Blair Castle:** a 12 km al norte de Pitlochry en la carretera que une Perth con Inverness. El castillo más visitado de Escocia. Se ve desde lejos por su blancura inmaculada. Abierto todos los días del 1 de abril al 13 de octubre, de 10 h a 17 h (después de las 17 h, el parque queda abierto). ☎ (01796) 481 207. Su dueño, el duque de Atholl, es el único ciudadano del país autorizado a poseer una guardia personal: los *Atholl Highlanders.* La gran torre data del siglo XIII, mientras que el resto fue edificado entre los siglos XVI y XIX. 32 salas abiertas al público. Además de un soberbio mobiliario Chippendale y muy hermosas porcelanas, los entendidos podrán admirar una hermosa colección de armas y armaduras. Se organizan paseos a caballo por el parque.

NEWTONMORE Y KINGUSSIE

Desde que la A 9 desvía a los vehículos que cruzaban estos pueblos, la verdad es que han caído en una especie de letargo. Actualmente, el equipamiento hotelero parece desproporcionado en relación a su tamaño. Mucho mejor. Así disfrutaréis de una gran tranquilidad y no tendréis problemas para encontrar un B & B.

– *Tourist Information Centre:* King Street, en Kingussie. ☎ 661 297. Abierto de mayo a septiembre de 10 h a 13 h y de 14 h a 18 h.

¿Cómo ir?

– *En tren:* las dos ciudades están situadas junto a la vía de ferrocarril hacia Inverness.
– *En autobús:* diario Inverness y Perth, Edimburgo y Glasgow. Dos veces a la semana hacia Grantown.

¿Dónde dormir?

– *Ard-Na-Coille Hotel:* en Newtonmore (en la A 86) a la salida de la ciudad hacia Kingussie. ☎ 673 214. Situado en una colina, es un antiguo pabellón de caza con un gran jardín. Con muchísimo encanto. Adorablemente amueblado. Caro. Excelente cocina casera, sólo para los pensionistas y para los que reservan con antelación.

¿Qué ver?

▶ *Highland Folk Museum:* Duke Street en Kingussie. ☎ 661 307. Abierto de abril a octubre, de lunes a sábado de 10 h a 18 h (domingos de 14 h a 18 h). En temporada baja, de lunes a viernes de 10 h a 15 h. Hay que pagar entrada. Aunque las habitaciones junto al *hall* son un poco vulgares, en contrapartida, la visita organizada es interesante. Permite hacerse una idea bastante completa de todos los oficios de la región. Expuestos en diferentes edificios: aperos, maquinaria agrícola antigua, telares, muebles rurales, objetos de uso domésticos, instrumentos de música, etc.

▶ *Ruinas de Tuthven Barracks:* al otro lado del río. Un antiguo cuartel del siglo XVIII destinado a vigilar a esos highlanders demasiado revoltosos en la época. No obstante, fue incendiado por *Bonnie Prince Charlie* en 1746.

▶ *Highland Wildlife Park:* Entre Kincraig y Kingussie en la carretera B 9152 (Perth-Inverness), a 11 km al sur de Aviemore. ☎ 661 270. Abierto de abril a octubre, todos los días de 10 h a 16 h (17 h de junio a agosto). Tal vez un poco caro. Para los motorizados, posibilidad (con un mínimo de suerte) de encontrar, en un gran parque natural de 100 ha, caballos salvajes, manadas de ciervos y bisontes. Es un zoo bastante deprimente: osos, lobos, gatos monteses, águilas, etc. Exhibición de perros pastores todos los martes, jueves y domingos a las 14 h.

AVIEMORE Y EL SPEY	PREF. TEL.: 01479

Una de las regiones turísticas de Escocia. Funciona todo el año (esquí de diciembre a abril en la meseta de Cairngorm). Habéis adivinado que esto no es ni mucho menos la imagen que uno tiene de la Escocia salvaje con 5 habitantes por kilómetro cuadrado. Conscientes de ello, desde Aviemore se pueden realizar excelentes excursiones, allí se encuentra enseguida la inmensidad de las grandes soledades.

¿Cómo ir?

– *Tren:* Estación de Aviemore en la dirección de Inverness. Trenes directos desde Glasgow y Edimburgo.
– *Autobús:* para Inverness, Perth y Grantown.

Direcciones útiles

– *Aviemore and Spey Valley Tourist Centre:* Main Road. ☎ 810 363. Abierto todos los días de 9 h a 18 h (17 h los domingos; en noviembre-diciembre, hasta las 20 h en julio y agosto). El personal es encantador.
– *Tourist Information Centre:* en Boat of Garten, en la tienda de pesca *Allen's*, calle principal. ☎ 810 454.

¿Dónde dormir?

– *Youth Hostel:* en Aviemore. En la carretera principal. A 5 minutos de la estación. ☎ 810 345. Cerrado de mediados de noviembre a fines de diciembre. Muy aconsejable reservar en febrero, abril, julio y agosto. Muy confortable. Alquiler de bicis. Es el cuartel general de todos los grupos de excursionistas. Encargado muy simpático que conoce perfectamente la región. No dudéis en pedirle consejo para realizar el trayecto Aviemore-Inverey por el sendero Lairig Ghru. Se trata de llegar al AJ de Inverey a través de paisajes salvajes de una belleza asombrosa. (Ordnance Survey, Outdoor Leisure 3, Aviemore and the Cairngorms) y un guía de excursiones enumera de los paseos (*Walks in the Cairngorms*, por E.L. Cross).
Contad 24 km desde el AJ del lago Morlich y 23 km desde el de Aviemore. Hay que ir super bien equipado: ropa para protegerse de la lluvia, buen calzado de marcha, chándal, comida, pequeño botiquín. El problema más grave es el clima. No salgáis sin la aquiescencia de un profesional por los brutales cambios climáticos, que son terribles: frío, niebla, nieve (incluso en verano). Un consejo: enviad ropa seca a los AJ a los que penséis llegar después de un *trek*.
– *Youth Hostel:* en el lago Morlich. A 11 km de Aviemore. ☎ 861 238. Cerrado del 1 de octubre al 15 de noviembre. Reserva casi obligatoria desde Navidad hasta fines de agosto. Desde Aviemore, muchos autobuses al día en verano, por la mañana, en dirección a Cairngrom. Colosal casa que domina el lago y la zona de recreo. Servicio de comidas. Cocina. Tienda de café cerca.

B & B

– La Oficina de turismo de Aviemore posee una larga lista de B & B de toda la región. Muchos se esconden en Carrbridge y Boat of Garten.
– *Balavoulin Hotel:* Main Road, en Aviemore. ☎ 810 672. Hermosa casa al lado de una carretera llegando desde Boat of Garten. Habitaciones de B & B a precios medios, con cuartos de baño y T.V. Restaurante con fama. Buena cocina a precios interesantes.

Elegante

– *Craigard Hotel:* Kinchurdy Road, en Boat of Garten. ☎ 831 206. Un hotel con una simpática personalidad que tiene habitaciones con baño o ducha, amueblado rusticamente pero cómodo.

Campings

– *Dalraddy Caravan Park:* a 5 km al sur de Aviemore, en la B 9152 (la antigua A 9). ☎ 810 330. Cerrado en noviembre. Aceptan tiendas de campaña pero hay que plantarlas cerca de la vía férrea. Duchas calientes previo pago. Alquiler de caravanas. Nada caro. Supermercado.
– *Campgrounds of Scotland:* en Boat of Garten, al norte de Aviemore. ☎ 831 652. En el centro del pueblo, cerca del supermercado. Abierto todo el año. Se alquilan *bungalows* y aceptan tiendas de campaña. Muy bien equipado: lavadoras, duchas gratuitas, teléfonos, sala de juegos, *fast-food* cerca.
– *Glenmore Forest Park:* Forestry Commission. ☎ 861 271. Cerrado

de noviembre a mediados de diciembre. Desde Aviemore tomad la A 970 a 11 km. Situado a la derecha, más allá del lago Morlich después del AJ. Rodeado de bosques. El mejor situado de todos y el más cercano a Cairngorm, pero húmedo. Un poco más caro que los detallados anteriores.

¿Dónde comer? ¿Dónde tomar una copa?

– *The Old Bridge Inn:* en Aviemore. En Dalfaber Road, calle paralela a Main Street, al otro lado de la vía férrea. El mejor pub de la ciudad, lleno de jóvenes y muchachas guapas. Gran selección de cervezas. Buen ambiente. Al mediodía, un *pub grub* correcto, a buen precio y excelentes sopas caseras. Cenas hasta las 21 h. *Highland evening* todos los martes a las 19 h de mediados de mayo a septiembre.

¿Qué ver? ¿Qué hacer?

La región ofrece numerosas posibilidades de paseos y excursiones diversos. Aquí van algunos:

▶ *Subida al Cairngorm:* lo más clásico del lugar. No vayáis si no hace muy buen tiempo a riesgo de perderos el panorama. Camino sin dificultad y bien señalizado. Contad entre 4 y 5 horas ida y vuelta (no olvidéis llevar una prenda de lana). Durante la marcha puede que encontréis los únicos renos de Escocia. Muchos prefieren tomar los dos telesillas (que sólo se detienen en el primer nivel) para subir, y bajar a pie. Cuando hace demasiado viento, el segundo telesilla no funciona y hay que hacer el resto a pie. Al final del recorrido el panorama es indescriptible. Ahora que estáis arriba, aprovechad para hacer una visita al Ben Macdhui, el segundo pico más alto de Escocia. Tardaréis unas 2 horas.

▶ A partir del AJ del lago Morlich, todas las combinaciones de paseos agradables son posibles. Naturaleza intacta. Sobre todo en los brezales alrededor del lago Gamhna. Los conejos, los gamos y los ciervos son compañeros habituales. Procuraos la *Glenmore Forest Park Guide Map*. En el lago Morlich se practican todos los deportes náuticos. En la región, numerosos centros para excursiones con póney.

– *Strathspey Steam Railway:* una excursión simpática para los niños de la «era del tren de alta velocidad»: 8 km de la antigua línea del tren a vapor. Desde Aviemore Speyside Station a Boat of Garten, con una vieja locomotora que deja discurrir el paisaje con suavidad. En verano, hasta 5 viajes cada tarde. Información: ☎ 810 725.

ABERDEEN   PREF. TEL.: 01224

La vida cultural y artística de su centro universitario y las 100 000 rosas que la convierten en una de las ciudades más floridas de Gran Bretaña, contrastan con una actividad comercial importante, sobre todo desde la explotación de los yacimientos de petróleo del mar del Norte.

Llegada al aeropuerto

Situado a 11 km al noroeste de la ciudad. Información: ☎ 722 331. Servicio de autobús cada 40 minutos, cada 30 durante las horas punta.

Direcciones útiles

– *Tourist Information Centre:* St Nicolas House, Broad Street. ☎ 632 727. Os recomendamos el plano *Bartholomew*.

¿Dónde dormir?

– **Youth Hostel:** King George VI Memorial Hostel, 8 Queen's Road. AB1 6YT. ☎ 646 988. Abierto todo el año, excepto en enero.

B & B

La mayor parte de los B & B están en Bon Accord Street o en Great Western Road. A menudo decepcionantes y caros. Evitar Crown Street.
– **Millers:** 5 Cairnvale Crescent. ☎ 874 163. Bastante lejos del centro, al sur. Bus 16 o 25. Uno de los menos caros de la ciudad.

Elegante

– **Manorville Guesthouse:** 252 Great Western Road. ☎ 594 190. El confort absoluto, desde la escalera hasta el cuarto de baño de vuestra habitación, pasando por la TV y la decoración de buen gusto. Buena relación calidad-precio.

Campings

– **Camping Hazlehead:** a 5 km del centro (bien indicado). ☎ 321 268. Abierto de abril a fines de septiembre. Cerca de un gran parque. Equipamientos confortables.

¿Dónde comer?

– **Ashvale:** 44-48 Great Western Road. ☎ 596 981. Abierto de 12 h a 23 h. Más económico de 14 h 30 a 16 h 30.
– **Elrond':** 10 Union Terrace. ☎ 640 233. Servicio de 10 h a medianoche (de 12 h a 23 los domingos). Menú para todos los gustos.

¿Qué ver en el centro de la ciudad?

▶ **Mercat Cross:** al final de Union Street, la arteria principal, cruz del siglo XVII con medallones de los monarcas estuardo.
▶ **Marischal College:** Broad Street. Gran edificio de granito que forma parte de la Universidad de Aberdeen. Pequeño museo de antropología.
▶ **Aberdeen Maritime Museum:** Provost Ross' House, Shiprow. Abierto de lunes a sábado, de 10 h a 17 h. La historia de la navegación, de la pesca, de la construcción de barcos y de la explotación petrolera en Aberdeen.

INVERNESS   PREF. TEL.: 01463

Capital de las Highlands, muy turística, etapa obligada para todos los que viajan al norte, aunque no tiene mucho que ofrecer. ¡Es curioso! Notad que Inverness suena muy bien fonéticamente y evoca algo indefinido. Pues sí, en efecto: se trata de una ciudad muy agradable. Constituye un buen punto de partida para las excursiones al lago Ness.

Direcciones útiles

– **Tourist Information Centre:** Castle Wynd (da a Bridge Street). ☎ 234 353. Abierto en verano de 9 h a 20 h 30 (18 h los domingos); en temporada baja, de lunes a viernes de 9 h a 17 h.
– **Correos:** Queensgate. Abierto de 9 h a 17 h 30 (12 h 30 el sábado).

– **Estación de autobuses:** Farraline Park (Academy Street). ☎ 233 371.
– **Estación:** Academy Street. ☎ 238 924. Posibilidad de darse una ducha.
– **Oficina de cambio:** en la oficina de turismo. Mismo horario.
– **Alquiler de Mountain Bike:** Thornton Cycles, 23 Castle Street. ☎ 222 810. Abierto todos los días, excepto el miércoles, de 9 h a 17 h 30.
– **Alquiler de coches:** Cordiners Garage, Harbour Road. ☎ 224 466. Kenning Car Rental, Unit 3, Highland House, Longman Road. ☎ 242 400.

¿Dónde dormir?

– **Youth Hostel:** 1 Old Edinburgh Road. ☎ 231 771. Cerrado en enero. Toque de queda a las 2 h. Situado en el centro de la ciudad. Bonita casa burguesa. Interior remodelado. Preciosa vista de la ciudad. Reserva indispensable en Semana Santa y en julio-agosto. Si os dicen que está completo y que debéis ir al anexo que abre a las 17 h, buscad en otra parte: el denominado anexo es un gimnasio con literas.
– **Inverness Student Hotel:** 8 Culduthel Road. ☎ 236 556. Abierto todo el año. Frente al *Youth Hostel*. Personal simpático. Habitaciones agradables con sábanas incluidas. Desayuno optativo. Cocina. Muy buena relación calidad-precio. Algo más caro en verano.

Baratos y precios medios

– **Mrs. Lyall:** 20 Argyle Street. ☎ 710 267. Sin letrero. Mismo precio que el AJ. Habitaciones bien cuidadas con camas muy confortables. Dueño un poco lunático. Algunos de nuetros lectores han tenido problemas con las reservas. Desayuno optativo.
– **Mrs. McBean:** 15 Argyle Street. ☎ 237 780. Atención, sin letrero. Abierto de junio a septiembre. Habitaciones con ducha al mismo precio que la anterior dirección, en la casa o en los bungalows del jardín. No hay *breakfast*. Dueña tosca, pero acogedora. Reserva necesaria.
– **MacDonald House:** 1 Ardross Terrace. Al norte de la Ness y frente a la catedral de St Andrews. ☎ 232 878. Gran casa espaciosa. T.V. en todas las habitaciones, algunas con cuartos de baño. Buena acogida.
– **Flowerdale Guesthouse:** 34 Greig Street. ☎ 224 338. Al otro lado del Ness. Viniendo de Bridge Street, después del puente, torced a la derecha en Huntly. Es una de las primeras calles que dan al Ness. Un pequeño B & B correcto. Un poco más barato que el anterior.
– **Melrose Villa:** 35 Kenneth Street. ☎ 233 745. Hermosa casa y confort muy *British*. Acogida simpática. Precios correctos.

Más elegante

– **Winston Hotel:** 10 Ardross Terrace (Ness Walk) a 100 m del puente principal. ☎ 234 477. Cerrado de noviembre a Semana Santa. Bonito lugar confortable a precios razonables. Acogida fría.
– **Brae Ness Hotel:** 17 Ness Bank. ☎ 712 266. Bonita casa georgiana, muy bien situada a orillas del río, a 5 minutos del centro. Un cierto encanto. Todas las habitaciones tienen ducha o baño, T.V. Algunas para no fumadores. Dueño simpático. Buena cocina casera. Más caro que el anterior, pero tarifas interesantes fuera de temporada.
– **MacDougall Clansman Hotel:** 103 Church Street. ☎ 713 702. Pequeño hotel tranquilo y céntrico. Habitaciones sencillas y buena simpática. Se puede cenar entre las 18 h y 18 h 30.

Campings

– **Bunchrew Caravan and Camping Park:** a 5 km al norte de Inverness, en la A 862 en dirección a Beauly. ☎ 237 802. Abierto de mediados de marzo a septiembre. Tomad el autobús de Wick. Alquiler de caravanas. Lavandería, tienda.
– **Bught Camping Site:** 2 km al suroeste en la A 82 en dirección a Fort William. ☎ 236 920. Abierto de Semana Santa a finales de septiembre.

Este terreno se encuentra a la derecha llegando del lago Ness. Autobús 3 desde Church Street; cada día. Agua caliente. Duchas. Snack-bar, restaurante. Un lugar tranquilo. Muy barato.

¿Dónde comer?

- **Coffee Pot:** Eastgate (que prolonga High Street). Frente a *Marks and Spencer*. Abierto todos los días de 9 h a 22 h. Pequeño restaurante popular, cocina muy limpia. Platos sencillos, no caros y consistentes: *haddock*, *mixed grill*, pollo, costillas de cordero, etc.
- **Gellions:** 12 Bridge Street. ☎ 233 648. Cerrado los domingos. El restaurante está en el piso de arriba. Se sirve de 12 h a 14 h y de 17 h a 21 h. Buenos snacks, ensaladas, sandwiches, cocina escocesa y menús vegetarianos. Abajo, dos pubs: el **Gellions** y el **Monty's**.
- **Castle Restaurant:** Castle Street. ☎ 230 925. Abierto de lunes a sábado de 8 h a 20 h 25. Marco y platos tipo *fast-food*. Comida abundante a precios moderados. *Steaks*, salsichas fritas, *haddock*, etc.
- **Rose of Bengal:** 4 Ness Walk. Desde High Street al otro lado del puente. ☎ 233 831. Abierto de las 12 h a medianoche. El mejor restaurante indio de la ciudad. Precios razonables. Todos los curries, *tandoori*, los aromáticos *mutton tikka* y *chicken massalla* (en salsa). Todo ello acompañado del *lassi* (yogur muy líquido). Comida para llevar. El servicio a veces es lento. Hay un segundo Rose of Bengal en Castle Street.

Más elegante

- **The Station Hotel:** Academy Street. ☎ 231 926. Es el restaurante de lujo del hotel de la estación. Admirad la espléndida decoración del siglo xix del *hall*. Lujoso e inmenso comedor. Al mediodía, *lunch* muy asequible: *steaks*, quiches, tortillas, etc. Todas las noches, de 19 h a 21 h 15, menú muy correcto o a la carta. El café se sirve en el salón. Por la mañana, super *Highland Breakfast* (un poco caro, pero inolvidable). Por la noche, menú especial de 17 h 30 hasta las 19 h.

¿Dónde tomar una copa? ¿Dónde escuchar música?

- **Market Bar:** Market Lane (un callejón a la altura del 34 Church Street). Abierto hasta las 23 h, de domingo a lunes; 0 h 45, de miércoles a viernes, y hasta las 23 h 30 el sábado. En lo alto de la escalera, en un pequeño local. Un pub popular, frecuentado por la clientela local. Ambiente animado. Música folk el sábado a las 21 h 30.
- El *Folk Singing Club* se reúne a las 20 h 30 cada domingo, en el **Beaufort Hotel** (Culduthel Road). **Haugh Bar** (Haugh Road), donde a menudo ponen música country.

¿Qué visitar?

Enseguida veréis lo que hay que visitar. Evidentemente, queda muy poco del castillo de Macbeth. En su lugar hay un pastiche del siglo xix sin personalidad. La mayoría de las casas antiguas han desaparecido con la tormenta inmobiliaria de los últimos veinte años. Pero en una buena tarde de verano, la puesta de sol resulta encantadora en el muelle de *Huntly Street* y el viejo puente colgante que lleva a él. *Douglas Row*, que prolonga *Bank Street* hacia la desembocadura del Ness, presenta todavía bonitas edificaciones. Paseo muy agradable también por los muelles verdes y floridos que empiezan al pie del castillo.

▶ **Inverness Museum and Art Gallery:** Castle Wynd. ☎ 226 059. Abierto de 9 h a 17 h. Cerrado domingos y días festivos. Entrada gratuita. Pequeño museo de historia local y de las Highlands muy simpático, con pinturas y fotos. Sección de historia natural y piedras pintadas.

▶ En un perímetro restringido, algunos monumentos y casas típicas: en High Street, el **Town Hall** en estilo gótico del XIX y su *Market Cross*. En el **Town Hall**, hermosas vidrieras. Allí se celebró en 1921 el primer consejo de ministros fuera de Londres.

Enfrente, en la esquina de Bridge y Church Street, la torre, último vestigio de la prisión del siglo XVIII. En Church Street, **Albertaff House**, la casa más antigua de Inverness (1592), restaurada, alberga el *Highland Regional Office for the National Trust for Scotland*. En la acera opuesta, el **Dunbar Centre**, antiguo hospital del siglo XVIII con elegantes tragaluces esculpidos.

▶ No dejéis de ver el reloj con autómatas de **Eastgate Centre**. Genial a las horas en punto, pero sobre todo a las 18 h, ya que se ponen en funcionamiento todos los mecanismos de los autómatas.

ALREDEDORES

– Culloden Battlefield: Culloden Moor, a 8 km, hacia el este, en la B 9006. ☎ 790 607. Abierto de 10 h a 16 h en febrero, marzo, noviembre y diciembre, de 9 h 30 a 17 h de abril a mediados de marzo y de mediados de septiembre a finales de octubre; hasta las 18 h de mediados de mayo a mediados de septiembre. Autobús 12 desde Inverness, que tiene su inicio en Queensgate o bien autobús en dirección a Nairn. Visita muy interesante. En el lugar del enfrentamiento histórico de Culloden (1746), un museo para recordar lo que fue para Escocia una última oportunidad para conservar la independencia.

Bonnie Prince Charlie, con sus *Clansmen,* sufrió una sangrienta derrota, vencido por el duque de Cumberland a la cabeza de las tropas inglesas. En el Culloden Moor, unas emocionantes y sencillas rocas señalan las tumbas de los *Clansmen*. Después de aquella batalla, los clanes, los tartanes y todos los signos distintivos de la identidad escocesa fueron prohibidos (incluso la gaita). ¡Triste día para Escocia! Una antigua granja, acertadamente restaurada, alberga algunos testimonios de aquella época.

– Holm Woolen Mills James Pringle: Dores Road. ☎ 223 311. Visita todos los días. A unos 3 km de Inverness (en la B 862). Basta con seguir el letrero *Dores*. Autobús local que tiene parada delante. Es una fábrica de *tweed* que elabora este hermoso tejido desde 1745. También podéis ver cómo se confecciona el tartán con lana peinada. Por supuesto que se puede comprar.

¿Cómo salir de Inverness?

– El trayecto en tren de Inverness a *Kyle of Lochaish* (punto de embarque para la isla de Skye) es formidable. No es muy caro. Se cruzan paisajes grandiosos y salvajes de gran belleza. Es Escocia, con sus lagos, sus montañas y sus landas. Es difícil hacer autostop en la carretera que flanquea la vía férrea, ya que hay muy poca gente. Para el viaje en tren prever alrededor de 2 h 30.
– La línea del norte lleva al AJ de **Culrain, Helmsdale, Thurso** y **Wick**.
– Los autobuses Citylink dan cobertura también a estos destinos cuatro veces al día (3 salidas los domingos).

EL LAGO NESS

Curioso accidente geológico que, junto a los lagos Lochy y Oich, divide Escocia en dos. Construido durante la primera mitad del siglo XIX, el canal Caledonian, de 38 km de largo, se encarga de conectar los lagos con los dos mares. Para equilibrar el nivel de los lagos se necesitaron 29 esclusas. El canal fue proyectado inicialmente para evitar que los barcos ingleses fueran atacados por la marina francesa. El lago Ness es más profundo que el mar del Norte y que muchos sectores del océano Atlántico (cerca de 320 m de profundidad). Los primeros testimonios de la existencia de un gran animal en estas aguas datan del siglo VI, pero en realidad todo empezó en 1933, cuando un tal Mr. Gray tomó una foto (borrosa, evidentemente) de un supuesto monstruo. Los expertos, por su parte, consideraron que se trataba de un tronco flotando en el agua. La publicidad que los periódicos locales dieron al asunto hizo que en los años siguientes gran cantidad de personas corrieran al lugar y afirmaran haber visto la cola de Nessie. Se utilizó el material más sofisticado (sonar, submarinos de bolsillo, etc.) para probar su existencia. Ahora se sabe que aquella foto era una superchería montada por cinco bromistas. El «monstruo» de la foto era un pequeño submarino mecánico dotado de una cabeza de serpiente de plástico de unos 15 cm. Pese a esta revelación, se ha puesto en servicio un submarino que permite a los turistas explorar el famoso lago. Un equipo japonés se instaló en el lugar para realizar el *scoop*. Sin embargo, con los 37 km de largo que tiene el lago, Nessie puede estar tranquilo.

No obstante, un ingeniero británico, Robert P. Craig, acaba de revelar una interesante tesis. Para él, curiosamente los tres lagos «habitados por monstruos» en Escocia: los lagos Ness, Morar y Tay, tienen en común su gran profundidad y el estar rodeados por antiguos bosques de Pinus Sylvestris. Él cree que los troncos de los pinos, al caer en el lago, se empapan de agua y acaban por hundirse hasta el fondo. Allí, reciben una fuerte presión: 25 kg por centímetro cuadrado. Los componentes del pino: resina, gas fénico, etc., protegen durante cierto tiempo la madera del deterioro; luego, al alterarse, se produce gas en el interior del tronco y esto es lo que lo vuelve a poner a flote. La emersión del tronco está acompañada por «escapes de gas» cuya expansión puede simular auténticas explosiones de balasto y provocar, de este modo, una brutal aparición del «monstruo». Una vez vacío, el tronco, de nuevo más pesado que el agua, desaparece otra vez con gran rapidez en el fondo. No está mal, ¿eh?

¿Cómo sorprender al monstruo?

– *En autobús:* para los que van con prisa, una buena solución es el *Gordon's Minibus*. Se trata de un simple paseo por las colinas de la región; 12 personas como máximo. Salida en minibús a las 10 h 30 desde la Tourist Office. Parada para pic-nic a las 12 h, luego 4 h de tiempo libre. Puede parecer un poco caro para lo que ofrecen. Información ☎ 731 202. Si no, autobús 19.

– *En barco:* paseos en barco por el lago Ness y el canal Caledonian. En verano es aconsejable reservar. Información en la Oficina de Turismo o en Jacobite Cruises: ☎ 233 999.

– *A caballo:* posibilidad de montar a caballo en plena naturaleza salvaje. Una hora o todo el día. Póneys para los niños. Información en el Loch Ness Equicentre. ☎ (01463) 751 251.

– *En bicicleta:* es el paseo en bici soñado, con tres AJ en carretera y estupendos B & B. Dos carreteras siguen las orillas del lago. La más directa, la A 82, de Inverness a Fort Augustus. No os la aconsejamos, hay mucho tráfico; orilla muy turística. La otra carretera (la B 852) sigue la orilla y se pierde en medio de una naturaleza magníficamente preservada que ofrece soberbios panoramas del lago.

DE INVERNESS A FORT AUGUSTUS POR LA ORILLA ESTE

Para salir de la ciudad seguid la dirección de Dores (la B 862). En Dores, os aconsejamos que sigáis por la B 862 hacia Torness en vez de rodear el lago. Paisaje apacible y sereno. Hay pocos turistas. Progresivamente, hermosa vista del lago Ness. La región resulta muy atractiva.

– **Scaniport Camping Park:** en la B 862, un poco antes de llegar a Dores. ☎ (01463) 751 351. Abierto de Semana Santa a septiembre. En un pequeño terreno elevado. Barato. Duchas gratuitas.

A orillas del lago Ness

Continuando en la B 862 hacia White Bridge llegaréis a Errogie. No dudéis en girar a la derecha hacia Inverfarigaig. Paseo super agradable siguiendo un riachuelo en una profunda garganta de tupida vegetación. En el lago, torced a la izquierda.

▶ No os perdáis, justo antes de Foyers, el primoroso **Cementerio de Boleskine** al borde del agua. Uno de los más románticos de Escocia. Hay incluso un letrero que cuenta una hermosa historia que sucedió allí. Antiguas tumbas talladas; algunas a nivel del suelo se pierden entre la vegetación. La mayoría de los Fraser están enterrados aquí. El joven Thomas murió a fines de 1789.

▶ **Foyers:** bonito pueblo que domina el lago; ofrece un excelente paseo por una garganta escondida. No es tan fácil como parece, muy resbaladizo. Al final de vuestros esfuerzos, una hermosa cascada que inspiró un poema de Robert Burns. En principio, uno o dos autobuses desde Inverness. Autobús también para White Bridge que pasa por la carretera de arriba. Es posible que os paren a la altura de Foyers.

¿Dónde dormir?

– **Foyers Hotel:** en Foyers, lago Ness, Inverness-Shire IV1 2XT. Una estupenda mansión victoriana que domina el lago en un entorno idílico. ☎ (01456) 486 216. Edificado en el emplazamiento del cuartel general del general Wade que supervisaba las obras de la Military Road que debía unir Inverness con Fort Augustus. Desde 1726, el paisaje no ha debido cambiar ni un milímetro. Lo podréis apreciar desde unas habitaciones muy coquetas (si reserváis con bastante antelación, os aconsejamos la nº 2). Excelente restaurante y un bar donde se puede comer más barato. Acogida simpática. Para el verano reservad con antelación. Una de nuestras direcciones preferidas. Un poco caro incluso tratándose de temporada alta.
– **B & B Intake House:** Mrs. Grant. ☎ (01456) 486 258. Cerrado desde mediados de noviembre a fines de febrero. No está bien indicado. A la salida de Foyers llegando del norte, coged la pequeña calle a la derecha. Es la última casa a la izquierda. 4 habitaciones, una tiene una cama con baldaquín. Bonita bañera en el cuarto de baño común. No muy caro.
– **Mrs. I. MacNally:** Old Manse. ☎ (01456) 486 605. Saliendo de Foyers, en la B 862 en dirección a Inverness, a 4 km. El B & B está indicado. Una gran casa rodeada de jardín. También perdida en el campo. Estilo bastante anticuado, pero recibimiento muy simpático. Nada caro. – **Foyers Bay House:** Lower Foyers, lago Ness, IV 2YB. ☎ (01456) 486 624. Hermosa casa victoriana con personalidad en un gran parque. En la B 852, a unos 32 km al sur de Inverness. Vista del lago Ness. Grandes habitaciones con cuartos de baño. Precio de un hotel. Acogida cálida. Salón de té en la veranda. Restaurante abierto hasta las 17 h, con menú del día más bien barato.

Más elegante

– **White Bridge Hotel:** en White Bridge, Inverness-Shire IV1 2UN. ☎ (01456) 486 226. Un pequeño hotel con mucho encanto. Es necesario hacer reservas en temporada alta. Habitaciones sencillas, pero con acogida familiar. Precios razonables. Por un suplemento de nada, jornada de pesca con el barco del hotel. Restaurante abierto a los no residentes. Cena de 19 h a 20 h 30, 21 h en el bar. Junto al hotel, un puente pintoresco construido en 1732 para la Military Road.

FORT AUGUSTUS   PREF. TEL.: 01320

Antes de llegar a Fort Augustus, la B 862 cruza interesantes paisajes. Desde la carretera se divisa un soberbio panorama del lago Tarff. Fort Augustus es un centro vacacional que en verano se llena de gente. No hay mucho que ver ni mucho que hacer. No echaréis raíces aquí. Circulación infernal por la A 82.

- **Tourist Information Centre:** cerca del aparcamiento. ☎ 366 367. Abierto de abril a octubre, de 9 h a 18 h (20 h en agosto, de 10 h a 17 h de abril a mediados de mayo y en octubre, y de 9 h 30 a 17 h 30 de mediados de mayo a mediados de junio).

¿Dónde dormir?

- **Loch Ness Caravan and Camping Site:** a 7 km al norte de Fort Augustus. Un poco antes de Invermoriston. ☎ 351 207. Abierto de marzo a octubre. Muy bien situado, a orillas del lago. Llegar antes de 21 h 30. Duchas gratuitas, lavandería, pesca autorizada. Alquiler de caravanas. *Bar food* y pequeño supermercado en la recepción.
- **Loch Ness Youth Hostel:** al norte de Fort Augustus, cerca de Invermoriston. Autobús 19 desde Inverness. ☎ 351 274. Abierto de mediados de marzo a finales de octubre. Recepción cerrada entre 10 h 30 y 17 h. Reserva casi obligatoria en julio y agosto. El autobús Inverness-Fort William para delante (en verano de 6 a 7 autobuses diarios; 1 o 2 los domingos). Hay también un autobús para Skye (cambiar en Invergary). El AJ es excelente, bien situado junto al lago. Cocina y supermercado. Algunas habitaciones familiares. Toque de queda a las 23 h.
- **Faichem Park:** en Invergarry, entre el Lago Ness y el Lago Lochy. ☎ (01809) 501 226. Abierto de abril a octubre. Simpático Camping en medio de las ovejas, en la montaña. Hermosos paseos por el bosque. Hay que pagar para ducharse. Alquiler de chalets y también de B & B.

DRUMNACDROCHIT

El centro turístico de la región del lago Ness. Es inevitable, ya que llegando del sur es la puerta de acceso al Glen Affric.

Al pasar se pueden ver las ruinas del castillo de Urquhart que dominan el lago. Fundado en el siglo XII y ampliadoen el siglo XVI, fue uno de los escenarios de las guerras jacobinas. Al parecer desde aquí se divisa mejor al monstruo, ya que éste se muestra más complaciente con los fotógrafos. A la entrada de Drumnacdrochit, a la derecha, los aficionados a los antiguos cementerios pueden visitar el *Old Kilmore Cemetery* (no confundirlo con el nuevo que rodea la iglesia del pueblo).

¿Qué visitar?

▶ **The Official Exhibition:** es un museo sobre la historia del monstruo. El primer gran edificio cuando se llega de Inverness por la A 82. No confundir con el otro pretendido museo, cerca del hotel, y que no es más que un atrapa-turistas con su tienda de souvenirs. Abierto todo el año: de 9 h a 19 h 30 en julio y agosto; de 10 h a 15 h en invierno; de 9 h 30 a 16 h 30 media temporada, (17 h 30 en junio y septiembre). Cerca hay una pequeña oficina de turismo. Es difícil decir si merece las *pounds* invertidas en él. Dicen que el monstruo proporciona más de 80 puestos de trabajo al pueblo. Moraleja: si no entráis, sois directamente responsables del desempleo en la zona. ¡Difícil de aceptar! Se contemplan las raras fotografías que se han tomado, con comentarios «objetivos»: una versión a favor y otra en contra. Parece que ya en el siglo VI, san Columbano vio al monstruo, igual que los soldados del general Wade en el siglo XVI. Sobre todo se trata de una exposición de todas las técnicas utilizadas para «captar» su imagen.

GLEN URQUHART

Una excursión excelente en un precioso valle, que entronca con el de Glen Affric, considerado uno de los más seductores de Escocia.

▶ Un poco más adelante, una desviación interesante, el *círculo de piedra* y el *cairn de Corrimony* (indicado desde la carretera). En pleno campo, muy insólito. Descubierto hace unos treinta años, data de 1 500 a 3 000 a. C. **ATENCIÓN:** si vais de Drumnacdrochit a Beauly (por Cannich), llenad el depósito. No hay gasolineras por el camino.

GLEN AFFRIC

Uno de los mejores lugares de Escocia. Auténtico paraíso ecológico. El nirvana de los excursionistas y de los enamorados de la naturaleza. Mucha gente en verano; es inevitable, pero hay sitio para todos.

¿Dónde dormir?

– *Youth Hostel:* en Cannich. ☎ 415 244. Abierto de mediados de marzo a fines de septiembre. Se puede cocinar. Supermercado en el pueblo. Algunas habitaciones para familias. Llegar entre 7 h y 10 h 30, o entre 17 h y 23 h. De lo contrario, id a calentaros en la sala de TV del camping, a 200 m del AJ.
– *Allt Beithe Youth Hostel:* en Glen Affric. Abierto del 1 de junio al 1 de octubre. No hay tiendas, llevad provisiones. Se aconseja enviar ropa seca algunos días antes a Cannich, si hacéis el circuito en el otro sentido. Reserva muy aconsejable en julio-agosto.
Está prohibido tratar de llegar al AJ en coche. En principio el autobús para en Dog Falls. Luego hay que caminar unos 15 km. Si queréis escalar el Sgurr-nan-Ceathreamban (1 131 m), el Mullach Fraoch-Choire, el Ciste Dhuhb y otros, llegad antes del 1 de agosto. Desde esta fecha a fines de septiembre, los excursionistas no deben salir del sendero.
– *Ratagan:* el Youth Hostel siguiente, se encuentra a unas 5 horas de marcha de Glen Affric. ☎ (01599) 511 243. Cocina, supermercado.

¿Qué visitar?

– Id primero a *Cannich*. En principio hay un autobús de Beauly los martes y viernes. De Inverness, 5 autobuses diarios (durante el período escolar), a veces con cambio a Drumnacdrochit. Cannich, encrucijada de los cuatro Glens: Strathglass, Cannich, Urquhart y Affric. Si no tenéis mucho tiempo, dad prioridad a Glen Affric.
– En *Fanaskyle,* los ingenieros del embalse han intentado integrarlo en el paisaje. Desde Fanaskyle, una carretera lleva a *Tomich.* Un sendero de 5 km conduce hacia el sur a las *Plodda Falls,* preciosas cascadas.
– Volvamos a **Glen Affric.** Su encanto reside en la suavidad, la variedad de los paisajes y las tonalidades de verdes. Todavía más hermoso en otoño, por supuesto.
– Parada simpática en las *Dog Falls,* con muchas rocas que escalar. La carretera que rodea el lago Beinh en Mheadhain o Benevean se detiene tras 20 km en un área de pic-nics. Desde allí, posibilidad de alcanzar el Youth Hostel de Glen Affric por un sendero que termina en Kintail y la costa oeste. Las *Falls of Glomach* están a unos diez kilómetros del AJ.

En este caso, la elección del punto de destino está, por supuesto, en función del tiempo que se tenga. Si se dispone de 2 o 3 días, se puede dar un rodeo: bordear la costa nordeste hasta Helmsdale, Wick y John O'Groats, y luego seguir la carretera costera hacia el norte hasta Durness antes de volver hacia el oeste.

En nuestra humilde opinión, los que lleven prisa o tengan un calendario muy apretado deberían subir directamente a Tongue. En efecto, el nordeste de Escocia, el *Caithnes* pese a ser muy bonito, no presenta espectaculares paisajes y panoramas sorprendentes como la costa oeste. El relieve es en conjunto bastante plano. En contrapartida, para los que van a las islas Orcadas y Shetland, aquí están las cosas interesantes que encontrarán en el camino.

CULRAIN

Lugar célebre por su AJ, situado en un inmenso castillo: *Carbisdale*. Además, este enorme edificio posee una vista espléndida del lago y de las montañas circundantes.

¿Cómo ir?

– *En tren:* atención, si tomáis el tren de Inverness a Culrain, pedidle al revisor que se detenga, ya que la parada en Culrain es facultativa.
– *En coche:* a Ardgay, pequeño pueblo al sur de Bonar Bridge, una pequeña carretera conduce al castillo (8 km).
– *En autobús:* Postbus Ardgay-Strathoykel. Parada en el AJ. En Ardgay, autobús para Inverness, Thurso y Lairg (para este último, autobús hacia Lochinver).

¿Dónde dormir?

– *Carbisdale Castle Youth Hostel:* abierto de fines de febrero a fines de octubre. Se aconseja reservar de mediados de julio a mediados de agosto. Escribir a: Carbisdale Castle, Culrain, Ardgay, Ross-shire IV24 3DP. ☎ (01549) 421 232. El *hall* es un verdadero museo lleno de estatuas y cuadros. Hay una chimenea en la entrada absolutamente demencial, no os decimos nada más. En estilo *espanto*, ved el techo de la biblioteca. En cuanto al verde del hueco de la escalera que sube al dormitorio de las chicas...
Es inútil cargar con toneladas de provisiones: el supermercado del AJ está bien provisto. Admirad los juegos de cordones que servían para llamar antaño al servicio. Las comidas son servidas. *Full Breakfast* muy abundante a precio correcto. Alquiler de bicis sólo por las mañanas. Dado que el castillo está alejado, siempre podréis echar mano de un taxi o del minibús de J. McNeill: ☎ (018632) 422. Barato.

¿Dónde comer? ¿Dónde tomar una copa?

– *Lady Ross:* pub simpático en Ardgay, a 8 km (si encontráis un vehículo). Abierto hasta las 23 h. Nada del otro mundo, pero ambiente cálido. Los sábados noche, un acordeonista toca gigas (*jigs*) escoceses. Posi-

bilidad de cenar hasta las 21 h. En caso contrario, *snack* al lado, abierto durante todo el día.
– *Invershin Hotel:* a 1,5 km. ☎ (01549) 421 202. Desde el castillo, llegad hasta la verja del parque y seguid por la izquierda. Cruzad la calle, atravesad la barrera y seguid la vía férrea hasta el puente. Cruzadla a esa altura. Descubriréis el hotel abajo, a la derecha. El pub abre a partir de la tarde. Encuentros asegurados. Hay también un restaurante: un poquito más caro que los otros, pero las raciones son el doble. Una precisión importante: está terminantemente prohibido pasar por el puente de la vía férrea; os caerá una buena multa si os descubren…, pero es el único medio de llegar al hotel sin hacer un rodeo de 15 km. Todos los jóvenes del AJ lo hacen…

ALREDEDORES

– *Falls of Shin:* cascadas sorprendentes, a 8 millas al norte del castillo, en la A 836. Numerosos paseos a pie. Bonito espectáculo: salmones intentando salvar las cascadas para remontar el río.

DUNROBIN CASTLE

Para los que suben en coche a Golspie (a 60 millas al norte de Inverness, a lo largo de la costa este): echad un vistazo al imponente castillo de estilo «baronal», con su torre del siglo XIII ampliada a lo largo de los siglos. De junio a septiembre, abierto todos los días de 10 h 30 (13 h los domingos) a 17 h 30 (16 h en octubre); en mayo, de lunes a jueves, de 10 h 30 a 12 h 30. Hay que pagar entrada.
Preciosos jardines cayendo en terraza hacia el mar. En el interior, algunas habitaciones muy bien decoradas y recuerdos de la familia de los condes y duques de Sutherland. Precioso mobiliario Luis XV, cuadros de algunos de los más importantes retratistas ingleses y extranjeros. Museo dedicado a los trofeos de caza mayor del mundo entero. Interesante sobre todo por la planta dedicado a los recuerdos de viajes, recogidos en los cuatro rincones del mundo: momias egipcias, joyas indios, armas africanas, piezas raras de la China y del Tíbet, objetos cotidianos de los «primitivos» de Oceanía, etc. Sin olvidar tampoco los elefantes y girafas disecadas: los baúles debían de ser enormes antaño…
Un poco antes de llegar a Brora, a la derecha, ruinas de un antiguo *broch* (fortificación celta del siglo IV a. C. con gruesas murallas).

HELMSDALE

Pequeño puerto todavía en actividad de la costa nordeste de las Highlands. Hermoso paseo a lo largo del río.
– *Youth Hostel* a la salida norte de la ciudad (carretera de Wick). ☎ 821 577. Abierto del 15 de mayo al 1 de octubre. Es un edificio blanco, sin encanto alguno, situado en una encrucijada. Cocina. No hay tienda. Se aconseja reservar por escrito de mediados de julio a mediados de agosto. Helmsdale, Sutherland KW8 6JR.

BERRIEDALE

Minúsculo pueblo a orillas del mar. Grandes rocas dan alojamiento a miles de gaviotas. Se accede a la playa por una pequeña pasarela colgante. En el pueblo, advertiréis una casa con las paredes recubiertas de cornamentas de ciervos, recuerdo de una época en que estos animales eran muy numerosos en la zona. La ruta ofrece algunas magníficas escapadas panorámicas.

WICK   PREF. TEL.: 01955

Pequeño puerto-etapa, simpático y animado, que intenta reconvertirse con el petróleo después de la desaparición de los bancos de arenques.
– *Tourist Information Centre:* en Whitechapel Road (da a High Street, junto al gran aparcamiento). ☎ 602 596. Abierto todos los días en verano de 9 h a 18 h (19 h en julio-agosto), y sólo entre la semana y hasta las 17 h de noviembre a Semana Santa. Gerente simpático.

¿Dónde dormir?

– *Camping:* Janetstown. ☎ 605 420. Al sur de Wick. Abierto de mayo a septiembre. Si llegáis por la A 9, tomad la A 882 (carretera de Thurso). A unos 800 m a la derecha. Duchas calientes gratuitas. Correcto. Al lado de un río, pero también de una vía férrea.
– *Country Guesthouse:* 101 High Street. ☎ 602 911. En la pequeña callecita que baja al puerto, después del cruce con Bridge Street. Sencillo, pero limpio y nada caro.
– *Harbour Guesthouse:* 6 Rose Street. ☎ 603 276. Abierto todo el año. Junto al Wick Heritage Centre. Si venís del sur (A 9), girad a la derecha, a la altura de *MacKay's Hotel*. Seguid Union Street y Bank Row. También a 5 minutos de la estación a pie. Una hermosa casa con numerosas habitaciones. Cena familiar, comedor *convivial*.
– *Bilbster House:* a 8 km de Wick, en la A 882 (carretera de Thurso). Veréis a la derecha una fila de árboles y un letrero que indica el B & B. Coged entonces el camino rural (de tierra) a la derecha. ☎ 621 212. Mansión del siglo XVIII de gran encanto, situada en medio de bosques y jardines. Grandes habitaciones. Nada caro y una excelente dirección.

¿Qué visitar?

▶ *Caithness Glass* (la fábrica de vidrio)*:* en la carretera de John O'Groats (A 9). ☎ 602 286. Viniendo del sur, a la entrada de la ciudad, a la derecha; está indicado. Abierta de lunes a sábado de 9 h a 17 h todo el año y los domingos desde Semana Santa hasta fines de septiembre de 11 h a 17 h. Se puede ver cómo soplan el vidrio de lunes a viernes de 9 h a 16 h 30. Visita gratuita. Muy interesante para los que no lo han visto nunca. Es la misma compañía que la de Perth.

SINCLAIR CASTLE

Algo que hay que ver sin duda. Muy difícil de encontrar ya que no tiene ninguna indicación. Desde el centro de Wick, coged Willowbank, hacia Papigoe; en Staxigoe, girad a la izquierda hacia Noss Head; en el cruce, tomad a la derecha. Al final se ve el castillo, junto al faro, a la orilla del mar. Hay que acabar el trayecto a pie entre los campos. De lejos, el castillo no es nada especial, nada más que ruinas, pero de cerca vale la pena. Está al borde del acantilado, en un rincón totalmente salvaje (no se aconseja ir acompañado de niños). Casi se confunde con el paisaje. Si hace buen tiempo y estáis solos (¡en pareja, claro!), es una maravilla. Siguiendo la carretera asfaltada, se llega al faro, que se puede visitar en principio por la tarde, si el guarda no tiene demasiado trabajo.
En la Sinclair's Bay, en Keiss, hermosas playas con grandes dunas.

JOHN O'GROATS   PREF. TEL.: 01955

El nombre del pueblo se deriva del personaje holandés Jan de Groot,
primer turista conocido (fines del siglo xv).
El lugar carece de interés y sólo debe su celebridad a su situación geográfica, en la punta extrema nordeste de Escocia. Por supuesto, veréis
the last house in Scotland repleta de postales y de recuerdos estúpi-
dos, como siempre. Mucho más interesantes son las focas que retozan
en la costa, según la estación. De fines de abril a fines de septiembre,
un barco mucho más barato que el que sale de Scrabster con dirección
a las islas Orcadas (no admite coches). Salida en principio a las 9 h y
las 18 h (16 h 30 a partir del 13 de septiembre) todo el año. Del 17 de
mayo al 12 de septiembre, a las 10 h 30 y 16 h. Información: Thomas
& Beurs, Ferry Office. ☎ 353 y 342.

¿Dónde dormir?

– *Youth Hostel:* falsamente llamado *John O'Groats Hostel,* está a unos
6 km de la punta, en Canisbay, un villorrio perdido, en tierra firme. Coged un autobús de la compañía O'Groats. ☎ 611 424. Abierto de fines
de marzo a fines de octubre. Alto confort. Cocina. No hay supermercado. Justo al lado, algunos productos a la venta. Abierto hasta las 17 h.
– *Caber-Feidh Guest-House:* en el centro, al final de la A 9. ☎ 611
219. Abierto todo el año. B & B de precio moderado. Decoración banal,
pero buena acogida. Bar y restaurante.
– *John O'Groats House Hotel:* no muy lejos del anterior, cerca del
puerto. ☎ 611 203. Abierto de fines de marzo a fines de octubre, y los
fines de semana en invierno. Más elegante. Arquitectura curiosa que
data del siglo xix. Precios correctos para tratarse de un hotel. Golf gratuito para los residentes. Bar agradable, abierto hasta las 23 h.
Excelente cena de 18 h a 20 h 45, a precios medios.
– *Castle Arms Hotel:* en Mey, en la carretera de Thurso, a una docena
de kilómetros. ☎ Barrock (01847) 851 244. Con cierto encanto. Fachada
original: marquesina y tragaluces decorados con púas de hierro. B & B
y cena. Precios reducidos en temporada baja. Buen restaurante, pero
caro y mala acogida.

¿Cómo salir de John O'Groats?

– *Autobús dirección Wick:* 8 al día, excepto los domingos. Dos compañías: Dunnet's (☎ Keiss 202) y Highland Scottish.
– *Autobús dirección Thurso:* 7 al día, sólo 2 los sábados, ninguno los
domingos. Hay un autobús que asegura la llegada a tiempo para coger
el tren que va a Inverness.

CANISBAY

Un pequeño alto para ver la iglesia. Arquitectura medieval típica, pero
su interior no presenta interés alguno. Aquí asiste la reina madre al oficio religioso cuando está de vacaciones en su castillo, muy cerca. Ved
sobre todo una lápida funeraria esculpida, muy antigua, en la entrada.
El pequeño cementerio a su alrededor posee curiosas tumbas con
impresionantes «calaveras y tibias cruzadas», al estilo pirata.

¿Dónde dormir?

– *Youth Hostel:* ved más arriba, en John O'Groats.

THURSO

Pequeña ciudad tranquila, que tiene no tiene otro interés que el de estar cerca del puerto de embarque para las islas Orcadas. El ferry sale de Scrabster a 3 km al oeste de Thurso. Pero la travesía es mucho más barata desde John O'Groats. Preciosos paseos al este de la ciudad: extraordinarios acantilados llenos de precipicios y aves. Interesante mientras se espera el barco.

Atención, no hay autobús los domingos. Un autobús gratuito sale de la estación de Thurso hacia las 16 h y permite tomar el ferry a las 18 h en John O'Groats. Si no tenéis prisa, el autobús-correo sale de la *Bus Station*, todos los días hacia el mediodía y para en todos los pueblos.

– **Tourist Information Centre:** Riverside. ☎ 892 371. Abierto de Semana Santa a fines de octubre, de 9 h (10 h los domingos) a 18 h. Plano de la ciudad y listas de los B & B y campings expuestos en los escaparates. Folleto de los horarios de los *post-bus*.

¿Dónde dormir?

– **Inchgarvie House:** 30 Olrig Street. ☎ 893 837. Habitaciones preciosas, claras, confortables, en una pequeña casa. Precio módico. Cálida acogida. Incluso se puede tomar una pequeña copa antes de irse a la cama. A 2 minutos del centro.
– **Thurso Caravan & Camping Site:** al oeste de la ciudad, en la carretera de Scrabster (A 882). Reservas: ☎ (01955) 603 761. Abierto de mayo a septiembre. Muy bien situado en lo alto de un acantilado. Magnífica vista. Bien equipado: lavandería, supermercado, cafetería, etc. Se puede alquilar bicicletas y caravanas. Sala de TV.
– **Orcadia B & B:** Mrs. Falconer, 27 Olrig Street. En el centro, cerca de la caserna de la policía. ☎ 894 395. Bonita casa muy bien arreglada por una pareja mayor que se desvive para servir a sus pensionistas. Precios correctos, T.V. en las habitaciones y camas confortables.

ISLAS ORCADAS (Orkney Islands)

Las Orcadas forman un archipiélago de 70 islas de las que sólo unas veinte están habitadas. El terreno está dedicado, sobre todo, a la ganadería (vacas, póneys, ovejas). Algunos campos están cultivados, lo que da un paisaje bastante diferente de las Highlands.

¿Cómo ir?

– **Barco diario desde Scrabster** (2 km al oeste de Thurso) para Stromness. De junio a septiembre, salidas a las 6 h y a las 12 h todos los días (los domingos, a las 12 h solamente); salida suplementaria a las 17 h 45 los martes, viernes y sábados; en temporada baja, consultar los horarios. Descuentos si os quedáis dos noches en las Orcadas. Acantilados impresionantes a lo largo de la costa. El barco recorre *The Man of Hoy*, gigantesco peñón que se eleva por encima del mar.
– **Barco desde John O'Groats** hasta Burwick. Trayecto más corto (45 minutos). Salida en verano a las 9 h y las 10 h 30 (no hay una segunda salida los domingos). Un autobús para Kirkwall asegura la llegada a tiempo para coger el ferry.
– Existe una conexión entre las Orcadas y las Shetland. Precio elevado.

Transportes interiores

– **Bicicletas:** varias casas de alquiler en Stromness y Kirwall.
– **Autobús:** recorre los principales pueblos de la gran isla.

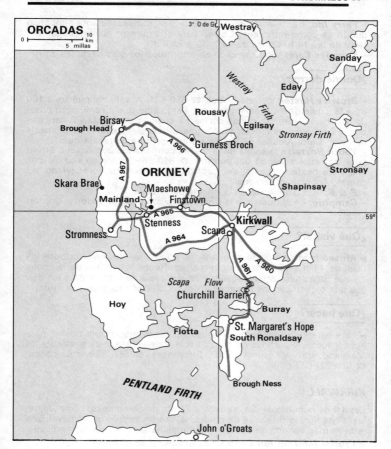

– **Coche:** se pueden alquilar en Stromness, en el puerto. Si os quedáis uno o dos días en las Orcadas, no os conviene llevar el coche en el ferry.
– **Póney (trekking):** varias direcciones. Informaos en las Oficinas de Turismo de Stromness y de Kirkwall. En caso contrario, id a ver a Mrs. Sinclair en Caithness (cerrado los domingos).

STROMNESS   PREF. TEL.: 01856

Pequeño puerto de la isla principal donde atraca el ferry que viene de Scrabster.

Direcciones útiles

– **Tourist Information Centre:** en el puerto. ☎ 850 716. Oficina de Cambio.
– **P & Ferries:** New Pier. ☎ 850 655. En la misma oficina que el Tourist Information Centre.

– **Ferry Inn:** frente al desembarcadero. Bar, pub-restaurante simpático donde se come muy bien. Corred para el almuerzo cuando bajéis del ferry de las 14 h. Cenas de 17 h 30 a 21 h 30.
– **Raymies Café:** supermercado abierto todos los días hasta las 21 h.

¿Dónde dormir?

– **Brown's Hostel:** Victoria Street. ☎ 850 661. Al salir del puerto, a 100 m, a la izquierda en la calle principal. Estilo albergue juvenil, pero privado. Ducha caliente. Se puede cocinar; 8 camas para chicas y 8 para chicos. Es un poco incómodo y la limpieza deja que desear. Se aconseja reservar. Caro. Alquiler de bicicletas, incluso para no residentes.
– **Youth Hostel:** a la salida de la ciudad continuando por Victoria Street (a la izquierda saliendo del puerto). ☎ 850 589. Precioso edificio con una vista bastante bonita del puerto. Recientemente remodelado. 42 camas. Acogida impersonal.
– **B & B:** lista disponible en la oficina de turismo
– **Camping:** en el puerto, a la izquierda bajando desde el ferry. Confort medio.

¿Qué visitar?

▶ **Museo local:** instalado en el antiguo Ayuntamiento. Abierto todos los días, de 11 h a 17 h, excepto el martes. Reúne recuerdos de la época en que Stromness armaba balleneros y proveía de tripulación a los barcos que exploraban las regiones árticas. Colección de historia natural.

¿Qué hacer?

▶ Una pareja de marineros organiza salidas al mar, por la noche, para buscar focas, y partidas de pesca hacia las diversas islas alrededor de Mainland. Terry y Maureen Todd, Stromness. ☎ 850 828; o en coche: ☎ (01831) 637 606.

KIRKWALL

Capital de la principal isla, situada a 24 km de Stromness. Las callejuelas, flanqueadas de casas de piedra, le dan un ambiente medieval. Los jerseys más bonitos de Escocia y los más baratos (en ciertas tiendas).
– **Tourist Information Centre:** Broad Street. ☎ 872 856
– **Alquiler de bicis:** casa Patterson, Jonction Road.
– **Orkney Islands Shipping Company Limited:** 4 Ayre Road, Kirkwall. ☎ 20 44. Asegura las conexiones entre las diferentes islas del archipiélago de las Órcadas (excepto las islas de Hoy-Rackwick y de Rousey, ir en autobús a Tingwall).

¿Dónde dormir?

– **Youth Hostel:** a la salida sur de la ciudad en la A 964. Old Scapa Road. Bien indicado. ☎ 872 243. Abierto de mediados de marzo a fines de octubre. Exento de encanto, pero limpio.
– **Camping:** a la salida de la ciudad, en Pickaquoy Road. ☎ 874 585. Abierto de mediados de mayo a mediados de septiembre. Hay que pagar para ducharse. No siempre limpio. Barato.

¿Dónde beber? ¿Dónde comer?

– **Stables:** el restaurante del Albert Hotel, Mounthoolie Lane. ☎ 876 000. Servicio hasta las 22 h. Decoración cálida. Muy frondoso. Hiedra a

lo largo de las bigas y bonitas linternas de cobre. Adorables rincones para los enamorados. Un poco caro a la carta, pero menú interesante.
– *St Ola´s Front Pub:* el lugar donde se dan cita los marineros. Simpático pese a la T.V.
– *Pamona Café:* Bridge Street. Una gran selección de pasteles ingleses de todos los tipos. Para los aficionados.

¿Qué visitar?

▶ *St Magnus Cathedral:* abierto de 9 h a 17 h de lunes a sábado, y de 14 h a 18 h los domingos. Notable monumento de estilo gótico al que la piedra rosa da un encanto particular.

▶ Cerca de la catedral se alza una torre del siglo xv, vestigio del palacio episcopal.

▶ *Earl's Palace:* casi delante del palacio episcopal hay unas ruinas muy interesantes. El edificio no acabó nunca de construirse. Abierto de 9 h 30 a 19 h de lunes a sábados, y de 14 h a 19 h los domingos.

▶ *Tankerness House:* delante de la catedral. La casa más antigua de la ciudad alberga el museo de antigüedades locales. Abierto todos los días de 10 h a 17 h y los domingos, de14 h a 19 h.

▶ Posibilidad de *salir en una barca de pesca* (*sea angling*) durante el día. Información en la oficina de turismo o en el puerto.

¿Qué visitar en los alrededores?

▶ *Highland Park Distillery:* a la salida sur de la ciudad, yendo hacia Burwick. Visita guiada de Semana Santa a septiembre, de 10 h a 16 h, cada media hora. Es prudente llamar por teléfono a Kirkwall, ☎ 46 19. Entrada gratuita. Las visitas van seguidas de una degustación, también gratuita. La destilería no funciona durante los meses de julio y agosto, pero se puede visitar de todos modos. En Escocia hay decenas de destilerías. Ésta es una de nuestras preferidas. Es pequeña (50 empleados) y utiliza los métodos de fabricación tradicionales, como la turba para calentar las calderas. Venden sobre todo whisky envejecido (8 y 12 años de edad). Dos chimeneas soberbias en forma de pagoda. Los alambiques son todavía de cobre. Para vuestras compras, es más barato en el Duty Free de Londres y en las tiendas de Kirkwall.

▶ *Italian Chapel:* en el mismo camino que la destilería, exactamente después de haber salvado el primer dique que cruza el mar. Ocurrió una cosa muy curiosa en las Orcadas durante la Segunda Guerra Mundial. El ejército de Su Graciosa Majestad había instalado allí un campo de prisioneros italianos. Totalmente aislados, estos construyeron una capilla con materiales recuperados: chapas, papel alquitranado, etc. Por fuera es un gran hangar triste.
Detrás de la puerta, estos materiales producen un verdadero milagro: todos los adornos, el altar los zócalos, incluso las piedras, presentan una decoración en *trompe-l'oeil*, que engaña a nuestros sentidos pareciendo lo que no son. Un festival de formas y colores.

▶ *Las Churchill Barriers:* puentes y barreras fueron construidos también durante la Segunda Guerra Mundial para impedir a los barcos alemanes que entraran en la bahía de Scapa Flow.

▶ *Maeshowe:* a 7,5 km al oeste de Kirkwall. Casa subterránea de la época prehistórica compuesta por una habitación accesible a través de un estrecho pasillo. Abierta de 9 h 30 a 18 h de lunes a sábado y de 14 h a 18 h los domingos.

▶ *Piedras verticales (Standing Stones) de Stenness:* a 17 km al oeste de Kirkwall. Están compuestas de cuatro monolitos verticales y de un pequeño dolmen erigido en 1906 con piedras encontradas en el lugar por arqueólogos demasiado aficionados a las «reconstrucciones».

No se pueden comparar con las de Carnac. Un kilómetro más lejos, el círculo de piedras de Brogar es más interesante.

▶ *Corrigal Farm Museum:* entre Stromness y Kirkwall en la carretera de Dounby. Abierto de 10 h 30 a 13 h y de 14 h a 17 h (los domingos sólo de 14 h a 19 h). Gratuito para los estudiantes. Granja del siglo XVIII convertida en museo: cocina con paredes de cal y fuego en la chimenea, pescado puesto a secar, quesos. Habitaciones con camas empotradas y camisones colocados encima. Se tiene la impresión de haber retrocedido en el tiempo y vivir entre la gente de la época.

HERSTON

Realmente en el quinto pino. Pequeña aldea a orillas del mar en la punta sur de la isla principal. No hay tiendas ni pubs. Sólo una decena de casas.

– *Mr. Annals* dispone de 8 camas en una preciosa casa de piedra cubierta de hiedra. Abierto todo el año, 24 h sobre 24 h. Confort muy rústico, pero puede ser una buena experiencia para respirar lejos de todo. El pueblo es de difícil acceso. Si está completo, os acompañan al hotel más cercano. También os acompañan al ferry de Burwick.

– *Regreso a John O'Groats en ferry:* a las 9 h 50 y las 19 h todo el año, excepto del 5 de julio al 27 de agosto; 11 h 30 y 17 h 15, sólo de lunes a viernes.

WESTRAY Y PAPA WESTRAY

Son las islas más septentrionales y bien merecen una visita. Comunicación con Kirkwall cada dos días durante el verano. Allí estaréis realmente en el fin del mundo. Preciosa reserva ornitológica. Al norte de Westray, el paso que lleva al faro es maravilloso, tanto por su colonia de frailecillos como por sus recortados acantilados.

Papa Westray debe su nombre a los numerosos religiosos o «padres», que habitaron allí en solitario durante la Edad Media. Se han descubierto dos casas prehistóricas, de unos 5 000 años de antigüedad. Sobre el islote Holm of Papa, al este de la isla, se alza un impresionante túmulo. Posibilidad de ir *by arrangement* con un habitante de Papa Westray o de preguntar en el AJ.

– *Papa Communty Cooperative Ltd:* Beltane House, Papa Westray. ☎ (018574) 267. AJ con dos dormitorios y 8 camas. Hay también cuatro habitaciones dobles con cuartos de baño individuales. Mediana acogida, pero es el único sitio de la isla donde se puede encontrar una cama. Por eso se aprovechan un poco.

ISLAS SHETLAND

Situadas en la latitud de Bergen (Noruega). Muy pocos turistas. Evitad acampar en la medida de lo posible, ya que llueve con frecuencia. Alojamiento en *Bed & Breakfast*.

¿Cómo ir?

El archipiélago se compone de un centenar de islas, de las que sólo 15 están habitadas. La principal isla es Mainland (100 km de largo y 20 de ancho).

– *En barco desde Aberdeen:* todo el año. Reserva imperativa en el mes de junio, agosto y también prever para los demás meses. Reserva de coche obligatorio. Dos ferries muy bien equipados hacen el trayecto casi todas las tardes (salida a las 18 h, llegada a las 8 h al día siguiente por la mañana) con una escala a las Orcadas (Orkney) dos veces por semana en verano (una vez por semana en invierno). De fines de mayo a fines de agosto, un ferry une las Shetland con Islandia, las Islas Feroe, Noruega y Dinamarca.

– *En avión:* cuatro vuelos al día procedentes de Aberdeen aseguran la conexión con Edimburgo, Glasgow, Manchester, Birmingham, Londres, París, y un vuelo al día que parte de Inverness.

– *Entre las islas:* los ferries entre las islas del archipiélago son baratos para las personas que van a pie. Pedid los horarios en la Tourist Information Centre de Lerwick.

LERWICK

El puerto de llegada del barco procedente de Aberdeen es la ciudad más importante de las Shetland. Allí se encuentra todo lo que se pueda desear.

– *Albergue juvenil.* Reservad con una semana de antelación.

– *Alquiler de bicis*, tiendas de campaña y coches, pero atención al período de vacaciones del gerente.

– *Autostop* muy delicado a partir de Lerwick y Toft (terminal de petróleo).

– *Desde Lerwick*, está previsto un ferry para las islas Orcadas (Orkney). Posibilidad de regresar a Escocia o ir hasta las Orcadas con los pescadores del lugar. Además, contactos interesantes.

NOSS

Islote rocoso frente a la isla de Bressay, clasificado por completo como reserva natural. Tomad el ferry desde Lerwick hasta Bressay todos los días. ¡Atención!, Noss (abierto de mediados de mayo a fines de agosto) está cerrado al público los lunes y los jueves. Cruzad Bressay a pie. El barquero garantiza una travesía de ida y vuelta Bresay-Noss.

SCALLOWAY

Pueblecito apacible a orillas del mar. Antigua capital de las Shetland. Ruinas en buen estado de un castillo del siglo XVI. Pequeñas tiendas de artesanía de lana. Auténticos jerseys *shetland*, bufandas dobles, guantes y gorras, en venta en una pequeña tienda al lado del castillo. Acceso en autobús desde Lerwick todos los días (varios autocares al día).

SUMBURGH

Principal aeródromo de la isla.

– En Jarlshof, restos en buen estado de una ciudad vikinga. Pequeño museo que presenta los cinco períodos de ocupación de la región: Edad de Piedra, Edad del Bronce, Edad del Hierro, período vikingo, siglos XVI. Visita interesante. La única playa de arena de la isla.

– En el camino de *Lerwick-Sumburgh* a Boddam, una casa típica del siglo XIX, decorada con muebles de la época. Autobuses desde Lerwick cada día.

HILLISWICK

Al noroeste. Posibilidad de acceso en car-ferry cada día, excepto miércoles y domingos. En esta región se reúnen todos los lugares más notables de la isla. Grutas submarinas en Eshaness, acantilados abruptos de rocas rojas; en el camino, los Drongs, picos que se elevan a 30 m por encima del agua en medio del mar. Extraordinario.

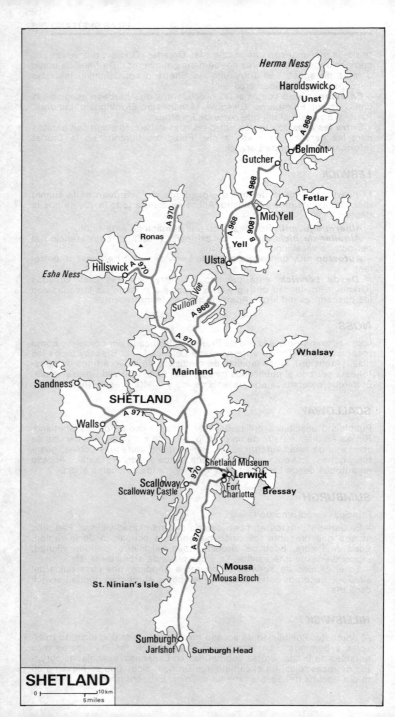

Herma Ness

Haroldswick

Unst

A 968

Belmont

Gutcher

A 968

Fetlar

Ronas ▲

Mid Yell

A 968
B 9081

Yell

Hillswick

A 970

Ulsta

Esha Ness

Sullom Voe

A 968

Sandness

Whalsay

Mainland

SHETLAND

A 971

Walls

Shetland Museum

Scalloway

Lerwick

Scalloway Castle

Fort
Charlotte

Bressay

A 970

Mousa

Mousa Broch

St. Ninian's Isle

Sumburgh

Jarlshof   Sumburgh Head

SHETLAND

0 ⊢——————⊣ 10km

5 miles

PAPA STOUR

Un poco más al sur, se encuentran grutas sumergidas en parte, accesibles en barco sólo cuando hace buen tiempo. Acceso a la isla de Papa Stour en ferry los lunes, miércoles, viernes (y domingos de mayo a septiembre). Extraordinario. No olvidéis las aves, los póneys y las focas...

ISLA DE UNST

La que está más al norte de las islas Shetland. AJ en Uyeasound. Aves, focas, póneys, yacimientos arqueólogicos. Acceso en car-ferry todos los días excepto los domingos (salida desde Lerwick a las 8 h, llegada hacia el mediodía). Acceso en coche todos los días.

Las reservas naturales

– **Hermaness:** en el extremo norte de Unst.
– **Fetlar:** isla a medio camino entre Yell y Unst, accesible por car-ferry, cada día.

TONGUE   PREF. TEL.: 01847

Para los neorrománticos. Hay que ir sin falta al castillo en ruinas que domina la playa. El paseo a pie dura alrededor de una hora. La vista es magnífica, sobre todo durante la puesta de sol.
– **Bus postal:** Tongue-Lairg (8 h 45 todas las mañanas).
– Los domingos las gasolineras están cerradas.

¿Dónde dormir?

– **Youth Hostel:** está en la carretera de Durness, a 2 km después de la salida de Tongue. ☎ 611 301. Abierto de mediados de mayo al 1 de octubre. Cerrado de 10 h 30 a 17 h. Hermosas vistas. Ducha caliente gratuita. Cocina. Pequeño supermercado.
– **Mrs. Marguerite Murray:** 116 Rhitongue. ☎ 611 219. Esta encantadora señora tiene sólo una habitación con cama doble; lástima, la vista es magnífica. Está cerca de una pequeña carretera, a la derecha, más abajo por la carretera principal, delante del letrero de Tongue-Tunga.
– **Ben Loyal Hotel:** en el centro del pueblo.☎ 611 216. Pequeño hotel simpático y de buen *standing*, pero con desayuno bastante caro. Bonita vista desde algunas habitaciones y desde el salón. Excelente cocina, sencilla pero abundante. Buen pescado. Café excelente. Recomendado por la *Taste of Scotland*. Servicio por la noche hasta las 20 h 30.
– **Camping:** en el pueblo. Cerrado a fines de septiembre. Para los que no necesitan muchas comodidades..Equipamientos sencillos. Conserje antipática. ¡Sólo para los pelados!
– **North Coast Adventure Holidays:** al lado del *Tongue Hotel*. Bonita casa en medio de un jardín de árboles. ☎ 611 256. Cerrado fuera de temporada. Es un centro de ocio (piragua, equitación) con B & B. Tarifas razonables, fuego de turba en la chimenea, acogida simpática.

DE TONGUE A DURNESS

Si hace bueno y estáis de humor para retozar, si vuestro coche también lo está y todo el mundo está de acuerdo, os aconsejamos encarecidamente la antigua carretera que se pierde en la montaña para dar una vuelta por el Kyle of Tongue. Discurre unos quince kilómetros, pero es maravillosa. Enseguida se llega a la carretera principal, al lago Eriboll, también precioso. Después del lago, algunas hermosas playas antes de Durness.

¿Dónde dormir? ¿Dónde comer?

– Una buena dirección a orillas del lago Eriboll, *Port-na-Con House:* lago Eriboll, por Altnaharra, Lairg, Sutherland, IV27 4UN. ☎ (01971) 511 367. En un emplazamiento maravilloso, B & B confortable y, por la noche, cocina abundante y deliciosa (abierta a los no residentes). Precios razonables. Reservad con mucha antelación. ¡Fumadores abstenerse!

DURNESS

Pequeña aldea perdida en la costa del extremo norte: litoral muy recortado y estación de *midges*, multitud de insectos hemípteros (llevad loción repelente; *repellent* en inglés). En verano surge algo de animación gracias a una gruta, *Smoo cave*, al este del pueblo. Entrada gratuita, pero visitadla sólo si disponéis de mucho tiempo libre.

¿Dónde dormir?

– **Youth Hostel:** dos casonas de madera, junto a la *Smoo Cave*, al borde de la carretera, al principio del pueblo viniendo desde Tongue. ☎ 511 244. Abierto de mediados de mayo al 1 de octubre. No hay ducha. Los dormitorios no son nada del otro mundo. Se aconseja reservar de mediados de julio a mediados de agosto. Encargado muy amable.
– **Sango Sando camping:** bien situado sobre el acantilado y nada caro. ☎ 511 262. Abierto de abril a octubre. Bien equipado, pero hay que pagar la ducha caliente. Pub y restaurante barato muy cerca. Al pie del alcantilado, dos calas de arena rosada.

ALREDEDORES

– **Balnakeil:** choza a 2 km al oeste de Durness. Precioso cementerio con una capilla en ruinas, junto a una magnífica bahía. Playa excelente.

SCOURIE

PREF. TEL.: 01971

Pequeño puerto situado en la carretera de Ullapool en Durness. La carretera es muy hermosa y cruza un macizo salvaje entrecortado por profundos valles. El pueblo es muy bonito y constituye una agradable etapa.

¿Dónde dormir?

– *Camping:* bien situado, de cara al mar, justo a la entrada de la ciudad yendo a Kylesku ☎ 502 060. Abierto de Semana Santa a fines de septiembre. Baños calientes gratuitos. Bien equipado, limpio, pero caro.
– *The Eddrachilles Hotel:* Badcall Bay. A algunos kilómetros al sur de Scourie, después de Upper Badcall. ☎ 502 080. Una elegante casa de dos siglos de antigüedad, muy bien remodelada como hotel. Alejado de la carretera y en plena naturaleza salvaje con un panorama excepcional de la bahía. Habitaciones muy confortables. Reserva casi obligatoria. Precisad bien que deseáis una habitación con vistas al mar. Tarifa reducida para varios días en *B & B and dinner*.

¿Qué ver? ¿Qué hacer?

– *El lago Laxford y sus islas:* se puede tomar una barca de pescadores (sólo en verano). Hay focas, otarias y aves marinas. Información en el camping o dirigiéndose al Mr. Julian Pearce (☎ 502 409 en Scourie) que organiza cruceros de 2 horas. Salida todos los días (excepto domingos) a las 10 h, 12 h, 14 h y 16 h.
– *Paseo a pie de Scourie a Tarbet:* desde el camping sale un sendero que sube hacia la colina. Coged la carretera asfaltada hacia el puerto, cerca del camping. El sendero empieza a lo largo del muro del *B & B Scourie Lodge*. Escalad y admirad esa multitud de minúsculos lagos. Precioso. Alrededor de 2 horas ida y vuelta.
– *A 3 km al noroeste, Handa Island:* islote rocoso cuyos acantilados están plagados de numerosas grutas. Se ha convertido en una reserva de aves. Es accesible en una barca a motor, todos los días (hacia las 14 h) desde Tarbet. Información: ☎ 502 056. Un guarda permanece allí durante el período estival. El paisaje es magnífico.

KYLESKU

Es una región maravillosa. Se nos llenan los ojos de belleza. Para quedarse definitivamente pasmado, dos superdirecciones (la primera de categoría más elegante):

– *Linne Mhuirich Guesthouse:* Unapool Croft Road, Kylesku, by Lairg, Sutherland IV27 4HW. Viniendo del norte, después de pasar Kylesku, se llega a un pequeño grupo de casas. El B & B está indicado a la izquierda (a la derecha si se llega por el sur, CQFD). ☎ 502 227. Domina por completo los lagos Glencoul y Glendhu. El lugar es maravilloso, no se puede soñar nada mejor. Mrs. Fiona MacAulay es su

encantadora anfitriona, que sabe, además, preparar para sus huéspedes deliciosas cenas. Es absolutamente necesario reservar en temporada alta. De todas maneras, bastante caro. ¡Fumadores abtenerse! No tienen licencia, pero podéis llevar vuestra botella de alcohol.
– *Caladh:* ☎ 502 400. Casa bonita y pequeña, sin pretensiones, en medio de un precioso césped y rodeado de macizos floridos. Sencillo y barato.

DE ULLAPOOL A LOCHINVER

Mirad en el mapa esta carreterita insignificante que pasa por Drumbeg y Clashnessie. Pues bien, es una de las más espectaculares de toda la costa oeste. La carretera es más estrecha que el ancho del vehículo, sinuosa y lúdica a más no poder. Más vale que llenéis el depósito antes de salir. Para los que vayan a pie, salida del autobús-correo a las 15 h 15 desde Lochinver.
Después de *Nedd*, adorable pueblecito, se llega a *Drumbeg*, igual de adorable.
– Dormid en el *Drumbeg House*, de una blancura sorprendente. Correcto y barato. ☎ (01571) 833 209.

LOCHINVER

Pequeño puerto, bastante turístico, encerrado en una bahía de aguas tranquilas. Varios B & B, pero a menudo llenos. Uno de los más hermosos rincones de Escocia. Vale la pena ir hasta Achmelvich, minúsculo pueblo perdido al final de un camino sin salida. Magnífica playa.

¿Dónde dormir? ¿Dónde comer?

– *Youth Hostel:* en Achmelvich, en una antigua casa de pescadores remodelada. ☎ 884 480. Abierto de fines de marzo al 1 de octubre. 38 camas, sin duchas. Pequeño supermercado. Cocina. Se recomienda reservar para julio y agosto: SYHA, Recharn, Lairg, Sutherland IV27 4JB.

LA REGIÓN DE ACHILTIBUIE

Otra región magnífica. Tanto si llegáis de Lochinver por la carretera costera o por la del centro, que rodea los lagos Lurgainn y Bad en Ghaill, el placer es idéntico. En *Air of Coigach*, panorama encantador.
Un autobús escolar une Ullapool con Achiltibuie, consultad los horarios. Summer Islands: desde Achiltibuie (pronunciad «Aretilbui»), posibilidad de ir a las Summer Islands. Salidas todos los días (excepto los domingos) de Badentarpet Pier a las 11 h y 15 h; regreso 3 horas después. Se apreciará entre otras cosas, una hermosa colonia de focas. Contactar con Ian Mackeod, Post Office, Wester Ross. ☎ 622 202.
No olvidéis visitar la *Smokehouse*. Situada en Altandhu, después del pueblo de Polbain. ☎ 622 353. Abierta de lunes a viernes de 9 h a 17 h y el sábado de 10 h a 15 h. Cerrada los domingos. Se puede comprar salmón ahumado, carnes ahumadas, salchichas y patés.

¿Dónde dormir?

– *Youth Hostel de Achininver:* a 3 km al sur de Achiltibuie. ☎ 622 254. Abierta de mediados de mayo a principios de octubre. Realmente sólo para trotamundos audaces (que no lo lamentarán). Parada del autobús de Achiltibuie-Ullapool a 2 km. Después del aparcamiento, un camino lleva al albergue de tejado rosa, junto al mar. Ha sido remodelada y ahora tiene agua, electricidad e incluso calefacción. Un sitio ideal para todos los que buscan paz espiritual. Un camino bordea el mar y permite llegar a la carretera de Ullapool, en dirección a Strathkanaird, o mejor, a Ardmair.

– **Camping Achnahaird:** a 6 km de Achiltibuie viniendo de Ullapool. ☎ 622 348. Abierto de mayo a septiembre. Equipamento sencillo (no hay duchas), pero evidentemente barato. Playa simpática cerca.

ULLAPOOL

PREF. TEL.: 01854

Este pequeño puerto pesquero de casas blancas se ha convertido en una importante etapa turística, al mismo tiempo que en un lugar de paso obligado para los viajeros con destino a la isla de Lewis. Museo pequeño, pero interesante. No os perdáis el regreso de los pescadores, al atardecer. A veces se ven focas en el puerto.

¿Dónde dormir?

– **Youth Hostel:** Shore Street, una calle a lo largo del puerto, en una bonita casa. ☎ 612 254. Abierto de mediados de marzo a fines de octubre. Se recomienda reservar para julio y mediados de agosto. Cocina común, dormitorios agradables.

– **Ardmair Point Caravan Site:** a 5 km al norte de Ullapool. ☎ 612 054. Abierto del 1 de mayo a fines de septiembre. En la curva, frente a la bahía. Duchas calientes. Precioso rincón, pero demasiado aireado.

– **Broomfield Caravan Park:** Shore Street. ☎ 612 020. De Semana Santa a fines de septiembre. Tomad la carretera de la orilla y torced a la derecha en el segundo cruce. Lo más cerca de la ciudad. Se aceptan tiendas de campaña. Desde el camping con vista al mar. Más caro que el anterior. Atención a los *midges*.

– **Lochview:** Argyle Street. Acogida simpática, habitaciones confortables con vistas al lago Broom. Desayuno abundante. Precios módicos.

– **Riverside Hotel:** Quay Street, en el cruce con Castle Terrace. ☎ 612 239. Casa muy bien atendida. Numerosas habitaciones, con o sin cuarto de baño. Tarifas reducidas fuera de temporada. Restaurante abierto a los no residentes; cerrado en invierno.

– **The Old Surgery:** 3 West Terrace. ☎ 612 520. Grandes habitaciones con cuarto de baño y T.V. En una bonita casa. Precios razonables.

Más elegante

– **Argyll Hotel:** Argyl Street. ☎ 612 422. Un poco caro para el marco en que se halla ubicado (sin ningún encanto), pero con habitaciones confortables y bonita vista al puerto desde algunas de ellas.

¿Dónde comer?

– **Tigh na Mara:** Situado al otro lado del lago de Ullapool, a orillas del agua y al pie de las colinas. ☎ 655 282. Excelente cocina vegetariana. Para hacer la digestión, se puede dar un paseo agradable en barco por el lago.

– **Ferry Boat Inn:** en Shore Street, frente al puerto. Servicio hasta las 21 h. Menú a precio correcto y música tradicional. Comedor un poco triste, pero bar *convivial*.

– **The Ceilidh Place** (pronunciad «Kelly»): West Argyll Street. A la vez hotel, restaurante, bar y librería; es un lugar ecologista, joven y simpático que centraliza también todos los acontecimientos culturales: conciertos, animación todas las noches (en el *club house* anexo, en West Lane). Buffet hasta las 18 h 30. Cena, algo más cara, hasta las 21 h.

– En la zona norte de la ciudad, dos *snacks* ofrecen a menudo música *en vivo*.

Más elegante

– ***Altanaharrie Hotel:*** excelente situación a orillas del mar, en una casa muy bonita. ☎ 633 230. Sólo se puede llegar en barco, ya que está situada frente a Ullapool y no hay carretera por el otro lado. Dado que hay que reservar de todas maneras (con bastante antelación en verano), os indicarán la hora a la que irán a buscaros. Uno de los mejores restaurantes de la costa oeste. Un gran recuerdo.

¿Qué ver? ¿Qué hacer?

▶ ***Excursión en barco:*** de Semana Santa a fines de octubre, todos los días excepto domingos. Dos compañías: Summer Queen. ☎ 612 008 y Islander Cruises. ☎ 612 200. Información en el puerto. A escoger entre la isla de las aves (salida a las 10 h 30 y 14 h 30; 3 horas de paseo), Summer Islands (salidas a las 10 h y 14 h) o crucero «natura» 3 veces al día (focas, nidos de aves, ciervos, etc.; 2 horas de duración). Los *shetlands* y los *tartanes* son un poco más baratos que en Fort William.

▶ ***Música*** en el Club House del Ceiildh Place, cerca de correos.

▶ ***El museo de historia local:*** cerca de la Oficina de Turismo. Abierto de abril a septiembre, de 9 h a 18 h. Cerrado los domingos.

¿Cómo salir de Ullapool?

– ***En barco:*** línea Ullapool-Stornoway (en la isla de Lewis). 3 h 30 de viaje. Información: ☎ 612 358. En principio, dos veces al día en verano. Posibilidad de dormir a bordo por un módico precio. Se puede tomar también un billete combinado para las tres islas Hébridas: Lewis, Harris y Skye. Hacer reservas para los coches.
– ***En autobús:*** para Inverness, dos al día de junio a septiembre (excepto domingos). Autobús-correo para Achiltibuie cada día, excepto los domingos, a las 7 h 25. Autobús escolar para Lochinver, durante la semana y fuera de las vacaciones.

ALREDEDORES

– ***Achininver Rock Route:*** precioso camino señalizado que rodea el acantilado hasta Achininver (ver más arriba). La Oficina de Turismo de Ullapool facilita un plano bastante detallado. En total de 10 a 12 horas de excursión a pie. Puede resultar peligroso si hace mal tiempo. Lo mejor es hacer autostop entre Ullapool y Ardmair, ya que el camino sigue la carretera principal. Por el contrario, a partir de Airdmair estarás en plena landa.
– A 18 km al sur de Ullapool, se rodea la garganta de Corrieshalloch, conocida con el nombre de *Falls of Meseach*, una cascada de 50 m de alto. Se puede admirar desde un puente colgante. Para llegar, coged el autobús de Inverness. ¡Atención!, hay que esperar mucho el de regreso (en principio, hacia las 16 h). No hay que olvidar tampoco hacerle señas, de lo contrario no se para.

¿Dónde dormir en la carretera de Gairloch?

– ***Sail Mhor Croft:*** en Gasmusnagaul. Después de Dundonnel, en la A 832. ☎ (01854) 633 224. Entra en la categoría «super Youth Hostel privado». Preciosa casa que ofrece gran confort y con un estilo admirable. El «Hilton de los trotamundos». Pequeñas habitaciones con literas. Desayuno a partir de las 8 h. Se puede cenar, pero hay que reservar.

– **Gruinard Bay Camping Park:** en Laide. ☎ (01445) 731 225. Abierto de abril a fines de septiembre. Espléndidas playas de arena rosada a 1 km del camping. Tienda, caravana para alquilar. Duchas calientes gratuitas. Bella vista, pero mucho viento.

ISLA DE LEWIS Y HARRIS

Un auténtico paraíso. La mayor de las Hébridas exteriores se compone de dos regiones distintas, la de Lewis al norte, llana y yerma, y la de Harris al sur, montañosa y rocosa. Tras llegar a Stornoway, bajad hacia el sur, en dirección a Tarbet. Descubriréis un paisaje lunar; montañas de rocas, lagos, ovejas de cabeza negra y nada más.
Cuanto más bajéis hacia el sur, más inexplicable os resultará. A este paisaje único se suma la visión del mar. En Tarbert, desde donde podéis embarcar para ir a la isla de Skye, buscad los *general stores* a lo largo del muelle: si buscáis bien, encontraréis preciosos jerseys escoceses nada caros y *tweeds* magníficos, tejidos por los artesanos de los alrededores. En el **Tourist Information Center** de Stornoway, ☎ (01851) 703 088; o en el de Tarbert. ☎ (08159) 502 01, os darán un folleto *Failte* («Bienvenidos», en galeico), con información sobre las poblaciones de Lewis y Harris.

¿Dónde dormir?

– **Youth Hostel:** a 7 millas de Tarbert, AJ, en Stockinish .☎ (01859) 530 373. Abierto de fines de marzo a fines de septiembre. Es una antigua escuela. Rincón para cocinar, ambiente muy simpático. Atención, llevad provisiones. A 5 minutos a pie del AJ, un pequeño puerto donde podréis comprar pescado muy barato. Hay autobuses diarios que unen Stornoway con Tarbert y que paran delante del AJ.
– En Harris, a orillas del lago Seaforth, y enmarcado en un paisaje salvaje, un antiguo pabellón de caza se acaba de restaurar y de convertir en hotel, el **Ardvourlie Castle**. Amueblado en estilo victoriano, calefacción central, restaurante que ofrece platos tradicionales escoceses. Todo ello por un precio bastante razonable, ya sea tipo *Bed and Breakfast* o media pensión. Escribir para reservas e información a Mr. Paul Martin, Ardvourlie Castle, Aird-a-Mhulaihd, Harris, Western Isles PA 85 3 AB, Gran Bretaña. ☎ (01859) 502 307.

INVEREWE GARDENS

Pronunciad «Ineverriu». A 12 kms de Gairloch. Abierto de 9 h 30 a la puesta de sol. Acogida de 9 h 30 a 17 h de Semana Santa a fines de octubre. Hay que pagar entrada. Precio medio. Tarifa reducida para estudiantes. En temporada baja, entrada gratuita, pero entonces la visita no está justificada. Visita guiada con un jardinero todos los días a las 13 h. Es mejor esperar a la primavera... Llevaos alguna protección contra los *midges* ya que estas pequeñas moscas pueden jorobaros la visita. Este sorprendente jardín encierra plantas tropicales; no se sabe si su aclimatación se debe a la proximidad de la corriente del Golfo o a la existencia de un microclima. Nos preguntamos cómo pueden crecer esas plantas en semejante sitio. Entrada bastante cara; tarifa reducida para estudiantes. La visita es muy agradable y puede durar una hora, con preciosas vistas del lago Ewe. Los fanáticos de ciertas plantas pueden comprar semillas en las tiendas.

– **Camping «National Trust»:** en Poolewe. ☎ 781 249. Abierto de abril a octubre. Muy bien y nada caro. No está lejos de los jardines.

GAIRLOCH

Centro vacacional situado en un bonito paraje. Playas de arena fina, pájaros y casas típicamente escocesas. Golf, pesca, barcos y bicicletas de alquiler: información en los campings o en el *Tourist Information Centre:* ☎ 712 130. Abierto hasta las 15 h (19 h en julio-agosto); los domingos de mayo a septiembre, de 13 h a 18 h. Cerrado en invierno. Oficina de cambio.

– Se puede dormir en el **Carn Dearg Youth Hostel** a 3 km de Gairloch; se halla en la pequeña carretera que va a Melvaig. ☎ 712 219. Abierto de mayo a octubre. Es aconsejable reservar en julio-agosto. Bonita casa de granito, con vistas al mar. Preciosa sala de estar (chimenea y piano). Bonita playa a 5 minutos.

– **Gairloch Holiday Park:** detrás del hotel Milcroft. ☎ 712 373. Camping bien equipado y nada caro.

TORRIDON

La carretera que sale al nordeste de Torridon hacia Kinlochewe es fantástica. Es tan bonito el entorno que, para asegurar la protección del lugar se ha creado un parque natural. Amplio valle con extraños árboles, encajonado entre altos macizos graníticos.

¿Dónde dormir?

– **Youth Hostel:** situado a la entrada este del pueblo. ☎ 791 284. Abierto de fines de febrero a fines de octubre. Excelente y confortable. Lavadoras (de monedas). Algunas habitaciones para familias. Se aconseja reservar para julio y agosto. Tendréis que comprar las provisiones en el pueblo. Viniendo de Inverness, bajad del tren en Achnasheen, os llevará el autobús-correos.

– **Terreno de camping:** bastante asequible, a la entrada del pueblo. Con aseos. No es caro, pero es sencillo. Reformado recientemente. Sólo tiendas de campaña. Desgraciadamente infestado de *midges*.

¿Qué ver?

▶ Hay posibilidades de organizar numerosas excursiones: rocas estilo cañón, montañas peladas, torrentes. Se puede hacer una excursión de un día con un guía (coche 4x4). Dirigíos al Countryside Centre que está enfrente del camping. Después de Torridon, id hacia el oeste. Autostop difícil, pero tranquilidad garantizada.

▶ **Shieldaig:** descubrid el adorable pueblo de pescadores, con una isla en medio de una bahía fantástica. El lugar es un auténtico paraíso y se puede observar de vez en cuando la actividad de las marsopas en la bahía. Podéis fotografiar las focas, pescar salmón en agua dulce y bacalao en agua salada. Se puede acampar en una terraza que domina el pueblo. Aseos, pero sin ducha. No hay que pagar nada, se confía en vuestra buena voluntad.

Seis *Bed & Breakfast* en el puerto, uno de los cuales parece ser un anexo de la alcaldía (registro de nacimientos, fallecimientos, etc.). Atendido por Mr. Gordon, un señor encantador asistido por un enorme minino. ☎ (01520) 755 296. Dos habitaciones con vistas a la bahía. Confortable. En el pueblo, un supermercado bien provisto.

▶ **Appelcross:** playa de guijarros desierta. Interesante para los amantes de las aves.

Camping en un marco idílico. ☎ (01520) 754 248. Bonito césped donde podéis plantar vuestra tienda de campaña. A veces hay ciervos paseando. Panadería y supermercado en el camping.

▶ La carretera Torridon-Shieldaig-Applecross-Lochcarron es fantástica.

¿Dónde dormir en la región?

Para los que lleguen en bici o en autostop por la A 890 un *Private Youth Hostel* en Achnashellach. Está bien indicado en la carretera. ☎ (015206) 756 232 o 231. Abierto todo el año. Tipo refugio de montaña, con sala de estar, en donde se aprecia el olor del fuego de leña. Gerry, el propietario, es muy simpático. Pequeño supermercado. Confort muy rudimentario, pero aquí se encuentra el auténtico sabor de la excursión y de la carretera.

KYLE OF LOCHALSH

Punto de embarque del transbordador principal para la isla de Skye. Todos los días, salidas cada 10 minutos de 7 h 30 a 21 h 45. Transbordador gratuito para los que vayan a pie a Kyleakin. Desde fines de 1995, hay un puente que une Kyle of Lochalsh con la isla. Este pequeño pueblo está en el centro de una región famosa por la belleza de su litoral, especialmente montañoso y entrecortado, de lagos muy semejantes a los fiordos noruegos. De todos modos, la estancia no tiene mucho interés. Merece la pena comerse una ración de salmón bien preparado, en el café-restaurante situado en la antigua escuela de Kyle of Lochalsh. Marco acogedor. Id después a Skye.

También podéis optar por un pequeño «crucero» agradable desde Kyle of Lochaish a Maillaig. Informaos bien de los horarios.

PLOCKTON

Plockton es un pequeño puerto tranquilo y muy bonito. Uno de los lugares más hermosos de Escocia. Dos pequeñas islas en el puerto, una de ellas accesible a pie durante la marea baja. Para ir a Plockton, bajaos en la estación de tren en la siguiente, a la de Kyle of Lochalsh. La estación está fuera del pueblo. Se puede dormir en el camping (detrás del pueblo) o en el hotel de Harbour Road, muy bien.

ISLA DE SKYE

Con mucho, la mayor de las llamadas islas Hébridas interiores; es también la más visitada. Esto no tiene nada de sorprendente, ya que su paisaje montañoso se cuenta entre los más impresionantes de toda Gran Bretaña. Visitadla si no tenéis nada más que hacer. Atención: no hay autobuses en la isla los domingos. Si os alojáis en un AJ, hay líneas privadas entre los albergues, muy baratos. Es el transporte menos caro.

KYLEAKIN

Aquí llega el transbordador y se pueden alquilar bicis (en Skye Bykes, una tienda junto al AJ), en una callecita paralela al mar. Más caro que en Kyle of Lochalsh.

– *Youth Hostel* en un antiguo hotel. Bajando del ferry, en el gran edificio blanco, a 50 m por la carretera principal. ☎ (01599) 534 585. Abierto todo el año. Se aconseja reservar en julio-agosto. Excelente, pero esperamos que no os paséis allí la vida, hay mejores cosas que hacer en la isla.

BROADFORD

La primera ciudad después de Kyleakin. Situada al fondo de una amplia bahía, al pie de un gran macizo granítico.

– **Youth Hostel:** al oeste de la ciudad. Después del puente, torced a la derecha siguiendo la orilla del mar. ☎ (01471) 822 442. Abierto de fines de febrero al 31 de octubre. Excelente vista. Bien situado, tranquilo y limpio. Imprescindible reservar en julio-agosto. Ambiente agradable.
– **B & B Fairwinds:** Mrs. Donaldson, Elgol Road, después de Broaford Hotel. ☎ (01471) 822 270. Casa nueva en la zona residencial rodeada de un río. Sencilla pero confortable. Alquiler de bicicletas en el mismo sitio. Hecho único: Mrs. Donaldson, por los poderes que le han sido otorgados, está autorizada a casar legalmente.
– **Camping:** entre Skulamus y Breakish, en la carretera de Kyleakin, a pocos kilómetros. Desde Broadford, contad de 30 a 40 minuto caminando. Encargado muy servicial.

PORTREE

La capital de la isla. Puerto encantador con sus casas de fachadas pintadas en tonos pastel. Ocupa un lugar verdaderamente maravilloso, a orillas de un lago que se adentra en tierra firme. Un problema: la ciudad es turística y cara.

– **Highland Games:** principios de agosto. Fiesta escocesa muy célebre con juegos tradicionales y bailes. Si vais, mentalizaos primero para dormir en la playa.

Direcciones útiles

El Tourist Information Office Centre os ayudará a encontrar un B & B si llegáis de improviso. ☎ (01478) 612 137. Abierto de 9 h a 17 h 30 (19 h en junio y principios de julio, 20 h de mediados de julio a fines de agosto). Recepcionistas serias.

¿Dónde dormir? ¿Dónde comer?

– **Collin View Guesthouse:** Bosville Terrace. ☎ (01478) 612 300. Bonita casa, amarilla, en un acantilado que domina el puerto. Hermosa vista de los Cullins Hills. Interior refinado.
– **Kenmore:** 15 Martin Crescent. ☎ (01478) 612 784. Bien situado, a 5 minutos, caminando desde el puerto. Sencillo, pero muy limpio y más barato que en el puerto.
– **Camping:** en Torvaig, fuera de la ciudad. A una milla en la carretera de Staffin. Abierto de abril a octubre. ☎ (01478) 612 209. Caro (como en todas partes en la isla), no demasiado limpio y situada en una pendiente, pero es el único del lugar.
– Por el contrario, en **Sligachan,** 15 km antes de Portree, camping excelente en un precioso emplazamiento. ☎ (01478) 650 303. Abierto de Semana Santa a octubre. Muy frecuentado en julio-agosto y por tanto, muy ruidoso. Bastante limpio. Mismo precio que el anterior. Posibilidad de comer durante todo el día hasta las 23 h en el bar del hotel que hay enfrente. No hay pueblo cercano para el abastecimiento.

EL NORTE: LA PENÍNSULA DE TROTTERNISH

La carretera A 856, que conduce a Uig (pueblo sin ningún interés), permite descubrir cabañas tradicionales y también interesantes puntos de la costa a veces muy accidentada. Más adelante, grandes acantilados encrespados, dominan el Sound of Raasay. El *Uig Hotel* organiza *Poney Treks.* ☎ (01470) 542 205.

¿Dónde dormir?¿Dónde comer?

– *Youth Hostel:* al sur de Uig, en la carretera de Portree. ☎ (01470) 542 211. Abierto de mediados de marzo a mediados de noviembre. Acogida desigual. Autobús desde Armadale, Kyle y Portree; 60 camas. Frente a la bahía. Algunas habitaciones para familias. Supermercado. Se aconseja reservar de mediados de julio a mediados de agosto.
– *Orasay:* en el desembarcadero del ferry de Uig. Algunas caravanas para alquilar. Interesante para grupos. Todo confort. Supermercado y pub cerca. Hay también B & B en la casa. Nada caro por tratarse de la isla. Se aconseja reservar cuanto antes, sobre todo en lo que respeta a las caravanas: Barbara Campbell, Orasay, Uig, Isle of Skye, Inverness-Shire, IV 51 9XU. ☎ (01470) 542 316. Al lado, camping barato abierto del 1 de abril al 30 de septiembre.
– *Duntulm Castle Hotel:* ☎ (01470) 552 213. Abierto de Semana Santa a octubre. Un pequeño hotel muy bien situado a orillas del mar. Precios honestos por tratarse de una isla. Más lejos, el *Flodigarry Country House Hotel.* ☎ (01470) 552 203.

¿Qué ver?

▶ Desde Uig hacia el norte, paisajes casi bretones: praderas onduladas, landas de brezos y de bojs, pueblos con casas blancas y tejas grises.

▶ En Kilmuir, *Skye Museum of Island Life:* grupo de casas típicas, de caña, de los siglos XIX y XX. Historia social de la isla. Abierto de abril a octubre, de lunes a sábado de 9 h a 17 h.

▶ Tumba de Flora MacDonald, quien permitió a Bonnie Prince Charlie escapar tras la derrota de Culloden.

▶ A continuación, pintoresca escapada por los acantilados y los desprendimientos de rocas. En una roca, Duntulm, antiguo castillo, feudo del clan MacDonald.

▶ Llegada magnífica a Staffin Bay. Es tan bonito como en las postales. Dos curiosidades. Kilt Rock, es una cascada que cae directamente al mar desde lo alto de un acantilado. Muy bonito, pero poca agua en verano. Y luego el Storr situado a 10 km, un peñasco de unos cincuenta metros de altura, plantado como un menhir.

EL OESTE

¿Dónde dormir? ¿Dónde comer?

– *Roskhill Guesthouse:* a 5 km de Dunvegan, en la carretera de Sligachan. ☎ (01470) 521 317. Cerrado dos semanas en octubre, enero y febrero. Adorable B & B en pleno campo. Posibilidad de cenar. Paseos geniales por los alrededores; dejaos aconsejar por los propietarios. Ideal para descansar algunos días. Reservad imperativamente en verano. Reducción de tarifa si os quedáis más días. Biblioteca a vuestra disposición.
– *B & B Janet Kernachan:* en la carretera de Lephin, justo al lado del *post-office* de Glendale. ☎ (01470) 511 376. Cerrado en octubre. Janet es una joven con muchas inquietudes. Casa confortable y muy bien atendida, pese a que el aspecto exterior no tenga ningún encanto. Lleno de figuras de elefantes en el salón. Hay que encargar previamente la cena. Una buena dirección. No muy lejos, un pequeño museo de juguetes llevado por un aficionado.
– En Dunvegan hay un restaurante agradable, *The Old School* ofrece platos típicamente escoceses hasta las 22 h. Menú de la cena bastante caro. ☎ (01470) 521 421.

– *Three Chimneys:* junto al *Folk Museum.* ☎ (01470) 511 258. Abierto de 12 h 30 a 14 h y por la noche de 19 h a 22 h 30 (último servicio a las 21 h). Se sirve café de 10 h 30 a 12 h y té de 14 h a 16 h 30. Cerrado los domingos. Uno de los mejores restaurantes de Escocia. Reserva indispensable.

¿Qué ver?

▶ A orillas del lago Dunvegan se alza el alto edificio de Dunvegan Castle, residencia del célebre clan MacLeod desde el siglo XII. Entrada bastante cara. Abierto de abril a octubre de 10 h a 17 h (los domingos de 13 h a 17 h). En invierno hay que entenderse con el *Tourist Information Centre*. Posibilidad de visitar el parque fuera de los horas de apertura. En la torre sur se puede visitar la *Fairy Room*, donde están expuestos el *Fairy Flag*, estandarte mágico de los MacLeod, recuerdos de las luchas jacobinas y una colección de gaitas. El castillo, por sí mismo, no presenta un gran interés, pero los jardines son agradables.

▶ Al pie del castillo de Dunvegan, entre 10 h y 17 h (de Semana Santa a octubre), una pequeña motora fuera borda lleva a 6 u 8 personas al centro del lago; una colonia de focas habita en las minúsculas islas. Información: (01470) 521 206.

▶ A unos 6 km al norte, después de Claigan y al final de una carretera muy estrecha, una playa de ensueño: una playa de coral, ¡increíble, pero cierto! Para llegar, tomad un camino que sale de la carretera, cerca de un pequeño aparcamiento. Hay que caminar una media hora. Carretera muy bonita yendo hacia el oeste, de Dunvegan a Milovaig: lagos, amplias bahías, bonitas casas resplandecientes de blancura.

▶ Ved el *Folk Museum* (Black House) en Colbost: abierto todos los días de abril a octubre, de 10 h a 18 h 30. Muy interesante: aperos agrícolas, objetos domésticos. La cabaña ha sido amueblada como antaño. Artículos de periódicos cuentan las luchas de los campesinos por las tierras. Fueron los únicos que resistieron a las expulsiones... y los únicos que ganaron. Otros artículos divertidos sobre el sacrosanto domingo...

EL SUROESTE

– *Youth Hostel:* en Glenbrittle (en el suroeste de Sligachan). ☎ (01478) 640 278. Abierto desde mediados de septiembre hasta el 30 de septiembre. Cocina, supermercado, comodidad media.

EL SUR

– *Youth Hostel:* en Armadale, cerca del mar. ☎ (01471) 844 227. Abierto de mediados de marzo al 30 de septiembre. Justo delante de la bahía, yendo de Broadford a Adwasar. Cocina. No hay supermercado. Es aconsejable reservar para julio-agosto.

– *Ferry para Mallaig:* 7 al día desde Armadale en julio y agosto; el resto del año, uno menos. 5 salidas los domingos de mediados de mayo a fines de septiembre. 30 minutos de travesía. Permite disfrutar de las excelentes playas de arena fina de Morar, al sur de Mallaig.

– *Ferry para Figg & Rhum:* en principio salida diaria desde Mallaig, excepto los domingos. Duración: 15 minutos.

EILAN DONAN CASTLE

Visitas de Semana Santa a fines de octubre, todos los días, de 10 h a 17 h 30. Entrada barata. Esta fortaleza, erigida en el siglo XIII para impedir el acceso de los piratas escandinavos al lago, ocupa un lugar extremadamente pintoresco. Destruida en 1719, fue reconstruida en 1932 según los planos originales que se conservaban en Edimburgo. Sirvió de escenario para la película *Highlander* cuyo papel principal fue interpretado por Christopher Lambert. Después del castillo, a 2 km, pequeño camping, en la carretera de Kyle a Ardelve, cerca del fiordo. ☎ (01599) 855 231. Abierto de Semana Santa a mediados de octubre. Espléndida vista, terreno bien conservado, justo con los aseos necesarios y una ducha (hay que pagar). Información en la casa azul y blanca del cruce (es también un B & B que alquila caravanas por semana).

FALLS OF GLOMACH

Cerca de Eilan Donan Castle. Tomad la A 87 y torced a la izquierda después de Inverinate en dirección a un camping del *National Trust for Scotland*. Girad a la izquierda antes de llegar al camping y seguid el bosque hasta un aparcamiento. Del aparcamiento a las cascadas: 6 km. Paisaje magnífico: el sendero sigue la dirección de un barranco por donde discurre el torrente. Llevad buenas botas.

FORT WILLIAM   PREF. TEL.: 01397

Antiguo puesto de guarnición al pie del Ben Nevis (1 344 m), el pico más alto de las islas Británicas. El aire es realmente vivificante. Fort William no es aconsejable para los que no soportan a los turistas. Corren el riesgo de indigestarse. Las numerosas tiendas que venden *tweeds* y *shetlands* son la prueba manifiesta.

¿Dónde dormir?

– **Nevis Youth Hostel:** a la salida norte de la ciudad, tomad la carretera que va al pie del Ben Nevis (4 km en total). ☎ 702 336. Cerrado en noviembre. Frente a la montaña y a orillas de un río. Las paredes están cubiertas de madera. El encargado no acepta el carnet de estudiante. Desde este AJ, los montañeros podrán tomar el hermoso sendero que les conducirá, entre rocas y ovejas, a la cima del Ben Nevis. Desde la estación, un autobús va hasta el AJ.
– **Fort William Backpackers:** Alma Road. ☎ 700 711. Para los que prefieren estar a pocos minutos de los pubs, en vez de tener enfrente el Ben Nevis. AJ de la red Backpackers, situado en una antigua casa de huéspedes de *standing*. Bonita vista desde la sala de estar.
– **Onich Inchree Bunkhouse:** en Onich, 15 km al sur de Fort William por la A 82. Indicado a la izquierda. ☎ (01855) 821 287. AJ privado abierto 24 h sobre 24, todo el año. Duchas calientes, lavandería, teléfono y utensilios de cocina. Dos pequeños dormitorios y una gran sala de estar. Se duerme sobre unos grandes tableros. Muy barato. Buen restaurante. Pub, pero hay otro más barato a 5 minutos.
– **Locky Caravan Park:** camping a 3 km al noreste de Fort William por la A 82 y la A 830, en Camaghael. ☎ (01397) 703 446. Abierto todo el año. Bastante grande y bien equipado. Demasiadas caravanas. Llegar antes de las 22 h. Duchas gratuitas. Alquiler de chalé y caravanas. Lavandería, *snack*, tienda etc. Más caro de junio a agosto.
– En dirección a Inverness y luego a la derecha por Glen Nevis Road, **Glen Nevis Caravan & Camping Park**. ☎ 702 191. Abierto de el 20 de marzo a fines de octubre. El mejor situado de la ciudad. Terreno a parte para las tiendas de campaña. Caro. Aseos correctos. Ducha caliente. Teléfono y buzón. La tienda cierra a las 19 h. Restaurante no muy caro a 500 m, abierto de 12 h a 21 h. Servicio bar hasta las 23 h.
– En la estación, por poco dinero, podeis disponer de un estupendo cuarto de baño con ducha... Si hay cola, no podéis tardar más de 15 minutos.

¿Dónde comer?

– *Mc Tavish's Kitchens:* en la calle principal (en el primer piso). Evitadlo. Se ha vuelto muy turístico en el peor sentido de la palabra.
– *Crannog Seafood:* en el puerto. ☎ 705 589. Curiosa casa de color blanco y rosa en un saledizo del muelle. Ciertamente el mejor restaurante de la ciudad. *Lunch* de 12 h a 14 h 30 excepto domingos y lunes, cena de 18 h a 21 h 30 (22 h 30 de junio a septiembre). Precios muy razonables.
– *Ben Nevis Bar:* 103 High Street. ☎ 702 295. Inmensa casa vieja que alberga dos pubs y un restaurante. En la primera planta, menú barato de 12 h a 14 h. Vistas del lago desde las mesas del fondo. En el menú: sopa, delicioso *haggis* y postre. La carta es menos interesante. Snack en la planta baja, de 12 h a 14 h y de 17 h a 20 h.

¿Qué ver? ¿Qué hacer?

▶ *Excursiones al Ben Nevis:* contad al menos con 7 u 8 horas de marcha entre ida y vuelta. No olvidéis dar vuestro nombre y la hora de vuelta prevista antes de salir, en el AJ o a la policía (☎ 702 361). Ellos os informarán sobre las condiciones climáticas. El camino, muy frecuentado, sale exactamente justo delante del AJ. La ascensión (fácil) permite contemplar un panorama único y colores irreales garantizados, si el sol juega un poco con las nubes. A veces hay nieve en la cúspide, pero sobre todo mucho viento. Llevad calzado apropiado, ropa de abrigo, calcetines, impermeable...

▶ *Tratad de ver las focas* si el tiempo lo permite. Salida todos los días desde el puerto (excepto domingos). En temporada alta, sólo a las 10 h, 12 h, 14 h, 16 h y 18 h 45.

▶ *Numerosas veladas* folk en los pubs.

▶ Posibilidad de hacer *Fort William-Mallaig* en tren de vapor con la *West Higland Line*. Paisajes admirables; el *steamer* tiene mucho encanto (velocidad de tortuga garantizada). Un poco caro. ☎ 703 791.

GLENCOE

Valle desértico flanqueado por montañas a un lado y al otro la carretera. Para cortaros la respiración.
– *Youth Hostel:* a 3 km después de la salida del pueblo, en pleno bosque y cerca del río. ☎ 811 219. Lugar de encuentro de los alpinistas avezados. Un auténtico chalet de montaña. .
– *Red Squinel Site:* camping a 200 m del AJ, muy bonito, y muy barato. ☎ 811 256. Abierto todo el año. Aseos quizás insuficientes, pero está previsto un nuevo bloque.
– *Paseo* fácil de una hora (ida y vuelta). Preguntad por el camino que a través de los bosques va a desembocar al lago Leven. Tomad la dirección del puente y del hospital en la calle principal de Glencoe.
– Posibilidad de dejar la mochila o bolso en el Museo popular (cerrado domingos y de octubre a Semana Santa), cerca del supermercado del pueblo, que es mucho mejor que el de Kingussie.

OBAN   PREF. TEL.: 01631

Balneario que la reina Victoria puso de moda, porque encontraba el clima del lugar muy propicio para cuidar sus reumatismos. Pese a la afluencia turística, Oban conserva un increíble encanto.

Direcciones útiles

– **Tourist Information Centre:** Argyll Square. A la derecha, al salir de la estación. ☎ 563 122. Abierto de 9 h a 17 h 15 y hasta 21 h, de mediados de junio a mediados de septiembre. Cerrado los fines de semana de noviembre a marzo. Oficina de cambio.
– **Alquiler de bicicletas:** Graham Cycle Shop, en Combie Street, cerca del Tourist Information; y Oban Cycles, justo delante del AJ.
– **Alquiler de barcos:** Borro Boats, en Dungallan Park. ☎ 563 292. Embarcaciones de vela, a motor o de remos...

¿Dónde dormir?

– **Youth Hostel:** en la esplanada, tres casas después de la catedral católica. ☎ 562 025. Abierto de fines de febrero a fines de noviembre. Una de las más hermosas casas del lugar, categoría 1. Vista espléndida sobre el mar y las islas vecinas. A menudo abarrotado y acogida poco cálida. Reservar: SYHA, Esplanade, Oban, Argyllshire PA 34 5AF.
– **Jeremy Inglis:** 21 Airds Crescent (arriba del todo). ☎ 565 065. AJ privado de lujo, que por desgracia se llena rápidamente. Mismo precio que un AJ. 2 a 6 personas por habitación, pero se duerme en una verdadera cama. Propietario apasionante: culto, divertido, que acoge y recibe. Os deja su cocina y os ofrece sus mermeladas. Si está ausente, lo encontraréis en el restaurante **McTavish's Kitchens**, su refectorio, en George Street (☎ 563 064).
– **Cuan:** Lismore Crescent. ☎ 563 994. En Corran Brae, coged a la derecha después de la catedral, y luego la segunda también a la derecha; está al final. A 3 minutos del centro por las escaleras. Acogida familiar y precios insuperables para un B & B.
– Aquellos que dispongan de un coche o bicicleta, pueden ir a Gallanach, pequeño puerto al oeste de Oban, muy agradable. Se llega por la carretera de la costa. Los **B & B** son menos caros. Hay un camping.
– **Camping:** a 3 km del centro-ciudad siguiendo la costa. ☎ 562 179. Abierto de Semana Santa a fines de octubre. Justo enfrente de la isla de Mull, en medio de las colinas. Bonitas playas. Fabuloso, pero repleto en verano y bastante caro. Bar-restaurante y tienda. No se hacen reservas para las tiendas de campaña.

¿Dónde comer? ¿Dónde tomar una copa?

– **The Box Tree Restaurant:** George Street. De 9 a 23 h. Cerrado los domingos. Bonito salón de té. Platos tradicionales, pizzas y ensaladas baratas.
– Puerto pesquero cerca de la estación. Aprovechad la ocasión para tomar todo el pescado y las gambas que os apetezcan. Se venden en cucuruchos a un precio relativamente módico. Se agradece después de ocho días de hamburguesas.

¿Qué ver?

▶ **Caithness Glass:** Heritage Centre, Railway Pier. Posibilidad de asistir a la fabricación de toda clase de objetos. Durante la semana de 9 h a 17 h. Entrada gratuita. Tienda abierta los fines de semana en verano.
▶ **McCaig's Tower:** McCaig era un banquero de fines del siglo pasado que hizo construir una réplica del Coliseo de Roma (¡según él para dar trabajo a los parados!), que domina la ciudad; resultado bastante feo.
▶ **La destilería:** Stafford Street. Abierta de 9 h 30 a 16 h 15 y el sábado de 9 h a 17 h, de Semana Santa a octubre. Cerrada los domingos. Visita y degustación.

▶ *Museo World In Miniature:* en el puerto. Todo un mundo en miniatura. Abierto de 10 h (14 h el domingo) a 17 h.

▶ Mercado animado, por lo general el viernes de 10 h a 16 h en *Auction Market.*

▶ *Highland Games:* gran fiesta típicamente escocesa, con bailes y juegos tradicionales, los últimos miércoles y jueves de agosto.

Excursiones por mar

– Ferry diario entre Oban y *Lochboisdale* (South Uist), sólo en verano, con escala a Castlebay (Barra) tres veces por semana (5 a 7 horas de travesía).
– 5 a 8 viajes diarios a *Craignure* (Mull): 40 minutos de travesía. *Información:* ☎ (01688) 302 182.
– 3 viajes semanales a *Colonsay* (2 horas 30 minutos de travesía).
– 3 viajes semanales a *Coll* y *Tiree* (sólo en verano) vía Tobermory (Mull). 5 horas de travesía.
– 2 a 4 conexiones diarias con *Lismore* (1 hora de travesía).
– Hay que arreglárselas para pasar cerca de *Staffa,* ese islote desértico. La travesía no se efectúa más que cuando hace buen tiempo, saliendo de Iona en un barquito que se mueve bastante. Llevad jersey e impermeable. En Staffa también existe la posibilidad de avistar la inmensa *gruta de Fingal,* inmortalizada por Mendelssohn, cuyas paredes están formadas por columnas basálticas. Sólo tras abordar el islote se puede ver (con marea baja) la *Gran Calzada* compuesta de bloques de basalto prismático.
– Desde *Oban* salen excursiones de un día en ferry-bus. Información en el *Tourist Information Centre.*

ISLA DE MULL

Todavía más salvaje que la de Skye. En el extremo noreste se alza el *castillo de Duart,* cuya torre del homenaje data de 1250. Incendiado durante las guerras jacobinas fue restaurado a principios del siglo xx por la familia McLean, uno de los clanes más antiguos de Escocia. Visita de mayo a septiembre de 10 h 30 a 18 h entre semana (en julio-agosto, el domingo de 14 h 30 a 18 h). Travesía muy cara. *Tourist Information Centre,* en el Pier. ☎ (01680) 812 377.
El ferry llega al puerto de *Craignure*; desde allí, diversas posibilidades: ir en autobús a Tobermory, un pequeño puerto de casas color pastel. Hay autobuses esperando la llegada del barco; alquilar una bicicleta: ☎ (01680) 812 444, o ir a pie a Torosay Castle (2 km), restaurado recientemente; interior decorado, jardines espléndidos. Hay un pequeño tren turístico que une también Craignure con Torosay Castle. Funciona en Semana Santa y de fines de abril a mediados de octubre.

– *Youth Hostel:* en el puerto, en una antigua casa. ☎ (01688) 302 481. Confort rudimentario. Cocina y pequeño supermercado.

¿Qué visitar?

▶ *Tobermory:* pequeño puerto en el extremo de la isla que ha sabido preservar su tranquilidad, ya que para llegar hay una carretera todavía con un solo carril.

▶ *La isla de Iona:* desde Graignure hay una pequeña carretera pintoresca que le une con Fionnphort, desde donde sale el ferry hacia la isla de Iona, que alberga el primer cementerio cristiano de Escocia así como dos abadías.Una curiosidad: la roca de Iona es una especie de guijarro jaspeado con el que se hacen joyas.

MULL OF KINTYRE

Os acordaréis de la canción de MacCartney... Hay que ir hasta Campbeltown en Argyll. Campbeltown es una ciudad gris y apagada, sin muchos turistas. De ella sale un autobús que lleva a Machrihanish. Pueblecito retirado. Muy pocas tiendas.

También desde Campbeltown se puede llegar, por la B 842 (un poco antes de Peniver), a un B & B instalado en una granja muy agradable y barato. Vista de las montañas muy interesante. La dirección: Mrs. N. MacNair. High Smerby Farm, Campbeltown. ☎ (01586) 552 426.

INVERARAY

Antiguo burgo real situado a orillas del lago Fyne. Desde el siglo xv fue la capital del ducado de Argyll, cuyos representantes son los jefes del clan Campbell, descendientes de una de las familias más antiguas de Escocia. Callejuelas estrechas.

¿Dónde dormir?

– **Youth Hostel:** Dalmally Road, a la salida de la ciudad, en la A 819 después de la gasolinera Esso. Categoría 2. Supermercado.

– **Argyll Caravan Park:** a 3,5 km al sur, por la A 83. ☎ 302 285. Abierto de abril a fines de octubre. Espléndido emplazamiento, junto al lago. Pequeño pub, tienda bien provista, lavandería, caravanas para alquilar (¡y para vender!); mucha información sobre la región, etc.

¿Qué ver?

Al norte del pueblo se alza un castillo construido en 1761. Abierto desde el primer sábado de abril al segundo domingo de octubre. Se puede visitar en julio y agosto de 10 h a 17 h 30 (los domingos, a partir de las 13 h). Los restantes meses del año, de 13 h a 14 h, salvo los viernes en que permanece cerrado.

ISLA DE ISLAY

Al oeste de Glasgow, es la isla más meridional de las Hébridas. Tomad el ferry en Kennacraig, puerto situado a 37 millas al sur de Inveraray (por la A 83), entre Tarbert y Whitehouse (2 horas de travesía). Lugar de encuentro de los aficionados a las aves (lugar de paso de ocas y patos). Varias pequeñas destilerías fabrican un excelente brebaje local. En el circuito (llamado *The Islay and Jura Tour*, dado que Jura es una isla vecina que tiene muchos alambiques), hay que visitar, las destilerías *Bruichladich*, *Laphroaig*, *Bowmore*, *Bunnababhain* (previa cita) y *Lagavulin:* sus *single malts*, son, sin duda, excelentes.

GIGHA

Pequeña isla al este de Islay. Muy poco visitada.

– Hay que ver el **jardín de Achamore House,** sobre todo en los meses de mayo-junio.

– **Isle of Gigha Hotel:** el único pub de la isla, que hace a la vez de hotel, vale el desplazamiento (dardos, dominó).

ARROCHAR   PREF. TEL.: 01301

Al norte de Glasgow junto al lago Long, brazo del río Clyde. Preciosa región. Para los amantes de la naturaleza: senderos, paseos por el bosque de Argyll, escaladas, etc.

¿Dónde dormir?

– Para acampar cerca de **Arrochar** id a Ardgartan (a 4 km de Arrochar, hacia el oeste), donde encontraréis un camping de la *Forestry Commission de* Su Majestad. Situado a orillas del lago Long. ☎ 702 293. Abierto de mediados de marzo a fines de octubre. Bien atendido. Duchas. Llegad antes de las 18 h a ser posible.
– *Inverberg Holiday Park:* otro camping en Inverberg, justo antes de Arrochar, viniendo de Glasgow. Apartado, a orillas del lago Lomond. Precioso lugar con acceso a una playa privada donde se permite el piragüismo. Demasiadas caravanas. ¡Lástima!
– *Ardgartan Youth Hostel:* En pleno bosque de Argyll (está indicado). ☎ 702 362. Muy agradable y simpática acogida. Pequeño supermercado cocina muy bien equipada, dormitorios cómodos. De Semana Santa a septiembre, hay la posibilidad de tomar un *breakfast*. Vista espléndida del lago desde la sala de estar. Uno de nuestros preferidos.

GLASGOW   PREF. TEL.: 0141

Con frecuencia, al pronunciar la palabra Glasgow, algunas personas ponen cara de horror y empiezan a balbucir: «Esa ciudad industrial, gris, aburrida y sucia, llena de proletarios tristes... ¡Y además no hay nada que ver!». ¡Qué error! Glasgow no es Roma o Praga, pero posee barrios y museos interesantes, y su vida cultural y social presenta un indudable encanto. Aquí encontraréis la auténtica Escocia. Os sorprenderá la amabilidad y la disponibilidad de los autóctonos; el peso de la clase obrera, mayoritaria en la región, solidaria con las luchas del pasado y también con la crisis actual, si está ahí es por algo. El partido conservador no posee más que un solo diputado en toda la región: la gente es lo que cuenta aquí ante todo. Y además, puede que sea una coincidencia, pero la comunidad de Erin es importante en Glasgow. Son raras las personas que no llevan un poco de sangre irlandesa en sus venas... Bien, id a Glasgow a divertiros de lo lindo con algún grupo de estudiantes; id a probar la cálida camaradería de los viejos pubs; asistid a los espectáculos de los teatros de vanguardia mientras perfeccionáis vuestro inglés... Habéis acertado, ¡Glasgow nos ha tocado muy hondo!

Un poco de historia

Durante mucho tiempo, Glasgow fue un sombrío puerto inglés y no conoció un auténtico desarrollo hasta el siglo XVIII, cuando Escocia quedó definitivamente bajo hegemonía británica. La ciudad se enriqueció gracias al comercio con las colonias, sobre todo de tabaco.
Después se descubrió hierro y carbón en la región. Esta doble conjunción de gran puerto y de productor de minerales fue una razón básica del considerable auge que experimentaron la ciudad y el valle del Clyde en el siglo XIX, durante la Revolución Industrial. James Watt, que supo adaptar la máquina de vapor a la industria, nació aquí. La ciudad se cubrió de monumentos, hermosas mansiones y jardines con su contrapunto inevitable, los barrios obreros miserables donde se hacinaban inmigrados irlandeses y campesinos de las Highlands, expulsados por las *clearances*. La pujante industrialización y la carrera en busca de pin-

gües beneficios ignoraron, por supuesto, los problemas de equilibrio ecológico y Glasgow dio enseguida la imagen que hoy se tiene de ella: sucia, descuidada, gris a causa del humo de sus fábricas. Para rematar, la tuberculosis y el alcoholismo, que diezmaban los guetos obreros contribuyeron evidentemente a extender el cuadro y a consolidar las lúgubres descripciones estilo Dickens. Lo que fue realidad antaño, hoy ya no lo es. Gorbals, al otro lado del Clyde, símbolo de la miseria obrera, fue arrasado en los años 60. Con la crisis económica, muchas fábricas como los famosos astilleros navales del Clyde, donde se construyeron el *Queen Mary* y el *Queen Elizabeth*, han cerrado. Glasgow se halla ahora en una situación transitoria. Su antigua imagen de fortaleza obrera ha variado considerablemente y hoy se esfuerza por conservar su posición de capital económica diversificando sus actividades. Algunos muelles se han convertido en bucólicos paseos, e incluso los salmones han vuelto a poblar las aguas del Clyde...

Direcciones útiles

- *Tourist Information Centre:* 11 George Square. ☎ 204 4400. Junto a George Square. Abierto de 9 h a 18 h, hasta las 19 h en junio y septiembre, y 20 h en julio y agosto.
- *Correos:* George Square. Abierto de 9 a 17 h 30 entre semana y de 9 h a 12 h 30 el sábado.
- *American Express:* 115 Hope Street. ☎ 226 3077.
- *Cambio:* en Central Station (entre Hope Street y Union Street). ☎ 226 4736. Abierto los siete días de la semana de 7 h 30 a 22 h. Hay también una oficina de cambio en el Tourist Información Centre, pero siempre es mejor cambiar en los bancos. Evitar las agencias de viajes.

¿Dónde dormir?

Alojamiento caro en Glasgow. Los hoteles más asequibles del centro de la ciudad no valen lo que custan. Os hemos seleccionado unas estupendas *guesthouses*, apenas más caras que un B & B, a medio camino entre el centro y la universidad, en un barrio muy animado.

- *Youth Hostel:* 7-8 Park Terrace. ☎ 332 3004. Autobuses: 11, 44 y 59 desde el centro de la ciudad. En Hope Street también podéis tomar el 59 y el 44 (en Central Station) con parada en Woodlands Road. Muy bien situado, en un barrio de arquitectura victoriana, a dos pasos de Kelvingrove Park, que sólo hay que cruzar para llegar a la universidad. Reservad con antelación en verano y para los fines de semana. AJ muy bonito y cómodo. *Breakfast* incluido en el precio.
Excelente ambiente (¡quizás demasiado quizás los sábados noches!).
- *YMCA:* David Naismith Court, 33 Petershill Drive. ☎ 558 6166. Abierto todo el año. Situado en una torre. Sólo para los aficionados a los YMCA. Estación de tren de Barnhill. Autobuses: 12 y 16 desde Queen Street Station. Alquiler de apartamentos por semanas y por meses.

B & B y Guesthouses

Los B & B y *guesthouses* más baratos se encuentran en el barrio de Hillhead y las mejores *guesthouses* en Renfrew Street. Reservad.

- *Iona Guesthouse:* 39 Hillhead Street. ☎ 334 2346 M.: Hillhead. En un barrio universitario, animado en época universitaria y cerca del centro. Un B & B encantador a precio razonable. Aparcamiento privado.
- *Guesthouse:* 33 Hillhead Street. ☎ 334 2973. Una especie de hotel lleno de pequeñas habitaciones. Bastante impersonal. Si está completo id al lado.
- *The Hillhead:* 32 Cecil Street. ☎ 339 7733. Bonitas y cómodas habitaciones con cuarto de baño y TV. Acogida simpática. Más caro que las demás direcciones de este apartado.

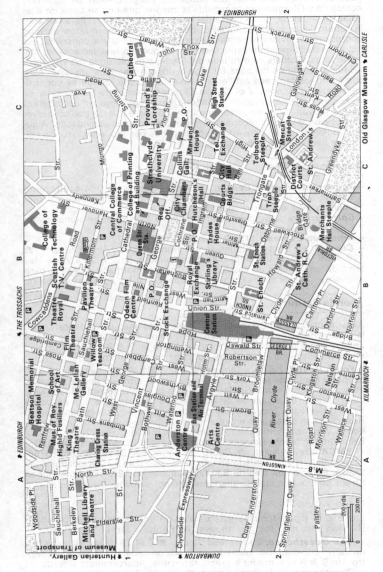

GLASGOW

– **Alamo Guesthouse:** 46 Gray Street. ☎ 339 2395. Autobuses 5, 62, 64. Callecita que da a Argyle Street, al final de Sauchiehall Street. Bien atendido y muy tranquilo delante de un pequeño parque. Magnífica bañera en ángulo.

– **McLays Guesthouse:** 264-276 Renfrew Street. ☎ 332 4796. Parece un verdadero hotel, pero al precio de un buen B & B. Una casa victoriana bien restaurada (*hall* moderno). Algunas habitaciones con baño.

EN EL SUR DE LA CIUDAD

Para los que suben de Ayr y no tienen el valor de enfrentarse con el tráfico del centro-ciudad.

– **Baird Hall of Residence:** 460 Sauchiehall Street. ☎ 332 6415. Muy céntrico, correcto y no muy caro. Pedid al encargado una de las habitaciones que da a Sauchiehall. Un poco ruidosas, pero las demás dan a un patio interior, más bien deprimente.

– **Regent House:** 44 Regent Park Square. ☎ 422 1199. Tren local: Pollokshields West. Callecita perpendicular a Pollokshaws Road. Bonito interior y muy cómodo (moqueta tartán del mejor efecto). Excelente acogida, TV. de alta definición en las habitaciones, desayuno muy copioso y precios más elevados que la media. Reservad pronto.

EN LA UNIVERSIDAD

Durante la época de vacaciones encontraréis casi con toda seguridad habitaciones correctas a precios B & B, después de aplicar la reducción para estudiantes (de lo contrario, ¡está fuera de alcance!). Llamad por teléfono antes.

– **Conference and Vocation Office:** 52 Hillhead Street, Glasgow G 12 8 PZ. ☎ 330 4743. Para todo tipo de información, escribid o llamad por teléfono. Habitaciones espaciosas. También se puede llamar directamente al *Maclay Hall.* ☎ 332 50 56. Posibilidad de hacer reservas.

– **Dalrymple Hall:** 22 Belhaven Terrace West. ☎ 339 5271. Abierto en Semana Santa y de mediados de junio a septiembre. Pequeña calle paralela a Great Western Road (A 82). Numerosos autobuses en el centro de la ciudad entre ellos el número 11. En el barrio del jardín botánico. No lejos de Byres Road (la calle de los pubs estudiantiles). Funciona como un B & B, con habitaciones dobles y con posibilidad de cenar. Tarifas reducidas para estudiantes.

– **Queen Margaret Hall:** 55 Bellshaugh Road. ☎ 334 2192. En el mismo lugar que el anterior, pero al otro lado de Great Western Road.

Campings

Muy alejados del centro de la ciudad.

– **Camping Craigendmuir Park:** Campsie View, Stepps G33 6AF. ☎ 779 2973. El único camping de la ciudad, a 15 minutos del centro. Desde el centro, en dirección a Stirling, y luego a Stepps. No es caro. Sanitarios sucios.

– **Barnbrock Camping Site:** Barnbrock Farm, Kilbarchan, Renfrewshire. ☎ Bridge of Weir (01505) 641 791. Abierto de abril a fines de noviembre. Viniendo del suroeste (Largs, Ardrossan etc.), tomad la B 786 hacia Kilmacolm. A unos 5 km de Lochwinnoch, torced a la derecha. Autobús 17 de Clydeside Scotish a Buchanan. Equipamiento sencillo.

¿Dónde comer?

– **Café Gandolfi:** 64 Albion Street. M.: St Enoch, luego seguid Trongate. ☎ 552 6813. Abierto de 9 h a 23 h 30. Antigua decoración de madera, clientela joven. Excelentes ensaladas, sopas, carnes frías y pasteles con fondo de música clásica. Quizás un poco caro. Se aconseja reservar con antelación.

– **Grosvenor Café:** 31-35 Ashton Lane. M.: Hillhead. Abierto de martes a sábado de 9 h a 22 h 30, hasta las 19 h, los lunes y de 11 h a 17 h 30 los domingos. Pequeño restaurante muy apreciado por los estudiantes. En absoluto caro. Perritos calientes, hamburguesas, pizzas, ensaladas, etc. B.Y.O.B. (*Bring your own bottle*).

– **Joe´s Garage:** 52 Bank Street. ☎ 339 5407. Repleto a las horas de comer. Clientela estudiantil. Menú variado y platos abundantes al estilo americano. Almuerzo barato de 12 h a 14 h 30 y *happy hours* (precios reducidos) de 17 h a 19 h. Servicio cada noche hasta las 23 h 30 y *brunch* los domingos de 11 h a 15 h. Se aconseja reservar.

– **Bombay Bistro (Regent Sahib):** Regent Street. Justo delante del cruce con Renfield Street. ☎ 331 1980. Abierto de 12 h a 23 h 30. Cocina india barata y abundante, en un ambiente agradable.

– **Nico's:** 377, Sauchiehall Street. ☎ 332 5736. Ambiente joven, pitas, ensaladas, etc., a precios correctos. Servicio hasta las 19 h y después se convierte en un pub.

– **Cul-de-Sac:** 44 Ashton Lane. Callejuela llena de restaurantes que dan al Byres Road (barrio universitario al noreste del centro-ciudad). M.: Hillhead. ☎ 334 4749. Servicio de 12 h a las 23 h (24 h los viernes y sábados). Ambiente agradable. Deliciosa y pequeña *creperie* original: coliflor, judías, *stilton*, etc. *Happy hours* entre las 17 h y las 19 h, de lo contrario, bastante caro. Pub invadido de estudiantes. Se puede comer platos sencillos, pizzas, burguers, etc.

– Restaurantes universitarios en la **Glasgow School of Arts,** Newberry Building, Renfrew Street. Muy cerca de Sauchiedall Street. No piden casi nunca el carnet de estudiante. Comida correcta, y muy barata.

Más elegante

– **Shish Mahal:** 66-68 Park Road. ☎ 334 7899. Junto a Gibson Street. En opinión de muchos, es uno de los restaurantes indios más famosos de Escocia. Servicio impecable. Probad las deliciosas especialidades: *bho na chicken, chicken quorma* a las finas hierbas y nuez de coco, y todos los *tandoori* y *tikka* tradicionales. Adorable acogida y servicio atento. Se recomienda reservar. De un diez a un veinte por ciento menos en la comida para llevar. Muy buena relación calidad-precio.

– **The Ubiquitous Chip:** 12 Ashton Lane. Cerca de Byres Road. ☎ 334 5007. Abierto de lunes a sábado de 12 h a 14 h 30 y de 17 h 30 a 23 h. *Bar-food* abierto el domingo, a precios muy interesantes. Ambiente fresco y elegante. Buena reputación y algunos platos bien preparados. Bastante caro por la noche.

Muy elegante

– **Rogano:** 11 Exchange Place ☎ 248 4055. En la zona peatonal de Royal Exchange Square. Abierto mediodía y noche hasta 22 h (23 h los viernes y sábados). Cerrado domingos. Uno de los más antiguos y más famosos restaurantes de Glasgow. Fundado en 1876, muestra la misma decoración *art déco* sofisticada desde hace 50 años. Reserva casi obligatoria. Especializado en pescado y mariscos. Amplia carta. Al mediodía, un pequeño *lunch* a precio asequible para apreciar por lo menos la decoración.

¿Qué visitar?

Glasgow, hay que reconocerlo, no es una ciudad que anime a primera vista a salir a descubrirla andando. No obstante, si la miramos de cerca, encontraremos en el centro un estupendo conjunto de inmuebles de fines del siglo XVIII y del siglo XIX. Por otra parte, hay algunos paseos que no carecen de interés. La red de autobuses es densa y compleja.

AL ESTE DE GEORGE SQUARE

▶ **George Square:** flanqueada por imponentes edificios del siglo XIX, entre los que destaca la City Chambers en estilo Renacimiento italiano (visitas organizadas a las 10 h 30 y 14 h 30 del lunes a viernes). Merece la pena la visita por sus vestíbulos y las escaleras de mármol. En medio de la plaza, estatua de Walter Scott encima de una columna.

▶ Seguid por George Street hasta Castle Street, subid a la izquierda hasta Provand's Lordship, en el número 3, la casa más antigua de Glasgow. Data de 1471 y en ella vivió María Estuardo cuando estuvo en la ciudad (abierta de 10 h a 17 h, domingos 11 h a 17 h; entrada gratuita).

▶ **La catedral St Mungo:** Castle Street. Abierta del 1 de abril al 30 de septiembre, de 9 h 30 a 13 h y de 14 h a 18 h; domingos de 14 h a 17 h. En temporada baja, cierra a las 16 h. Fue construida en el siglo XIII en el emplazamiento de la primera iglesia construida en el siglo VI por san Mungo, patrón de la ciudad. Es la única catedral que sobrevivió a la Reforma en Escocia (además de la de Orkney). En el interior, preciosa galería y coro de estilo gótico arcaico. Los aficionados a los cementerios no deben perderse el de la catedral. Observad, en el interior de la catedral, la emocionante placa en memoria de los soldados escoceses muertos en las Malvinas en 1982.

▶ **Glasgow Cross:** en la intersección entre High Street y Trongate. Antiguo centro del Glasgow medieval. Torre cuadrada, vestigio del Tolbooth (alcaldía-prisión) que data de 1626. La *Mercat Cross*, delante, es una réplica reciente de la del siglo XVII.

▶ **Barras Market (el rastro de Glasgow):** entre Gallowgate y London Road. Todos los sábados y domingos de 10 h a 16 h se instala, en una gran explanada, uno de los rastros más pintorescos de toda Europa. Antiguos edificios victorianos con varios pisos acumulan tesoros, y cientos de tiendas venden realmente de todo: desde la colección de Dinky Toys hasta trapos y baratijas, pasando por los cachivaches más estrambóticos. En el primer piso de *Cart Whell Junk Market*, preciosos vestidos retro, baratos (entrada por Bain Street, después del arco Barras).

▶ Haced un alto en el *Oyster Bar,* 97 Candleriggs, que hace las delicias de sus parroquianos desde 1894. Id antes de mediodía para probar los *clabbidoes* (mejillones gigantes) y los *whelks* (bígaros), porque se acaban enseguida. Servicio de platos de mejillones hasta las 17 h. Una dirección excepcional y realmente muy barata.

▶ **Glasgow Green:** un gran parque agradable, el más viejo del mundo, que se extiende a lo largo del Clyde, al sur de Barras. Es más que un simple parque: todo un símbolo. Muy querido por los habitantes de la ciudad, ya que concentra toda la historia de la urbe y rebulle de anécdotas. Para todos: es *property of the people.* Muchos historiadores piensan que se trata de uno de los lugares históricos más importantes de Escocia. Juzgad vosotros mismos. Para empezar existe desde hace 800 años. No se sabe cuándo pasó exactamente a ser propiedad del pueblo, pero ya en 1450, el arzobispo de Glasgow concedió derecho de pastoreo en él. Las vacas se pasearon por allí hasta 1870 y también las ovejas. Atención, la calle que bordea el Glasgow Green no es muy segura por la noche. Muchos robos.

▶ **People's Palace:** Glasgow Green. ☎ 554 0223. Abierto de 10 h a 17 h; domingos de 11 h a 17 h. Entrada gratuita. Es el museo de historia de Glasgow y de sus habitantes. Construido con esta finalidad en 1898, su elegante arquitectura (estilo Renacimiento francés) revela la importancia que las autoridades de la época concedieron a la memoria de su ciudad. Se encuentran en el mundo muy pocos museos que reflejen tanto amor de un pueblo por su historia y de una manera tan didáctica. Exposiciones temporales. No dejéis de probar una buena taza de té en el elegante jardín de invierno, un espléndido invernadero tropical.

► Entre las otras curiosidades del Green figura la **Fábrica de tapices Templeton**, un extraordinario edificio en ladrillo policromo que parece un palacio veneciano en comparación con el *People's Palace*. Fue construido junto al Green en 1892. El Ayuntamiento exigió que, dada su proximidad, la arquitectura de la fábrica fuera estética. James Templeton, el dueño, preguntó al arquitecto cuál era, en su opinión, el monumento más hermoso del mundo. El contestó: «el palacio de los Dux» de Venecia. Así pues, Templeton sugirió tomarlo como modelo para construir su fábrica. La producción de tapices cesó en 1979.

AL OESTE DE GEORGE SQUARE

Descubriréis el Glasgow victoriano y comercial. Algunos edificios y lugares significativos: la Royal Exchange Square de estilo neoclásico, que lleva a Buchanan Street, una de las principales arterias comerciales de Glasgow.

► Ver el **Stock Exchange** (entre St Vincent Street y St George Place), de arquitectura gótico-veneciana, construido en 1875, y testigo de la floreciente época del comercio colonial.

► Visitad después **Sauchiehall Street,** con mucho la calle más animada de Glasgow. Gran cantidad de almacenes, restaurantes, pubs y cafés, además de algunos preciosos ejemplos de *modern style* o *art nouveau* británico (modernismo).

► En el número 217 de Sauchiehall, admirad la **Willow Tearoom,** obra maestra de Charles Rennie Mackintosh, construida a principios de siglo xx. Hoy muy bien restaurada. En la planta baja hay una joyería. En el interior, el salón de té ha sido decorado con muebles fabricados en estilo Mackintosh (abierto de 9 h 30 a 16 h 30, excepto domingos). Pasteles bastante caros. *Centre for Contemporary Arts,* en el número 350. Abierto de lunes a sábados de 10 h (10 h 30 los sábados) a 14 h.

► La **Glasgow School of Art:** 167 Renfrew Street. Acceso por Sauchiehall. ☎ 353 4526. Visita organizada de lunes a viernes a las 11 h y 14 h. Los sábados a las 10 h 30. Allí también, una de las obras modernistas más destacadas de Mackintosh. Edificada en 1896 para una de las fachadas y 10 años más tarde para la otra. Notad la diferencia de estilos. Podéis visitarla: acercaos al *desk*. Al salir, id a contemplar *Charing Cross*, con una sonrisa irónica, una obra modernista de la última década...

► **Tenement House Museum:** 145 Buccleuch Street, Garnethill. Tomad otra vez Garnet Street, a dos pasos de Charing Cross, hasta Buccleuch Street. Abierto del 1 de abril al 31 de octubre todos los días de 14 h a 17 h. Hay que pagar entrada. Se trata de un piso restaurado por el National Trust, en un inmueble de arenisca roja, característico de fines del siglo xix. Muebles y objetos domésticos testimonian la vida de una familia que vivió aquí más de 50 años. Visita interesante.

► Se puede visitar el **Waverley,** el último barco movido por ruedas. Situado en Anderston Quay. Información: ☎ 221 8152. Funciona en julio-agosto, hace cruceros en la Clyde.

► **The Gallery of Modern Art:** Queen Street. En el edificio de la Royal Exchange. Abierta de 10 h a 17 h (11 h los domingos). Inaugurada en marzo de 1995, ocupa cuatro plantas, atribuidas a los cuatro elementos naturales. Exposiciones interactivas. Esculturas puestas en escenas con luz y sonido. Pintores escoceses, grandes escultores como por ejemplo Niki de Saint-Phalle.

EN EL BARRIO DE LA UNIVERSIDAD

Totalmente accesible a pie por Sauchiehall Street, después de Charing Cross. Al pasar, observad la ondulación del perfil de las mansiones victorianas en Royal Crescent Square. Agradable Kelvingrove Park.

▶ *The Art Gallery and Museum:* en el parque de Kelvingrove, en Argyll Street (y no en Argyll Road). ☎ 221 9600. Abierto de lunes a sábados de 10 h a 17 h y domingos de 11 h a 17 h. Entrada gratuita. Uno de los más hermosos museos de Gran Bretaña. En la planta baja, secciones arqueológica, geológica y etnográfica. Colecciones de armas escocesas, armaduras chinas, de armas de samuráis, instrumentos de música, antigüedades africanas y amerindias, etc.

▶ *La Universidad:* University Avenue, Gilmorehill. M.: Hillhead. Campus abierto al público de abril a septiembre: los miércoles, viernes y sábado, visitas a las 11 h y 14 h. Hay que pagar entrada. El edificio, de estilo gótico escocés, data de 1870, pero la universidad fue fundada en 1451. Como eminentes profesores, conoció al economista Adam Smith y a James Watt, el «padre» de la Revolución Industrial. La torre de la Universidad ofrece evidentemente un espléndido panorama de la ciudad. Sólo se visita en pequeños grupos. Visitas organizadas de mayo a septiembre, los miércoles, viernes y sábados a las 11 h y 14 h. En temporada baja, sólo los miércoles a las 14 h. Visitor's Centre: ☎ 330 5511. El edificio principal cobija el *Hunterian Museum*, el museo más antiguo de Glasgow. Abierto de lunes a viernes, de 9 h 30 a 17 h y sábados de 9 h 30 a 13 h. Cerrado los domingos. Entrada gratuita. Guarda una de las más hermosas colecciones de numismática del mundo, documentos históricos sobre la ocupación romana y la universidad y una sección de minerales.

▶ *Hunterian Art Gallery:* entrada por Hillhead Street, calle que sale de University Avenue. Abierto de lunes a viernes de 9 h 30 a 17 h, y los sábados de 9 h 30 a 13 h (17 h de mayo a octubre). Cerrado los domingos. Acceso a la galería por la extraordinaria puerta de aluminio de Eduardo Paolozzi, escultor escocés de origen italiano. Importante colección de estampas y de hermosos grabados de los siglos XVI y XVII. En el patio, esculturas contemporáneas. En la galería principal numerosas pinturas como el *Descenso a la tumba* de Rembrandt, tres grandes Chardin y obras de James Abbott Mac Neill Whistler, pintor norteamericano-escocés del siglo XIX muy interesante. Los apasionados por el *modern style* o *art déco* y (modernismo) quedarán encantados con la *Mackintosh House* (cerrada de 12 h 30 a 13 h 30), excelente reconstrucción del piso del célebre arquitecto-decorador (muerto en 1928). Se exponen asimismo numerosos muebles diseñados por el mismo Mackintosh.

▶ *Botanic Gardens:* Great Western Road y Queen Margaret Drive. M.: Hillhead. Autobuses 20 y 66 desde George Square. Jardines abiertos todos los días de 7 h hasta la puesta de sol. Espléndidos invernaderos accesibles de 13 h a 16 h 45 (12 h los domingos y 16 h 15 en invierno). Para los fanáticos de los helechos arborescentes y las orquídeas.

AL SUR DE LA CIUDAD

▶ *Museum of Transport:* Kelvin Hall, frente a la Art Gallery. Entrada por Bunhouse Road. Abierto todos los días de 10 h (11 h los domingos) a 17 h. Entrada gratuita. Muy interesante. Glasgow poseía una de las mejores redes de tranvías de Europa y expone los más pintorescos. Automóviles antiguos, máquinas de vapor, coches de caballos, etc. Estupenda colección de maquetas de barcos explicando lo que fue la construcción naval en el Clyde. Reconstrucción de una calle de 1935, con tiendas, coches... En el mismo recinto del Museum of Transport, se puede visitar el Scottish Football Exhibition Centre: pasado, presente, futuro del fútbol y su rol fundamental en la vida de los escoceses. Tanto para los aficionados como para el gran público.

▶ *The Burrell Collection:* 2060 Pollockshaws Road. ☎ 649 7151. Situado en el parque más grande de Glasgow. En tren, parada en Pollokshaws (West) o Shawlands. Abierto de 10 h a 17 h, el domingo a partir de las 11 h. Entrada gratuita. En un marco ideal, toda la colección de pinturas, muebles y objetos artísticos de sir William y lady Burrell en una presentación clara y amplia. Sir William, dueño de una próspera compañía marítima, pasó su vida coleccionando los objetos más bellos que podáis imaginar (cerca de 8 000) en todos los terrenos artísticos y luego las legó a la ciudad. Antigüedades egipcias y griegas, muebles medievales, tapicerías y alfombras muy antiguas, objetos raros de Extremo Oriente, pinturas soberbias: primitivos religiosos, Lucas Cranach el Viejo, Géricault, Daumier, Boudin, Hans Memling, Rembrandt, Frans Hals, Chardin, Cézanne, Courbet, Manet y una importante serie de Degas.

▶ *Pollock House:* a diez minutos a pie desde la Burrell Collection. ☎ 632 0274. Los mismos horarios. Entrada gratuita. Salón de té en una cocina de estilo eduardiano. Hermosa mansión del siglo XVIII de estilo palatino, también legada a la ciudad por una acaudalada familia. Mobiliario de los siglos XVIII y XIX, excelentes colecciones de porcelanas, cristal y plata, así como de algunas obras importantes de El Greco, Goya, Murillo, William Blake, etc.

▶ *The Gorbals:* paseo estrictamente para poetas urbanos. Justo al otro lado del Green. En los años sesenta del siglo XX el barrio popular y obrero por excelencia, símbolo de la dura condición proletaria de Glasgow. Sacó su nombre de Gorbals Street, que lo atravesaba. Viviendas insalubres, superpoblación, delincuencia. Tan sólo al oír la palabra «Gorbàls», los burgueses temblaban. No obstante, del barrio surgieron Benny Lynch, un gran boxeador que se convirtió en campeón del mundo, numerosos futbolistas famosos, más que de cualquier ciudad británica e incluso un primer ministro. Las casas no eran tan feas como podemos suponer porque en muchas calles había sólidos edificios de granito y arenisca roja que las clases altas habían abandonado bajo la presión de los pobres. El fotógrafo Marzaroli ha reunido en un álbum notables fotos de las calles de Gorbals y de sus habitantes en aquella época. En los años 60 las autoridades borraron el barrio del mapa en su apresuramiento por desembarazar a la ciudad de una de sus zonas conflictivas más conocidas, sin tratar de salvar lo que merecía la pena. En la hecatombe cayeron iglesias muy apreciables como St John's, que había sido diseñada por Pugin, el arquitecto del Parlamento de Londres. ¡Simplemente tiraron por la ventana el agua, la bañera e incluso al bebé! Como testimonio de esta época no queda más que el Citizen Theatre en Gorbals Street y un *tenement* con la sentencia en suspenso, en el número 162, con un hermoso portal tallado (un poco más allá del cruce con Ballater Street). Como ironía de la historia, las viviendas de protección oficial construidas hace veinte años están ya en ruinas y abandonadas. Nuestros lectores adeptos a la poesía necrófila podrán, no obstante, ir a dar un paseo al viejo cementerio (Southern Necropolis) junto a Caledonia Road. Hay muchas tumbas labradas, dispuestas en un alegre y romántico desorden. Está la de Thomas Lipton, inventor de la bolsita de té (es una columna cuadrada con una estatua decapitada encima). Para llegar, id a pie por Albert Bridge o por el encantador puente suspendido junto al Glasgow Bridge (o M.: Bridge Street). Desde allí acercaos hasta Gorbals Street.

Principales acontecimientos artísticos y culturales

▶ *En enero: Celtic Connections Festival.* Durante dos semanas en los Glasgow Royal Concert Hall, hay músicos que celebran la cultura celta.

▶ *En mayo: Mayfest*, festival de música y teatro popular. Su éxito hizo que se eligiera la ciudad como capital cultural europea en 1990. Durante todo el festival, los pubs cierran a las 2 h de la madrugada, hecho insólito en el Reino Unido.

▶ *Gourock Highland Games:* uno de los mejores de los Higlands Games. En Gourock Park. A principio de temporada.

▶ *En junio:* **Internacional Folk Festival**, que atrae los mejores músicos de Escocia, Irlanda y País de Gales. Ambiente garantizado.

▶ *En julio:* **Carnival Glasgow Green** e **International Jazz Festival**, etapa obligada del circuito de los grandes festivales europeos de jazz.

▶ *En agosto:* **World Pipe Band Championships**, que reúne a más de 100 *pipe bands* venidas del mundo entero. El concierto sigue...

¿Adónde ir de noche? ¿Dónde tomar una copa?

Como Edimburgo, e incluso más, Glasgow garantiza una vida nocturna y artística realmente muy rica. En los pubs, la gente entabla fácilmente conversación y los estudiantes son abiertos, por lo que podéis pasarlo muy bien.
En el ámbito teatral, una anécdota: desde el siglo XVIII los actores de teatro y los bomberos han visto sus vidas extrañamente conectadas. Por razones diversas, los teatros de la ciudad han sido destruidos una buena docena de veces por los incendios. Esto condujo en el pasado a muchos críticos a afirmar que los autores se abstenían de crear obras buenas para no inflamar al público. Por supuesto, esto hoy no es cierto y el teatro en Glasgow va muy bien.

EN EL CENTRO

▶ **Multicentro** cultural muy interesante. Único en Gran Bretaña. Galería de fotografía, danza, poesía, cine, conferencias, etc. Una librería muy completa con las *Ediciones del Centro*, libros de arte, literatura y prensa artística marginal y política. Aquí encontraréis un estupendo libro sobre Gorbals. Bar y restaurante ¿Qué más se puede pedir?

▶ **The Griffin:** en el cruce de Bath y Elm Bank Street. Fuera del pub por la noche, se admira ante todo el aura flamígera que desprende y los cristales tallados. En el interior de estilo «modernista 1900», una multitud de jóvenes alrededor del bar en forma de «U» y música pop dominante. Ambiente siempre animado. ¡Lástima, demasiadas luces!

▶ **Rock Garden, RG´s:** 73 Queen Street ☎ 221 2200. Clientela más bien joven y *trendy*. Café–bar cálido. Cocina de EE.UU. y bonita colección de carteles de rock.

▶ **Horseshoe Bar:** 17-21 Drury Street. Uno de los bares más largos de Escocia, en forma de herradura (como su nombre indica). Ambiente muy masculino. *Lunch* muy barato. Para conversaciones más íntimas, id en frente, al O´Henrys. Luces tenues y entresuelo. Bonita escalera de madera, de color claro.

▶ **Nico´s:** 377 Sauchiehall Street (a la altura de Garnet Street). ☎ 332 5736. Ambiente bastante fresco, repleto de estudiantes.

▶ **The Theatre Royal:** Hope Street y Cowcaddens Road. ☎ 332 9000. El templo de estilo victoriano de la gran ópera escocesa y lugar de paso obligado de las compañías de baile de prestigio.

▶ **Tron Theatre:** 63 Trongate (cerca de Glasgow Cross). ☎ 552 4267 y 552 3748. Ocupa una antigua iglesia del siglo XVII, pero produce los espectáculos más imaginativos y avanzados de Escocia. Trabaja en unión con el **Traverse** de Edimburgo.

▶ Observad atentamente la programación de **Barrowland Ballroom, Videodrome, The Venue** y del **Sharkey´s Bar**. Son las discotecas que ofrecen las músicas más interesantes.

EN EL BARRIO DE LA UNIVERSIDAD

Es poco probable que podáis «haceros» todos los pubs de Byres Road (M.: Hillhead) en una noche. Éstos son los más frecuentados:

▶ *Cottiers:* 93-95 Hyndland Road, en el cruce con Highburg Road. M.: Hillhead o Kelvinhall. Pub instalado en una antigua iglesia. Muy original. Ambiente bastante joven. Buen restaurante al lado. Teatro en la nave de la iglesia. Ópera y piezas modernas. Información: 357 3868.

▶ *Curlers:* 256 Byres Road. ☎ 334 1284. En período escolar los estudiantes lo toman por asalto. Bar-restaurante en el primer piso de 13 h a 19 h. A menudo hay jazz los domingos. En la acera de enfrente, en la esquina de Highburg Road, el *Tennents Bar,* decorado con antiguos grabados, lleno de humo y furiosamente animado, merece la pena.

▶ *Ubiquitous Chip:* 12 Ashton Lane. En el primer piso. Un *wine-bar* muy frecuentado. Clientela de periodistas de la BBC, actores, publicistas, etc. Ambiente simpático, animado, un poquito sofisticado. En la barra es difícil encontrar sitio. Buen restaurante en la planta baja.

▶ *Halt Bar:* 160 Woodlands Road (calle que sale de Charing Cross). M.: St George's Cross o Kelvinbridge y luego unos diez minutos a pie. ☎ 332 1210. No muy lejos del AJ. Viejo pub. De 12 h a 17 h, *snacks* baratos. Clientela local y estudiantil. Buen ambiente. Uno de nuestros lugares preferidos. A menudo jazz y folk.

EN EL BARRIO DE GORBALS

Los proletarios han sido relegados a conejeras y los terrenos libres están en barbecho. El Clyde es el centro de las miradas nostálgicas; se ha pasado una página de la historia, pero la cultura resiste...

▶ *Citizen's Theatre:* 199 Gorbals Street. ☎ 429 0022. Uno de los mejores teatros de Gran Bretaña. M.: Bridge Street. Antiguo teatro del siglo xix que se llamaba entonces Princess' Theatre. Siempre hay excelentes programaciones. Localidades de 10 h a 21 h 30 (excepto los domingos). Gratuito para los que están en paro. Reducción para los estudiantes. Debate el último lunes de cada representación.

Discotecas

– *The Garage:* 490 Sauchiehall Street. ☎ 332 1121. Inmensa discoteca, muy popular entre los estudiantes. Jazz *en vivo* algunas noches.
– *Cotton Club:* 5 Scoot Street. ☎ 332 0712. Noches *seventies* los miércoles. Clientela muy joven.

¿Cómo salir de Glasgow?

En tren

– *Desde Queen Station:* la pintoresca línea de las West Highlands en dirección a Oban, Fort William y Mallaig. También a Edimburgo con posibilidad de ir a ciudades inglesas del este, del norte y el este de Escocia (Fife, Stirling, Perth, Inverness, Wick, Thurso y Kyle of Lochalsh). Información: ☎ 204 2844.
– *Desde Central Station:* con destino a Inglaterra (Londres y las ciudades de la costa oeste), el oeste y el sur de Escocia (Ayr, Dumfries, Stranraer, etc.).

En autobús

– *Buchanan Bus Station:* Aberfoyle, Edimburgo, Glencoe, Invernay, Perth, St Andrews, Stirling, el aeropuerto, etc. Información: ☎ 332 7133.

En autostop

– *Hacia el sudeste* (*M 74*): tomad un autobús *Central Scottish* (50 o 53) para Calderpark Zoo que está cerca del principio de la M 74. Si hay mucha competencia, continuad hasta el pueblecito siguiente, bajad en el *Griffin Hotel* y acercaos a una gasolinera que hay en la autopista.

– Hacia el noroeste (A 82) dirección a Oban, Glencoe, etc.: tomad alguno de los autobuses siguientes: 11, 20, 58, 66 o el M.: Hillhead dirección Great Western Road en el cruce con Byres Road (a la altura de los Botanic Gardens). Otra solución: tomad un tren desde Queen Street Station para Anniesland; es un poco más difícil.
– Hacia el este (M 8): id hacia el final de Castle Street, al principio de Alexandre Parade o poneos en Stirling Road.
– *Hacia el noroeste:* el mismo cruce, pero poneos al principio de la Cumbernauld Road (A 80), por supuesto.
– *Hacia el sudoeste* (A 77 del centro de la ciudad) en dirección a Stranraer: autobuses 21, 21 A, 23, 28, 48 o 57 a Queens Park. Podéis empezar a hacer autostop después del pequeño lago de la izquierda o seguir hasta Kilmarnock Road, después del cruce con Pollokshaws Road. Otra solución: tomad un tren para Pollokshaws East, la A 77 está muy cerca y es más fácil.

LOCH LOMOND

– Procurad dormir en el AJ del *loch Lomond*, cerca de Balloch: espléndida vista del lago, confort total, encargado simpático, etc. ☎ (01389) 850 226. Maravilloso castillo escocés como los que se ven en las películas de terror (a unos kilómetros, al norte de la ciudad). Desde Glasgow, un autobús Citylink os dejará allí. Decidle al conductor del autobús que os avise de la parada. Se puede ir también en tren desde la estación de Glasgow Queen Street, en George Square, hasta Balloch Central. Cada media hora en ambos sentidos. Dirigíos a la izquierda al salir de la estación de Balloch, luego a la derecha en el segundo cruce. Indicado a la izquierda enseguida. Unos 3 km hasta el AJ. Si el AJ está lleno, encontraréis algunos B & B a precios razonables en Drymen Road.
– *Barco en el loch Lomond:* embarque en Balloch. Para llegar allí, hay algunos autobuses en verano desde Glasgow. Dos compañías de barco: Sweenays, sólo en verano. ☎ (01389) 752 376; o Lomond Sailing. ☎ 751 481. Podéis pagar viajes de una semana por el lago Lomond. Pero si no os llama tanto la atención, tomad el barco por lo menos un miércoles por la noche, cuando se convierte en *showboat*, disco-bar, espectáculo, etc., o bien un día a la hora del almuerzo: comeréis entre el precioso pueblo de Luss y Balloch. La vista vale la pena.

IRVINE-ISLA DE ARRAN

Una verdadera Escocia en miniatura, con sus *glens*, montañas, bosques y sus adorables y pequeños pueblos. Vista muy agradable de la isla de Arran. Si vais a esta isla, tomad el barco en Ardrossan, a 15 km al norte de Irvine. Travesía (55 minutos) muy asequible. En Brodick, en las llegadas de barcos, autobús para Lochranza.
– Dos *Youth Hostels* en la isla en *Lochranza* (al norte). ☎ (01770) 830 631 y *Whiting Bay* (al sur). ☎ (017707) 00 339. Alquiler de bicis o de motocicletas. Una «Escocia en miniatura».
– Desde *Ayr* (AJ), podéis ir a Campbeltown, en la península de Kyntire. En esta península Paul MacCartney tiene una granja (de ahí el título de una de sus canciones. ¡No es publicidad!).

STRANRAER

La costa merece un vistazo, aunque haya otras mejores. Preguntad a los lugareños y os dirán adónde ir a contemplar la puesta de sol (si hay alguna).

– Varios **Bed & Breakfast** en la carretera principal.
– **Camping** retirado de la carretera, bastante grande, bien atendido, pero muy alejado del centro de la ciudad (800 m).
– **Puerto de embarque** para Larne-Belfast, en Irlanda del Norte; 25 % de reducción a los poseedores del carnet de AJ, pero sólo en billetes de ida y vuelta.

DALBEATTLE

Camping apartado de la carretera cerca de un parque, pero también cerca de la ciudad (200 m). Abierto de abril a octubre. Aseos muy limpios, ducha caliente. Este terreno no presenta ningún interés para quedarse, aunque sea un avanzadilla de Escocia.
La última tienda en la carretera principal cierra a las 20 h. Hay un *Bed & Breakfast*.
– **Castle Douglas:** castillo del siglo xv, destruido en el xvii. Cerca, Threave Gardens, espléndidos jardines (reserva de pájaros) administrado por la National Trust.

GRETNA GREEN

La fama de este pueblo, situado inmediatamente más allá de la frontera angloescocesa, se extendía a Europa entera, pues hasta 1940 representaba la última esperanza para las jóvenes parejas de enamorados que no podían conseguir la autorización paterna para su matrimonio. En efecto, según la ley escocesa (abolida en 1940), los candidatos al matrimonio (británicos o extranjeros) estaban autorizados a celebrar su boda en Gretna Green, sin autorización de sus padres. Bastaba una sencilla declaración por su parte, realizada en presencia de dos testigos, con tal de que tuvieran por lo menos dieciséis años y que hubieran residido en el país durante 23 días. Entonces, esas bodas clandestinas eran celebradas por el herrero local.

CARLISLE

Primera ciudad inglesa después de Escocia, esta capital de condado fue antaño un centro militar romano cercano al punto en donde Adriano había ordenado la construcción de un muro para protegerse de los bárbaros del norte. De hecho, de esta muralla de 118 km no quedan más que algunos vestigios, reducidos a unas pequeñas porciones. No constituía por otra parte, como la gran muralla china, un obstáculo difícil de franquear. Era más bien una simple línea defensiva, al resguardo de la cual los soldados romanos podían contener los primeros asaltos hasta la llegada de los refuerzos procedentes de los campamentos cercanos. Visitad la bonita fortaleza de piedra roja que data del siglo xii y la catedral, célebre por ser una de las más pequeñas de Gran Bretaña. Abierta de las 8 h al crepúsculo. Misa los domingos a las 8 h, 10 h 30, 15 h y 18 h. Numerosos vestigios romanos, por supuesto.

¿Dónde dormir?

– **Youth Hostel:** Etterby Road. ☎ 23 934 Ambiente bastante frío, estilo cuartel.
– **Camping:** Whigton Road en Orton Grange. A 6 km al sudoeste por la B 5299. Duchas gratuitas. Ruidoso, por culpa de la carretera, y caro.

ÍNDICE